〔以下圖片說明詳見第十一章〕

🎇 台華窯「天圓地方」飲食思源系列

🎇 台華窯「天圓地方」美意延年系列

🎇 法藍瓷「蝶舞」系列

🎇 法藍瓷「舞出天地」（China Circus）系列

🎇 今生金飾「赤壁賦金墜」、「汝窯青花瓷墜」、毛公鼎、翠玉白菜

🎋 朱的寶飾「故宮宜子孫項鍊」

🎋 朱的寶飾「故宮指甲套項鍊」

作品名稱：並蒂圓滿

作品說明文：
圓圓的瓜，
是完整的滿足，
是期待、希望、努力之後，
一個甜蜜的結果，
求後，則百子千孫，
求財，則金玉滿堂，
上上大吉的背後，
是大地給我的最好的沉思、
學習和鼓勵。

尺寸：23×23×16 (cm)
全球限量：87件

1998年　英國維多利亞亞伯特博物館
（Victoria & Albert Museum）
典藏

🎋 琉璃工房「並蒂圓滿」

作品名稱：
千手千眼千悲智

作品說明文：
一只只眼睛，
洞悉所有的不安，
一雙雙手，
撫慰所有的苦痛，
穿過千年萬年的時光
光明吉祥永遠人間

尺寸：78×42.5×100 (cm)
2010年　上海世博中國館典藏

🎋 琉璃工房「千手千眼千悲智」

絲雲

祥龍

墨荷

龍騰

沐蘭

輪迴

竹浪

天目

蛙鳴

❧ Yii世界杯

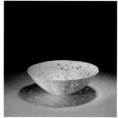
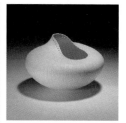

❧ Yii蕾絲碗組

❧ 亞德・羅西「蔻妮卡」

❧ 亞德・羅西「柯波拉」

👣 故宮ALESSI「清宮系列」

👣 故宮ALESSI「東方傳說系列」

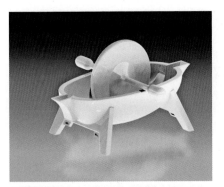

👣 香草船——香料研磨器

👣 台灣夜市美食文化公仔系列

文化創意產業
理論與實務

周德禎　主編

周德禎　賀瑞麟　葉晉嘉　施百俊
蔡玲瓏　林思玲　陳潔瑩　劉立敏
李欣蓉　張重金　朱旭中　陳運星
　　　　合著

五南圖書出版公司 印行

四版序

　　從2002年，行政院正式將文化創意產業列入「挑戰2008：國家重點發展計畫」，台灣文化創意產業開始起步，至今（2021年）十九年了，台灣文創產的成果如何呢？

　　回顧一路行來的足跡，2004年文建會發表文化白皮書，給「文化創意產業」下了定義，揭開文創產在台灣發展的序幕，以文化內涵為主要的生產要點，經由創意激發，製作出文化商品，以提升民眾的生活品質與經濟成長。2009年行政院通過「創意台灣──文化創意產業發展方案」，選定六大旗艦產業：工藝產業、設計產業、數位內容產業、電影產業、電視產業、流行音樂產業，以聚焦發揮領頭羊效應帶動其他文創產業。2010年《文創法》三讀通過，8月起正式施行。政府訂定在2015年文創產達成三個目標：(1)整體產業突破兆元規模；(2)提供20萬就業機會；(3)成為「亞太文化創意匯流中心」。根據2019台灣文創產業年報，2018年就業人數為26萬，總營業額為8,798億元。三個目標中就業人數已達標，另外兩個還沒實現──產業規模尚未破兆，亞太文創匯流中心也尚未出現。

　　但從人才培育面向來看，十多年來台灣高教界成立跟文創相關的學系、研究所、學位學程及學分學程就有45個，顯見學界對這個領域期許頗高，耕耘頗深。另一方面經由文化觀光、創意生活、文化資產活化、城市美感設計等的實務踐履，生活美學的觀念，也開始在台灣常民生活中漸漸扎根而孕育成為素養。

　　就在台灣文創產業歷經篳路藍縷時期，逐漸要走向成熟發展階段時，2020年新冠肺炎全球大流行的災難卻帶來嚴峻的考驗。疫情使得世界各地許多地方封城，邊境控管限制出入，國際航線大量停飛，極大部分的觀光旅遊停頓，文創產在這一波疫情中受到的影響當然極其嚴重。然而，流行疫病所帶來的不只是百業發展的滯固，在疫情結束後，整個世界的經濟模式都

會有很大的改變。之前，線上經濟尚未大成氣候，但在這波居家隔離期間，遠距的通訊、接觸、交易、娛樂變成了主流，今後線上的活動在人類消費行為中將大幅躍進，文創產未來發展趨勢必須將此列為重大考量。以英國為例，他們已開始設置「文化衝擊發展基金」（Cultural Impact Development Fund），目的是著手規劃文創產業數位化，除了影視、流行音樂、遊戲產業一向就在數位化發展中領先外，更要使其他如表演藝術產業、設計與時尚產業也加快數位化腳步。台灣對這方面要更為加緊腳步發展，文創產的明天才不至於變成小花小草般的裝飾性存在。

　　屏東大學文創系創立於2005年，十六年來全系師生努力在這個領域奮發前進，累積很多可觀的成果。很高興本書受到讀者的喜愛，又有四版的機會，本系的教授群秉著對文創的熱忱，繼續修改翻新本書，希望陪伴所有熱愛這個領域的讀者們一齊同步邁進，繼續迎向一個新鮮又具有挑戰性的局面。

周德禎　謹識

三版序

　　《文化創意產業理論與實務》這本書於2011年6月出版，2012年9月再版，如今又將要三版。在出版業寒冬的時代裡，我們能受到許多讀者的喜愛，締造這樣的成績，真是讓我們備受鼓舞。回頭看從我們少數幾個夥伴開始倡議文創這個領域，到堅持在學院中培育文創人才，到現在聚集許多人在這條路上一起打拼，而眾多青年才俊在文創相關領域擁有璀璨的舞台，這一切更是讓我們欣慰。

　　在文創的路上摸索十多年，如今再要回答文創是什麼？我很高興可以跳過大家耳熟能詳的官方定義，而提出我自己的定義了。我覺得文創就是在：發現與呈現一種連結，一種人與人的連結，人與物的連結，人與時間、空間的連結，而這些連結的本質是意義、價值與美感。我的意思是，文創重在使人感動，而能令人感動的是文創創造者或提供者，能夠給予參與者或消費者一個關鍵性的連結，這種連結或者是記憶的共享，或者是情感的共鳴，或者是經驗的塑造與喚醒，總之，因為這樣的連結，人們會感覺歡喜親切，不再孤獨。

　　二版至今，時隔四年，我們在三版時增加了更多篇幅。

　　在理論篇除了導論、創意、美學與研究方法外，為加強讀者市場分析能力，新增了「市場結構與產業分析」一章，並且把「文化創意產業的創新與創業」移到理論篇，使理論各個面向更加完備。在實務篇中共增加四章，首先是把「創意生活產業」獨立出來，擴充成為完整的一章。另外新增「動漫產業」，接著討論科技在文創的應用，寫成「新媒體科技與文化創意產業」。最後特別撰寫與智慧財產權相關的「文化創意產業的智慧財產權法律保障」。至於其他原有章節也有許多增修，希望提供讀者更豐富的閱讀經驗。

　　本書能夠不斷推陳出新，先要感謝所有讀者的喜愛與支持，你們給了出書最大的動力。也感謝五南圖書出版公司副總編輯陳念祖先生的鼓勵與督

促，李敏華編輯在編務上給我們悉心協助。最後要感謝我們全體撰寫本書的老師們，犧牲許多與家人相處及自己休息的時間，埋首書堆，勤奮認真，才能有新版本的問世。

在這裡，我們衷心祝禱台灣文創業歷經十多年的摸索和歷練，能臻於成熟發展，文創的光芒可大可久！

周德禎　謹識

於慈濟大學人文社會學院

2016年初夏

再版序

文創起飛的關鍵時刻

自新世紀伊始，台灣開始推動「文化創意產業」以來，不知不覺間歷時超過十年。套用產業生命週期理論來觀察：「文創」已經不算是「新興」產業，進入S型成長期的前段，只要跨越「鴻溝」，就會快速起飛（或者，高速墜落）。

這時期的產業特徵，就是百家爭鳴，也像瞎子摸象：有人覺得文創業應該優先發展影視遊戲等內容產業；有人覺得應該先搞好設計美學；也有人覺得文化資產最重要。再加上各個子產業的發展速度和效率不一致，有人快有人慢、有的好有的差，難免看起來就是混亂和衝突。甚至還有人有意無意乾脆一竿子打翻，冠以「假文創」之名，以致文創失去社會的信任與支持。

其實把鏡頭拉遠來看，這種混亂和衝突未嘗不是好事。這也不正是文化「多元化」的必然結果嗎？我們應該換個角度思考，兄弟登山各自努力，何必互相扯後腿？多鼓勵，少批評。本書採取的觀點是「各說並存」，無論你想學理論或想學實務；想學創新或想學復古；想學影視還是學工藝……都可以找到入手處。因此，作為文化創意產業的最佳入門書，本書當之無愧。自2011年首次發行以來，本書就受到文化創意產業相關科系與從業人員的熱烈歡迎與採用。歷經三次改版，內容與時俱進，作者陣容也日益茁壯。我們相信，必能對文化創意產業的發展，做出具體貢獻。

一本書的完成通常是數十人、甚至上百人心血的結晶。作者之功，十分之一罷了。因此，茲代表作者群感謝策畫出版本書的五南圖書出版公司，陳念祖副總編輯、李敏華編輯，以及其他辛勤同仁。還有提供我們充分研究資源的國立屏東大學文化創意產業學系。本書內容若有任何可取之處，全歸功以上各位；若有任何疏漏缺失，則全是作者群的責任。任何批評指教，歡迎上網來信。

再次感謝，願文創起飛，再創高峰。

國立屏東大學文化創意產業學系教授兼系主任

施百俊

2016/2/15台灣屏東

序 言

　　「文化創意產業」究竟是什麼？除了行政院文建會提出的正式定義（見第一章p.7）之外，前一陣子網路上也有非常熱鬧的討論，這些意見主要約可分為兩類，第一種意見是：文化加創意加產業等於賺錢；另一種意見是：文創產業是一個附著在既有的文化、藝術或傳統產業上的衍生型工作。

　　著眼於第一種看法的人們對文創產充滿幻想，認為加一些文化元素或創意設計的包裝，就可以財源滾滾而來。著眼於第二類看法的人對文創產持負面態度，認為專精於本業就可以有成果，不需額外假手其他花俏贅飾甚或剝削之經營行銷手法。

　　對於這樣的爭議，我的看法是：文化創意產業既不像前者所言那麼浪漫容易，也不像後者所想那麼狹隘化約。它是個跨界整合的領域，它反應的是今天這個科技進步快速、全球連動密切、社會現象複雜多變的時代，任何產業單打獨鬥都無法畢盡全功的一個事實。既然是跨領域整合，一個文創產工作者便需具備多元的能力，包含產業的專業知識、文化的基礎素養、創意設計的能力及經營管理的知識，才可能開創事業的藍海，並自由自在的踏浪御風而行。

　　有鑑於對這個跨界特性的理解，以及台灣需要培養以創意事業見長的人才，屏東教育大學劉校長慶中博士授命我規劃、申設、籌備文創相關系所，而在2005年設立「台灣文化產業經營學系」，後又整合本校客家文化研究所，更名為「文化創意產業學系」作為文創產人才培育的搖籃。我們的理想是：大學部培養學生文化素養，充實其進入文化創意產業之基本能力，以及培育文化創意產業經營與行銷管理之人才。至於碩士層級進階人才的養成，我們期許其具備三項能力：一、獨立研究的能力；二、具有特色的文化素養；三、文化產業的創新創造能力。在我們一步一腳印辛勤耕耘之下，這個新興系所逐漸成長茁壯。

　　為了進一步實踐我們的理想，我們全系教師決定合力撰寫一本教科書，提供相關課程使用。這本教科書不是以文建會選定的15加1個（其他）文創產類別來寫，而是以「全球性、在地性與創意」作為我們試圖凸顯之核心文化價值，並從多元角度說明我們所主張的文化創意產業的「三生」重點。所謂「三生」是：

1. 生活：包括生活型態、在地文化特色、傳統與流行、創意生活與美感品味等元素。
2. 生產：有效的整合資源，將無形的文化與創意元素轉化成文化商品。
3. 生意：運用通路行銷與經營管理的策略，創造具有永續性的產業產值。

　　本書分為理論篇及實務篇，在理論部分提到文化理論，包含文化工業及文化創意產業間的思想角力、後結構主義對文創產發展的影響，另外還有亞里斯多德的創意理論、柏拉圖美學理論、當代創新理論，並且有一章文化資源的調查研究方法。在實務部分，我們以創意城市、地方行銷、文化資產保存、創意生活產業，展現全球與在地的緊密關聯性。此外，我們深入討論文創大類視覺藝術和工藝設計產業，以及電視製作產業，最後並有一章教導文創學生如何務實創業。

　　本書作者群有多方面的專長，包括人類學、哲學、管理學、工藝設計、建築設計、城市管理、視覺藝術、電視製作等，大家進行了一次跨界的合作。全書分工如下：周德禎第1章；賀瑞麟第2、3章；葉晉嘉第4、5章；蔡玲瓏第6章；林思玲第7章；陳潔瑩第8章；劉立敏第9章；李欣蓉第10章；施百俊第11章。

　　本書能夠完成，首先要感謝本校校長劉慶中教授及文創系系主任易毅成教授給予我們全力的支持，其次感謝五南圖書出版公司副總編輯陳念祖先生對我們的鼓勵與督促，最後要感謝我們全體撰寫教科書的老師們不眠不休的勤奮認真，才能有本書的問世。

　　在這裡，我們衷心希望這本書對文創產的人才培育能盡棉薄之力，也希望台灣文創產業的發展蒸蒸日上，不論是在地方舞台或國際舞台上的表現，都能散發出燦爛的光芒。

周德禎　謹識

於迎曦湖畔

2011年春天

2012年再版修訂

目　錄

PART II：實務篇

Part I

理論篇

第 1 章

文化創意產業導論

周德禎

學習目標...
1. 瞭解文化創意產業的興起、範圍、內容與特性。
2. 瞭解人類學及相關理論對文化創意產業的啟發。
3. 瞭解文化創意產業提升產值及重視人文的兩難。
....

關鍵詞彙 文化、文化工業、文化創意產業、後結構主義、
去中心化

雖然解構不是一種方法論，它卻有些方法的規則可以傳
承。

—— 德希達（Jacques Derrida, 1967/2004: 22）

　　文化，自一般意義來說，它是人類生活的軌跡，來自人們行為與思想的
累積，它的傳承與創新，代表某個時代、某個地區的人，整體心靈的充實與
昇華。從人類學意義來說，是一個社會的成員所獲得的複合整體（complex
whole），包括知識、信仰、藝術、道德、法律、風俗，以及其他能力和習
慣等。換句話說，文化是族群生活的「意義之網」，對個人及群體的所作所
為賦予意義。文化也可以從新興意義來說，如前美國總統庫利奇所言，文化
是：「文明與利益攜手共進」（Calvin Coolidge, 2011）。

　　今天，文化以一種新姿態出現在世人眼前，文化內容被用來作為有利益
回收的投資工具，文化創意產業變成一種新的商業型態，這種新趨勢與新潮
流蔚為全球各地廣泛討論和研究的熱門議題，許多國家也依此制定社會與經
濟發展之相關政策。近年來我們政府極力鼓吹文化創意產業的發展，冀望因
此帶動新經濟活力，保存維護文化的根基，創造更多的就業機會，就是著眼
在此新興領域的雙向互動之重大意涵上面：通過文化來滋養產業，奠定族群
或社會生活的經濟基礎；通過產業來維繫文化，使其茁壯興盛，更見光輝。

　　在本章中，首先要說明何謂文化創意產業，其次回顧當代的社會文化思
潮對文化創意產業的影響。

第一節 🔲 何謂文化創意產業

　　文化創意產業這一新興領域現在經過各國政府大力提倡，獲得產官學界極大矚目，紛紛開始投入這方面的研究與開發。但這其實不是個全新的概念，在「文化創意產業」這個詞彙出現之前，有一個相關的詞彙早已存在，那就是「文化工業」（culture industry），這是德國法蘭克福學派的學者阿多諾（Theodor Adorno）和霍克海默（Max Horkheimer）在1960年代所創的名詞。（注意它的英文翻譯是：culture industry，而不是cultural industry，「文化」是以名詞形式出現，不是以形容詞形式出現，在英文裡面名詞是可以當主詞的，形容詞除非加定冠詞，否則不可以當主詞。）根據陳學明（1996）指出，文化工業的特點是：(1)文化的產生愈來愈類似現代大工業的生產過程；(2)文化的產生與現代科學技術的結合愈來愈緊密；(3)文化的主體愈來愈不是作為文化消費者的廣大群眾。而阿多諾他們當時提出這個概念，是從菁英角度主流立場批判文化工業的出現，將文化商品化，並且被市場主導以致品味低俗，採用標準化生產模式因而扼殺個性和創造力，不斷重複大量製造強迫大眾接受，剝奪個人自由選擇的權利。

　　但是同樣也在1960年代，羅蘭・巴特（Roland Barthes）、德希達（Jacques Derrida）等法國思想家卻針對西方主流文化與主流哲學，以及西方規範的潛在假設進行批判，後結構主義、後現代主義思潮開始在西方風起雲湧。德希達在1966年發表「人文科學論述中的結構、符號與遊戲」（參見《書寫與差異》，張寧譯，2004，pp.545-568）的演說，宣稱知性生命顯然已經瓦解，知識系統已開始「去中心化」（decentering），這個事件代表的不是從「中心」向前進步或分岔，而是一場「遊戲」（play）。這段話的意思是說，學術權威的中心主義開始面臨解構，更多原本屬於邊陲的思維進入舞台，讓原來定於一尊的局面開始崩潰瓦解。

　　羅蘭・巴特則在1977年發表「作者已死」（Barthes, 1977: 142）理論，認為作者不是唯一能賦予作品意義的人，文本是多元意義的，當作品完成離開作者之手的時候，作者即已死亡，讀者接著誕生，這時便是文本意義

多樣增生的開始（詳細討論見第二節）。後結構主義和後現代主義針對結構主義及現代主義，開啟了一場智性戰爭，對思想受限於權威的解讀，進行極大的挑戰和裂解，帶來多元文化主義的興起，使文化的差異性受到尊重與欣賞。

　　除了思想對世人的啟迪外，70年代以後全球發生的其他幾個重大變化，亦替文化創意產業奠下了勃興的契機。首先是二次世界大戰以後跨國資本主義的浪潮，導致許多超國家型商業組織出現，跨國企業打破國家疆界，全球性經濟歷程勢不可當，它的衝擊包含生產製造、貿易、消費、資金流動等各方面，全球化現象普遍發生。第二是全世界因交通方便而壓縮空間距離，加上經濟成長和民主制度的誘因，引起全球移民風潮，促使多元文化彼此交會碰撞，混雜融合，為文化創意產業打下基礎。第三是1990年代電腦科技發達、網際網路、數位時代的出現，使人類由工業社會邁入資訊社會網路社會。這一切知識、經濟、政治、科技的巨大變化，帶來產業思維的變革，消費者主導市場，創新與愉悅成為產品重要價值，文化變成好生意的時代於焉來臨。

壹、文化創意產業的興起與發展

　　在世界各國裡面，文化創意產業發展最早，文化政策中對文創產業架構最完整，績效成果很好的首推英國。英國在1997年由工黨首相參選人布萊爾提出「創意產業」（Creative Industries）的概念，他出任首相後成立「創意產業任務小組」（Creative Industries Task Force, CITF），並於1998年及2001年提出「創意產業圖錄報告」（Creative Industries Mapping Document），將創意產業定義為：「起源於個體創意、技巧及才能的產業，通過知識產權的生成與利用，而有潛力創造財富和就業機會。」英國將創意產業分成十三大類，包括：廣告、建築、藝術及古董市場、工藝、設計、流行設計與時尚、電影與錄影帶、休閒軟體遊戲、音樂、表演藝術、出版、軟體與電腦服務業、電視與廣播（夏學理，2008）。

　　聯合國教科文組織（UNESCO）給文化產業（cultural industries）的定義是：「結合創作、生產與商業的內容，同時這內容在本質上，是具有無形

資產與文化概念的特性，並獲得智慧財產權的保護，而以產品或服務的形式來呈現。」（文建會，2004）

台灣文創產業的發展始於2002年，行政院正式將文化創意產業列入「挑戰2008：國家重點發展計畫」，其中包括「文化創意產業發展計畫」，並確立將擬定的《文化創意發展法》，簡稱《文創法》。

文建會在2004年發表文化白皮書，其中給「文化創意產業」的定義是：「源自創意及文化積累，透過智慧財產的形成與運用，具有創造財富與就業機會潛力，並促進整體生活提升的行業。」（文建會，2004）從此揭開了文創產業在台灣發展的序幕，主張以文化內涵為主要的生產要點，經由創作者的腦力激發，製作出文化商品，並運用商業經營的手法，讓文化能更為貼近大眾，以提升民眾的生活品質與認同感。

2009年行政院院會通過「創意台灣── 文化創意產業發展方案」，選定六大旗艦產業：工藝產業、設計產業、數位內容產業、電影產業、電視產業、流行音樂產業，因為這些產業產值高、產業發展潛力高、產業關聯效益高，可以發揮領頭羊效應帶動其他文創產業。

《文創法》於2010年1月經立法院三讀通過，對台灣文化創意產業發展具有劃時代的意義。該法共分四章三十條條文，其中「文化創意有價」、「國發基金提撥一定比例投資文創產業」、「票價補貼」、「藝文體驗券發放」、「企業購票捐贈抵稅」，以及「設立財團法人文化創意產業發展研究院」等重要條文的通過，回應了長久以來藝文及文化界最關切的議題。

《文創法》自2010年8月起正式施行。其中六項子法同時公布施行，包括《文化創意產業內容及範圍》、《文化部協助獎勵或補助文化創意事業辦法》、《學生觀賞藝文展演補助及藝文體驗券發放辦法》、《文化創意事業原創產品或服務價差優惠補助辦法》、《文化部促進民間提供適當空間供文化創意事業使用獎勵或補助辦法》、《文化部公有文化創意資產運用辦法》等。

《文創法》施行後，如何帶動產業起飛？在《文創法》中，重視以下幾個方面的發展與作為：

一、打造健全的產業生態

(1)強調台灣文創產業發展的關鍵,是擁有健全的產業發展條件;(2)需要扎根文化教育、培養文化消費市場人口及產業人才;(3)提升品牌價值與國際競爭力。

二、運用多元的政策補助工具

(1)獎補助;(2)鼓勵原創;(3)租稅優惠;(4)建立創投審核機制。

三、提升產業的創新能量

(1)加強創新研發;(2)保障智慧財產權;(3)推動產業群聚;(4)成立文化創意產業發展研究院。

貳、文化創意產業的範圍、內容與特性

世界各國對文創產業的規劃不同,澳洲列舉10個產業類別、南韓有17個產業、新加坡有5個產業、台灣則有16個產業,其範圍內容及主管機構詳見表1-1:

表1-1　台灣文創產業產業類別及涵蓋範圍(2010年文化部公告)

產業類別	中央目的事業主管機關	內容及範圍
一、視覺藝術產業	文化部	指從事繪畫、雕塑、其他藝術品創作、藝術品拍賣零售、畫廊、藝術品展覽、藝術經紀代理、藝術品公證鑑價、藝術品修復等行業。
二、音樂及表演藝術產業	文化部	指從事音樂、戲劇、舞蹈之創作、訓練、表演等相關業務、表演藝術軟硬體(舞台、燈光、音響、道具、服裝、造型等)設計服務、經紀、藝術節經營等行業。

（續）

產業類別	中央目的事業主管機關	內容及範圍
三、文化資產應用及展演設施產業	文化部	指從事文化資產利用、展演設施（如劇院、音樂廳、露天廣場、美術館、博物館、藝術館（村）、演藝廳等）經營管理之行業。
四、工藝產業	文化部	指從事工藝創作、工藝設計、模具製作、材料製作、工藝品生產、工藝品展售流通、工藝品鑑定等行業。
五、電影產業	文化部	指從事電影片製作、電影片發行、電影片映演，及提供器材、設施、技術以完成電影片製作等行業。
六、廣播電視產業	文化部	指利用無線、有線、衛星或其他廣播電視平台，從事節目播送、製作、發行等之行業。
七、出版產業	文化部	指從事新聞、雜誌（期刊）、圖書等紙本或以數位方式創作、企劃編輯、發行流通等之行業。
八、廣告產業	經濟部	指從事各種媒體宣傳物之設計、繪製、攝影、模型、製作及裝置、獨立經營分送廣告、招攬廣告、廣告設計等行業。
九、產品設計產業	經濟部	指從事產品設計調查、設計企劃、外觀設計、機構設計、人機介面設計、原型與模型製作、包裝設計、設計諮詢顧問等行業。
十、視覺傳達設計產業	經濟部	指從事企業識別系統設計（CIS）、品牌形象設計、平面視覺設計、網頁多媒體設計、商業包裝設計等行業。
十一、設計品牌時尚產業	經濟部	指從事以設計師為品牌或由其協助成立品牌之設計、顧問、製造、流通等行業。
十二、建築設計產業	內政部	指從事建築物設計、室內裝修設計等行業。
十三、數位內容產業	經濟部	指從事提供將圖像、文字、影像或語音等資料，運用資訊科技加以數位化，並整合運用之技術、產品或服務之行業。

（續）

產業類別	中央目的事業主管機關	內容及範圍
十四、創意生活產業	經濟部	指從事以創意整合生活產業之核心知識，提供具有深度體驗及高質美感之行業，如飲食文化體驗、生活教育體驗、自然生態體驗、流行時尚體驗、特定文物體驗、工藝文化體驗等行業。
十五、流行音樂及文化內容產業	文化部	指從事具有大眾普遍接受特色之音樂及文化之創作、出版、發行、展演、經紀及其周邊產製技術服務等之行業。
十六、其他經中央主管機關指定之產業		指從事中央主管機關依下列指標指定之其他文化創意產業： 一、產業提供之產品或服務具表達性價值及功用性價值。 二、產業具成長潛力，如營業收入、就業人口數、出口值或產值等指標。

　　文創產業的特性，根據Hesmondhalgh（2002；廖珮君譯，2006）的看法，相較於其他資本主義生產形式的特徵，文創產業呈現出(1)高風險；(2)半公共財；(3)生產成本高，再製成本低；(4)大量製作暢銷作品；(5)類型化商品；(6)對創作者的控制寬鬆，對通路及行銷管理趨於嚴密等特色。所以我們研究或學習文化創意產業，要整合產業、組織與文本的關係，以迴圈的方式來探討：生產製造→文本→消費→認同→規範等面向，相互詮釋的連結性。

　　文化商品的創作權力並非僅侷限於源頭創作者的想像上，其他像管理階層、行銷手段、消費者心理、文化認同及道德規範，均有一定的影響。文化創意產業所製造的產品，藉由展示再現的方式，較容易影響人們對事物、對所接觸情境的認知及情感的認同。它的影響力具有複雜性、可協商性及間接性之本質。

　　劉大和在《文化與文化創意產業》（2005）指出，在當前全球化的浪潮之下，共同性是強大的趨勢，但即便在全球化共同性要求下，人們仍然同時追求個性化消費，尤其是限量、個性差異、感性化、符號認同的產品，因此，特殊性、差異性在文化創意產業上便顯得相當重要。而本土文化具有在

地性，更有其獨特性，所以在全球化文創產業競爭的時代裡，重視在地化亦是一重要特性。

參、文化創意產業的願景

從1997年英國開始致力於創意產業，到二十一世紀以來各國紛紛跟進發展文化創意產業，我認爲其主要目的有二：一是從文化寶藏中，創造國民財富與就業機會；其次是從文化內容中，提煉出美感經驗深度體驗，豐富當地居民與國內外遊客生活及消費的品質。而這兩個目的，也就是我們推動文化創意產業的最大願景。

在台灣，文化礦藏豐富而多元，族群的、地區的、高山大海自然生態的、宗教體驗的、歷史沉澱的、民主歷程的……，有許多感動人的元素藏在日常生活之中。至於如何從文化礦藏鍊金，使得礦藏變成豐富生活及美感體驗的源頭，並且能獲致消費者青睞，則有待多方面的努力。

台灣原本就有很多文創工作者在相關領域努力不輟，如雲門舞集、琉璃工坊，或像「優劇場」加入宗教禪修的藝術創意，以靜坐、太極導引爲創作靈感與日常訓練，呈現鼓聲律動，觸動人心。他們不遺餘力挖掘台灣文化精華底蘊，所以有很傑出的成就。

嚴長壽先生在《我所看見的未來》（2008）中說，文化創意產業要成功必須「創造感動，贏得尊敬」、「懂得詮釋比擁有什麼還重要」（pp. 47-52），他認爲文創產業工作者必須用心瞭解自己的優勢及市場的需求，創造出打動人心的活動或產品，吸引更多深刻的消費者，也贏得別人的尊敬。

在文化創意產業形成和發展上，各種產業各有其先天、後天的條件，以及其優勢或侷限性。例如：「好萊塢」擅長大型文化產業的創作、製作、行銷，能夠在全球票房取得壓倒性賣座成績。而台灣的電影業擅長獨立製作，精緻細膩，能在國際影展中獲得肯定，擁有一席之地。因此，找到自己的利基長處，是文化創意產業發展的重要關鍵。

不過，有一些產業在台灣雖然成就卓越，但仍不可懈怠，如流行音樂產業。從1960年代以降，我們有鄧麗君、蔡琴、張惠妹、周杰倫、蔡依林等

許多優秀的歌手，也有許多膾炙人口的歌曲，已創造出華人世界流行音樂重鎮的成就。但是這種領先的地位，並不是一旦得到就永遠擁有，其他國家仍積極的在後面追趕。我們需臨深履薄、精益求精、努力不懈，以更多的方法激勵台灣流行音樂更蓬勃發展，確立台灣流行音樂的領導地位屹立不搖。

台灣文創產業固然略有基礎，但也還有許多尚待開發、深化、鞏固的面向，這個領域要可大長久，最重要的是培養人才，而人才培育必須要著重三個方面：

1. 生活：包括深入瞭解生活型態、傳統與流行、在地與寰宇的文化內涵元素。
2. 創意：別具慧眼的資源整合，將無形的元素孕育成富含文化與創意商品。
3. 行銷：透過對市場的敏感與經營管理的策略，創造具有永續性的產業。

文創產業的學習者必須一方面是個生活達人，認真且全面的在生活中吸收文化素養，另方面要培養美感、創意與設計能力，學習經營管理行銷策略，成為全方位的文創產業人才。這樣的人才充裕後，我們心目中的願景才能實現。

第二節 ◆ 文化理論及其對文創的啟發

壹、從文化出發

文化的概念在人類學領域透澈的研究，已長達一個世紀以上。它所累積的理論能量，不只在二十世紀開啟人類對異文化的理解，洞察對己文化的剖析；它更在二十一世紀當消費文化鋪天蓋地席捲整個人類社會時，仍具有穿透性的意義。我們可以稍微回顧一下歷來學者對文化的解說。

英國社會人類學者泰勒（E. B. Tylor, 1832-1917）在1871年的《原始

文化》（*Primitive Culture*）一書中，開宗明義的爲文化下了一個概括性的定義，他說：「文化是人作爲某一社會的成員所獲得的複合整體（complex whole），包括知識、信仰、藝術、道德、法律、風俗，及其他能力和習慣。」而且泰勒在他的書裡更主張人類的心智是普同的，不論是狩獵社會或工業社會，人們都擁有一樣的智能。

美國文化人類學者潘乃德（Ruth Benedict, 1887-1948）在《文化模式》（*Patterns of Culture*, 1934）一書中研究過許多北美印第安族群，其中在訪問掘食印第安族人（Digger Indians）的酋長時，酋長把文化定義爲一個「生命之杯」，至於他們部族的文化因爲遭受強勢族群的入侵，經歷許多破壞，已經有了缺損。他感傷的說：「最初，神賜給每一族一個陶杯，人們從這杯子裡吸飲他們的生命。人們都從杯中掬水，每一族的杯子都不一樣，我們自己的杯子現在破了，我們已經失去了它。」（周德禎，2009：159）

潘乃德認爲每一個文化都從人類可能發展的心智特質中，擷選了若干種重要的特質，成爲這個文化傳承的重點，也形成了該文化的特定模式。因此她主張「文化相對論」（cultural reletivism），認爲文化只有不同，並無優劣（周德禎，2009）。潘乃德強調的是族群文化的差異性及欣賞包容異文化的重要，這也就是多元文化主義思想的濫觴。這個思想對文化創意產業的興起是有影響的，因爲所有的文化都有它的價值和智慧存在，我們不能坐視文化因爲強權加以破壞，或無知任其流失，文創產業的目的即是以經濟及創意的力量，維護保存文化，進而再現光芒。

克魯伯（Alfred Kroeber, 1876-1960）在《文化本質》（*The Nature of Culture*, 1952）一書中說，構成人類群體獨特成就（包括表現於器物者）的模式，有外顯和潛隱模式，即屬於行爲的模式及指導行爲的模式，它是藉著象徵來獲得並傳遞的。族群文化的成員在耳提面命或潛移默化中，學到了族群的共同信念和行爲，可見符號並不是社會生活中物質條件的次級反應而已，它是塑造或引領人類行爲的重要因素（周德禎，2009）。舉例而言，一個塑有浮雕蝴蝶的瓷器咖啡杯，不只代表它與平面瓷製咖啡杯製造技術的不同，它其實代表一個有特色的品牌，甚至代表使用者生活方式的品味。也就是說，符號呈現與文本沒有差別，它在觀念領域左右著人的思想和行爲，這當然也擴及生產和消費思維。

貳、李維史陀的結構主義

　　法國人類學家李維史陀（C. Levi-Strauss）對於文化的研究，不是著眼於其殊異性，而是其普同性。他首先研究親屬關係結構（Levi-Strauss, 1969），藉此探索親屬關係運作的心靈支配原則，找尋人類深層的心靈結構。李維史陀發現「亂倫禁忌」（incest taboo）是人類心靈普同性的設計，人類因為有了這樣的規範，超越了動物本能，得以從自然向文化過渡，其他的各種行為態度的規定就環繞著這個原則，依照不同社群的時空條件或創意發想，有不同的設計和創發，文化也就從此開展。在《結構人類學》（Levi-Strauss, 1963）一書中，李維史陀認為「文化」是人類對於自然的模擬，藉由「關係」來刻劃彼此之間的結構位置。所謂「結構」是人／人以及人／自然構成的關係網，這個關係網是以二元對立為其基本形式；也就是說，社會現實中的任一成分或元素，都可以根據它在二元對立關係的相對位置，賦予一定的社會價值和意義。

　　在他的四卷《神話學》──《生食與熟食》、《從蜂蜜到煙灰》、《餐桌方式的起源》、《裸人》的書裡面，李維史陀蒐集了南北美洲八百多個神話故事，但他既不要辨識哪個才是原本的故事、哪個才是最早最原初的故事，也不要歸納神話內容的二元對立公式，他的目的是探究人類思維模式的原型，人類各種文化產生的過程中，思維運作機制的深層結構是什麼？以及人類意欲表達的訊息為何？最後李維史陀說，那個總結訊息就是：「人類永遠處於二元結構不平衡的狀態中。」（高宣揚，1992）

　　人的不平衡處境導致人們對生命、對境遇的既愛又怕，因此想要藉由各種創作方式延續生命的存在，或捕捉幸福的感覺，或對痛苦進行療癒。對李維史陀來說，神話是人類祖先將他們與自然相處的經驗，以語言符碼體系表達出來的訊息結構。遠古的人類發現他所處的環境是變動不居的，他本身也是須臾即逝的，因此神話傳說不可能自我封閉，也隨著心境與處境變化萬千。李維史陀的深長智性之旅給我們的啟示是：人類之所以要不斷創造神話，是為了從創作中去表達自我對處境的感受，不論是歡愉恐懼、痛苦希望，創作本身就是一種對存在的擁抱，或積極的定格凝視，這其實也就是古往今來人們熱衷於生產創造文化作品的初衷。

參、羅蘭巴特及德希達的後結構主義

　　李維史陀雖創造二元結構論，他同時也發覺二元對立不穩定的現象，這就爲後來的理論突破留下縫隙。羅蘭巴特（Roland Barthes）在《神話學》裡說：「神話是一種傳播的體系，它是一種訊息」（1957，許薔薔等譯，1997: 169），這個訊息理論，把我們對神話的理解，從李維史陀的遠古人類向前推了一步，也就是從二元對立，走向了能指（signifier）、所指（signified）和符號（sign）三個面向的後結構主義。在《神話學》這本書中他談到了兩種神話：一是流行神話，一是現代神話。也就是說，不論是一場演講、一部電影、一場show、一個產品，都在傳遞著某種當代的神話。這樣的寓意使廣義的神話鋪陳在各種人類活動中，打開我們對現實世界的觀看方式。

　　作爲科技昌明時代的人類，我們自以爲對命運與遭遇已經解惑、不再宿命迷信，甚至自以爲能夠控制自然駕馭命運，認爲像伊底帕斯那種因爲請示神諭，力圖逃避神諭的噩運，最終卻仍然落入神諭注定的命運，是不會發生在我們身上的。然而當我們經歷風災、水災、地震、海嘯、浴火戰爭，發現原來我們和祖先沒什麼兩樣，也在編織著我們當前處境中的神話。因爲對環境的不確定感，我們試圖藉由新編的神話，增加對存在的感覺及生活的掌控力。不過人類也並非全然複製祖先的腳步，巴特認爲經由符號的意涵或暗示，今天的神話被製造出來的目的是在提供消費。這是他和李維史陀分道揚鑣之處，他指出神話脫離了過去和宗教及政治結合的階段，堂而皇之邁入消費者主義階段。結構被裂解，個人變成了神祇，一切的創造是爲了滿足個人的消費慾望。或者我們也可以從這裡去理解今天文創產業的發生，與過去神話一樣，是針對人的需求應運而生，是以不用爲它的商業色彩而背負汙名。

　　巴特除了從《神話學》的符號論，也從各種面向去觀察結構的斷裂。他把服飾、飲食、攝影等符號象徵系統，都包含進廣義的書寫，並且進一步提出「作者已死」（Barthes, 1977: 142）的理論。過去文學評論者視作者爲完成作品唯一的人，對於讀者從未給予任何關注。然而，巴特認爲一個文本是由多重書寫完成，它從許多文化萃取元素，在文本中開始彼此對話、嘲諷、爭議的關係，最後這種多樣性不是在作者那裡聚焦，而是在讀者的手上

確立他想關心的重點。換句話說，一個文本的完整性不在它的起源處，而在它的目的地。這個目的地不再屬於任何個人，而是由讀者自行把過去和未來扣在一起，以此完成了文本。根據讀者置身的那個時空，所有引述的東西被毫無疏漏的完成。在這個傳播的訊息系統裡，作者不再是壟斷者，作者寫的文本還沒有結束也沒有定調，讀者可以自行拆解、拼裝，即使脫離原來的結構順序，也不妨礙各種對話的進行。

巴特的見解並不難理解，試以閱讀《紅樓夢》來體會一下。今天我們讀《紅樓夢》，有人喜歡看寶玉、黛玉的情史，有人喜歡從榮國府、寧國府的興衰，看當時社會的變遷，不論是宏觀或微觀的體驗書中人物的經驗，我們畢竟都用今時、今地、今人的感受來看他們、瞭解他們，而作者的原意除了少數研究者關心外，大多數讀者都已各取所需自行創造衍生了。這提醒我們：讀者／觀眾／閱聽者本身的體驗經驗是不可忽視的，因爲通過閱聽者（消費者）這方面的參與，作品才得以完成，這讓我們澈底覺察「作者中心」的瓦解。現代性所重視的「同一勝過分歧」觀念，被巴特的主張顛覆了，人們的主體性復活，能夠讚許後現代意義分歧、多元再現、尊重差異的觀念，以此宣告解構主義的來臨。因此啟發對參與體驗、自身經歷的重視，是現代文化創意產業萌生的重要精神（ethos）。

接下來，我們可以從德希達（Jacques Derrida）的思想，來進一步理解當代社會是如何更激進的朝「去中心化」（decentralize）轉向。德希達在《書寫與差異》（1967；張寧譯，2004：546）中說：「結構……雖然一直運作著，卻總是被一種堅持要賦予它一個中心，要將它與某個在場點、某種固定的源點聯繫起來的姿態中性化了，並且還原了。」人們認爲結構一定有中心點，但是德希達卻推翻這種看法。結構的定義，就是人與人、或人與物、或物與物的關係，它的原則就是其中元素皆可替換。德希達認爲一般人視爲本質上「中心」的那個東西，由於它的內容、組成成分、術語不可能被替換，結果反而違反了結構「可替換性」的特性。一個不能替換的「中心」，好像主宰著結構，但卻逃離了結構性。於是所謂的「中心」，好像既在結構內卻又在結構外，但是既是「中心」，便應該隸屬整體核心位置，如果它不在整體內，它就不是中心，既然不在中心，就自然而然的被「去中心」了。

　　我們可以舉例說明去中心是如何發生的。例如：有一個團體它的結構組成是領導者和追隨者，既是一個結構，那麼領導者和追隨者都是可以替換的，如果有人說這個團體有一個無可替代的權力中心，那麼這個不能替換的中心，根據定義應該不屬於結構的一分子，如果他不屬於結構內，他就自然是屬於結構外，既然在結構外，也就被結構去除掉了，這就是「去中心化」。

　　德希達為了要把解構說得更清楚，就以「一種以上語言」定義「解構」（1967；張寧譯，2004：29）。他的意旨是藉著體驗世界上有許多種語言存在的事實，使我們很清楚知道，他種語言的使用者也能指揮他們的世界，創造他們的生活事物，如此一來，我們就體會到世界上並無固著不變的「中心」，以此更能覺察到中心的解除、權威的解除。這是德希達所進行的一種使社會技術轉型的事件，也就是他所說的解構性事件。

　　德希達除了以多種語言的歧異來說明解構，他還舉李維史陀的《神話學》為例，來說明中心的不存在。李維史陀在他的《生食與熟食》（周昌忠譯，1992）一書中舉了博羅羅（bororo）族的神話，當作「參照性神話」。但是李維史陀本人也承認這個神話沒有什麼典型特徵，結果就是任何一則神話都可以拿來做參照性神話。這正是德希達要強調的，「神話的統一體或絕對發源地是不可捉摸的」（1967；張寧譯，2004：558），意思是神話是一種無中心的話語，一切雖始於結構、型態或關係，但它的創造者、衍義者與再創者眾多，所以本身並沒有絕對的中心。

　　解構主義和傳統認識論不一樣，傳統上，人們為了要「認識」某種事實，便需要一個絕對精確的答案，也就是必須回到中心、回到基礎、回到原則。然而，中心的功能雖然可以組織結構，但它又專斷的對結構的遊戲加以限制，關閉它所不允許的遊戲。但是當德希達把固定中心解除，反倒開啟了遊戲的歡愉。這也就是後現代眾聲喧譁、落英繽紛的開始，所有束縛被解除了，中心和邊陲互相顛覆或取代，創意變成主人，愉悅變成目標，文化創意變成主流。

肆、後結構主義對文創的影響

　　德希達的「解構」目的是爲了顚覆形上學，但他本人並非要達到同一性，也不要追求明確性和清晰性，而是爲了建構模糊的、無中心的非結構思想。就像巴貝塔崩塌了，人們開始各說各話。他的哲學思想不但影響文學，也影響藝術設計和劇場表演。

　　我們可以舉莎士比亞舞台劇《哈姆雷特》在劇作及劇場表演上所經歷的三部曲，來說明時代的演變及理論視野的創新，對戲劇創作的影響。《哈姆雷特》文本及劇場呈現的變遷演化，從莎翁原創時著重文學故事中正義與邪惡的原型衝突，到德國劇作家海納穆勒心理分析式的解構《哈姆雷特》人物典型特質，加入後解構時代人類心理的崩解破碎，到香港劇作家陳炳釗把《哈姆雷特》放進文創商演的場域，顚覆原著主角崇高的道德性，凸顯重視商業利益的殘酷，使演員在資本主義的壓迫下失去人的主體性。

　　莎翁的《哈姆雷特》於十七世紀初期創作及搬上舞台，原劇是說哈姆雷特王子的叔父毒殺他父王，又強占他母后爲妻，善良的哈姆雷特徬徨在要不要爲父親復仇而難以決定，後來經過許多掙扎，決定爲父母復仇。莎翁筆下的哈姆雷特是道德正義、理性形象的化身，他的名句「To be or not to be, that's the question.」，正是表現他徘徊於理性抉擇之路。

　　1977年德國知名劇作家海納穆勒（Heiner Muller, 1929-1995）寫成《哈姆雷特機器》（Hamlet Machine）一劇，完全顚覆莎翁的思維。他解構哈姆雷特正義理性啟蒙知識分子的形象，把他變成一個精神狀態失常的符號，是佛洛伊德精神分析下的戀母、偷窺、癲狂、異裝癖病人。面對他所愛的女子奧菲麗亞，他竟說他不想做男人而想做女人。演員甚至脫下哈姆雷特戲裝，摘下面具，澈底打破戲劇的假定性，公然宣稱：「我不是哈姆雷特！我不再扮演任何角色，我的台詞不用我再說了，我的戲不再演出了！」莎翁筆下的哈姆雷特王子爲恢復理性秩序而復仇，甚至自己慷慨就義。但在海納穆勒《哈姆雷特機器》裡，結尾變成一場普通人對普通人的屠殺，自己對自己的屠殺，不僅完全失去了理性的光輝，還凸顯出暴力和非理性的面目（焦洱，2007）。

　　《哈姆雷特機器》是後結構劇代表作，它用詩的語言演出，劇本反敘事

結構，無完整角色設定，沒有中心思想，即使略微碰觸共產主義崩解vs.資本主義瀰漫的現象，但它意不在抗爭或批判，它完全沒有目的，是解構思想的意象在劇場的「再現」（representation）。

《哈姆雷特》劇的第三部曲出現在2010年，香港。

香港劇作家陳炳釗根據海納穆勒《哈姆雷特機器》（廣東話讀起來如「哈奈馬仙」）改編成《哈奈馬仙之hamlet b.》新劇，由「前進進戲劇工作坊」於2010年底在台北、香港、廣州三地演出。

這是一個關於文化創意產業品牌王子與超級粉絲之間的愛情故事。為了開啟哈奈馬仙文創產業計畫，北京政府在遙遠的西藏蓋了哈奈馬仙大劇院，熱鬧公演第一百場《哈奈馬仙》。深愛著哈姆雷特的奧菲麗亞為了追星，拎著她的名牌包，從香港飛往西寧，直奔哈奈馬仙園區。幕一開始，受萬人景仰的哈姆雷特正準備上演他第一百場的《哈奈馬仙》亞洲巡迴演出，飾演哈姆雷特的演員b卻迷失了自我，在舞台下方崩潰。開場前他躲在舞台底部，一幕幕過去的記憶重現，他看見自己在示威群眾中表演行為藝術，防暴部隊步步進逼……。他雖然不能上場，可是沒有關係，在他背後還有哈姆雷特A、哈姆雷特C、哈姆雷特D，「to b or not to b, that's a question...我是a，我是b，我是c......我是hamlet b，我是26個hamlet裡面的其中一個。」哈姆雷特真成了機器，舞台上只有能夠賺錢的公式化角色，複製貼上完成。（小西，2008；賈亦珍，2010；Ivy, 2010）

《哈奈馬仙之hamlet b.》共有四個角色，分別是文創產業的CEO、演員哈姆雷特、消費者奧菲麗亞，以及劇作家海納穆勒。這部戲是由劇場人士出發，並反思劇場產業的後設作品。藝術的消費價值在此成為本劇的提問：劇場能否被消費？消費後為誰累積了什麼？消費會不會變成消耗？綜合而言，這齣戲有兩層意義：其一，它接續穆勒對莎翁劇的解構行動，但拋開了穆勒所關心的時代動盪、人類心理混亂的主題；其二，它揭開當今消費者社會中，文化創作者、消費者、資本家、利潤等的糾葛，並發出了「經濟誘因是否謀殺了藝術」這樣的質問和疑慮。但是不管人們心裡有多少疑問，不管大家是否從一齣戲中找到了答案，創作者、消費者、媒體、政府及商業利益受惠者，大家同時意識到的一個訊息就是：文化創意產業的時代已經全面來臨。

德希達曾經說，如果你要問我的「終極目的」，是指某種目標、某種最終的完成、某種有機的目的地，是我知道我要去哪兒？我知道我在尋求什麼？並且我將以某種目的化的方式去達成它，其實我是無法給出答案的。「從這個角度出發，我並不認為解構有什麼終極目的，從某種角度說它是無限定的，無止境的。它也不是相對主義，它在每一個不同的上下文脈絡中移動或轉型，但它沒有終極目的。」（張寧譯，2004：20）

我認為，德希達的解構主義雖然不說答案，但他給的是一種精神（ethos），一種創新表現的精神。他昭告世人的是：不論傳統偉大與否、沉重與否，人們仍需無所畏懼的繼續創造，破除中心對邊陲的掌控、破除權威對弱勢的壓迫，持續推陳出新，勇於向前，挑戰傳統的束縛，轉化傳統成為新鮮，而這個精神召喚文創產業破繭而出，創造一個新時代的表達方式。

伍、文創產業發展的兩難拉鋸

台灣從2002年開始意識到要發展文創產業，至今（2016）已有十四年的時間，從選定五大文創園區，訂定《文創法》，劃定文創產業範疇，到給予獎勵補助文創創業。這一路行來，先是歷經沒有人知道文創是什麼，到最近很多人都說他做的跟文創有關係，甚至歷經真文創、假文創的爭議，十多年來的成長與變化不能不說快速。站在社會發展的立場，我們固然希望它生機無限，以改善更多人的生計，優化整體的生活品質。但是對於隨之而來的負面影響和焦慮批判，我們關心文創發展者也不應該若無其事或置若罔聞。

發展文化創意產業從來就不是個浪漫的夢想，也不是單純的營利，它從一開始就跟著各種批判與反思的力量辯證性的向前邁進。既有法蘭克福學派阿多諾等學者對「文化工業」的批判，認為強調普羅文化會汙染菁英文化；又有德希達等學者倡導去中心、反霸權的思想，著重在提供弱勢邊陲發聲的機會。所以，要是把它簡單的化約為「文化加創意等於賺錢」，那是錯得很離譜的。

文創產業整體在台灣發展的初期，我們著力的重點是：如何把文化元素及創意思維帶入作品中，轉換成消費者能接受的產品，進而發展為某個新型

態的優質產業。這對於文化藝術創作者或傳統生活產業製造者，其實並不容易。大多數要進入這個領域的人，不論是在思想面、方法面、技術面、經營面仍相當陌生，也還有待投入更多的學習、實踐、檢討、研發和論述，以增強產業的實力。截至今日，說實話台灣這一部分的發展也還不見得成熟，只是現在的局面不再是不知道文創是什麼，而是雖然知道他是什麼，而且有很多人加入這個領域，但是文創的深度、品質和大影響力還沒做出來。然而，時間並不等人，與此同時，國際間的強大對手倒是已強行壓境，例如：韓國、泰國等令人動心的文創產品，已經排山倒海而來。

在十多年摸著石頭過河之間，台灣文創除了內部發展量多尚未質精、整體未臻成熟，外部強敵環伺在側之外，同時本身也已出現弊端。像2015年爆發的「眞文創／假文創」之爭議，就是一個案例。我們發現，在文化商品化的過程中，傳統價值難免遭到破壞，或是因資本主義利益導向，過度物化導致生活品質或創作品質降低，或是因消費者至上而產生媚俗扭曲，這些都會引起社會大眾情感上的不滿或行動上的抵制，這顯然也是發展中迫切需要重視的議題。

文化創作者一直在為是否擁抱消費市場而思索。有些人主張文化創意產業要成功，必須把文化產品大規模量產；有些人主張文化和創意應該注意精緻和維護它的人文性。最近有人質疑台北松菸文化園區的經營模式是假文創，論者質問賣場加餐廳就等於文創嗎？我覺得問題不在於開餐廳是不是文創、大資本是不是文創，問題在於整個場域文化含量夠深厚嗎？創意夠動人嗎？松菸場區是有歷史縱深的，如果能把它近百年來的演變史整理出來，把民國遷台後歷經許多尋常百姓的諸種努力，又難抵時代巨輪輾過而淪於蕭條，之後再風華再起另求轉型出路等時代的轉折變化，做出一番歷史與社會文化的表述，再把它從文本做成創意呈現，就會成就富含文創底蘊的好地方。文創是要用心去提煉的，急於將本求利，只求外表光鮮亮麗，一定不好；相反的，不知自己好在哪裡，僅做些平庸的利用，也徒然糟蹋了文化。

文化創意產業發展的兩難拉鋸，是經濟利益和人文關懷孰輕孰重，這是始終要放在發展考量中的課題。在這方面的積極實踐方案，或者近年來呼聲頗高的「企業社會責任」（CSR）可以是解決方案之一。關於「企業社會責任」的定義，很多專家學者及世界性機構都有討論，我們簡單的以世界經

濟論壇的定義來說明這些責任:「一是好的公司治理和道德標準;二是對人的責任;三是對環境的責任;四是對社會發展的廣義貢獻。」(莫多立,2005)文創產業的業主同樣也應該把這些社會責任考慮進去,那麼在企業發展時,就不至於只做到用文化做表面包裝,而能同時做到對個人、對社區、對環境,負起應負的責任。

陸、小結

　　本節談到多個與文化及鼓舞文化創意產業發展的相關概念,潘乃德的文化殊異性思想重視不同文化的價值和智慧,而文創產業的目的即是以經濟及創意,維護文化再現力量。李維史陀給的啟示是:不論是神話或其他的創作,本身就是一種對存在的肯定,這也是人們生產文化作品的初衷。巴特「作者中心」的瓦解,提醒我們重視讀者參與體驗,作品才得以完成。德希達解構思想給的是一種創新表現的精神,繼續創造,推陳出新。

　　文化創意產業需要回歸人文的關懷,不能被物化取代,不能被無所不在的資本主義侵蝕了它的反省力量,這是我們在發展文創產業時,就需要同時銘記在心的。因此即便它相當程度上要重視產業經濟的研究,但同時也要對文化理論進行探討。理論取徑很多,我在此只取其一端而已。德希達說:「雖然解構不是一種方法論,他卻有些方法的規則可以傳承。……它有一種可以被傳授的風格或說姿態,因為它們能夠被重複。」(1967;張寧譯,2004:22)我想這個思想最可貴的是,德希達對人文精神的重視,他強調的方法是可以被學習、可以被延伸、可以無限的被替換,而這種省思與突破的精神,在注重創新的文創領域是一個舉足輕重的原則。

結　語

　　我們在這一章裡面討論了文化創意產業的興起與發展、它的範圍、內容、特性及其願景,而人才培育是達成目標最重要的一個環節。接著,我們探討文創產業的當代社會文化氛圍,從文化概念出發談到李維史陀的結構主

義，羅蘭巴特與德希達的後結構主義及其對文創產業的啟發，重要的是要秉持不斷創造、推陳出新的精神勇敢向前。

以文創產業中表演藝術為例，台灣一直有許多傑出團體，如老家在屏東潮州的台灣地方傳統戲曲「明華園歌仔戲團」、說著河南方言而根據地在高雄左營的「國光豫劇團」、以原住民歌謠舞曲聞名的「原舞者舞團」等。這些表演藝術團體，原來以地方性語言與習慣作為其扎根之基礎，看似有其侷限性，但卻能夠在文化創意產業中脫穎而出，從鄉間野台躍上國際舞台，把獨特性轉化成跨文化訊息的傳遞與再現，獲得世人的欣賞。

除了他們本身的努力，台灣社會提供的涵養孕育之土壤亦功不可沒。白先勇先生在製作青春版牡丹亭的時候說：「台灣觀眾水準很高。」高水準觀眾群體的養成，也非一蹴可幾。台灣一直有各種業餘愛好者或不賺錢的演出者，憑著熱情組成各類小團體，不絕如縷的在深化厚植這塊園地，傳統戲曲如歌仔戲、京劇、崑曲、豫劇是如此，小劇場、另類劇場、原住民歌舞亦是如此。再加上各種文化活動的薰陶，多元文化的交會，東西方思想的衝擊，開放自由的社會風氣，本地藝術的茁壯，造就了普遍文化欣賞與參與的氛圍，使觀眾的品質與數量都有顯著的提升，因而滋潤了創作的靈感和產業的興盛。

不過，文創產業發展之路也並不是一條平坦易行的康莊大道，它還有許多艱難險阻需要克服。在它無限多發展的可能性中，無可避免要面對「提升產值」vs.「重視人文」的兩難課題，在這方面迫切需要文創工作者和整體社會鍥而不捨、不斷努力以求解決之道。我們的目標是既要取得平衡又要不斷突破，既要超越而又需要創造雙贏，能夠做到這樣就是我們寫作本書的旨意了。

學習評量

1. 請說明文化創意產業興起的背景因素。
2. 請說明《文化創意產業發展法》施行後對台灣文創產業發展的助力為何？

3. 請說明後結構主義思想對文化創意產業的啟發和影響。

4. 請討論文創產業的業主可以如何盡到社會企業責任？

參考書目

一、中文部分

王志明（譯）（1989）。Levi-Strauss, C.原著（1955）。憂鬱的熱帶。台北：聯經。

文建會（2004）。文化白皮書2004年。台北：行政院文化建設委員會。

周昌忠（譯）（1992）。Levi-Strauss, C.原著（1964）。神話學：生食與熟食。台北：時報文化。

周德禎（2009）。教育人類學導論：文化觀點。台北：五南。

高宣揚（1992）。結構主義人類學大師：李維史陀。在黃應貴編見證與詮釋，頁250-281。台北：正中書局。

莫冬立（2005）。企業社會責任守則全球發展現況與未來趨勢。證券櫃檯，**141**，頁27-32。

夏學理（2008）。文化創意產業概論。台北：五南。

夏業良、魯煒（譯）（2008）。Joseph Pine & James Gilmore原著。體驗經濟時代。台北：經濟新潮社。

許薔薔、許綺玲（譯）（1997）。Roland Barthes原著（1957）。神話學。台北：桂冠。

陳學明（1996）。文化工業。台北：揚智文化。

張寧（譯）（2004）。Jacques Derrida 原著（1967）。書寫與差異。台北：城邦文化。
http://tcim.npue.edu.tw/front/bin/cglist.phtml?Category=125

賈亦珍（2010）。哈奈馬仙之hamlet b.：文化消費是出路還是不歸路。台北：聯合新聞網。http://mag.udn.com/mag/reading/storypage.jsp?f_MAIN_ID=386&f_SUB_ID=3808&f_ART_ID=285076

廖珮君（譯）（2006）。David Hesmondhalgh原著（2002）。文化產業。台北縣：韋伯文化。

劉大和（2005）。文化與文化創意產業。台北：魔豆創意。

嚴長壽（2008）。我所看見的未來。台北：天下文化。

Ivy（2010）。三地演員同台，多種語言齊飛：哈奈馬仙之hamlet b.。台北：藝流網-Floating。http://floatingarts.ning.com/profiles/blogs/san-de-yan-yuan-tong-tai-duo

二、英文部分

Barthes, R. (1977). *Image/Music/Text*. (trans. by S. Heath). New York: Hill and Wang.

Baudrillard, J. (1998). *The consumer society: Myths and structures*. London: Sage.

Benedict, R. (1934). *Patterns of culture*. Boston: Houghton Mifflin.

Bourdieu, P. (2004). *Distinction: A social critique of the judgment of taste*. London: Routledge.

Coolidge, C. (2011). *Calvin Coolidge*. Wikipedia. http://en.wikipedia.org/wiki/Calvin_Coolidge

Levi-Strauss, C. (1963). *Structural anthropology*. (trans. C. Jacobson & B. G. Schoepf). New York: Doubleday Anchor Books.

Levi-Strauss, C. (1969). *The elementary structures of kinship*. (trans. J. H. Bell, J. R. von Sturmer). Boston: Beacon Press.

第 2 章

「創意」與文化創意產業

賀瑞麟

學習目標..

1. 能理解「創意」概念的起源和發展。
2. 能理解「創意四環節」和亞里斯多德的四因說。
3. 能理解「邏輯思考」和「創意思考」兩者的關係。
4. 能理解創意是一種突破（「守─破─離」）。
5. 能理解創意是一種新奇、意想不到的連結。
6. 能理解並分析文化創意產業個案的創意在哪裡。

....

關鍵詞彙 創意、創造性、邏輯、文化創意產業

前言　創意與文化

賴聲川在〈創意如何成為一種產業？〉說（賴聲川，2006：342-343）：

> 　　雖然近年來，「文化創意產業」變成很流行的行業，但事實上我們必須看清楚：「創意產業」必須依賴「創意」才能成立；「創意」又必須依賴「文化」才能茁壯。這是一個前後連鎖的關係，沒有文化就沒有創意，沒有創意就沒有創意產業可言。
>
> 　　所以很明顯，創意要成為一種產業，首先必須有很好的創意。這一點都不奇怪，但並不容易理解。

「文化創意產業」，顧名思義，要有文化、要有創意，也要有產業，三者缺一不可。如果只有兩者，當然也成立，但是不完美，比如說創意產業或文化產業。任何產業，只要透過「創意」都可以轉化成為創意產業，例如農業，只要透過生產技術之創新、管理之創新、行銷之創新，就可以轉化為休閒農業，讓消費者自行種植、自行採果。原來的農業只銷售水果，轉型之後，連整個生產過程（結合知識和體驗）都能銷售，因而變成一種創意產業。但這只是創意產業，並沒有「文化」元素。如果能夠進一步結合「文化」（比如說，賦予水果各種故事和文化傳說，或者結合文化活動行銷水果），那就是「文化創意產業」。

誠如賴聲川所說，「沒有文化就沒有創意，沒有創意就沒有創意產業可言。」創意不是憑空而來的，自由的創意，往往需要厚實的文化涵養作為資本。日本室町時代的能劇名演員觀阿彌、世阿彌父子，曾留下一句名言：「守、破、離」（林欣儀譯，2010：55）：

> 　　「守」就是完全遵守教條、學習教條。……「破」就是重新設定以往學到的東西。瞭解守的意義，才能夠「離」，也脫離過往，建立自己的風格。

我們可以說：要「守」的是過去的資本，如老師的教誨或文化的資產，是一種純粹的「模仿」，努力吸收文化的食糧。「破」是重新消化「守」這個階段所吸收的東西，重新詮釋、突破常規。而「離」則是嶄新的「創造」，脫離窠臼，自成一格。但是如果「守」得不夠深，就無處可「破」，當然就無法可「離」。這就是說：嶄新的創造（離）是要建立在深厚的文化（守）之上，而突破常規（破）則是兩者之間的橋樑。

創意（創造性）不是憑空而來，需要辛勤的努力及扎實的基本功，更需要深厚的文化涵養（及美感陶冶）。天馬行空的創意，或許偶有佳作，但可遇不可求。唯有建立在深厚基礎上的創意，才能不擇地皆可出、可長可久。

的確，創意是需要靈感的，但靈感「自外降臨，它是一個火花，一個催化劑，而不是一個檔案，外在的故事或事件可能成為催化劑，刺激我們內在的作業系統，但是這些外在故事或事件無法取代作業系統。我們只能靠自己的井來取水。自己的井中有多少水，是自己長年的積蓄。」（賴聲川，2006：79）

這就是說：「守」得愈深、愈久、愈勤，自己井中的水就愈多，積蓄就愈豐富，當靈感之火迸發之後，能燒盡的（破）就愈多，就能「離」得愈遠！

第一節 「創意」（創造性）概念的起源及其發展

創意（創造性，creativity）的概念很晚才進入歐洲的文化史之中，單從名詞本身的歷史演變來說，可概分為四個階段：（劉文潭譯，1989：293-322）

一、希臘羅馬時期：希臘無「創造性」一詞，而羅馬雖有，但僅作為「父親」之意使用

在希臘羅馬時期的一千多年之中，在哲學、神學，以及我們現在所歸

類為藝術的藝術作品中，「創意」或「創造性」（creativity）相應的希臘文名詞根本不曾存在，頂多有「製造」（ποιεῖν; poiein; to make）一詞。而羅馬人雖然用了「creator」一詞，但這在他們的口語中是跟「父親」同義的詞。而「creatio urbis」，則表示「城市的建立者」；並不像後世把「創造性」用在神學（中世紀）和藝術領域中（十九世紀）；更不用談用在人類生活的所有領域了（當代）。

二、中世紀至啟蒙時期：創造者＝上帝

中世紀（四世紀至十四世紀）時，「創造」一詞雖然開始被使用了，但是只限於神學領域；這個詞等同於「上帝」（God）之義；一直到了啟蒙時代，「創造者」仍只被用在神學領域裡。

三、十九世紀：創造者＝藝術家

到了十九世紀，「創造者」（creator）這個名詞開始進入藝術的語言中，甚至變成藝術家的同義詞。「創造」也變成了藝術專有的屬性，也因而衍生了許多相關的詞彙：如形容詞「〔有〕創造性的」或「有創意的」（creative）、創造性、創造力或創意（creativity）等詞彙，全被用來表示與藝術家或藝術品相關的事件。在這之前，創造性從未與藝術家關聯在一起，但是在十九世紀以後，卻變成稀鬆平常的事。

四、二十世紀以後：人人都可以是創造者，任何事都可以有創意

二十世紀以後，「創造者」（creator）這個詞，開始走出藝術而被應用到整個人類的生活領域中；科學裡可以有「創造性」（創意）、政治家的觀點可以有創造性（創意）、生活方式也可以有創造性（創意）。總之，「創造性」（或創意）的觀念適用於人類生活的每個領域。

現在讓我們來總結一下「創造性」（創意）這個名詞的發展簡史。在希臘並沒有「創造性」相關的名詞；羅馬時期「創造者」用作父親之同義詞；在中世紀時期，「創造者」等於上帝的同義詞；創造性的相關名詞只限於神

學領域，人類的活動是與「創造」沾不上邊的。可是經歷了科學革命、啟蒙運動與工業革命之後，到了十九世紀，「創造性」的相關詞彙卻轉了向，只適用於人類的活動，而且只適用於人類中的一部分人——藝術家；「創造」（創作）、「創造性」（創意）變成了藝術的代名詞，凡與創作、創造有關的名詞，都是用來形容藝術家或藝術品的。到了二十世紀以後，創造性這個詞開始超出藝術，適用於人類所有的領域。我們可以說二十世紀以後的當代，是個「泛創造主義」的時代！

第二節 ◆ 何謂「創意」（創造性）？

當我們說一件事物（或一個活動）具有「創意」（或創造性）時，必然意味著此事物（或這個活動）在如下四個方面，具有「新意」（novelty〔新奇性〕）：(1)形式、(2)質料、(3)技術、(4)功能。

舉例來說，我們會說一個椅子具有創意，也許是因為這個椅子的「形式」（形狀、外形）別具巧思；也許是因為這個製造椅子的「材質」很特別；也許是因為這個椅子是透過一種新的「生產方式」被生產出來的；最後，也許是因為這椅子不只是可以當椅子用，它具有別的「功能」（比如說，這個折凳，同時是七種武器之首！）。

從上述的例子可知，創意如果涉及到某種新奇性，那必然是上述四種新奇性（形式、質料、技術和功能）中的一種。不過，我們必須注意到的是：雖說創意必然涉及某種新奇，但只有新奇性還不足以構成創意。簡單地說，我們說某件事物具有創意，通常是因為這件事物在某方面是新的，但是如果某物光只是新，我們未必就會認為它具有創意。

當我們說創意必然表現在如下四者的創新上時，我們其實是借用了亞里斯多德的「四因說」。

壹、創意的四個環節（形式、質料、技術與功能）── 亞里斯多德四因說的重新詮釋

一、亞里斯多德的「四因說」

亞里斯多德認為萬物存在可以用「四因說」來解釋，也就是說某個事物為何會以目前這種方式存在，可以用四因說來解釋。比方說，這張石桌之所以會變成這個形狀，用這種材質，被用來當作某種家具，完全都可以用「四因說」來解釋。必須注意的是，這裡所謂的「因」並不能只以近代自然科學所說的「因果關係」來理解，近代自然科學所說的「因果關係」充其量只能說是亞里斯多德所說的「動力因」而已。當我們問：「為什麼這個石桌會在這裡？」用亞里斯多德「四因說」來回答，可以得到非常複雜的答案。

首先，我們得先理解亞里斯多德所說的「四因」（四種原因）指的是什麼？亞里斯多德在《形上學》第五卷（1013a-b）說道：

> 「原因」的一個意思，是內在於事物之中，事物由之生成的東西，例如青銅是雕像的原因，白銀是杯盞的原因。另一個意思是形式或模型，也就是事物是其所是的定義，…………。第三，變化和靜止由之開始之點，例如策劃者是原因，父親是兒子的原因。一般來說，製作者是被製作者的原因，變化者是被變化者的原因。第四，作為目的原因，它就是何所為，例如健康是散步的原因。為什麼要散步呢？我們說為了健康，在這樣說的時候，我們認為指出了原因。

在這裡，亞里斯多德清楚地指出了何謂「四因」：「質料因」、「形式因」、「動力因」和「目的因」。

㈠「質料因」（material cause）

指的是一個自然事物或人造事物的質料；如青銅是雕像，其質料因就是青銅；白銀做成的杯盞，其質料因就是白銀。同樣地，我們說木椅，指的是：該椅子的質料因為木頭。

㈡「形式因」（formal cause）

指的是一個事物是由怎樣的定義、形式、形狀、外形或比例（如黃金比例）所構成的。如一個木椅，其質料因是木頭，而其形式因則是椅子的形狀；或一個圓桌，其形式因有二，其一為圓形、其二為桌子的形式。（不然，我們為何不會說：這是一張圓形的椅子呢？）

㈢「動力因」（efficient cause）

指的是「變化和靜止由之開始之點」；換言之，誰造成了改變，誰就是「動力因」。如木椅的製作者（工匠），就是其動力因；一個計畫的策動者，也是其動力因。

㈣「目的因」（final cause）

指的是該事物之所以變化的最終目的，就是「目的因」。如某甲製造車子是為了代步，這代步就是車子的目的因；製作碗是為了盛飯，盛飯就是碗的目的因。換言之，目的因就是指某物的功能。

綜上所述，如果某甲製作了一個石桌，那麼石頭就是該石桌的質料因，桌子的形式（形狀、型態）則是形式因，而某甲則是動力因，承載物品則是石桌的目的因。

由於任何事物之形成，都離不開質料、形式、動力和目的四個環節，因此，當我們說任何事物（或活動）具有創造性（創意）時，必定離不開這四個環節。如果創意是具有某種新奇性時，那麼這新奇性若不在質料的創新、形式的創新、動力的創新以及目的（功能）的創新其中之任何一項上，那它還能在哪裡呢？

二、四因說與創意四環節

㈠ 形式因與外形的創新

以手機為例，某個手機外形美不美、是否具有創意，這是屬於「形式因」的環節。同樣地，在錄影帶普遍使用時，有許多迴帶機（倒帶機）外形

設計成轎車的樣子，這就是「形式」上創新的例子；面紙盒化身爲一隻動物、撲滿變成一本書，皆是「形式」上創新的例子。

(二) 質料因與材質的創新

以撐竿跳所用的竿子爲例，前人用的是竹竿，現在用的是玻璃纖維，這就是「質料」上的創新。目前造紙所採用的原料多半是木材，最近有人採用石頭來造紙，也有人用對生態造成威脅的小花蔓澤蘭來造紙，此外，鈦金屬的眼鏡架以及安全鏡片等等，這些都是「質料」上的創新。

(三) 動力因與技術的創新

根據亞里斯多德的講法，「動力因」指的是「變化和靜止由之開始之點」，通常指的是某物的製造者，但是我們也可以擴大解釋，把「技術」、「生產方式」也當作「動力因」來理解。當某事物的生產者、生產技術和「生產方式」（含行銷管理等）有所創新時，我們可以稱之爲「動力」上的創新。如原本用人工採集椰子，後來改訓練猴子採集椰子，這屬於「動力」上的創新；又如原本的生產方式較無效率，後來透過組織管理，有效的編組人力，結果生產效能提升，這也算是「動力」的創新。

(四) 目的因與功能的創新

十數年前的手機，原本只能對談，現在卻可以照相、上網，這就是「功能」（目的因）的創新。當許多事物的功能擴充了，如便利商店，原本只是比傳統的雜貨店更爲窗明几淨，但是後來功能不斷創新，幾乎可以包辦人們生活上的大小事情，成爲名符其實的便利商店，這是「功能」的創新。

當我們說某事、某物（或活動）具有創意時，必定意味著該事物（或活動）在質料、形式、動力或功能上，具有新奇性或創新之處。但這並不是說凡是具有新奇性的事物就一定具有創意，這點是很重要的。當我們說「和尙必定是男人」時，並非意味著「男人一定是和尙」。同樣地，當我們說「創意必然是表現在質料、形式、動力或功能四者之一（或更多）的創新」時，並不表示這四者之一（或更多）的創新一定具有創意。換言之，有創意的東西必然在某些方面是新的，但這並不表示新的東西一定具有創意。

貳、創意作為一種新奇、意想不到的連結

賴聲川先生認為「創意是一種新奇的連結」[1]。但是光有新奇，未必有創意。新奇代表一種意想不到的方式，而連結則代表一種「邏輯」。創意很奇怪，它不是邏輯，但卻又使用一種意想不到的邏輯。邏輯思考與創意思考不同，因為邏輯思考要符合某些規則，避免某些謬誤，而創意思考則不必如此，它可以自由發揮，衝撞謬誤。這兩者雖然不同，卻又互補。以下簡略說明這兩種思考之不同，並且指出它們兩者是互補的。

一、邏輯思考（垂直思考）與創意思考（水平思考）之對比

㈠ 邏輯思考（垂直思考）之特性

邏輯思考（logical thinking），又名垂直思考（vertical thinking）或收斂性思考（convergent thinking）。理由如下：

> 我們思考問題答案的方式，往往是從問題本身出發，依循慣用的邏輯路線探索答案，此路不通，換條路線推進。不論用了幾條思路，也不管思路的複雜性，這些思路總是針對著那個清楚又確定的答案而來。簡言之，就是一個問題循線求解一個答案。因為問題是一對一的，問題若是平面上的一個點，答案就是空間中相對的一個定點，兩點之間有條或長或短的思路，由面而起層層攀升，垂直射向答案。心理學者稱這種思考方式為「收斂性思考法」或「垂直思考法」。（楊麗文譯，1996：1）

---

[1] 在《賴聲川的創意學》（2006：281-293）裡，賴聲川用「連結」來說明「創意」，他明確地說「連結是創意思考的關鍵」（頁285）；也引用了普羅姆（William Plomer）的說法：「創意是將似乎不連貫的事物連結在一起的能力」（頁283）。在書中似乎找不到他說「創意是一種新奇的連結」，不過在《天下雜誌》為其新書所做的專訪中，他的確說到了「創意是一種新奇的連結」。我們在這裡把賴聲川及其引用的普羅姆說法加以連結而成：「創意是一種新奇、意想不到的連結。」

這是我們主流教育所要教導的思考方式：針對問題，找出一個明確的答案，對錯非常分明。就像挖掘石油一樣，從一個定點深入挖掘下去，直到挖到爲止；眞正挖掘不到時，再換一個地方繼續挖掘下去。

㈡ 創意思考（水平思考）之特性

水平思考（lateral thinking），又叫做「創意思考」（或創造性思考，creative thinking）或發散性思考（divergent thinking）。爲何叫做「水平」、「創意」或「發散性」呢？理由如下：

> 假如一個問題有很多種「可能」的解答，評估這些答案的時候，我們不問對錯，只問哪一個答得最妙、最幽默、最富奇趣、最有創意……，則思考作答就不能只依賴垂直收斂法，而必須用水平思考法。
>
> 這種思考法，求解的思路是從各個問題本身向四周水平發散，各自指向不同的答案；答案也無所謂對錯，但往往獨具創意、別具巧思，令人拍案驚奇，玩味無限。（同上：2）

網路上流行一篇文章名爲〈如何利用一具氣壓計測出大樓的高度〉[2]，可以看作水平思考的代表。在這篇文章中，男同學明明知道「標準」答案，卻故意用許多不同的方式來作答，可以看作是水平思考的典範。

二、邏輯思考與創意思考之互補

法國心理學家波諾認爲兩者不可偏廢。我們就來談談兩者的優缺點與互補（袁長瑞，2003：38-9）。

㈠ 邏輯思考的優點及其不足

一直以來，大部分人的思考模式都傾向邏輯思考（「垂直思考」），而

---

2 請讀者自行搜尋此文章。

學校的主流教育也特別強調這種思考。

邏輯思考有其優點，因為它是收斂性的，導向單一問題，可以幫助我們澄清意義、指出謬誤、對問題或答案提出反駁、反省與批評，有助於讓頭腦清晰、觀點犀利。但它本身是乾枯的、冰冷的，難以有所發明和創見；過度依賴它，很容易陷入窠臼、言語乏味。

(二) 創意思考（水平思考）的優點及其問題

創意思考（水平思考）是開放性的，從解釋問題開始，到提出許多可能解決問題的構想或答案為止，並不講究邏輯，反而是廣泛地顧及所有可能的答案，包括一些看起來相當荒謬、愚蠢、而又未必和問題有關聯的構想。

它天馬行空，「不切實際」，不僅可以幫助我們以別出心裁的方式去詮釋問題、解決問題，更可以讓我們從新角度去觀察事情，看到不同的景緻，產生新的觀念。但是如果僅止於此，而無後續的整理與規劃，則難免失之空泛。

創意作為一種新奇的連結。有趣的例子就是周星馳電影《食神》裡的「瀨尿牛丸」，他以一種「新奇」的方式來「連結」兩種不同的食材，而創造連厭食症者都無法抗拒的美食。

太過天馬行空的創意，容易成為不可行的空想，重點就在於雖「新奇」，但「連結」有問題。不新奇，就沒有「創意」，可謂「不及」；但仍要有所「連結」，連結得太過鬆散，則為太過。這個「連結」必須受到「邏輯」的輔助，才能達到「從心所欲而不踰矩」，成為真正的創意。

此外，新奇的連結之所以「新奇」，是因為看事情的方式改變了[3]，或視角不同了，看到了不同的景色，因而也看到了「意想不到的」連結。為何是意想不到的連結？以下分三點說明。

首先，這種「意想不到的連結」和「固定的連結」不同：從不同的角度會看到不同的風景；比如說，從某個角度看，山與水是分開的，但從另一個

---

[3] 關於「邏輯思考」與「創意思考」的更詳細的關係（並列、貫通與翻轉），請參考賀瑞麟（2018：23-53）。

角度看，山與水卻是連結的。這個不同的角度，也涉及到不同的專業：在某個領域浸淫愈久，愈不容易看到新的觀點，這是僵化，容易做「固定」的連結；但反過來說，在某個領域浸淫得愈久，在做跨領域對話時，卻很容易看到另一個領域看不到的地方，容易看見不同的連結；我們可以舉一個例子來說明：「多年來，生理學家始終無法瞭解腎小管裡的長迴圈的目的是什麼？於是它就被假定沒有特別功能，而且很可能是人類演化過程中所殘留下來的。有一天，一位工程師看到這個迴圈，馬上就說，它們可能是對向流增幅器的一部分，一種普遍的工程裝置，用於增加液體的集中。在這個例子中，局外人的新鮮眼光，可以解開許多困擾端時的謎團，找到解答。」（李乙明、李淑貞譯，2009b：325-326）不論是在某個領域浸淫愈久，愈容易僵化，愈看不到新觀點；或是相反的，在某個領域浸淫得愈久，在做跨領域對話時，愈容易看見新的連結，這兩點與下文「創意作為一種突破」的「守—破—離」理論緊密的相連。必須注意的是，這裡所對比的是「意想不到的連結」與「固定的連結」，是從「創意」和「僵化」對立來說，與下文所說的「必然的連結」又有所不同。所謂必然的連結和意想不到的連結具有相同的內容，都是具有創造性的內容，只不過那個創造性的內容（有創意的內容）對一般人來說是「意想不到的連結」，而對有創意的人來說，卻是「必然的連結」。

其次，所謂「**意想不到的連結**」，就「**連結**」的兩端來說明，也許是兩種不同的形式（如Yahoo文青書套：書套和手機護套）、也許是兩種不同的**質料**（如珍珠奶茶：粉圓和奶茶）、也許是兩種不同的**動力**（油電混合車：汽油和電力）、也許是兩種不同的**功能**（智慧型手機：手機和相機），這就與前文所說的「四因說」互相交涉。

最後，所謂「**意想不到的連結**」，所連結者，也許是兩種不可能的因果關係，也許是兩個不能相提並論的事情。前者從邏輯上來說，也許會犯「錯誤因果的謬誤」，而後者也許會犯「類比的謬誤」；而邏輯上的謬誤，換個方式來看，就會有創意，如腦筋急轉彎之創意就常建立在邏輯的謬誤上，而這部分也會和下文「創意作為一種突破」的「守—破—離」（創意碰撞了謬誤）相互關涉。

參、創意作為一種突破：守─破─離

除了是一種新奇的、意想不到的連結之外，「創意」也常表現在對於常規或傳統的突破，這種突破常常會給人不按牌理出牌的印象。當然，我們還是必須強調，創意人常常不按牌理出牌、創意人常常突破常規，但這並非表示「不按牌理出牌」、「突破常規」就一定有創意。

一、「守─破─離」

我們想藉由本章前言所說的「守」、「破」、「離」，來說明創意與突破常規的關係。

所謂「守」，就是「守住老師所教的一切」；所謂「破」，就是「突破」老師所教的原則；而所謂「離」，則是離開窠臼，自成一格。換言之，「守」就是完全的遵守教條，完全地模仿老師，不要有任何批判性；所謂「破」，就是開始進行批判思考，思考哪些是常規、哪些是權宜之計、哪些東西要活用，而不是一成不變。所謂「離」，就是自創一格，自創新招。狹義的「創造」指的是「離」這個階段，而廣義的「創造」卻是指「守─破─離」這三個階段。如果沒有「守」這個階段的嚴格基礎（大立）和「破」這個階段的考驗（大破），那怎麼會有「離」這個階段的「創造」呢？

《莊子・逍遙遊》的故事告訴我們，大鵬鳥之所以能高飛九萬里、逍遙自在，是因為牠歷經了長久的等待，也做足了應該準備的功夫。同樣地，在《神鵰俠侶》中，楊過後來之所以能「創造」出「黯然消魂掌」，是因為他「守」過（學習蝦蟆功、全真劍法、玉女心經）、「破」過（從「紫薇軟劍」、「鐵玄重劍」到「草木竹石均可為劍」之無劍之劍），才能「離」（脫離窠臼、自創一格）。簡單地說，廣義的「創意」（創造性），就是一種「守─破─離」的過程；也可以說是「透過完全的模仿〔守〕，之後突破常規〔破〕而自成一格〔離〕」。再另舉一例，在漫畫《中華一番》中，由於「陽泉酒家的傳統，就是突破傳統」，因而它（陽泉酒家）的菜餚具有源源不絕的創意！

如上所述，「守」是一種模仿；突破窠臼而又自成一格的模仿，就叫做創造，就具有創造性（創意）。以金庸小說《倚天屠龍記》張三丰教導張無

忌太極拳一段爲例：張三丰晚年悟出太極拳，開關出來，卻不幸遭少林僧人空相以奸計偷襲得手，重傷嘔血，無法與趙敏手下之武林高手過招，只好將太極拳當場傳授給徒孫明教教主張無忌，由張無忌代爲出場。過了一會兒，張無忌說：「徒兒不才，已經忘記一小半了。」張三丰不但不責怪，反而面露喜色，讚道：「真是難能可貴，小小年紀就有此悟性。」之後，張無忌又說：「徒兒已經忘了一大半了。」又過了一會兒，張無忌說：「徒兒只剩三招沒忘。」這時張無忌的屬下，都爲教主擔心，心想：「待會兒就要過招了，結果教主只記得三招，如何是好？」最後，張無忌向張三丰說：「徒兒已經全忘了。」張三丰說：「那你可以上場了。」結果張無忌將太極拳發揮得淋漓盡致，大勝對方。

這個故事凸顯了：張無忌「破」得愈澈底（全忘），「離」得愈精采。張無忌模仿的不是張三丰的招式，而是其精神。此時，可以說是完全的模仿，也可以說是完全的創造。

另外，達摩傳法的故事，也是類似的狀況：

迨九年已，〔達摩〕欲西返天竺，乃命門人曰：「時將至矣，汝等盍何言所得乎？」時門人道副對曰：「如我所見，不執文字，不離文字，而爲道用。」師曰：「汝得吾皮。」尼總持曰：「我今所解，如慶喜見阿閦佛國，一見更不再見。」師曰：「汝得吾肉。」道育曰：「四大本空，五陰非有，而我見處，無一法可得。」師曰：「汝得吾骨。」最後，慧可禮拜後，依位而立。師曰：「汝得吾髓。」（《景德傳燈錄》卷三）

模仿皮毛，只是最初段的模仿，算是「守」；然而到了慧可，已模仿到神髓，算是「離」，也算是「創造」。

如上所述，創意是一種「突破」，但是會因它所要突破的對象之不同而呈現不同的創意形式：如果它要突破的是一種價值觀或既有的文化，那麼「創意」常常會表現爲一種「禁忌」；如果它要突破的是一種慣性思考，那麼創意常常表現爲不按牌理出牌、表現爲一種邏輯上的「謬誤」。以下分述這兩種形式的創意：作爲「禁忌」的創意與作爲「謬誤」的創意。

二、作為「禁忌」的創意

創意作為一種文化上的禁忌，我們可以以黑色幽默以及情色笑話為例。黑色幽默（尤其是涉及死亡的部分）以及情色笑話，都碰觸到了一般文化上的禁忌：死亡與性。

以一個故事為例：

> 話說小林因難耐寂寞，決定結婚。婚後三個月，就生了一個男孩，小林很高興（也不知道小孩是不是他的？）；於是他向上帝祈禱：「現在我有一個兒子了，希望再有個女兒！」結果十個月後，女兒又蹦出來。由於這次產權清楚，小林更高興。想不到一年後，第三個小孩又生出來；是男是女的我們不研究，只知道他開口叫「哥哥」，隔天哥哥就死了，開口叫「姊姊」，第二天姊姊也死了。小林想「萬一叫『爸爸』，我不就會死？」於是不准小孩叫「爸爸」，小孩點點頭。沒想到三個月後，小孩突然叫「爸爸」……他很悲傷，以為將死；過了一夜，竟未死，小林很高興，跑到街上大叫「我沒有死！我沒有死！」鄰人很悲傷的告訴他：「隔壁的老王死了！」

這個笑話的笑點表現在：它很有創意地結合了兩個禁忌——「死亡」與「性」（特別是「不倫」）。

當然，除了「死亡」與「性」之外，碰觸到其他的禁忌也可以：新加坡電影《小孩不笨》，就有一個以突破禁忌作為創意的例子：將肉乾包裝成口香糖的例子。大家都知道，在新加坡是不可能有口香糖的，而將肉乾包裝成口香糖的「形式」來販售，其創意，一方面在於突破禁忌，脫離常規；另一方面，也在「形式」有所創新。

通常創意可以「突破禁忌」的形式來表現，但並不代表所有突破禁忌的事物，都是具有創意的。

三、作為「謬誤」的創意：腦筋急轉彎與冷笑話之創意

創意的另一種形式，就是作為邏輯上的謬誤。通常「腦筋急轉彎」與

「冷笑話」都是以這種形式來表現創意的。

邏輯上的謬誤有很多種類，以下我們僅以「歧義的謬誤」和「混淆應用與提指的謬誤」來說明。

(一) 歧義的謬誤

三個男子漢到一家小吃攤吃宵夜，三個人都點「豬腦湯」，但是因為攤子外人聲吵雜，只聽到老闆娘大喊：「豬腦！三個豬腦……」

過了一會兒，豬腦好了，老闆喊道：「豬腦！誰是豬腦？」

三個壯男不約而同地回喊：「我們我們……這裡這裡，豬腦在這裡！」

這個笑話的笑點在於「豬腦」在這裡的意義不同；它同時可以作為一種食物，也可以作為一種貶詞。所以這裡的邏輯笑點在於「歧義的謬誤」之「雙關語」。更進一步說，還有一個笑點是來自「文意不清」（這也是謬誤的一種）。

老闆雖然說：「豬腦！誰是豬腦？」他問的其實是：「誰點了『豬腦』這道湯？」但是由於文字簡略，所以語帶雙關、文意不清，因此造成了笑點。同樣的例子有：

據說「建仁」補習班的職員接電話時，會說：「建仁，你好！」對方往往聽成「賤人，你好」，紛紛向補習班抗議。後來該補習班只好要求職員接電話時，一律都要說：「我是建仁，你好……」

這是屬於「歧義的謬誤：同音字」的例子。

(二) 混淆應用與提指的謬誤：誰在一壘、破喉嚨

接下來，我們時常在「腦筋急轉彎」和「冷笑話」中，看到一種叫作「混淆應用與提指的謬誤」。我們先看例子，再做說明。在賴聲川翻譯、劉亮佐改編的相聲「誰在一壘」中，棒球隊的隊名叫「棒球隊」，球隊的守備陣容為：「誰」在一壘、「什麼」在二壘、「我不知道」在三壘，於是笑點

出現了。

劉亮佐：好！那你告訴我是誰在守一壘？

趙自強：對呀。〔守一壘的人外號就叫作「誰」。〕

劉亮佐：我的意思是一壘手的名字叫？

趙自強：「誰」！

劉亮佐：一壘上的人啦。

趙自強：「誰」啊！

劉亮佐：「棒球隊」棒球隊守一壘那個傢伙。

趙自強：「誰」在一壘呀。

劉亮佐：你問我幹麼？

趙自強：我沒有問你！我在告訴你呀！「誰」在一壘！

劉亮佐：好好好，我不管是你問我、還是我問你！這個……「棒球隊」棒球隊一壘上面有沒有一個一壘手？

趙自強：當然有！

劉亮佐：那你告訴我，是誰在守一壘？

趙自強：對呀！

劉亮佐：這個我……。那我這樣問好了。

趙自強：嗯！

劉亮佐：每個月的月底呀，「棒球隊」棒球隊要發薪水給一壘手的時候，是誰拿到錢？

趙自強：每個月都是給他拿走的呀，這本來就是應該給他的呀！

劉亮佐：給誰？

趙自強：對呀！

劉亮佐：我的意思是誰拿到？

趙自強：他幹麼不拿？！當然有的時候是他太太幫他拿啦！

劉亮佐：誰的太太？

趙自強：對呀……賺錢很辛苦呀！

劉亮佐：我他媽誰賺的呀？

趙自強：對呀。

劉亮佐：這位先生我現在只想單純的瞭解一件事，就是一壘手的
　　　　名字叫什麼？

趙自強：喔⋯⋯不對不對！「什麼」在二壘。

劉亮佐：我沒有問你誰在二壘？

趙自強：「誰」在一壘！

劉亮佐：這正是我想知道的！

趙自強：那你就不要隨便調動他的守備位置呀！

劉亮佐：我沒有亂調動任何人！

趙自強：不要生氣，我們不是在聊天嗎？

劉亮佐：對不起啊！這位先生我只想知道一壘手的名字叫什麼？

趙自強：二壘手的名字叫「什麼」！

劉亮佐：我沒有問你誰在二壘？

趙自強：「誰」在一壘！

劉亮佐：我不知道！

趙自強：三壘！〔三壘手的外號叫「我不知道」。〕我們現在先
　　　　不要扯到三壘，好不好？

劉亮佐：我怎麼會扯到三壘呢？

趙自強：你剛講的呀！

劉亮佐：喂喂喂⋯⋯如果我要說三壘，我會說守三壘的是誰？

趙自強：不對不對，你應該搞清楚「誰」在一壘。

劉亮佐：那你告訴我，一壘手的名字叫什麼？

趙自強：「什麼」在二壘嘛！

劉亮佐：我沒有說誰在二壘。

趙自強：「誰」在一壘！

劉亮佐：我不知道！

趙自強：三壘！

　　上述的笑話很明顯的就是透過「邏輯」的「非形式謬誤」，所說的「混
淆應用與提指」來製造笑點。

　　所謂「混淆應用與提指的謬誤」指的是：通常我們在講一個名詞或概

念時，有時是探「應用」（use）的用法，有時是探「提指」（mention）的用法。比如當我們說狗時，有時候是指一種會吠叫的哺乳類動物，這時是探「應用」的用法；有的時候是指「狗」這個字，這時所採取的是「提指」的用法。

在上述「誰在一壘」的文中，有加上引號的「誰」，其實指的是一壘手的外號，這是「提指」的用法；而沒有加上引號的誰，就只是一般問句的主詞，這是「應用」的用法。二壘手的外號「什麼」，也是同樣狀況。三壘手的外號「我不知道」，狀況也相同，只不過將疑問句改成了肯定句。這個相聲很明顯地將其創意，透過「混淆應用與提指的謬誤」來表現出來。另外，網路上有名的「破喉嚨」也是透過這個謬誤來表現笑點，此處就不再贅述了。

有許多類似的例子，都是透過這種謬誤方式來製造笑點，突破某種邏輯的常規。比如說以下的例子：

(1)「請問『唐詩三百首』有幾個字？」答：「五個字！」；

(2)有一個媽媽，堅持要將女兒取名為「美麗」，這樣一來，別人就會叫她「『美麗』的媽媽」；

(3)音樂老師上課，伸出自己的食指和中指問道：「請問貝多分彈鋼琴，為何不用這兩根手指頭？」答案是：因為「這兩根」是我（老師）的手指頭呀！

和突破禁忌同樣，創意必然表現在某種謬誤上，但並非表現謬誤就一定有創意，這是我們必須注意的。此外，過猶不及：有時我們會認為有些「腦筋急轉彎」和「冷笑話」不好笑、「太扯了！」這裡的「太扯」表示我們認為它們的連結也許是新奇的，但「不合理」！這也再次告訴我們，創意雖然在於突破某種邏輯，但仍不能太過，否則連結過於鬆散，反而稱不上創意。

綜上所述，關於創意作為一種突破，我們以「守—破—離」理論來詮釋，並整理如下：[4]

---

[4] 關於這部分也請參見賀瑞麟（2015：225-229），有類似但不完全相同的說法。

　　首先，從「模仿與創造」來看「守（模仿）—破（不按牌理出牌）—離（自創一格）」：最狹義的創意就只有在「離」這個階段：自「創」一格、脫離窠臼，走自己的路；較廣義的創意則是在「破」和「離」：突破框架、自創一格；最廣義的「創意」階段則泛指「守—破—離」這整個過程：創意就是一個全體，透過模仿（守），然後突破框架、不按牌理出牌（破），最後脫離窠臼、走自己的路、自創一格（離）。必須注意的是，「守」或許在狹義或較廣義的意義下，並不具創意，但卻是涵養創意的重要階段。如上所述，守得不夠深，就無處可破，無法可離了。從專業的角度來看，也就是所謂的「十年法則」（10-Year Rule）[5]。

　　其次，從「傳統與創新」來看「守（傳統、傳承）—破（突破禁忌、打破常規）—離（創新）」：「守—破—離」的另一種詮釋，與上述詮釋不同，又息息相關。這裡的「守」是指「傳習、繼承」，「破」是突破禁忌、打破常規，而「離」則是指創新；也就是說，「守」是在傳統中涵養、學習，而「破」則是開始去碰撞和突破所謂的常規，開始去批判之前「守」的東西。所謂的「常規」有兩種，一種是文化上和道德上的「禁忌」，此時，「破」就是去碰撞傳統中不可觸碰的「禁忌」；另一種「常規」指的是邏輯上、思想上不能犯的「謬誤」，此時，「破」就是去衝撞邏輯上、思想上不能犯的「謬誤」。在許多情況中，我們可以藉由碰撞「禁忌」與衝撞「謬誤」來展現創意，但要注意的是：創意通常會以突破禁忌、衝撞謬誤的形式來表現，但並不代表所有突破禁忌和衝撞謬誤的事物，都是具有創意的。就這個意義的「守—破—離」來看，在文化和道德方面可能是禁忌，但是另一個方面（如戲劇）卻是創意的表現；在邏輯和思想上或許是謬誤，但在另一個方面（如文學）卻是創意的表現，但反過來說卻不一定成立。

---

[5] 「十年法則」，意指認為一個人精通某個領域，需要十年的執著努力。參見，李乙明、李淑貞譯（2009b：301-304）。

第三節 ◆ 創意與創意產業之關係

《文化創意產業發展法》裡所明定的「15+1」類文創產業皆與創意直接相關，否則就不能名為「創意產業」。就產業的「形式」而言，任何傳統產業、工業或商業，只要賦予創意，就都可以轉成創意產業。就產業「內容」而言，任何產業，只要賦予創意，原來只能賣產品的，轉成文化創意產業之後，就可以銷售整個生產過程（供人參觀）、銷售知識和體驗。

以下我們將再透過幾個案例的分析（一蠔三賣、石頭紙和方西瓜），以「創意四環節」、「創意作為一種新奇的連結」及「創意作為突破」（「守一破一離」）為例，來分析成功的創意產業，指出它們的創意到底在哪裡。

壹、一蠔三賣：目的因與功能之創新

先來看看這個案例「一個牡蠣賣三次」（此案例來自台視「錢進人民幣」節目[6]）：

> 在山東省榮成市嶗山街道的這片海灣裡，漂浮著數以萬計的球形浮子，這些浮子底下吊養的全都是同一樣東西——牡蠣。閆（音同「閻」）榮金是這一萬畝海上養殖場的主人，每次出海察看牡蠣生長情況，他都能一飽口福。
>
> 牡蠣被採收後，要在兩個小時內加工成牡蠣肉。七十多個女工一刻不停地開牡蠣，牡蠣肉一噸可以賣到1萬8至2萬元，自然是大家眼裡的寶。可是記者發現，工人們對牡蠣殼也格外小心，有人挑選、還有人專門負責回收。

---

6 此案例來自台視「錢進人民幣」節目，本書引用的文字經過刪減，完整的文字資料和影音檔，請參見中國大陸中央電視台「致富經」節目（2009年1月14日播出）。又，此案例中所提到的金額是以人民幣計價的。

牡蠣殼賣到哪裡？做什麼用？大家都不知道。可是這些牡蠣殼不能扔，人人心裡都十分清楚。閆榮金在海上養了一萬畝的牡蠣，一年下來光牡蠣殼就能賣到100萬。可是就在四年前，大規模養殖生產出來的牡蠣殼，卻讓閆榮金每天都很頭疼。

大量廢殼堆放在淺灘上，一部分被潮汐帶走，剩下的就蓋住了灘塗的表面，造成灘塗底下蛤蜊缺氧而死。雖是無心的舉動，卻帶給別人造成損失，閆榮金好話說盡，還賠了10萬元。賣牡蠣肉賺錢，卻要因為牡蠣殼賠給別人錢。一天天增高的牡蠣殼堆，就像是壓在閆榮金心上的一座山。

榮成市當地養牡蠣的雖多，但養殖規模都不大，零散加工剩下的牡蠣殼堆在海邊，能被沖走。但閆榮金的養殖場每年產出一萬噸的牡蠣廢殼，量大又集中堆放，自然成了危害。加工牡蠣殼粉成了閆榮金解決問題的希望。

閆榮金：就到網站去看一下，看我們附近有沒有大型的養殖場，正好看到網上有八十幾家大型的養殖場。我們出了牡蠣殼粉，我們附近的養殖戶就來採購。

養殖蛋雞，要在飼料裡添加鈣粉，一噸鈣粉要5、600元，而牡蠣殼粉只要100元，養殖戶們省下了錢，閆榮金也賺了不少。

本來是惹禍的廢牡蠣殼，現在不但解決了麻煩，還能靠它賺到錢。但不到一個月，閆榮金就發現自己這買賣做虧了，他立刻通知工人，趕緊把牡蠣殼分揀開來。這個搶手貨，韓國、日本都來搶購，供不應求。

自從知道牡蠣殼不是廢料後，閆榮金就開始學習、研究，很快他就瞭解到了牡蠣上殼的其他用途。

上殼賣做紫菜的附著基，下殼繼續磨成牡蠣殼粉，只需在取肉的環節把上下殼分揀開，賣價就比整個粉碎提高了5倍，這下閆榮金再也不怕牡蠣殼多。

蒸煮牡蠣時，會產生大量的湯汁，這些湯汁經過沉澱處理後就排放了。現在有人上門來要，省得自己處理，閆榮金一口答應，痛快地送了人。

閆榮金：就說我們不要錢了，你們拉走吧！

記者：你還挺大方。

閆榮金：不是大不大方，我們感覺到幫我們把這個廢水處理掉了。

牡蠣肉、牡蠣殼都能賣錢，就連牡蠣湯汁也有人幫著處理，閆榮金心裡十分得意。

但這種得意的心情，卻因爲幾個外國人的到來，而一下子改變了。

通過翻譯，閆榮金才知道，原來牡蠣湯汁是被做成了蠔油出口，這次正是外國客商來考察牡蠣汁的出處。自己白白送出的東西，別人加工後出口竟能賺到幾百萬。這下，牡蠣湯汁再也不白送了，閆榮金花20萬添置了一套設備，把牡蠣湯汁進行初步提純後再出售。

現在，一個牡蠣，閆榮金要分成三次賣，牡蠣肉、牡蠣殼、牡蠣湯汁，每年能給他帶來上千萬的收益。

在這個案例中，閆榮金致富的祕密在於他的創意。而他的創意表現在以下三點：

1. 他將牡蠣殼和牡蠣湯汁的「目的因」—— 也就是功能 —— 給創新了。

2. 他「突破某種常規」，將原本要丟棄的東西轉化爲商機，不僅省去了請別人來處理的費用，更大賺一筆。

3. 透過觀點的轉化，將「意想不到的事物連結在一起」：牡蠣殼與雞飼料（牡蠣殼粉）、牡蠣汁與蠔油，原來的垃圾變成了黃金！

當然並非在所有的案例中，創意的四個環節都會被創新：在這個例子中，較爲顯著的只有「目的因」（功能）；至於其他環節的創新，我們可以用其他的案例來補充。

貳、石頭紙：質料因與材質之創新

讓我們來看看一則新聞：

> 台灣龍盟石頭紙　打造全國首台「紙電腦」[7]
>
> 2013/04/23
>
> 【台南訊】以石頭紙聞名全球的台灣龍盟科技，打破傳統木漿造紙製程，只需使用石頭粉與環保塑料，石頭紙不僅可回收再利用，今年以自有品牌「石尚精品」布局市場，並合作開發出全國首台「紙電腦」，獲市場矚目。
>
> 該公司副理王崎文表示，年初所發展的自有品牌「石尚精品」，主要是將石頭紙作成的文化用紙，更貼近一般消費市場，讓更多消費者能瞭解石頭紙的好處及特性，初期在PChome等網路商城作販售，即受到許多補教業者、工商企業及美術用紙業者大量詢問。
>
> 以新推出的歐式信封來說，由於石頭紙製品，具備一般傳統木漿紙所沒有的防水性，舉凡吸墨性、強度、折疊性等，品質更是超越傳統木漿紙，不僅防撕也防濕，更能完美保存信封內重要文件。
>
> 此外，由於石頭紙兼具多種特性及環保訴求，國內更有補教業者，與其合作開發，打造全國首台「紙電腦」，由於紙電腦所有素材，全部使用台灣龍盟所生產的「石頭紙」印製，所以無汙染、無毒、低成本，且電源使用一般4號AAA充電電池即可。
>
> 此外，王崎文指出，目前石頭紙產品亦可接受小量客製化，像是桌月曆、筆記本等相關禮贈品，甚至有多家文創業者在洽談，如何將石頭紙運用於文創商品上。
>
> 市場預估6、7月分紙漿價格又要上漲，讓許多下游紙製品廠大喊吃不消，不少業者紛紛轉向石頭紙製品。使用途徑廣泛的石頭紙，不僅可以取代部分木漿紙，也可以取代部分的塑膠製品。不僅能提高產

---

7 出自《經濟日報》網站：http://edn.udn.com/article/view.jsp?aid=617729#。

品附加價值，亦能提高市場競爭力，面對國際紙漿價格不斷上漲，歐盟PVC產品全面禁用以及全球暖化議題的升溫，全球市場早已積極尋求替代方案，大陸市場更優先引進台灣龍盟整廠技術設備。

石頭紙系列產品，經過長達十八年的研發及市場布局，「蹲」的基本功相當扎實，在大陸新設備相繼投入生產後，並與其他產業策略聯盟，輔以大陸新興市場通路整合後，營收不僅在去年已轉虧為盈，今年更是可望三級「跳」。

基本上，這種石頭紙是「質料因」（材料）方面的創新[8]。當然這種質料因的創新也同時伴隨著「動力因」（技術）方面的創新，因為石頭能不能成為造紙的材料，取決於某種技術。石頭作為一種原料，比起紙來，有兩個好處，其一是較為環保，不用砍伐樹木，而且生產過程中的碳排放量較少；其二是石頭的取得較為容易，材料較為充足。

再者，在這個案例中，將固態的石頭先磨成粉，具有突破常規、反其道而行之意味；而使用遍地都是卻乏人問津的石頭作為材料，則又是一種「人棄我取」，意想不到的連結！

此外，該公司經歷了十八年的研發和布局，「蹲」的基本功相當扎實，才能跳得愈高；這也印證了「守—破—離」的理論：「守」得愈久，「離」得愈遠（涵養愈久，創意愈高深）！

和石頭紙類似的案例，還有兩個：

1. 紐西蘭研發出「奇異果刀叉」，從爛掉的奇異果中萃取出生物膠，一個大約九十公克重的奇異果，可以做出超過一百個餐具，而且這些奇異果產品，都有適當的強度和彈性。更讓人驚喜的是，奇異果廢棄物做成的生物膠，是可以腐化的[9]。這是質料因和動力因的創新，把爛掉的水果做成生物膠，既突破常規，也是一種意想不到的

---

8 以石頭造紙，就紙方面而言，是質料因之創新；但就石頭方面來說，卻是目的因的創新，因為石頭從「建材」變成造紙的原料，功能改變了。

9 此新聞請參閱如下網頁：http://www.tvbs.com.tw/news/news_list.asp？no=yehmin 20110106221834。

連結。

2. 2010年6月，舉世矚目的世界盃足球賽在南非舉行，台灣以非常特殊的方式參加了這場龍爭虎鬥——寶特瓶球衣。32支成功踢入世足賽的隊伍中，就有9支球隊穿上百分之百由回收寶特瓶製成的球衣，而其中的幕後功臣「世堡紡織」頓時成為眾人好奇的焦點[10]。這和上述兩個案例一樣，涉及質料因和動力因的創新，用垃圾做球衣，既突破常規，也是一種意想不到的連結。

參、方西瓜：形式因與外形之創新

至於「形式因」之創新，最有趣的例子應該是之前有日本人種出的「方形」西瓜，後來也有台灣農民仿效。西瓜之所以能長成方形，是因為在栽培過程中，農民將西瓜套在一個方形的模子裡，限制了成長的形狀。

方形西瓜顯然比圓形西瓜具有優勢：比如說，不僅放入冰箱較為方便、較能配合冰箱的空間，也較易堆放在貨車裡運送，搬運時也比較不容易滾動；也因為比較不易滾動，切西瓜時就比較有著力之處。由此可知，雖然方形西瓜主要創新的部分是在「形式」，但其外形之所以被創新，是和人類的其他「目的」有關。

這種形式因（形狀）的創新，當然同時伴隨著動力因（技術）的創新（利用方形的模子來侷限西瓜成長的形狀），這當然也有突破常規的部分：打破了西瓜一定是圓形的迷思。至於方形的模子，則讓人聯想到做餅乾的模子。或許當初的農民，就是透過這種「意想不到的連結」，把餅乾模子和西瓜連在一起，而產生種出「方形西瓜」的創意點子。

---

10 參見《遠見雜誌》：http://www.gvm.com.tw/Boardcontent_17030.html。

結 語

在這一章中，我們得到的結論有以下幾點：

首先，我們指出「創意」（創造性）概念的起源及其發展：希臘無此詞，而羅馬雖有「創造者」一詞，但僅用為「父親」之同義詞；中世紀僅用在神學上，「創造者」等於「上帝」的同義詞；十九世紀時，「創造」一詞開始用在人類的活動之上，但僅限於藝術活動，同時此時也成了藝術的代名詞，凡藝術者皆為創造，凡創造者也皆為藝術。到了二十世紀，此詞開始走出藝術，擴及人類的所有活動，舉凡科學、技術和生活，都可以用「創造性」或「創意」一詞來形容。

其次，我們透過對亞里斯多德「四因說」之重新詮釋，來說明凡是有創意之事物，必然在「質料」、「形式」、「動力」或「目的」（功能）四者之一（或更多）有所創新。之後，再透過「邏輯思考」（垂直思考）與「創意思考」（水平思考）的對比，來說明創意是一種新奇、意想不到的連結；然後，再從「守─破─離」的理論說明創意作為一種對於常規「突破」，往往涉及文化上之禁忌或邏輯上之謬誤。

最後，我們指出任何產業，只要賦予創意，就都可以轉成文化創意產業；原來只能賣產品，轉成文化創意產業之後，就可以銷售整個生產過程（供人參觀）、銷售知識和體驗。然後透過幾個案例的分析（一蠔三賣、石頭紙和方西瓜），以「創意四環節」、「創意作為一種新奇的連結」及「創意作為突破常規」（守─破─離）為例，來分析成功的創意產業，指出它們的創意到底在哪裡。

學 習 評 量

1. 「創意」概念的起源和發展為何？
2. 亞里斯多德的四因說是什麼？它如何轉化為創意四環節？
3. 何謂「邏輯思考」？何謂「創意思考」？兩者的優劣為何？
4. 創意如何作為一種突破？這和「守─破─離」有什麼關係？

5. 創意如何作為一種新奇、意想不到的連結？

6. 請舉例說明有哪些成功的創意產業，它們的創意在哪裡？

參考書目

李乙明、李淑貞譯（2009a）。Robert J. Sternberg原著（1999）。創造力I・理論。台北：五南。

李乙明、李淑貞譯（2009b）。Robert J. Sternberg原著（1999）。創造力II・實務。台北：五南。

林欣儀（譯）（2010）。藤卷幸夫原著（2009）。守破離創意學。台北：臉譜。

苗力田（編）（1993）。亞里斯多德原著。形上學（全集第7冊）。北京：中國人民大學出版社。

袁長瑞（2003）。思考與創意思考。台北：新文京。

賀瑞麟（2015）。今天學美學了沒？台北：商周。

賀瑞麟（2018）。「從邏輯到創意」，收於施百俊主編，賀瑞麟、葉晉嘉、蔡玲瓏、朱旭中、張重金著，創意思考與文創應用。台北：五南。

楊麗文（譯）（1996）。Edward de Bono原著（1990）。快樂的思考法（2冊）。台北：桂冠。

劉文潭（譯）（1989）。W. Tatarkiewicz原著（1970）。西洋美學六大理念史。台北：聯經。

賴聲川（2006）。賴聲川的創意學。台北：天下。

第 3 章

美學與文化創意產業

賀瑞麟

學習目標......................................

1. 能理解什麼是「美」、「美感」和「美學」。
2. 能理解「美學」學科的起源及其主要內容。
3. 能理解「學術美學」和「生活美學」之區別。
4. 能理解「美感」和「美學」對文化創意產業的重要性。

....

關鍵詞彙 文化創意產業、美學、美感、美學經濟、生活美學、商品美學

前言 從實用到美感：美的重要性

一、日常生活食衣住行

「美」在現代人的日常生活裡變得愈來愈重要，人們不再滿足於最基本的「實用」需求，更進而追求「美」。就日常生活的四大需求——食衣住行來說：在食物方面，人們不僅要吃得飽，還想要吃「山珍海味」；在衣著方面，人們不僅想要穿著冬暖夏涼，也要穿得更「時尚」、更有「品味」、更有「風格」；在住宅方面，人們不僅要一個能擋風遮雨的建築物而已，更要求室內的「裝潢」，外觀可以更「美觀」；就行的方面，不僅要求車子能代步，還更希望能擁有一輛「流線型」名牌車；這再再都顯示美感的需求，在我們生活中的重要。吃得飽、穿著冬暖夏涼、住宅擋風遮雨、車子可以代步，這些都是實用的功能；而山珍海味（美食）、服裝的時尚、品味和風格、豪宅的裝潢和外觀、流線型的車子，這些都不是實用的需求而已，更提升為「美感」的追求。實用的功能，可以讓我們的生活變得更「好」；而「美感」的欣賞，可以讓我們的生活變得更「美」。現代人追求的是更為「美」「好」的生活，生活不僅要好，還要更美。

二、其他方面：育樂

除了日常生活的四大方面——食衣住行之外，從育樂方面來看，美的需求也變得愈來愈重要。

美學大師蔣勳先生曾因為蘋果電腦的造型很美而訂購該電腦；讓他購買這台電腦的原因不只是電腦的功能不錯，更因為外型很美。功能不錯，是實用的功能，而外型美，則是美感的需求。

上述所談的「美」是依附在實用上，並加以提升；比如說，某個東西很實用，功能很好；但「美」使得這個東西更加精緻，因此，既實用又美。但是有些事物的美，既可以依附實用功能，又可以獨立被欣賞。比如說：狗可以看門，這是牠的實用功能，但是牠也可以因為「可愛」而被飼養，這是因為美感。

現代社會的整型風氣較以往更盛，這可能是因為美麗的外表，讓人在求職、愛情或其他的人際關係中更占優勢，這是因為實用的角度來整型，讓自

己變得更美：但是純粹對自己的外表不滿意（當然這當中也摻雜有社會的價值觀）而去整型的也有，這是純粹從審美的角度去整型。但無論是從哪一種角度出發，都說明美在社會上扮演愈來愈重要的角色。

退一步說，也許整型之風雖盛於以往，但會去進行整型手術者，也不是社會大多數人；相較之下，化妝則是較普遍的活動，不只是藝人，連上班族、學生，現在也都會適度的化妝，或者在自己的衣著造型上用心，這些是社會上更為普遍的現象，也代表一種對「外在」之美的風潮。除了化妝之外，減肥（瘦身）也是很好的例子。

三、文藝活動 —— 審美

如上所述，美可以依附在實用的事物上為我們所追求，也可以獨立被我們所欣賞，成為審美活動之對象。追求「美」本身，純粹「為美而美」也是我們重要的精神需求。美的人物，如外型姣好的女子、英俊挺拔的男性，都吸引我們的注意；自然的美景，如春天百花齊放、夏天碧草如茵、秋天的楓紅、冬天的白雪，都令我們心曠神怡。而文藝活動，不論是感人的戲劇、動聽的音樂或是優美的畫作，都是我們審美活動聚焦的地方。

這些都是為了「美」本身，「為美而美」的例子。

不論是依附功能而被欣賞之「美」，或獨立之美，在我們的生活中都是重要的。但是美是什麼呢？

第一節 ♦ 何謂「美」？

身材娜娜多姿的熟女比較美，還是清新可人的少女比較美？如果小橋流水是美，裂石崩雲是否為美？精雕細琢的作品較美，還是渾然天成的作品較美呢？這些都取決於我們對美的定義。

然而，什麼樣的型態算是「美」，可能大至每個時代、每個文化的標準都不相同，小至每個人的看法都不一樣。唐代的人以豐腴為美，所以楊玉環

是美的；宋朝人的標準則不同，以三寸金蓮爲美；現代人則未必贊同唐朝，也未必贊同宋朝。這是不同的時代，對美的標準不同；即使同在現代，每個人對美的標準也不盡相同：有人喜歡冶豔型，有人喜歡氣質高雅型。要爲美下一個放諸四海而皆準的定義，著實是很困難的。或許我們每日從睜眼醒來就開始欣賞美，也能分辨哪些人、事、物是美的，哪些是不美的，但是鮮少能爲「美」下一個適當的定義；黑格爾說：「熟知非眞知」，就是這個意思。

壹、美的定義：什麼是美？

一、美是難的

柏拉圖的對話錄〈大希庇阿斯〉就是一篇探討「美是什麼」的對話錄。在這篇對話錄中，蘇格拉底要希庇阿斯替「美」下一個定義：「你能告訴我『美』是什麼？」希庇阿斯說：「美就是一個漂亮的小姐！」蘇格拉底不滿意，他說：「我問的是：『美是什麼？』而不是問：『什麼東西是美的？』」蘇格拉底的意思是，如果可以用「美是一位漂亮的小姐」來回答他的問題，那麼也可以用「一匹母馬是美的」、「一個美的豎琴」和「一個美湯罐」來回答問題。但是這樣的回答是不對的。蘇格拉底要知道的是：爲什麼漂亮的小姐、美的母馬、美的豎琴和美的湯罐都是「美的」，它們的共通性質是什麼？之後希庇阿斯又嘗試提出許多不同的定義，如「黃金可以使各種東西變成美的」、「美是一種恰當」、「美是一種幸福生活」、「美是有用的（有益的）」和「美是一種快感」（後來修正爲「視覺和聽覺產生的快樂」，又修正爲「有益的快感」），結果全被蘇格拉底駁斥掉了，最後只得到一個結論就是：「美是難的！」

綜觀整個對話，希庇阿斯始終無法弄懂蘇格拉底的意思，蘇格拉底問的其實是「美本身是什麼？」、「美的定義是什麼？」而希庇阿斯則回答「『美』表現在什麼東西上？」、「美的載體是什麼？」

當蘇格拉底問「美（本身）是什麼？」之時，他是要希庇阿斯回答：當我們說某人很美、某物很美、某事很美之時，這「美」是什麼意思？某人、

某物、某事有什麼共通之處，符合什麼標準，使得我們可以說他們（它們）
是「美」的？但希庇阿斯卻不明白蘇格拉底的意思，他不懂蘇格拉底要問的
是「美（本身）是什麼？」，反而回答「『美』表現在什麼東西上？」一再
地舉出「美」的事物的例子，因而沒有回答蘇格拉底的問題。用句「邏輯」
的話來說，就是蘇格拉底問的是「什麼是美的『內涵』」，而希庇阿斯回答
的則是美的「外延」。讓我們以下圖為例來說明。

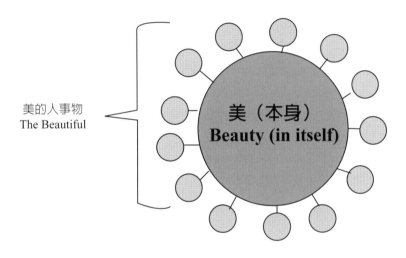

　　圖中唯一的大圓代表「美本身」（beauty in itself），而外圍的許多小
圓則代表「美者」（表現美的人事物，the beautiful）；蘇格拉底問的是那
個大圓（「美」本身、「美」的定義）是什麼？而希庇阿斯回答的則是許多
小圓（「美者」、「美的載體」、表現美的人事物）是什麼，因而始終沒有
回答到蘇格拉底的問題（賀瑞麟，2015：14-17）。

　　要為美下一個定義，的確是難的。但是這並不影響我們分辨哪些東西
美不美，也不代表我們沒有「美感」。正如我們要為勇氣下一個定義是很難
的，但這不妨礙我們在大部分的情況下，去分辨哪些行為是勇敢的，哪些行
為是不勇敢的。美的情況也一樣，雖然我們很難為「美」下一個定義，但是
我們通常具有分辨美醜的能力。

　　我們可以這樣來理解柏拉圖的對話錄〈大希庇阿斯〉：當我們說「美
女」、「美景」、「美事」這些用語時，我們其實已預設了一種對「美」的
標準，然後我們會用這個標準來衡量某些人事物美不美。或許我們無法從

「哲學」的角度去定義美是什麼，但這並不影響在日常生活中我們對美的感知和判斷。正如或許我們無法為「勇敢」下一個定義，但這並不代表我們無法做出勇敢的行為。同樣地，無法為美下一個定義，這並不影響我們去感受美、欣賞美！通常看到一些人事物，我們即使不知道「美」的定義，仍然會感受到這些人事物比其他事物更「美」，而這種「對於美的感受」，可以簡稱為「美感」[1]。

二、何謂「美感」？

「美感」是什麼呢？以賞梅為例：

> 梅花開了！我們站在梅花前面，看到冰清玉潔的花朵的時候，心中感到一種異常的快適。這快適與收到附匯票的家信時或得到full mark（滿分）的分數時的快適，滋味不同；與聽到下課鈴的快適，星期六晚上的快適，心情也全然各異！這是一種沉靜的、深刻的而微妙的快適！言語不能說明，而對花的時候，各人會自然感到。這就叫「美」！（豐子愷，2002：5）

從上文來看，我們對「美」的感受（即「美感」），是「一種沉靜的、深刻的而微妙的快適！言語不能說明，而對花的時候，各人會自然感到」。這裡有兩點值得注意：

首先，「美感」是一種快適：沉靜、深刻而微妙的快適！這種快適不等於(1)收到匯票之快適，這似乎是一種源自於利益之快感；不等於(2)得到滿

---

[1] 嚴格來說，「美感經驗」（aesthetical experience）所涉及的問題很複雜，可以單指我們對「美」的感受，也可以涉及到更為複雜的層面：我們對於「美」的認知結構。甚至更嚴格來說，「美感的」（aesthetical）這個字，就其希臘文的字源來說，未必要限於對「美」的感受，可以泛指一般的「感受」。在文創產業的脈絡下，為求焦點集中，本章所談的「美感」，僅是指「對美的感受」而言；但是在下文談到「美學」一詞的內容時，我們會用「美」＋「感」的表達方式來指稱「美學」的內容，意思是「美學」不只研究「美」，更是研究「感」（感性事物）的學問。關於「美感經驗」的詳細說明，請參見賀瑞麟，2015：152-176。

分的快適，這似乎是一種成就感；不等於(3)聽到下課鈴的快適、星期六晚上的快適，這似乎是一種從上課、上班的壓力下，被釋放出來的解脫感；美感不是上述種種感受，雖然上述的種種感受也帶有相應的「快適」。

其次，美感是一種「言語不能說明」，但面對「美」的事物時，我們又「自然會感到」的狀態。也就是說，接觸、面對、感受「美」的事物之同時，我們可以感受到「美」，但卻無法完全說明我們的感受。

承接上節所談，我們或許無法為「美」下一個定義，也無法完全「明說」我們對美的感受，這樣一來，「美學」這門學問是不是就沒有意義了？豐子愷先生如是說：

> 美不能說明而只能感到。但我們在梅花前面實際感到這種沉靜而微妙的美，而不求推究和說明，總不甘心。美的本身的滋味雖然不能說出，但美的外部的情狀，例如原因或條件等，總可以推究而談論一下，現在我看見了梅花而感到美，感到了美而想談美了。（豐子愷，2002：5）

或許對於美的內部滋味（美感的快適）是無法明說的，但是我們對於美的外部情狀（原因、條件）等，總是可以研究說明的；這兩者並不衝突。例如蘋果的滋味是無法完全明說的，這總要自己去吃了蘋果之後，才能感受得到，但是蘋果的外形、好蘋果的條件，總是可以說明的。

美感除了是「快適」之外，我們可以補充幾點：

美感必須透過「適當的距離」才能出現（朱光潛，1987：17）。

首先是空間的距離：走萊茵河東岸，會覺得西岸較美；走西岸時又正好相反，覺得東岸較美；對岸的草木房屋固然比此岸的美，但又不如河裡的倒影；本是習見不以為奇的東西，讓霧、雪、月蓋上一層白紗，便見得很美麗。（朱光潛，1987：14）

其次是生活的距離：北方人初見西湖，平原人初見峨嵋，都覺得美；但住在西湖和峨嵋附近的人，都習以為常；東方人初到西方，西方人初到東方，本地人自以為不合時尚的服裝和品味，在外方人看，卻往往有一種美的意味。（朱光潛，1987：14）

之後是時間的距離：周鼎和漢瓦，在當時也不過是日常用具，在現代卻變成稀有的藝術品。（朱光潛，1987：14-15）

由於有了適當的距離，就不會有直接的利害關係，我們就能直接欣賞事物的美。德國哲學家康德（Kant）說：「美感是『無利害關係的滿足（disinterested satisfaction）』」，就是這個意思。

我們再以朱光潛先生所提到的著名例子來說明：假如你是一位木商，我是一位植物學家，另一位朋友是畫家，三人同時來看一棵古松。三個人可以說同時都「知覺」到這一棵古松，但木商是以「實用的態度」，心想這棵樹可以賣多少錢；而植物學家則用「科學的態度」，客觀地、理性地去研究這棵樹如何進行光合作用；畫家則不然，他用「美感的態度」去看古松，他把全副精神都放在松的本身；他不會去想這棵樹值多少錢，也不會去研究這樹是如何生長，他只把古松擺在心眼面前去玩味；他只直覺（而非計算和推論）松的形象。美感經驗就是形象的直覺。（朱光潛，1987：8-11）

美感是什麼？綜合上述各家的說法就是：美感是對於形象的直覺而引起的一種無利害關係的快適！

三、美的「偉大理論」

雖然柏拉圖認為「美是難的」，所以無法定義，但人具有美感，能感受到美，這卻是大多數人都認同的事；因此從西方古代開始，一直到近代，流傳著一個影響深遠，堪稱為西方有關於美的主流理論，而這個理論嘗試說明「什麼是美？」。

這就是有關於美的「偉大理論」（The Great Theory；劉文潭譯，1989：145）。這個理論主張：美包含在各部分的比例和安排之中；說得更精確一點：美包含在各部分的大小、性質、數目以及它們之間的相互關聯之中。以建築為例，所謂的廊柱之美，就在於列柱之大小、數目和安排之中；音樂之美的情形也和建築相同，只不過是建築那裡空間性的因素，在音樂換成時間性的因素而已。

這個「偉大理論」是由畢達哥拉斯學派所創始，從西元前五世紀開始盛行直到十七世紀，在這2200年間，它不斷的被補充和修正。十八世紀以後，由於大家對於美並沒有一個主流的、統一的觀點，於是「偉大理論」便

日趨式微。十九世紀以後，「美」的概念這種趨勢，也和「藝術」概念的變化相符應：在十九世紀以前，藝術一定是美的藝術，可是十九世紀以後，藝術未必是「美」的藝術，卻一定是創造性的藝術。換言之，從前「美」是藝術的主流，而十九世紀以後，「創意」（創造性）才是藝術之主流。藝術可以不美，但不能沒有創造性。

貳、美的各種類型

從古至今，由西方至東方，我們可以區分許多類型的美。當然我們未必都會使用「美」這一字來表示，有時會用「漂亮」、「綺麗」、「好看」等字眼來表示「美」。我們也會用「可愛」、「高雅」或「氣質」，來表達各種不同型態的美感。

一、優美與崇高、壯美與柔美

對於美的類型，在西方歷史上最有名的分類應該是柏克（Edmund Burke）的「優美之物」（the beautiful）與「崇高之物」（the sublime）（彭淮棟譯，2006：290-297）。這個區分為後來的哲學（美學）家所沿用並詳加發揮，特別是席勒（Schiller）和康德。「崇高」（sublimity）又譯為「壯美」，類似中國文化所謂的「陽剛之美」；而「優美」（beauty），又可譯為「柔美」，類似中國文化所謂的「陰柔之美」。江南庭園裡的小橋流水是「優美」或「柔美」，而美國大峽谷則是「壯美」或「崇高」。當然這兩種美只是美學光譜的兩個極端，我們日常生活中所感受的美，何止這兩種，只不過若不是趨向「壯美」，就是趨向「柔美」。

二、芙蓉出水與錯彩鏤金

「優美」與「崇高」是西方美學家的分類，雖然中國美學也有相應的分類，但畢竟不是專屬於中國美學的分類。中國美學較為特別的分類是宗白華先生提出的「芙蓉出水」（或「初發芙蓉」）和「錯彩鏤金」這兩種類型（宗白華，1981：28-29）：

　　鮑照比較謝靈運的詩和顏延之的詩，謂謝詩如「初發芙蓉，自然可愛」，顏詩則是「鋪錦列繡，亦雕繢滿眼」。《詩品》：「湯惠休曰：『謝詩如芙蓉出水，顏詩如錯彩鏤金』。顏終身病之。」這可以說是代表了中國美學史上，兩種不同的美感或美的理想。

　　這兩種美感或美的理想，表現在詩歌、繪畫、工藝美術等各個方面。

　　楚國的圖案、楚辭、漢賦、六朝駢文、顏延之詩、明清的瓷器，以及一直存在至今天的刺繡和京劇的舞台服裝，這是一種美，「錯彩鏤金、雕繢滿眼」的美。漢代的銅器、陶器，王羲之的書法、顧愷之的畫，陶潛的詩、宋代的白瓷，這又是一種美，「初發芙蓉，自然可愛」的美。

　　簡單地說，「芙蓉出水」（或「初發芙蓉」）是一種清新自然的美，而「錯彩鏤金」則是一種作工精細之美。若以美女相比，「芙蓉出水」可謂清新自然的素顏美女，而「錯彩鏤金」則是在服裝造型，甚至是化妝、髮型各方面都設計精巧的美女。這是兩種不同的美，也是有別於「崇高」和「優美」的不同分類。

第二節 🏆 何謂「美學」？

壹、「美學」之名和這一學科的由來

　　以上談論的是「美」。人人都有美感，人人都能審美。但是卻未必人人都能「思考」、「研究」美。一旦我們能去「思考」和「研究」諸如「美是什麼？」、「美有哪些類型？」等問題，我們就進入了「美學」的領域。簡單地說，「美學」就是思考和研究「美」的學問。我們必須注意的是，不要將「美學」和另一門的學科相混淆：「美感教育」或「美育」是培養美感能

力或涵養的學科。「美學」的目的是在研究「美」，而「美育」則是在培養「美感能力」；不過，這兩門學科是密切相關的，「美學」研究是「美感教育」的基礎，而「美感教育」則是「美學」的實踐。前者像眼睛，後者像雙腳；只有雙腳而沒有眼睛，是不知道要往哪裡去的；若只有眼睛卻無雙腳，則哪裡都去不了。

　　「美學」這個名詞及這個學科是如何出現的呢？基本上，從西方古代如柏拉圖或更早的思想家，就已開始討論「美」的問題，但並沒有專門爲討論「美」的學科確定一個名字，直到1735年哲學家鮑姆加通（Baumgarten）寫了一本名爲《詩的哲學沉思錄》（*Maditationes philosophicae de nonnullis ad poema pertimemtibus*）的論文。在那本論著裡，鮑姆加通首次提出了一個重要想法，那就是古典哲學只關心理性和可理解的事物，幾乎完全忽略了感性和可感知的事物。於是，他提出了建立一個新的哲學分支──「感性學」──的大膽設想。照他的看法，「感性學」就是「詩的哲學」，它涉及的是「可感知的事物」，而非「可理解的事物」。隨著鮑姆加通的這一想法日趨成熟，他於1750年出版了一部重要著作《美學》（伊斯特愓克：aesthetica）。從哲學史的角度來看，這部著作並無顯赫的地位。相對於那些影響久遠的哲學大師來說，鮑姆加通也算不上什麼重要人物。然而，這一年以及這一本著作對於美學來說，意義卻非比尋常。就是這位名不見經傳的哲學家，後來卻以「美學之父」的名望而蜚聲美學史。因爲他是第一次爲美學正名，劃定了美學的邊界，爲面目不清、位置模糊的這一學科奠定了堅實的根基。（周憲，2002：13）

　　鮑姆加通所謂的「美學」，用的是拉丁文「aesthetica」，這個字源於希臘文的αισθητικό（aisthetikos），意思是「感覺」、「感性」，它源自希臘文的動詞αισθάνομαι（aisthanomai），意爲「我感覺」、「我知覺」。因此，「美學」原來的意思是指「感性學」或「研究感性的學問」，德文當時寫法是「Æsthetik」，後寫作「Ästhetik」；其他歐語也是類似的拼法：法文是「esthétique」、英文是「aesthetics」、義大利文是「estetica」、西班牙和葡萄牙文則是「estética」、俄文則是「эстетика」（èstetika）。日本人最早譯爲「審美學」（森鷗外譯），現在比較通用的是「美學」（中江兆民譯），早期中文學界則有直譯爲「伊斯特愓克」者，如今多半沿用日本

人的譯名「美學」一詞。

貳、「美學」的主要內容：美學=「美+感之學」

美學這門學問研究的範圍，顧名思義，是以「美」為主，但「美」並不是唯一的主題（雖然它是重要且最早的主題），「美學」的內容還包括「感性」相關議題，其中最重要的是「藝術」。當然，「藝術」和「美」也有直接關聯。所以除了「美」之外，「藝術」幾乎是美學中最重要的主題，甚至在有些美學家的體系中，「藝術」比「美」更重要。其他「感性」議題，或者依附在「美」、或者依附在「藝術」而被討論，如「愛」，在柏拉圖的《會飲》裡就是和「美」一起被討論的。

我們可以把美學研究的內容（主題）整理一下：它是「美+感之學」（賀瑞麟，2015：44-46），其內容與範圍包括「美」和「感」兩大部分。分別說明如下：

一、美學作為「美」之學

作為「美」之學，美學的研究主題包含：美、醜、崇高（壯美）、美感經驗等。「美」之下就有「自然美」、「藝術美」（這也是藝術的主題）；美的反面是「醜」；美（優美）的對比是「崇高」（壯美）。如果加上中國的分類，有所謂「充實之美」和「空靈之美」、「錯彩鏤金」之美和「初發芙蓉」之美。對柏拉圖來說，「美」只是人類在「愛」的活動中所追求的對象：在「愛」中，人們追求的是各種美：有的人「愛」的是「外在美」，有的人「愛」的是「內在美」。而追求美的活動，則是「愛」，因此，把「愛」納入也有其道理。

二、美學作為「感」之學

作為「感」之學，美學的研究主題包含：藝術、美感經驗和其他感性活動等主題。「藝術」不僅是「美」之學的主題，也同樣在「感」之學占有重要的地位，跟藝術相關的主題，都在美學的探討之列，如藝術美、藝術醜（滑稽）、創造、模仿、各種藝術理論、形式、美感經驗等。此外，跟

「感性」相關的主題,也可以放在「美學作為感之學」的討論行列裡,如
「愛」。

我們可以發現有幾個主題是不論作為「美之學」或「感之學」都會涉及
的:藝術美、美感經驗和愛。當然「愛」是否為美學的主題見仁見智,但如
果就「美學 =美 + 感之學」的意義來說,「愛」確實也可視為美學的主題
之一。

參、「美學」在學術領域中的位置(周憲,2002:16-19)

鮑姆加通的貢獻表面上只是為「美學」命名,更重要的是,他提出了哲
學是由「邏輯學」、「倫理學」和「美學」三大部分構成的,但是,這個格
局的完善則是由另一位偉大的哲學家康德所完成。

一、美學是哲學的一個部門

如果我們簡化一下康德的理論體系,哲學內容及其美學的位置,大致可
以作如下圖示:

$$
\text{哲學}\begin{cases}\text{邏輯學—純粹理性—思想—真}\\ \text{倫理學—實踐理性—意志—善}\\ \text{美　學—判 斷 力—情感—美}\end{cases}
$$

如果說哲學屬於人文學科,那麼很顯然的,美學屬於哲學,所以美學當
然就屬於人文學科。

這樣,我們便可以用一個簡單的圖示來說明美學在人類知識系統中的位
置。

$$
\text{知識系統}\begin{cases}\text{人文科學(人文學科)}\begin{cases}\text{文學藝術}\\ \text{哲學(認識論、倫理學、美學)}\\ \text{歷史}\end{cases}\\ \text{社會科學(人類學、經濟學、政治學、社會學等)}\\ \text{自然科學(物理學、化學、數學等)}\end{cases}
$$

至此，我們可以推理出另一個結論，美學屬於哲學，而哲學屬於人文學科，因此，美學也屬於人文學科。這個結論有助於我們理解美學的性質和特徵。

二、美學與藝術哲學之關係：「美」在藝術發展中扮演的重要角色

附帶一提的是，「美學」既然是屬於哲學之一部分，那麼和專門思考藝術的「藝術哲學」（philosophy of art）有什麼區別呢？對許多哲學家來說，特別是黑格爾，這兩個字是等同的，因為美學研究的美是「藝術美」（黑格爾的美學不研究「自然美」），而藝術哲學也研究藝術美，所以「美學」等於「藝術哲學」之同義語。但是也有反對「美學」等於「藝術哲學」的主張，這種主張的理由如下：首先，「美學」研究的並非只有「藝術美」，也應研究「自然美」，而藝術哲學只研究「藝術美」，所以「美學」不等於「藝術哲學」；其次，「藝術哲學」研究的不只是「美」（藝術美），也應包含「醜」（藝術醜，如喜劇中之丑角行為），因此，「藝術哲學」不等於「美學」。

我們可以用兩張簡圖，來說明「美學」與「藝術」的關係：

先看圖1：

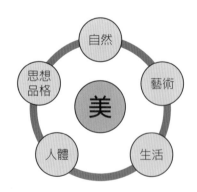

簡單地說：「藝術」只是表現「美」的載體之一，除了藝術之外，「自然」也可以表現美，所以我們會把「自然美」和「藝術美」對比來談。同

樣地，「人體」也能表現美，當然如果硬要二分，人體之美不是自然美（渾然天成），就是藝術美（精心鍛鍊），但是它也可以同時是自然—藝術兩者之結合，所以我們主張它是另外一種載體：人體美。此外，思想人格也可以和人體一樣，表現美，當然這會和「道德領域」有所重疊，但是我們不能否認它也是一種載體：思想美或人格美。最後，我們的生活本身，也可以體現美，這就是下文的「生活美學」要談論的。

再看圖2：

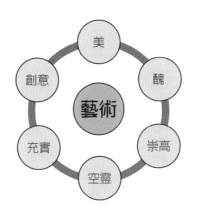

藝術可以表現「美」，也可以表現「醜」（如喜劇）；能表現美，也能表現崇高；能表現空靈，也能表現充實；除此之外，還能表現創造力（創意）！如圖2所示，藝術是「美」的載體，所以它可以表現美，但藝術也可以是其他狀態（崇高、醜、空靈、充實、創意）的載體。

透過這兩張圖，我們可以說「藝術」不等於「美」、「藝術哲學」不等於「美學」，因為「美學」並非只研究藝術，而「藝術哲學」也不是只研究美。

其實，不論「美學」是否等同於「藝術哲學」，至少「藝術美」是兩者共同的研究主題。所謂「藝術美」是和「自然美」相對來說的，自然美如果指的是自然事物所表現出來的美，那麼藝術美則是透過人為的力量在各種藝術活動中所顯現的美。這種透過藝術而展現的美，在十九世紀以前，一直都是藝術的主要部分。美可以透過自然來展現，也透過藝術來展現，但是十九世紀以前的古典藝術，基本上是以表現美為主，因此，可以說是一種「美的

藝術」。十九世紀以後的藝術，就未必表現「美」了，而是表現「創意」。因此，我們可能會認爲有些當代藝術不「美」，如某些畫並不悅目，某些音樂並不動聽，但我們不能說這些藝術沒有「創意」；之所以如此，是因爲它們不再是「美」的藝術了，它們已變成了「創意」的藝術；它們不是要表現美感，而是要表現藝術家的創意或創造力。

　　附帶一提：在藝術發展的過程中，雖然「美」的因素一直是重要的，因此，古典藝術可以稱爲「美的藝術」，但是另一個因素「模仿」或「寫實」也很重要。如果藝術的目標是要美化、理想化現實，那麼它就是「美的藝術」；如果藝術的目標是要忠實反映現實，那麼它就是「模仿或寫實的藝術」。以繪畫爲例，有些畫作可能會「美化」被畫者，有些畫作則力求愈像愈好。前者的美學理念是：藝術要表現美感，這是「理想主義」；後者的美學理念是：藝術要反映真實，這是「寫實主義」。

　　關於藝術要反映真實，有一個著名的故事（豐子愷，2002：35-38）：

　　　　從前希臘有兩位畫家，一位名叫修克西斯（Zeuxis），還有一位名叫巴雷希厄斯（Parrhasius），都是耶穌紀元以前的人。他們的作品都已經不傳，只有一個故事傳誦於後世：這兩位畫家的畫，都畫得很像，在雅典的市民面前比賽技術，看孰高孰下。全市的美術愛好者大家到場，來看兩大畫家的比賽。只見修克西斯先上台，他手中夾一幅畫，外面用袱布包著。他在公眾前把袱布解開，拿出畫來。畫中描的是一個小孩子，頭上頂一籃葡萄，站在田野中。那孩子同活人一樣，眼睛似乎會動。但上面的葡萄描得更好，在陽光下望去，竟顆顆凌空，汁水都榨得出似的。公眾正在拍手喝彩，忽然天空飛下兩隻鳥來，向畫中的葡萄啄了幾下，又驚飛去。這是因爲他的葡萄描得太像，天空中的鳥竟上了他的當，以爲是真的葡萄，故飛下來啄食。於是觀者中又起了更熱烈的拍掌和喝彩的聲音。他就滿懷得意地走下台來，請巴雷希厄斯上台獻畫。在觀者心中想來，巴雷希厄斯一定比不上修克西斯，哪有比這幅葡萄更像的畫呢？他們看見巴雷希厄斯夾了包著的畫，緩緩地踱上台來，就代他擔憂。巴雷希厄斯卻笑嘻嘻地走上台來，把畫倚在壁上了，對觀者開眺。觀者急要看他的畫，拍著手

齊聲叫道：「快把袱包解開來呀！」巴雷希厄斯把手叉在腰際，並不
去解袱包，仍是笑嘻嘻地向觀者閒眺。觀者不耐煩了，大家起身來狂
呼：「畫家！快把袱包解開，拿出你的傑作來同他比賽呀！」巴雷希
厄斯指著他的畫說：「我的畫並沒有袱包，早已擺在諸君的眼前了。
請看！」觀者仔細觀察，才知道他所描的是一個袱包。因為畫得太
像，觀者的數千百雙眼睛都受了他的騙，以為是真的袱包。於是大家
嘆服巴雷希厄斯的技術，說他比修克西斯高。

論「像」、論反映真實，何以巴雷希厄斯技高一籌？因為修克西斯只
騙過了鳥的眼睛，而巴雷希厄斯騙過了眾人（其中還包含另一位畫家）的眼
睛！這是寫實主義的藝術標準。

肆、學術美學與生活美學

如上所述，「美學」這個學科基本上是哲學的一個部門，所以談「美
學」可以從哲學出發，這是沒有問題的；但是也有從「藝術理論」或「藝術
史」出發來研究美學的。不過，不管是從哲學、藝術或其他學科的角度來研
究美學，我們都可稱之為「學術美學」；當然，我們也可以跟隨蔣勳的腳
步，從生活出發，進行一種「生活美學」：（蔣勳，2009：13）

> 我們可以從哲學的角度去談論美的定義，也可以從藝術史切入
> 來介紹古代埃及產生了哪些優美的藝術品，或者古代印度、中國有多
> 美好的雕像或書法作品。如果現在不是從哲學切入，也不從藝術史切
> 入，我想可以從一個非常好的角度，就是從「生活」切入。
> 食、衣、住、行，不過是人活著最基本的一些條件而已。可是我
> 們知道所有先進的國家，生活美學是實際在食、衣、住、行當中體現
> 出來的。

這就是生活美學的涵義。也許不是每個人都必須研究「美學」，但是
卻可以在日常生活中體驗美，進而體現美！正如法國哲學家傅科（Michel

Foucault）所說：「美學的生活，就是把自己的身體、行為、感覺和激情，把自己不折不扣的存在，都變成一件藝術品。」（詹偉雄，2005：33）不過話又說回來，雖然不是每個人都必須研究「美學」，但是對於「美學」有著基本的知識與瞭解，卻是一個國家文化水準的重要指標，而對於想瞭解或從事文創行業的人來說，學術美學卻是一個不可或缺的重要環節。

第三節 ♦ 美學與文化創意產業之關係

美學對於文創產業之重要性是顯而易見的。在第二章中，我們談到「創意」對文創產業的重要性，因為每一類文創產業都直接涉及「創意」。同樣地，每一類文創產業都直接涉及「美」和「美感」，因而也間接涉及「美學」和「美感教育」。

以下先「宏觀地」就「美學經濟」[2]來談「美學素養」和「美感教育」對文化創意產業的意義；然後再「微觀地」談「商品美學」和「商品美學教育」對文化創意產業的意義。

壹、美學素養與文化創意產業之關係

一、美學素養及美感教育可以提升文創產業之競爭力

《天下雜誌》於2002年出版了一本書，名為《美的學習：捕捉看不見的競爭力》，在洪懿妍所撰寫的〈產品美學大競賽〉一文中提到（天下雜誌，2002：42）：

---

[2] 根據施百俊的說法，「美學經濟」範圍最廣，包含了「文化創意產業」，而「文化創意產業」則包含了大部分的藝術產業，見施百俊（2009：88）。

　　　二十一世紀，人類跨越了物質的需求的極限，轉而尋求精神上的美感經驗。從個人企業到國家，美學、美感、品味已是一股隱形的競爭力。它提升人的潛能，擦出創造力的火花，為未來開啟另一扇窗。

　　文中還提到國際知名手機大廠諾基亞（Nokia）有一個從未曝光的祕密部門，分散在芬蘭、美國等地，他們肩負手機的造型設計任務；在公司內部的網路上，沒有這個部門的存在，除了重要的溝通會議，沒有人知道這些人在搞些什麼。諾基亞的手機向來以造型優美、獨特取勝，負責產品設計的團隊，成了公司的祕密武器，也是核心競爭力所在。為了怕被挖角，或設計概念外流，公司對他們極度保護。這是二十一世紀上演的產品美學大競賽。（同上：42-43）

　　之後提到了國家的行銷，也是建立在美感訴求之上。國家像商品一樣使用廣告手法銷售自己，這些形象讓人產生美感的想像，也代表國家的品牌。因此，新加坡讓人感到親切、和善；愛爾蘭是自然；美國是熱情、自由的國度；法國充滿藝術氣息；德國是效率、可靠。從企業到國家，美學、美感、品味已然成為一股看不見的競爭力，吸引人的心靈與目光。

　　漢寶德先生也舉英國為例，說明美育的競爭力。1851年在倫敦所舉行的博覽會（世界博覽會），使英國人大為困窘，因為英國的工業產品被視為低俗、粗鄙，無法與法國或德國的產品相比。會後英國人深切反省，由摩里斯發起了「藝術與技藝運動」，透過美育的加強，使國民擁有普遍的審美能力，對於工業產品的提升有促進作用。（漢寶德，2004：vi）

　　任何事物只要具有外形，是眼睛看得見的，美感就是重要的；文創產品亦然。文創產品的產生不外是設計、製造和行銷，每個階段的從事者如果具有更高的美學涵養和美感品味，那麼該產品在實用之外，其美感的競爭力是不可忽視的。因此，不難理解，像Gucci、香奈兒、Prada、路易威登等名牌，成本不見得很高，卻要賣那麼高的價錢，這些名牌提供的，就是「美感、品味」這些附加價值。此外，服務業時代的來臨，更強調了人與人之間的互動，也就更重視情感的柔性交流。氣氛、感受、貼心、美感，都是服務業的致勝關鍵。（天下雜誌，2002：45）

二、美學經濟以美學素養和美感教育為前提

詹偉雄先生在《美學的經濟》一開頭就說：「台灣各大科技公司，近年紛紛設立工業設計中心，市場裡各種不切實際的生活美學商品蜂湧出現；新落成的百貨公司和Shopping Mall，一間比一間更大，也更時髦；愈來愈多台灣人因為自己『無法審美』而焦慮……種種的跡象都顯示：台灣不論由生產或消費端，都進入了一個美學經濟的新社會。」（詹偉雄，2005：28）

詹偉雄先生還提到，「美感」（sense of beauty）已成了工作場所的最新流行詞彙。蘋果的iPod熱賣，因為它美！新力的產品有一些死忠的粉絲，也因為它美！New Balance 2005年推出的復古慢跑鞋一雙叫價200美元，因為它美！但問題是這些產品都由台灣代工的，如果台灣還要持續接單，就必須清楚瞭解這些產品吸引消費者的「美學要素」在哪裡；不僅這些代工訂單強迫我們「學美」，我們的內需市場也煥發著更多以「美感」為訴求的工業產品：從Ikea的家具、7-Eleven賣的飲料，它們也開始和精品店的時尚服飾一樣，有著春夏秋冬四季分明的款式與包裝；汽車的廣告已由機能和配備的競爭，轉到「生活樣式」的競爭；同樣的轉變，也表現在行動電話、筆電、辦公家具、家用五金這些傳統高剛性的產品上，這也就意味著，即使要吸引本土顧客，也同樣要運用「美學技術」。（同上：29）

如第二章所述，任何產業都可以因為創意而轉化為「創意產業」；同樣地，任何產品也都可以因為美感而在「美學經濟」的市場裡具有競爭力。何況，「創意」的培養是直接與美感能力相關的。芝加哥大學心理系教授契克森米埃（Mihaly Csikszentmihalyi）花五年的時間，訪談了包括企業家、藝術家、醫生、科學家等九十一位負有盛名的領袖，研究創造力在他們生命中發揮了何種力量。結果發現這些人都有文藝方面的興趣或習慣，發現美感的陶冶有助於創造力的提升。（天下雜誌，2002：48-49）

貳、商品美學對文化創意產業的意義

美國藝術家芭芭拉‧克魯格（Barbara Kruger, 1945-）有一幅作品，宣

示「我買，故我在」（I shop, therefore I am.）（見下圖[3]），意指每個人透過消費而確認自己的存在。

顯而易見的，這仿自近代哲學之父、法國理性主義哲學家笛卡兒（René Descartes, 1596-1650）的名言「我思，故我在」（cogito, ergo sum；I think, therefore I am）。笛卡兒的原意是把人定義為一個「思維者」。作為思維者的自我，固然可以透過宣示「有我，我存在」來確認自我的存在，然而在現實「生活世界」中，人確認自我存在最直接的方式就是透過他物，特別是在現在這個消費的時代，人確認自我存在的方式就是透過消費各種商品而成立；而現代人之所以消費各種商品，多半不是僅僅由於這商品的實用價值，而更是因為該商品的附加美感價值，因此商品美學的問題更甚於以往，是現代消費文化中的重要問題之一，甚至可以說是最重要的問題。

烏利希（Wolfgang Ullrich, 1967-）在其《不只是消費：解構產品設計

3　圖片出自如下網頁：https://www.accaonline.org.au/event/icons-barbara-kruger-i-shop-therefore-i-am.

美學與消費社會的心理分析》一書 [4] 如是說：

> 消費文化是人們始終沒有認識清楚的領域之一。其實光是「消費文化」一詞，就已經讓人摸不著頭緒了。它起初只是指稱某種喜好：從冷凍披薩到保養品，從烤麵包機到汽車，人們不只是單調乏味地消費產品，而認為它可以創造意義、垂範後世，並且有助於人類的自我認知。明白了這點的人，就會在媒體、學術、宗教或文化的領域中討論到「消費文化」。而認為設計是所有商品的基礎的人，也會知道消費其實是和美學有關的領域，甚至進一步思考人類商品美學教育問題。（李昕彥譯，2015：28）

烏利希的意思是：在現代社會，消費品不再只是消費品，它還可以創造意義，有助於人類的自我認知；而由於所有的消費品（商品）都立基於「設計」，從而涉及「美學」，因此，商品美學和商品美學教育（不論是對消費者或對製造商）的問題，就是當代消費文化的基本問題。這當然也是文化創意產業的基本問題，因為文化創意產業也包含「設計」類的產業和「藝術」類的產業，從而直接和「美學」相關，所以商品美學和商品美學教育的問題，也就屬於文化創意產業的基本問題。

烏利希以中國「買櫝還珠」[5]的案例，來說明商品本身的「使用價值」和附加的美學價值之間的差別：一位珍珠商人為了想提高珍珠的賣價，因此在華麗的包裝上特別用心。他選擇實木製作了一只盒子，外觀更是別出新裁地鑲上寶石，此外還使用昂貴的香料來薰香珠寶盒。不久之後，便有許多人慕名而來，而那一盒珍珠最終也落入出價最高者的手裡。結果買家卻相當戲

---

[4] 若依德文直譯，該書原名為《一切都只是消費：商品美學教育批判》（*Alles nur Konsum: Kritik der warenästhetischen Erziehung*. Wagenbach, Berlin 2013）。

[5] 這個故事出自《韓非子·外儲說左上》：「楚人有賣其珠于鄭者，為木蘭之櫃，薰以桂椒，綴以珠玉，飾以玫瑰，輯以羽翠。鄭人買其櫝而還其珠。」烏利希這裡的引用還算忠於原著，但原著故事對於「櫝」（裝珠寶的外盒）的描述，就商品美學的意義來說，其實更為豐富，因為烏利希轉述的版本中少了「飾以玫瑰，輯以羽翠」兩項。

劇性地將盒中的珍珠還給這位商人，他只是喜歡珠寶盒而已（李昕彥譯，
2015：59）。在簡述了這個故事之後，烏利希評論如下：

> 到了現在，這則故事再真實不過了；現代產品都是經過一番嘔
> 心瀝血才生產出來，而包裝也往往成為主要角色。一般人之所以願意
> 掏錢，主要在於商品本身提供有趣的印象：它第一眼就可以喚醒內心
> 的想像，或在腦海裡開始播放影片，而消費者也在其中扮演討喜的角
> 色，看到一點美好的未來；正面的觀感不斷提升，人們或許會由於包
> 裝或商品美學設計引發的聯想而心醉神馳。製造商不必花太多功夫保
> 證自家產品的使用價值，反而是將大筆經費投入在極致優雅的形象塑
> 造上：市場研究、廣告、設計或品牌經營。現在有誰在購買沐浴乳、
> 茶飲或優格時，只是想要洗乾淨、或是可以吃喝就夠了？更重要的是
> 這些商品以及相關的動作，以什麼方式呈現出來。人們會因為選擇某
> 一款沐浴乳，因為它說有助於冥想，也會購買某一種茶包，因為它預
> 告了和諧和愛，或是選擇一塊可以撫慰心靈的巧克力。但是沐浴乳多
> 半原封不動地擱在浴室的櫃子裡，反而比較像是營造氣氛或刺激感官
> 的小雕像，而不是一個使用對象。就如同中國古老故事中的產品一
> 樣，比起包裝和呈現的方式，它本身反而變得不太重要了。（同上：
> 58-59）

　　現代消費品文化的特色之一，就是商品的美學價值超越了商品本身的使
用價值。這裡說的美學價值包括了商品的外形、外在的包裝，以及該商品企
圖引起的聯想。總而言之，就是「美學」這一詞最忠實的涵義，所有「美」
＋「感」的訴求和隱喻，都是「商品美學」一詞所指涉的範圍。烏利希接著
說：

> 而在買櫝還珠的故事中，珠寶盒之所以比真正商品還更吸引人
> 的原因，就在於它指涉了更多的意義。珍珠只是看起來漂亮，而其光
> 滑圓潤的外表也可以提供觸覺上的感受，不過珠寶盒上各式材質顯然
> 在觸感上更加變化多端；尤其是那股薰香，更增添嗅覺的體驗。而那

位中國商人採用的原理，正是現代所謂神經心理學經常討論的，尤其是「神經行銷學」（Neuromarketing）這個廣告分支。它的關鍵詞「多感官提升」（multisensory enhancement）意指透過衝動強化感官刺激，而它們又刺激了其他感官。當各種感官印象相互整合，而它們的意義又得以相互配合，一個事件的體驗就會強化了好幾倍（同上：59）。

就歷史起源來說，「商品美學」的「概念」（而非「名詞」）源起於亞當斯密和馬克思，他們將一個商品的「使用價值」和「交換價值」區別開來，「商品美學」的概念可以歸屬在「交換價值」這一類；透過這個區別，豪格（Wolfgang Fritz Haug, 1936-）首次使用「商品美學」這個「名詞」[6]，他認為，經過商人與受僱於商人的文化藝術工作者的刻意包裝，商品不再只以基本的功能滿足消費者的需求。相反地，為了刺激銷售量，不論透過外在的美麗包裝（美），或佐以各式各樣的感官體驗（感）；商品不再只是具有使用價值的商品，而是具有誘騙形式的商品，一種「宰制的形式」，消費者其實是受到了操弄。一言以蔽之，豪格的立場不外就是：日常用品的製造商都在操弄群眾，並且因為其承諾不實的使用價值（說謊）而遭受指責，或者認定是一場經過策劃的騙局。（李昕彥譯，2015：9）

商品的附加價值真的全部都是騙局嗎？烏利希並不同意這樣的看法，認為「商品美學」也可以具有正面的意義：商品有實用的功能，也有虛構的部分：「時下有許多產品不僅擁有功能，而且還有其意象……。他們因而也生產了情感、行為與情境，並且屬於虛構的世界，那個世界不只是童年幻想構成的：不管是在哪個層次上，這些產品的想像力功能和電影情節或小說角色一模一樣。」簡單地說，他認為除了「使用價值」之外，商品的「虛構價值」（即「美學價值」）也是重要的，特別是在一個不缺衣食的「富裕

---

[6] 根據豪格自己的說法，他首次提出「商品美學」（Warenästhetik, commodity aesthetics）這個名詞是在〈關於操控的美學〉（Zur Ästhetik von Manipulation）這篇論文裡，但真正建構成一個理論則是在《商品美學批判》（*Kritik der Warenästhetik*）這本書裡，參見董路（譯）（2013：3-7）。

社會」，這種虛構價值更形重要。這些虛構的價值（也就是商品的附加價值、美感價值），「或許還可以有正面的印象或刺激、甚至教育的功能」；這裡說的教育功能，不僅涉及業者對消費者進行的教育，也涉及消費者的自我啟蒙。（李昕彥譯：2015：10）用我們的話來說就是，烏利希認為商品的「虛構」並非只有宰制的層面，它同時也可以是「創造」。以此觀點來看阿多諾所謂「文化工業」和現今「文化產業」一詞的對比上[7]，重點就在於如何看待「虛構」（Fiktionalisierung, fiction）？虛構的事物是騙局，因而只是宰制？或者虛構的事物也可以是創造？從而成為商品美學的基礎？證諸「虛構」與「創造」這兩個概念在藝術史中的發展[8]，本文採取後者的看法：「虛構」可以是創造的一種，是商品美學的基本要素之一；文化創意產業，也正是因為這些虛構的價值（商品的附加價值、美感價值）而有別於傳統的產業。

 結 語

在這章裡，我們的結論有如下幾點：

在前言中，我們指出了「美」在日常生活中的各大面向，都扮演重要的角色。「美」可以附加在具有實用功能上而提升其價值，也可以在藝術活動中獨立被欣賞。

在第一節中，我們說明了「什麼是美」，透過柏拉圖的對話錄〈大希庇阿斯〉說明「美是難的」，這代表「美」是難以定義的，但這並不妨害我們

---

[7] 阿多諾所說的「文化工業」（Kulturindustrie），其英譯是「culture industry」，與此不同的是「文化產業」（cultural industries）或「文化創意產業」（cultural and creative industries），兩者形似，而意義不同。阿多諾所說的「文化工業」，具有宰制性，會加深人的異化；而「文化產業」或「文化創意產業」則是以新的形式的創造（含本文所說的「虛構」）來延續並行銷文化。參見本書第一章第一節。

[8] 關於「虛構」的正面價值如何在藝術史上被接受的過程，烏利希有詳細的說明，請見李昕彥（譯）（2015：41-55）；藝術中的「虛構」如何逐漸被接受為「創造」的一種，請見劉文潭（譯）（1989：297-302、317-319；367-381）有詳細的說明。

去欣賞美、認知美；盛行西方2200年的「偉大理論」就嘗試去說明「什麼是美」。之後，我們提到了西方和中國兩種對「美」的分類：其一為：優美與崇高；其二為：芙蓉出水與錯彩鏤金。

在第二節中，我們的主題是「什麼是美學」。我們先說明「美學」之名稱和這一學科的由來，是由1750年德國鮑姆加通所創立，之後再指出「美學」即是「美+感」之學，「美學」不只研究「美」，也研究「感」（感性議題）；然後說明「美學」在學術領域中的位置，指出美學是哲學的一個部門；之後探討「美學與藝術哲學之關係」，附帶提到「美」在藝術發展中扮演的重要角色。最後，我們透過和「學術美學」的比較，來引介出一個目前較為流行的名詞「生活美學」。

在第三節中，我們討論了「美學與文化創意產業之關係」。首先「宏觀地」就「美學經濟」來談「美學」和「美感教育」對文化創意產業的意義：美學素養和美感教育可以提升國家整體之競爭力、美學經濟以美感素養為基礎。再「微觀地」談「商品美學」和「商品美學教育」對文化創意產業的意義：美學裡的「虛構」（或其他附加價值）是文創產業的基本要素之一。

學習評量

1. 舉例說明「美」在我們日常生活中的重要性。
2. 為什麼柏拉圖要說「美是難的」？
3. 何謂「美感」？
4. 美的「偉大理論」是什麼？
5. 舉例說明有哪幾種類型的美。
6. 「美學」一詞的由來為何？「美學」的主要內容是什麼？
7. 「生活美學」是什麼？
8. 試說明美感教育和美學素養對文化創意產業的重要性。
9. 試從「商品美學」的角度來談「虛構價值」（美感價值）的重要性。

參考書目

天下雜誌（2002）。美的學習：捕捉看不見的競爭力。台北：天下雜誌。

朱光潛（譯）（1987）。柏拉圖原著。大希庇阿斯。收錄於朱光潛全集，第12卷，頁154-181。合肥：安徽教育出版社。

朱光潛（1987）。我們對於一棵古松的三種態度——實用的、科學的、美感的。談美，頁8-13；當局者迷，旁觀者清——藝術和實際人生的距離，頁14-19；以上皆收錄於朱光潛全集，第2卷。合肥：安徽教育出版社。

李昕彥（譯）（2015）。Wolfgang Ullrich原著（2013）。不只是消費：解構產品設計美學與消費社會的心理分析，台北：商周。

周憲（2002）。美學是什麼？北京：北京大學出版社。

宗白華（1981）。美學散步。上海：上海人民出版社。

施百俊（2009）。美學經濟密碼。台北：商周。

彭淮棟（譯）（2006）。Umberto Eco原著（2004）。美的歷史。台北：聯經。

賀瑞麟（2015）。今天學美學了沒？台北：商周。

董路（譯）（2013）。Wolfgang Fritz Haug原著（2009）。商品美學批判（*Kritik der Warenästhetik*）。北京：北京大學出版社。

詹偉雄（2005）。美學的經濟：台灣社會變遷的60個微型觀察。台北：風格者。

漢寶德（2004）。漢寶德談美。台北：聯經。

劉文潭（譯）（1989），W. Tatarkiewicz原著（1970）。西洋美學六大理念史。台北：聯經。

蔣勳（2009）。天地有大美。台北：遠流。

豐子愷（2002）。藝術趣味。長沙：湖南文藝出版社。

第 4 章

文化產業資源調查

葉晉嘉

學習目標....................................

1. 認識文化產業資源調查的範疇與使用時機。

2. 能夠瞭解從事資源調查的處理原則,以及各項工
   作項目。

3. 能夠蒐集、處理與分析調查資料,協助相關的調
   查工作進行。

....

關鍵詞彙 文化資源、資源調查、影像紀錄、文獻分析、訪談法、
調查計畫書、統計資料庫、圖面資訊判讀、建築物清查

　　文化產業資源調查工作是一個系統性的任務，它整合了田野調查法、訪談法等質性研究法，加上應用文獻資料蒐集、統計資料庫查詢、圖資取得與分析等實作技巧而成。調查人員亦需熟悉文字記錄、影像記錄與團隊分工等規定，俾能有效完成文化產業資源調查工作。然而由於文化資源類型繁多，加上調查地點的範圍與自然條件差異甚大，因此良好的文化產業資源調查應能夠因地制宜的調整操作方法。本章內容以介紹常用的調查工具為基礎，說明各類操作技術與工具在使用上應該注意的重要事項，透過本章節的學習，能夠提供調查人員建立基本的專業調查素養，提升調查內容之品質。

第一節　文化產業資源調查概述

壹、文化產業資源調查的定義

　　文化產業資料調查其目的是為了取得基礎資料，以便進行文化資源管理（Cultural Resource Management，簡稱CRM）的工作。由於文化資源以各種形式存在，因此文化產業資源調查也因為調查的標的不同，而在執行過程中有各種不同的形式。國際產業文化資產保存委員會（The International Committee for the Conservation of the Industrial Heritage，簡稱TICCIH）在2003年於俄羅斯的下塔吉爾市（Nizhny Tagil）發表了「下塔吉爾憲章」，作為國際產業文化資產的保存準繩，認為「產業文化資產」是由歷史的、技術的、社會的、建築的或科學的價值上的產業文化遺留所構成。這些遺留包括建物與機械、工場、磨坊與工廠、礦場與從事加工與精煉化的場址、倉庫與貨棧、產製、傳送與使用能源的地點、交通運輸以及其基礎建設。但同時該憲章也強調與產業相關的社會活動，如住居、宗教崇拜或教育等。

　　而依據我國《文化資產保存法》（民國105年07月27日修訂）之規定，將文化資產界定為有形與無形兩大類，有形文化資產包括下列九項：

1. 古蹟：指人類為生活需要所營建之具有歷史、文化、藝術價值之建造物及附屬設施。

2. 歷史建築：指歷史事件所定著或具有歷史性、地方性、特殊性之文化、藝術價值，應予保存之建造物及附屬設施。

3. 紀念建築：指與歷史、文化、藝術等具有重要貢獻之人物相關而應予保存之建造物及附屬設施。

4. 聚落建築群：指建築式樣、風格特殊或與景觀協調，而具有歷史、藝術或科學價值之建造物群或街區。

5. 考古遺址：指蘊藏過去人類生活遺物、遺跡，而具有歷史、美學、民族學或人類學價值之場域。

6. 史蹟：指歷史事件所定著而具有歷史、文化、藝術價值應予保存所定著之空間及附屬設施。

7. 文化景觀：指人類與自然環境經長時間相互影響所形成具有歷史、美學、民族學或人類學價值之場域。

8. 古物：指各時代、各族群經人為加工具有文化意義之藝術作品、生活及儀禮器物、圖書文獻及影音資料等。

9. 自然地景、自然紀念物：指具保育自然價值之自然區域、特殊地形、地質現象、珍貴稀有植物及礦物。

至於無形文化資產，則分為下列幾項，包括：

1. 傳統表演藝術：指流傳於各族群與地方之傳統表演藝能。

2. 傳統工藝：指流傳於各族群與地方以手工製作為主之傳統技藝。

3. 口述傳統：指透過口語、吟唱傳承，世代相傳之文化表現形式。

4. 民俗：指與國民生活有關之傳統並有特殊文化意義之風俗、儀式、祭典及節慶。

5. 傳統知識與實踐：指各族群或社群，為因應自然環境而生存、適應與管理，長年累積、發展出之知識、技術及相關實踐。

此外，亦可參考聯合國教科文組織有關世界遺產的分類方式，分別為文化遺產、自然遺產、文化和自然雙重遺產，以及文化景觀遺產；以及在2001年5月起加設「人類口頭遺產和非物質遺產」，作為對世界文化遺產保護活動的補充。然而文化產業資源調查又較文化資源調查範圍更廣泛，依據

《文化創意產業發展法》，將我國文化創意產業區分爲十六種類，有關詳細業別可參照第一章。

顯然若依據《文化創意產業發展法》所涵蓋的文化產業資源，比著重在歷史空間的文化資產定義更爲廣泛，因爲當代的影視產業、時尚設計以及數位內容均屬之；換言之，文化產業資源應跨越當代與過去的時間軸，除了文化資產、文化創意產業之外，應包括文化統計的範疇。歸納前述之說明，文化產業資源調查的定義應爲：「爲了促進文化資源管理而進行的一系列先期調查工作，藉由取得基礎資料評估文化資源的價值與特徵，其範疇可涵蓋有形與無形的文化資產、文化創意產業與文化統計之內容。」

貳、文化產業資源調查的種類

文化產業資源包含了有形的與無形的文化元素，負責管理的單位包含了各階層的文化相關單位，例如地方文化局、博物館、藝文中心、中央文化主管機關等。當然管理的內容也從地方的小眾事業（例如族群風俗傳統、宗教信仰），到跨越種族與文化的合作（例如語言、教育）。最具體的例子是，聯合國世界文化遺產組織對於遺產的分類、記錄、管理，並修復與活化再生。可見文化產業資源調查的類型相當多，若以調查時間來分，可分爲：

1. 定期的重複性調查。
2. 特定專案型的調查。

若以調查對象來區分，則包括：

1. 有形的調查對象（建物、聚落、耆老）。
2. 無形的調查對象（生活型態、信仰、意識型態）。

若以抽樣方式來區分，則應有：

1. 普查式文化產業資源調查。
2. 抽樣式文化產業資源調查。

參、資源調查計畫書

一、計畫書的重要性與內容

為了有效的進行資源調查工作，於事前研擬調查計畫書能夠有系統的針對調查範圍分配調查人力與時間，以便於在有效的時間內完成調查的工作，某些時候調查計畫書扮演提案的功能，藉由調查計畫書讓委託單位瞭解參與評選的廠商，具有執行調查計畫之能力。

計畫書的內容雖然未有一致之規定，然主要可分為幾個部分：背景資料、工作項目、團隊組成、調查時程、預估經費、預期結果。背景資料在介紹調查範圍的現況描述，類似的名詞包括發展沿革、研究主題、文獻回顧、調查動機與目的都屬於這部分，著重的內容依據調查主題不同而有所差異。工作項目在於描述調查計畫過程中需要完成的各項產出，待計畫完成後核對是否如數達成，同時亦是委託研究中結案需要檢核的項目。團隊組成在表示執行人員的專業能力，包括計畫主持人、協同主持人、專任與兼任調查人員。從團隊人員過去的專業背景和工作實績中，判斷團隊是否具有足夠能力執行該項調查。調查時程通常會以流程圖或者甘特圖的方式表示，目的是為了表達工作時間與工作項目之間的流程控管。預估經費在評選過程中不得高於公告預算金額，如已經確定經費來源，則用於表明調查執行過程中所需要花費。最後的預期結果用於表示計畫執行結束後能獲得的具體事項，按照主題的不同部分著重在政策或者管理建議，有些則列出預期的研究結論或者可能取得的調查發現。

好的調查計畫書能夠合理有效的分配人力與物力，並且協助計畫主持人控管調查研究的品質，也能夠說服審查委員取得委託調查的機會，因此對於從事文化產業資源調查的影響甚大，具備有良好的計畫書撰寫能力是必要的條件。

二、調查地點與範圍

調查的地點與範圍對於調查計畫的影響最為重要，原則上較小的研究範圍適合進行普查，而較大範圍的調查則適宜用抽樣調查的方式進行。調查的

地點可能位於都市地區或者鄉鎮等聚落，亦可能在人煙罕見之處。位於人類活動的聚落的調查地點具有交通便捷的優點，而交通較爲不便之地點，則需要擬定駐點調查的計畫，駐點調查人員於調查期間留守在調查地點，以便就近與調查對象互動，並能立即處理調查各項事項。調查團隊亦可視需要擬定調查路線，按照初步取得的圖面資料，進行調查路線的規劃，能夠立即取得調查範圍內的大致狀況。路線的規劃上儘量採取去程與回程不同的路線，路線的分布也應該儘量平均分布於調查範圍內。

三、調查人力分配

調查的人力分配受到許多因素的影響，由於每個調查計畫的範圍、時間與經費不一，假設範圍較大、時間較短與經費較多的狀況之下，則可提供較多的研究人力；相反地，在調查範圍小、時間較長以及經費有限的條件下，調查人力會較爲有限。然而需要多少的調查人員往往由研究者自行決定，並能夠在有限的資源內完成調查工作。

調查人員由於涉及部分的專業，因此事前的訓練工作有其必要性，例如從事古蹟結構的調查工作，則以具有建築與結構的背景爲佳。從事問卷調查工作則應具有統計基礎，進行聚落調查則應對於城鄉發展有所認知，如無法徵得已具有基本素養之調查人力，亦應該辦理授課與訓練以提升調查人員執行計畫之能力。

調查人力的組織結構應至少具有三項層級：研究人員（通常是計畫主持人擔任）、組長（專任或者兼任研究助理）、組員（臨時性調查人員）。研究人員負責掌握研究進度以及工作分配，組員執行調查任務，而組長除擔任組員工作外，尚需彙整工作成果，回報工作狀況，掌握組員動向。部分時候因爲調查工作量繁重，組織的結構會更複雜。

第二節 ◆ 次級資料與文獻整理

壹、文獻的類型

　　廣義的文獻係指所有的次級資料，非研究者本身取得的一手資料均屬之，因此文獻依據紀錄的形式而有相當多的類型，包括了以文字、符號、圖片、影像、聲音等不同的方式。一般進行文化產業資源調查的文獻，可以分為下列幾類：

1. 論文（包括期刊與學位論文）。
2. 書籍。
3. 研究報告書。
4. 雜誌與報紙。
5. 書信、筆記與手稿。
6. 網頁、電子報。
7. 照片與錄影。
8. 錄音。
9. 圖集與畫冊。
10.統計資料。

　　引用相關的文獻資料應注意到嚴謹性的原則，由於係屬使用經手他人彙整的資料或者內含他人之觀點的論述，因此若未能謹守嚴謹之原則，缺乏實事求是之精神，則易受低品質的文獻所影響。一般而言，具有審查制度的期刊嚴謹度最高，然而許多文化創意產業的研究個案並不容易刊登，其數量上也不多見，所以必須還要找尋其他類型的文獻來進行統整。至於書籍通常陳述很多概念，引用需注意書籍內容參考價值是否跟主題吻合，避免斷章取義的狀況，因此儘量引用較具權威之著作。研究報告書因為沒有公開發行，取得上不如期刊論文與書籍方便。除國家圖書館之外，通常需要與研究單位接洽聯繫，引用時應注意研究報告書撰寫的時間以及時空環境是否改變。最後報紙與雜誌這一類的文獻，由於讀者多半並非專業人士，因此其內容的專

業程度並不高，引用時應註明引用日期時間，尤其是電子媒體的資料更應該附加網址以及查詢時間。由於電子媒體的資訊並不穩定，通常會建議將網頁轉爲PDF檔或者jpg圖檔保存，以避免網站位置搬遷以及不可預期的問題發生。相同類型的資料包括網頁、論壇、部落格、電子報、E-mail等均屬之。由於嚴謹性較差，應謹慎確認之後才能作爲學術研究的用途。然而有些議題的資料在期刊中並不多見，此時適度的採用網站的資料，亦能補充有關的調查資訊。

貳、文獻回顧的目的

回顧文獻之目的在於瞭解過去該主題研究進展的狀況，是否有人研究過了，研究結果是什麼？對於研究者問題是否已經提出有力的解答？同時研究者應該於調查過程中瞭解各種觀點的比較與爭論點，以及文字符號與影像的彙整比對，因此文獻回顧是一件重要的工作。良好的文獻回顧能夠提高研究的品質，避免調查過程無謂的工作。文獻回顧在整個調查的過程中扮演的角色包括：協助研究者確認調查主題，同時能夠作爲訪談與問卷的依據，珍貴的圖片與影像檔案，更有助於還原當時的環境氛圍。

許多調查的研究成果並未出版，或者並非刊登於學術性期刊，查詢較爲困難，因此進行調查資料的蒐集時，有時多半透過對於研究該主題或者該地區相當瞭解的專家給予建議。甚至部分研究的文獻並沒有電子檔，多半需親自調閱紙本，因此習慣藉由網路取得資源的文獻蒐集方式，並不適合進行文化資源調查的工作。有時候文化產業資源調查，僅爲產業背景資料的蒐集，或者多半爲初探性研究，文獻資料可能缺乏，有時僅能以相近性質之文獻代替之。所以研究者與調查人員所要面對的文獻具有很多不同的狀況，一般調查中引用文獻常犯的錯誤包括下列幾點：
1. 僅作引用而未能比較文獻內容的論點。
2. 參考文獻格式未能統一。
3. 爲求方便引用低價值文獻。
4. 文獻回顧跟調查工作無關。

　　由於文獻回顧的品質影響調查工作的品質甚大，因此文獻回顧的工作應該持續進行，並非僅於研究初期時進行，如無特殊之狀況，文獻在研究結束前都應該持續被檢視，以確保沒有遺漏重要的參考資料與學術論點。

參、統計資料

　　廣義的文獻中包括了資料庫，它是資源調查中另外一項重要的資訊來源，雖然資料庫的數據不能直接引用，然而在蒐集調查地點與區域的背景敘述而言，藉由重要的統計數據呈現在地的特性是十分重要的項目。因此熟悉統計資料庫的搜索方式，能夠協助研究者在最短的時間內取得基本資料。但是由於資料庫的數據多半尚未經過分析，其功能在於提供後續研究進一步分析之用，必須透過研究者加以解釋才能作為調查報告書內的文獻。統計資料的類型相當多，例如重要社會經濟統計數據，以及專題性定期的調查研究或者不定期的大型調查等。在國外有些資料庫的數據是屬於私部門或者非營利組織所調查取得，多半需付費才能取得，因此研究者應該熟悉這些資料的來源，以便進一步在資源調查過程中分析。

一、國家級統計資料

　　台灣定期發布的統計資料主要在行政院主計總處統計局所主管之業務，定期公告於官方網頁供民眾或者研究人員下載使用，包括物價指數、國民所得及經濟成長、綠色國民所得、家庭收支、就業失業統計、薪資與生產力統計、社會指標、性別統計、工商及服務業普查、人口及住宅普查、農林漁牧業普查、國富統計、產業關聯統計、其他專案調查等。專案調查則屬於特定的時間所進行之調查，並非常態性的統計資料公告。而我國完整的統計資料可自「中華民國統計資訊網」 中查詢。除了上述統計局資料外，尚有全國統計資料、社經指標、縣市指標、環境永續指數等，其中的縣市指標亦可至「縣市重要指標查詢系統」 中查詢，該資料庫可依據項目別與縣市別和時間別下載所需要的資料，或於國家發展委員會建置之「都市及區域發展統計彙編」網站查詢。如欲查詢地方創生資料庫，可至TESAS，https://colab.

ngis.org.tw/lflt/index.html。

　　上述統計資料雖然可以得到文化資源調查的初級資料，然而比較直接的資料應至文化創意產業主管機關查詢，包括文化部網站和縣市政府文化局（處）網站。近幾年文化部已經將全國的文化統計資料，整合在「文化統計」（https://stat.moc.gov.tw/）網頁中，也包括可查詢到歷年文化創意產業統計報告書。另外，如欲查詢登錄之文化資產，則可上文化資產局所建置的「國家文化資產網」查詢（https://nchdb.boch.gov.tw/），可依據類別或所屬縣市檢索，資料相當完整。除了文化創意產業的統計資料以外，文化部以及縣市文化局亦可查詢重大施政方針、年度預算和補助計畫等有關的訊息，對於從事資源調查的準備有相當的幫助。因此若文化資源調查研究需採用到相關的資料，則應先至主管機關網站查詢，或至國家圖書館調閱政府出版品。至於涉及法令與行政規定的資料，則可上「全國法規資料庫」中查詢。

二、縣市層級統計資料

　　縣市層級的資料為縣市政府的主計處，例如台北市政府主計處負責。資料查詢通常以行政區域作劃分，或者由統計項目進行劃分。而中央級的統計資料，除了包括全國統計之外，亦採用次一層級的行政區域劃分，如各縣市政府的統計數據，然而全國性資料僅提供次一層級的行政區域劃分，因此無法在中央層級資料庫中查詢到鄉鎮區的資料，而必須要透過各縣市統計工作才能查詢。換言之，縣市所轄之統計資料，可查詢至鄉鎮區的統計，至於里鄉的統計資料，僅能藉由鄉鎮區公所的統計資料中取得，然而公所層級的資料常有城鄉落差，同時亦較難透過網路方式查詢。

　　2011年以後的統計資料，由於因應行政區域的調整而有所改變，除新北市的行政區域未調整之外，台中縣市與台南縣市合併升格，高雄縣納入高雄市範圍，因此未來的統計資料單位將有所改變。除此之外，新竹市與嘉義市曾於1982年升格為省轄市，而後又因為省的虛級化而隸屬中央政府，與縣政府同等級，因此在解釋研究資料上宜應注意資料來源的時間是否涉及行政區域的調整，以避免對資料產生錯誤的解讀。

第三節 🔩 調查記錄方法

壹、影像記錄

　　影像的記錄隨著器材日新月異，提高了便利性與保存性，目前影像的記錄可透過相機與錄影機來完成，早期的相機與錄影機需要依賴底片才能將影像記錄下來，也需要準備保存這些影像資料的空間。隨著數位化科技的普及，數位相機與數位錄影機降低了成本，也減少了儲存的空間，藉由硬碟與記憶卡能夠有效的管理影像資料。

　　影像的目的在於補足文字記錄的不足，增進研究者對當地的瞭解，以提供分析與規劃的題材。至於選擇拍照或者錄影，則由研究目的與對象來決定，錄影雖然能保留現場聲音與連續的動作，訊息較為完整，然而在成品的後製上，資料保存與分享均不如拍照來得便利。調查者應考量實際的狀況決定採取何種方式。數位相機是重要的調查記錄器材，主要依據感光元件的大小區分為消費型數位相機、數位單眼相機兩大類。近年來由於產品區隔更加詳細，除了數位單眼相機中全片幅、APS-C的區分之外，介於DC與DSLR兩者之間的類單眼相機、4/3系統數位相機也相當受到歡迎，此外，各家相機品牌也積極推出無反光鏡的產品，在不影響畫質的狀況下縮小相機的體積，同時也具有較佳的錄影對焦速度。然而在複雜的器材選擇上，作為文化資源調查的相機並無一定之要求。最重要的部分，在調查人員於相機使用的熟悉度所決定。

　　錄影機的發展也從大型的錄影器材轉為隨身攜帶的數位錄影機DV，在使用數位錄影機時應先規劃拍攝動線，動線不宜過度複雜，如移動過程應注重穩定度，尤其採用走動拍攝時應調節呼吸，降低上下震動的幅度；同時在主題上停留之秒數以及是否有特寫之必要，應於拍攝前於腦海中先行模擬，如有必要亦應配合腳架或穩定器的使用。最後成果必須適當的剪輯，以凸顯調查內容的重要性與連貫性，不宜直接轉檔留存。

　　近年由於器材日新月異，調查記錄的工具新增了三種類型，包括了智慧

型手機、空拍攝影機,以及縮時攝影機。由於手機攝影的功能強化,加上分享與傳輸便利,提高了實用性,在一些記錄環境相對不嚴苛的狀態下,智慧型手機的錄影與拍照功能已足堪一般記錄需求。但若考量輸出與放大檢視細節,相機還是做優先的選擇。至於空拍攝影機,則補強了對於地形的視角,讓空拍的成本降低,也適合剪輯成為影片進行宣傳。至於縮時攝影機則多用於長時間定點記錄活動,其檔案亦需要經過編輯再進行後續應用。

一、周邊器材

(一) 鏡頭

在鏡頭的選擇上,廣角鏡頭的優點在於拍攝範圍較大,能夠展現環境的氣勢;缺點是構圖不易,經常會將與主題無關的物體攝入,建議拍攝以建築物全景為主題的調查時使用。望遠鏡頭的優點能夠將遠處景物攝入,散景效果明顯,虛化周遭雜亂之背景,適合以人物記錄、特寫等。

(二) 腳架

腳架是相當重要的調查器材,同時可以提供錄影與拍照使用,腳架的使用應考量便利與穩定度,一般建議高度在使用者肩高附近,以避免長期低著頭使用造成疲勞;然而較小型之腳架具有攜帶方便的好處,缺點是穩定性與高度不夠,易使器材晃動與傾倒。

(三) 電池

戶外攝影的狀況較多,為了避免在旅遊中途發生電源不足的狀況,備用電池是一定要攜帶的。然而在高山寒冷地區進行調查,電池容易因低溫失效或者較易耗電,建議利用體溫讓電池保持一定的溫度。

(四) 記憶卡

記憶卡的容量與規格相當多種,除了應考慮到調查日期的長短之外,為了避免記憶卡發生問題,也要攜帶備用的記憶卡,或者兩張以上的記憶卡以防止突發狀況。

(五) 外接式閃光燈

外接式閃光燈提供較佳的外部光源，同時可以調整打光的角度與方向，產生跳燈之功能，利用環境的反射和散射營造較爲自然的光源。如有需要可加上柔光罩或者反光板。新一代的閃光燈或補光燈已多採LED，由於較爲省電可提供較長時間使用。

(六) 快門線與遙控器

長時間曝光應配合腳架與快門線使用，例如拍攝夜景。而遙控器則是可直接觸發快門，適合崎嶇不便的地形由遠端遙控拍攝。

(七) 穩定器

穩定器用於動態攝影時輔助畫面穩定時使用，產品除了相機之外，廠商也開發出手機適用的商品，提升了影像品質有利於後製。

(八) 收音麥克風

主要是用來過濾現場的環境雜音，讓收音品質更加提升，同樣有錄影機使用與相機、手機使用等等各式規格，可改善原有器材內建收音效果。

由於文化資源調查拍照的目的並不是追求藝術作品的呈現，因此清楚且詳細的利用照片記錄下來現場的狀況是最重要的。好的照片能夠立即凸顯主題，同時提供豐富的視覺訊息，畫面儘量去蕪存菁、減少雜亂不必要的物體。同時光源的順向與逆向會影響照片品質，因爲相機的感光容許度不如人眼，因此逆光拍攝的物體會有顏色失眞、曝光不足、對焦失敗的狀況產生。

二、記錄原則

歸納進行拍照記錄的原則如下：

(一) 對焦準確

由於感光元件的特性，一般消費型的相機對焦景深較大，因此不易發生脫出對焦平面的狀況發生，這是採用DC的優勢。而採用DSLR雖然具有

較好的畫質，然而由於大光圈的狀態之下，對焦景深過淺，容易有模糊的現象。而文化資源調查的目的並非在於淺景深之表現，因此以調查為目的的照片，應該以較為寬廣的景深為考量。由於光圈影響進光量，為了增加進光量快門會變慢，此時要注意手振之問題，建議快門不要低於1/125（一般專業攝影的安全快門在1/60-1/30之間）。

(二) 曝光良好

由於數位相機的測光取決於測光系統，有時候會遇到過度曝光與曝光不足的現象，此時建議調整曝光補償以獲取正確之曝光。然而在面對被攝體的白色部分或者黑色較多的情況，容易使得相機誤判，例如黑色會加長快門以增加曝光量，白色部分則會增加快門降低曝光量，結果導致拍深色物體過度曝光或者手震，而淺色物體發生曝光不足的現象，這些在拍照時都應該注意。

調整ISO值（感光度）也是另外一項做法，但DC通常不建議提高到1,600以上，而DSLR儘量在3,200以下。如有需要，建議開啟閃光燈，雖然相機內閃GN值常有不足之現象，導致調查人員通常都不開啟閃光燈以取得較佳之現場光源，然而極為慢速的快門會引起劇烈的手振，但是在液晶螢幕上的檢視可能不易察覺，結果導致傳輸檔案之後拿到的照片相當模糊無法辨認，使得照片比不開啟閃光燈更差。解決的方法除了利用較高的感光度，使用腳架以及適當的依託都是必要的，否則建議採取外閃，包括利用跳燈或用離機閃光的方式取得較為自然的光源。

(三) 焦段適當

適當的焦段也是成功照片的重要因素，採取DSLR若需要特寫（望遠）的鏡頭，焦段要較長（數字較大）；而涵蓋幅度愈大（廣角）的，則需要焦段較短（數字較小），以此原則進行鏡頭的選擇。而DC由於不能更換鏡頭，一般多在2倍光學變焦到3倍左右（焦段最大值除以最小值的數字，就是光學變焦的倍率）。除了焦段之外，拍攝的角度也很重要，如何取得制高點拍攝全景，或者由低仰角來凸顯建築物氣勢，如何掌握節慶活動的氣氛，或者受訪者一瞬間的表情，都是成功的照片所必備的。

㈣ 色溫正確

在數位相機中顏色正確指的是正確的白平衡（WB），白平衡是色溫的概念，通常以K來表示，數字愈大表示色溫愈高，照片會傾向黃色；而數字愈小表示色溫愈低，顏色會偏向藍色。由於一般使用的狀況均讓相機自己判斷色溫，因此會出現白平衡不準確的現象，此時會記錄下錯誤的顏色，也就是俗稱的色差。色差的校正除了使用修圖軟體後製之外，就是在拍攝時依據現場狀況手動調整白平衡，以協助相機判斷正確的色溫。

㈤ 標註比例

圖面中涉及比例的呈現，小型的靜態物體可利用尺、筆等顯示實物大小。而較大面積的照片，則可以將人物或者箱尺攝入。有時候為了明確的標註面積大小，需要使用測量儀器，包括經緯儀、水準儀等，甚至使用GPS協助定位。然而目前都市地區的地形圖多數均採用數值地圖，能夠很方便的取得有關的圖資，但是對於新發掘之文化資源地點，仍需要藉由測量儀器確認面積與位置，以便於後續進行疊圖分析以及套繪等工作。

貳、文字記錄

文字記錄是常見的一種調查記錄方式，然而毫無結構的紙筆記錄對於文化資源的調查相當有限，如何將文字的記錄有系統的記載下來，可藉由幾項工具，例如調查表或者調查票。記錄表（票）有各種格式，依據資源調查的類別而有所調整。以下之範例為客庄文化資源普查的調查表，由於表格內容眾多，部分採用節錄方式呈現。

範例
○○縣○○鄉客庄文化資源普查調查表
一、底圖
㈠ 普查點所在村里：桃園縣觀音鄉觀音村。
㈡ 座標：X：○○.○○○○○　Y：○○.○○○○○。
㈢ 調查日期：2009-01-01。

（四）底圖圖號：桃園縣觀音鄉觀音村-01。

（五）地圖名稱：觀音村北部地圖。

<table>
<tr><td colspan="5"></td></tr>
<tr><td>編號</td><td>名稱</td><td>編號</td><td>名稱</td></tr>
<tr><td></td><td></td><td></td><td></td></tr>
<tr><td></td><td></td><td></td><td></td></tr>
<tr><td></td><td></td><td></td><td></td></tr>
</table>

二、調查票

（一）普查點所在村里：桃園縣觀音鄉觀音村。

（二）座標：X：○○.○○○○○　Y：○○.○○○○○。

（三）調查票編號：桃園縣觀音鄉觀音村-01-01。

（四）照片編號：桃園縣觀音鄉觀音村-01-01P01。

<table>
<tr><td>調查組別</td><td>01</td><td>調查日期</td><td>2009-01-01</td><td>記錄者</td><td>陳小明</td></tr>
<tr><td>報導姓名</td><td>林阿滿</td><td>性別：□男 □女</td><td>聯絡方式</td><td colspan="2">03-432-9876</td></tr>
<tr><td>地址位置</td><td colspan="5">中山路11號</td></tr>
<tr><td>名稱</td><td colspan="2">林家</td><td>資料是否願意公開</td><td colspan="2">□是（要附授權同意書）
□否</td></tr>
<tr><td colspan="3">資料是否值得數位典藏　□是
□否</td><td colspan="3">資料是否值得再進行深入主題調查　□是
□否</td></tr>
<tr><td colspan="6">照片及說明：

</td></tr>
</table>

（節錄）

<table>
<tr><th>項目</th><th colspan="2">分項及價值</th><th>類別</th><th>關鍵字</th><th>關鍵字內容描述</th></tr>
<tr><td>A.
古蹟、歷史
建築、聚落</td><td>古蹟及歷
史建築</td><td>篩選理由：
□具歷史、文化、
　藝術價值。</td><td>□祠堂
□寺廟
□宅第</td><td></td><td></td></tr>
</table>

項目	分項及價值	類別	關鍵字	關鍵字內容描述
	□重要歷史事件或人物關係。 □各時代表現地方營造技術流派特色者。 □具稀少性，不易再現者。 □具建築史上之意義，有再利用之價值及潛力者。 □具其他歷史建築價值者。	□城郭 □關塞 □衙署 □車站 □書院 □碑碣 □教堂 □牌坊 □墓葬 □堤閘 □燈塔 □橋梁 □產業設施 □其他		
聚落	篩選理由： □整體環境具地方特色者。 □歷史脈絡與紋理具保存價值者。 □整體歷史脈絡與紋理具重要保存價值者或瀕臨消失者。 □設計形式具藝術特色者。	□原住民部落 □荷西時期街區 □漢人街庄 □清末洋人居留地 □日治時期移民村 □近代宿舍 □眷村 □其他		

參、訪談記錄

訪談是常見的觀察方法，早期使用的器材是錄音機，但由於磁帶保存不易以及數位科技的發展，目前都採用錄音筆記錄。訪談法是質性研究中的重要方法，又可區分為專家訪談、焦點群體訪談、深度訪談等不同的執行方式。藉由訪談法，調查者可以獲得文獻以外的研究資訊，並能夠瞭解地方居民的想法，同時也能夠將問題結構更加釐清。執行訪談時，應注意的事項歸納為下列幾類：

一、訪談法適用的時機

訪談法可以單獨實行，亦可配合其他研究方法進行，其目的主要是為了取得口述的意見與歷史，在文獻缺乏的狀況或者需要藉由面對面溝通的方式取得資料的前提之下，採用訪談法較為適合。訪談法的優點在對於初探性研究，或者需要較長的時間回答有關的問題，或者想要深入的與受試者互動，以發掘研究預期以外的回應時可使用。

二、訪談對象的選擇

採用訪談法時應先知悉對於訪談問題最瞭解的對象是誰，或者最直接與訪談問題相關的人員是誰，再進行訪談工作。由於訪談的過程正是一種資訊取得的過程，倘若受訪者對於問題的本身不瞭解或者沒有接觸過，那麼要回答問題確有其難度。然而訪談法也有其限制，以受訪者是否配合與信任為關鍵，在受訪者與訪員之間若不存在信任感，則研究很有可能無法達到成果；此外，難以取得訪談對象，以及受訪時間、地點的不恰當，都是訪談法本身的限制。

三、決定訪談的步驟

訪談的步驟可依照下列四個要點進行：

(一) 決定受訪者人數

依據調查的規模以及母體中合適的調查對象數目不一，因此進行訪談前

要先確認調查的人數，由於人數多寡影響調查工作的時程，因此在人數上亦需要考慮時間性與執行的難易程度。

㈡ 決定受訪者名單

調查之目的如在取得受訪者之共識，則應該取樣背景條件接近之受訪者，否則受訪之意見可能難以收斂取得研究結論。如欲取得不同之觀點，也就是能夠涵蓋更多元、更廣泛之意見，則應該選擇各類不同背景的受訪者，例如進行利害關係人分析時，受訪者就應涵蓋多樣性的背景。

㈢ 決定訪談的結構

題目的數量影響受訪的時間，因此必須控制問題的範圍與大小，例如敘述的方式過於具體，受訪內容會傾向量化的結果，如話語結尾使用「對不對？」、「同不同意？」、「有沒有？」容易使得受試者直接回答有或沒有，是或者不是這樣的答案。然而敘述方式過於廣泛可能無法得到具體的答案，受訪者不易掌握題目的方向，有時反而給了不相關的意見。因此，如何有效的引導並且設計合適的訪談結構非常重要，成功的訪談大綱能夠獲得豐富且聚焦的內容。

㈣ 預計進行的時間

一份成功的受訪過程，一般控制在兩個小時以內，多半要比這個時間更短。不過也很少短於一個小時，訪員依據訪談大綱與受訪者交談，並隨時記錄受訪者的狀況與回應，同時在過程當中適度的給予回饋。因此訪員的角色並不是宣讀題目，而是取得受訪者的信任並挖掘內心真正的想法。由於需要建立良好的關係，所以時間不宜過短，特別是在深度訪談法的執行過程中，深具經驗的訪員與缺乏經驗者往往在資料內容品質上會有相當大的差異。

四、訪談資料的整理

訪談資料的整理原則首重當天處理調查檔案，將資料自錄音筆（機）中傳輸至電腦中，再點選檔案檢視是否能順利開啟，最後將檔案暫時放置在資料夾中。檔案之歸檔原則可依據日期、時間、地點與受訪者來進行編號，同

時應核對訪談時程表中各受訪者的紀錄，以避免查詢資料的困難。除了按照調查日期逐次歸檔以外，逐字稿的繕打與彙整也應當及早處理。由於訪談過程的記憶會隨著時間而淡忘，降低紀錄的正確性與速度，因此建議訪談資料應當儘速處理，並歷經校正內容與文字後，成為逐字稿紀錄。

第四節 ◆ 土地與地上物清查

土地與地上物的清查工作，是文化資源調查的基礎工作，有時候也可以是主要工作，例如進行文化資產保存的時候，其保存的對象如果是建築物，或者是附著於地面上具有形體的物件，都需要先針對附著的區位條件先行瞭解。土地資訊的清查工作與地上物清查同樣的重要，因為土地使用應受到法令與相關規定的規範，所以應先蒐集圖面資訊，建立文化資源調查的基本圖，然後再進行地上物的清查工作。

壹、圖面資訊的分類

圖面資料的種類相當多，但依照使用的目的可分為三類，第一類是地形圖，地形圖表達地面上正投影所能夠看到的狀況，包括了植被、建築物、水域、橋梁、機場等。地形圖早期由測量器材實地測繪後製成膠片保存，需要複製時利用藍曬機將地形圖輸出，由於輸出的線條呈現深藍色，因此被稱為藍曬圖。但目前多數已經將地形實地測繪的資料轉為數值方式儲存，也有利於平差及套繪的工作。地形圖之位置如座落在都市地區，則多為建築物與道路，由於涉及土地使用權利，多半會套繪地籍圖。目前都市地區多數均已完成數值地形測繪，對於資料取得與使用相對方便許多。

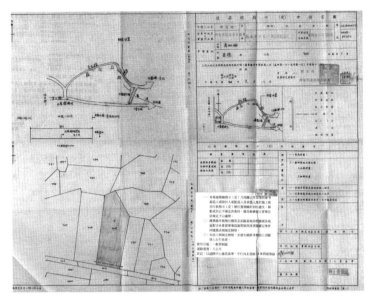

圖4-1　藍曬圖

資料來源：http://www.taroko.gov.tw/zhTW/files/Public Service/5300/CLine/ap2.jpg

一、地形圖

地形圖之內容除道路、建物等平面資料外，同時具有地形資料之地圖。目前多以等高線表示地表之高低起伏，為線條與記號（稱為圖式或圖例）之形式，透過各種測量方法及必要之簡化（如道路上之車輛不畫），客觀記錄地表自然景觀與人為構造物，是各專業領域通用之地圖。地形圖於非都市地區主要呈現自然地形的風貌，如等高線、水域、植被與自然地形等，而都市地區則多半是道路、建築物與公共設施。依其記錄之方式可分為：

㈠ 數值地形圖

以電腦檔案依地物屬性，分層（詳圖層表）記載之地形圖。可任意放大縮小、開關圖層與套疊其他地圖，即一般通稱之電子地圖。

㈡ 類比地形圖

早年電腦科技尚未發達之前，將地形圖記錄於紙張、膠片、布匹等材質，為非數位形式，故稱為類比地形圖。

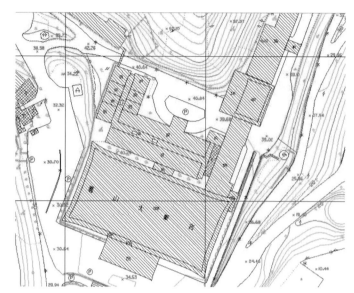

🎗 圖4-2　數值地形圖

資料來源：台北市政府都市發展局。

二、地籍圖

　　地籍圖是藉由測量結果表達土地所有權位置的圖形，因此地籍實際上是不存在的，但是地籍的準確性卻攸關民眾權益，因此在都市地區，地籍、地形與計畫三者之間的關係是最為困難與重要的。台灣現行之地籍圖由於早期圖紙伸縮變形，以及過去測量精度不足的問題，導致目前都市發展地區嚴重的地籍問題，為了因應這項地政資料的缺失，我國已經著手進行地籍重測之工作，重測後之地籍以數值圖資方式儲存，便於保存與重製。

三、都市計畫圖

　　都市計畫圖是依據《都市計畫法》，為都市未來長遠發展之藍圖，因此圖面之內容應考量當前實際狀況與未來發展之需要，透過土地使用管制的相關規定，有效的控制與管理都市的成長，避免土地的誤用與過度使用。都市計畫法定程序完成之後，計畫圖即具有法令效力，因此地政單位應依據計畫圖進行土地分割工作。

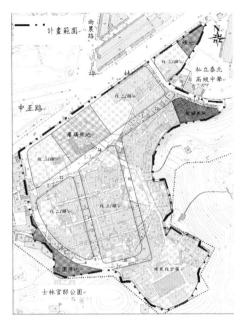

📡 圖4-3　都市計畫圖套繪地形圖

資料來源：http://www.landmanagement-development.blogspot.tw/2010/11/blog-post_5863.html

　　計畫圖的界線可參照自然界線，亦可按照地籍或者規劃理想劃設，所以不盡然與地形圖和地籍圖相符，因此圖面的套繪就相當的重要。為了確保地籍之方整與發展權利，可透過區段徵收與市地重劃的方式辦理，讓都市計畫的發展用地，能夠吻合地籍與都市計畫線。

四、空照圖

　　空照圖一詞係指利用衛星拍攝的衛星空照圖，飛機於高空拍攝之空拍圖（分成正投影拍照以及水平拍照）和影像圖，以類似照片形式（實為電腦影像）表現之地圖。能忠實呈現攝影時之地表狀況，毋須具備專業知識即能閱讀，非常適合一般大眾使用。因透過正射糾正技術進行座標定位，又稱為正射影像圖。實務上常以影像圖作背景，數值地形圖為前景，相互搭配運用，可兼具兩者之優點。依所利用之飛行載具，又可分為航測影像圖與衛星影像圖兩類：

㈠ 航測影像圖

以飛機為載具，利用航空攝影測量（簡稱航測）及專用相機拍攝製作之正射影像圖。

㈡ 衛星影像圖

以人造衛星為載具，利用遙感探測技術（與航測原理相近）拍攝，並製作之正射影像圖。

圖4-4　以飛機為載具拍攝之空照圖

資料來源：高雄市政府都市發展局。

圖4-5　google map之衛星空照圖

資料來源：google map截圖。

　　此外，亦有以航照圖或航測圖一詞來泛指以航測法製作之地圖。但因無法分辨究為地形圖或影像圖，易生混淆，並不建議使用此名稱。

貳、土地持有狀況

一、地籍

　　地籍資料主要由三個部分組成：地段、小段、地號。如欲查詢地籍資料則應先知道欲查詢的地段號，網路系統提供從行政轄區查詢，使用者可據此查詢到地理位置。然而由於地籍圖與現況圖的差異頗大，有時候難以核對正確位置，所以套繪地籍的工作在調查中顯得相當重要。

　　為了完成地籍與現況的套繪工作，調查人員必須要取得數值地形圖與地籍圖，然後依據都市計畫線或者天然的界線作為基準，若兩者均為數值圖檔，則可於電腦中進行疊圖的工作，可依據圖根點與樁位進行核對，必要時應進行平差以確保地形與地籍符合無誤。

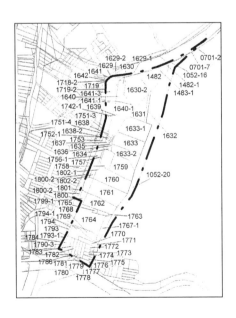

圖4-6　地籍圖

資料來源：高雄市政府都市發展局。

二、地價

查詢地價又可分為公告現值與公告地價兩種，公告現值是課徵土地增值稅的標準，而公告地價是課徵地價稅的計算標準。公告現值通常為公告地價的1.4倍，然而公告地價與實際交易的地價並不相同，實際交易的地價往往超出公告地價許多。這些土地行政的資料，包括地價的調整、公告與查詢的負責單位是各縣市政府的地政處（局）所負責。民眾查詢方式可利用現場查詢以及網路查詢兩種，現場查詢可至各地政事務所查閱資料。進行調查時依照需要，可查詢調閱土地登記謄本、地價謄本、地籍謄本等資料。

參、圖面資訊閱讀

一、地形圖圖例

圖面除包括指北針、比例尺與圖名圖號之外，尚有重要的圖例一項。地形圖的圖例眾多，可分成基準點、獨立物體、指示記號、副記號、房屋及其附屬物、道路及其附屬物、鐵路及其附屬物、橋梁及涵管、管線及人孔、河川及其附屬物、地類、水池、界類、等高線、地貌等。

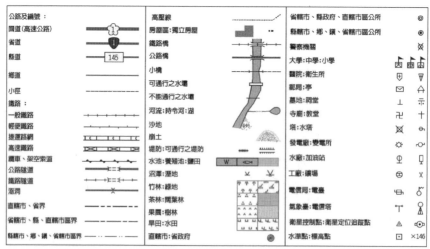

圖4-7　地形圖圖例

資料來源：http://gis.rchss.sinica.edu.tw/mapdap/?p=6419&lang=zh-tw

二、都市計畫圖例

　　都市計畫圖用以表示都市計畫土地使用長遠之發展面貌，尚可區分爲主要計畫與細部計畫圖。都市計畫之圖例包括土地使用分區與公共設施用地，使用分區包括：住宅區（黃）；商業區（紅）；工業區（棕）；文教區（紫）；農業區（淺綠）等。公共設施用地則分爲：機關（藍）；市場（橘）；廣場（桃紅）；道路（粉紅）；公園、綠地、兒童遊戲場（綠）；河川、溝渠（水藍）等。除此之外，尚規定各類分區與用地可容許之使用目的與可開發之權利（容積率與建蔽率），詳細之內容規範於都市計畫書中土地使用分區管制規則，同時受到《都市計畫法》與《區域計畫法》等上位法令的規範。因此，無論都市計畫地區與非都市計畫地區均受到一定程度之規範與管理。

肆、建築物清查步驟

　　地上物之清查是瞭解現況的工作，在都市發展地區主要的工作是針對建築物清查，而在非都市地區則注重植被、地質、物種等分布。進行建築物清查的首要工具是取得已經完成的地形圖，而圖資內最好能夠涵蓋都市計畫線以及地籍等資料，由於地形圖測繪的時間與調查時間之間，地上物已經有所變動，並於調查的過程完成核對與標示工作。進行建築物清查可依據目的分爲兩類，包括針對大範圍面積的建築物進行清查（普查），其次是針對特定的建築物進行調查（抽查）；如果範圍很大，可先依據計畫道路切割爲數個較小的分區，以利分配調查人力同時進行。而無論是否進行大規模的調查，均應針對調查區域進行下列建築物標記：

1. 使用現況。
2. 建物結構。
3. 建物樓層數。

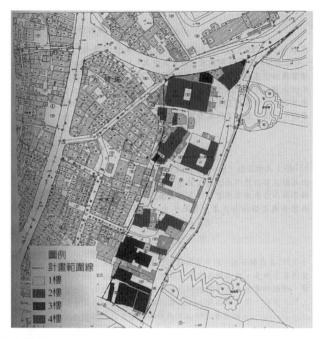

圖4-8　建築結構圖

資料來源：高雄市政府都市發展局。

4. 建築形式。
5. 記載現況與圖資不符之處。
6. 現場照片。

　　文化產業由於具有多個種類與面向，因此在進行文化產業資源調查的工作時，就必須要面對各種不同類型的調查對象。是否具有文化價值的標準並非單純以年代作為判斷的依據，身為文化產業工作者應對於有形與無形的文化資源保持敏銳之觀察力，從其時空條件下的特殊性與完整性進行評估。因此若無詳細之調查資訊，便難以從中判斷其文化價值，更無從進行文化管理之工作。完整的調查團隊應該具有訓練有素之調查員，與系統明確的調查步驟及資料彙整之作業流程，俾能在有限的時間與經費下，完成各項文化產業資源調查工作。

學 習 評 量

1. 請試著查詢台南市歷年的表演藝術場次以及服務業從業人口變化。

2. 請以廟會為主題拍攝一段影片，並剪輯成為三分鐘的介紹。

3. 請利用google earth查詢新北市林家花園位置以及該位置的土地使用管制規定。

4. 調查工作所引用的文獻類型，可以包括哪幾類？請以關鍵字「文化資產」，查詢學術期刊的總篇數。

5. 請說明調查計畫書的重要性？它包括哪些內容？

參考書目

林振春（2003）。社會調查。台北：五南。

邱穀工程顧問公司（1992）。台灣地區環境敏感地劃設與土地使用適宜性分析（北部區域、南部區域）技術報告。台北：內政部營建署。

財團法人古都保存再生文教基金會（2008）。文化性資產清查操作參考手冊。台北：行政院文化建設委員會文化資產總管理處籌備。

高雄市都市發展局（2006）。高雄市左營蓮潭路西側保存區都市更新可行性研究報告書。高雄：高雄市都市計畫技師公會。

陳向明（2007）。社會科學質的研究。台北：五南。

營建雜誌社（2004）。非都市土地開發審議作業規範。台北：營建雜誌社。

薩支平（譯）（2009）。P. R. Berke, D. R. Godschalk, E. J. Kaiser, D. A. Rodrigue原著。都市土地使用規劃。台北：五南。

第 5 章

市場結構與產業分析

葉晉嘉

學習目標

1. 將經濟學觀點融入到文創產業個案分析。
2. 能瞭解產業關聯性及其運作模式。
3. 解析群聚所產生的外部性，並藉此探討文創產業相關政策。

關鍵詞彙 供需法則、偏好與效用、成本分析、市場結構、規模經濟、產業群聚、外部性

從事文化創意產業分析的基礎，是必須要具備兩個領域的專業知識，其中一項是經濟學領域中對於家戶與廠商之間個體經濟學的範疇，另一項是管理學領域當中對於產業與行銷的基本知識。然而這兩個領域的專業知識範圍複雜，難以在短時間內理解與熟悉。本章利用數個重點的觀念，以較爲淺顯的方式說明概念，並引述對照文創產業與其相關聯之處，引導讀者瞭解文創現象背後運行的經濟邏輯，更深入的瞭解不同產業型態對我們所產生的影響。

壹、產業分析的經濟概念

一、需求與供給

經濟學中最重要也是最早建立的概念就是「供需均衡」，我們可以分成「供給」、「需求」、「均衡」三個部分來說明。首先要先瞭解，所謂的需求與需求量不同。需求量的定義是：「在一定的時間內，其他條件未變，給定某一商品價格，潛在購買者對該商品願意且能夠購買的數量。」而所謂的需求其實是「需求函數」的簡稱，這個函數表示「價格與數量之間所呈現的反向變動關係」，而這個函數繪製在圖形上形成一個曲線的型態，故也可以稱之爲「需求曲線」。換言之，需求量是特定狀況下的數量，而需求則是一種關係，我們也稱這個反向變動的關係爲「需求法則」。同理，供給量的定義是：「在一定的時間內，其他條件未變，給定某一商品價格，潛在銷售者對該商品願意且能夠銷售的數量。」所以，供給函數（曲線）就是價格與數量之間呈現同向變動的關係，亦被稱之爲供給法則。

那麼「均衡」是什麼呢？均衡就是當需求與供給同時存在的時候，所對應的價格與數量會達到穩定時。如果在圖形上，就是表示需求曲線與供給曲線所相交的那一點。這種穩定的關係，是透過供給與需求所達成的，所以在經濟學上，主導市場達到「均衡價格」與「均衡數量」的關係，就被稱之爲「供需法則」。由於法則讓供需達到均衡，促進了市場要如何分配資源，理論上可以達到最有效的配置，所以又被稱之爲「價格機能」或者「市場機

能」。而這個運作的機制因為無法看見，因此又被稱之為「看不見的手」（毛慶生等，2010）。

如果需求與供給改變，必定會影響均衡價格，需求增加與供給減少都會導致價格上升，而需求減少與供給增加均會導致價格下降，但是需求增加的價格上升，均衡數量也會增加，但是供給減少的價格增加，均衡數量呈現減少的趨勢。換言之，需求減少（均衡數量減少）與供給增加（均衡數量增加）雖然價格均會下跌，但對數量的影響也不同。

從上述供需觀點用於文創產業的分析，在議題上可區分為供給面分析與需求面分析。供給面則重視政策如何協助產業發展、培育創業環境，以及廠商的新商品設計與開發、行銷定價策略等。需求面則討論消費者行為、消費的客群拓展和顧客服務。

二、偏好與效用

在資源有限的狀況下，人們必須要在多種用途中作選擇，但是這項選擇的標準因每個人的喜好不同而異。所謂的「主觀的評價」，所指的就是個人的喜好，所以經濟學家開始尋找合適的方式去表達，這就是所謂的偏好。偏好是從事消費行為時取捨資源使用的基礎，為了表達這個偏好的程度，經濟學家用效用函數來表達。所謂的效用函數是消費某一種組合，所產生的滿足程度。因此，儘管從事同一種消費組合，所帶給每一個人的效用是不盡相同的。

偏好就是「喜好」，所謂的「偏」，表示具有「主觀」的意思，而從事某一件事情所產生的「滿足感」就是「效用」。決定效用的多寡跟兩件事情有關係，其中一項當然就是偏好。愈偏好某一件事情，去從事這件事情的滿足程度就會愈大，例如說，個人偏好重口味的飲食，那麼去吃麻辣火鍋的效用就會比清淡的生機飲食效用來得大。第二個因素是消費的數量，消費的數量愈大、滿足感會愈高。喜歡吃炸雞的人，會覺得一口氣吃掉三支炸雞腿比一支炸雞腿來得滿足，這是因為數量所產生的差異。然而因為邊際效用遞減法則的關係，效用並不會無限的增加。這正巧說明了人性「喜新厭舊」的心理，以及重複做一件事情產生「乏味」，或者「膩了」的感覺。

由此特性結合文創產業分析而言，如何培養人們對於文創商品的喜好，

能夠提升文創在民眾的重要性，因此會調整心目中消費的優先順序，自然從事文創有關的消費能獲得更大的滿足。

三、價格彈性

在供需的均衡分析中，還有一個重要的觀念必須予以說明，那就是彈性。所謂的彈性是指用來衡量數量變動敏感度的指標。因此，經濟學家又依據引起數量變動原因的不同，將彈性分為需求彈性、供給彈性、價格彈性、交叉彈性、所得彈性等不同的分類。例如價格彈性是指給定的價格改變的狀況下，所引起的數量改變；而所得彈性便是指所得改變所引起消費數量的改變幅度。換言之，彈性是一個比例關係，如果引起數量變動的幅度愈大，則表示該產品在消費上具有較大的彈性，在圖形上會呈現較為平坦；反之，彈性較小的在圖形上，則會呈現較為陡峭的曲線（此說法不適用點彈性）。如果以數學的方式說明，彈性就是曲線上斜率的倒數。

物品的彈性會改變的原因很多，例如影響需求彈性的因素包括：替代品的多寡、消費支出占所得的比例、時間長短。而影響供給彈性的因素包括：生產過程變通的可能性、時間的長短。這些原因其實都有一個共同點，也就是當某一個物品的價格提高（或者降低），一定會使得消費的慾望產生改變，而為了滿足原先的消費慾望，我們可能被迫去改變選擇，這些選擇可以透過買其他東西（替代品），或者慢一點買（時間長短）等方式去達到。如果這些方式都沒有辦法有效解決慾望的問題，表示這項物品對於民眾的彈性很小，只好無從選擇的接受漲價的事實，而繼續購買相同數量的商品。

研究彈性的重點在於彈性的大小，會呈現截然不同的價格與數量的變動。使得經濟分析在某一些狀況下，必須先瞭解彈性的大小，才能確實掌握變動的情形。舉例來說，「以價制量」的說法，是依據需求法則中，價格與數量呈現反向變動的關係所做的陳述。但是如果該物品的彈性極小，則以價制量的效果不易達成，因為價格的變動對於數量變動的影響極小，所以即使價格上升了，消費的數量並沒有因此而減少太多。在實際的日常生活中，抽菸的人由於對香菸有很大的依賴性，而且缺乏替代品作為該慾望的滿足，所以在香菸漲價的時候，並不容易引起癮君子消費香菸數量的大量減少。這顯示了香菸是一項彈性小的產品。

　　一個社會所得增加，對於部分商品會產生所得彈性，也就是部分商品因為所得增加而消費更多，這一類商品多半不屬於生活必需商品，也就是隨著所得增加，需求類型產生改變，需求是一種相對匱乏的感覺，如果在基本生活條件都獲得滿足之後，便會轉而對於其他相對匱乏的事情感到興趣。例如經濟富裕之後，開始注重環境與民主；民生消費滿足之後，開始注重休閒與文化消費。這其中包括了社會價值觀的轉型，使得民眾對於不同事情的偏好發生轉變，原先相對不重要的事情，隨著社會與經濟的發展，逐漸變成生活中重要的一部分。以文化創意產業而言，就是在這樣的條件之下才有可能談產業的發展，因為許多文化創意產業的需求，屬於滿足基本需求之後才會追求的目標。在穩定發展的經濟環境之下，才有機會談文化創意產業的發展。

四、成本分析

　　經濟學上的成本分析，需要認識幾個概念：首先是總成本，總成本是指生產過程所需要支付的成本，是由固定成本與變動成本所構成。在經濟學的討論中，所說的成本是指經濟成本而非會計成本，因此要包含那些隱藏成本，例如時間成本、社會成本屬之。總成本除以產量，就成為平均成本，也就是生產一個單位產品所需要的成本。在短期分析的前提下，不會因為產量的差別而變動的，稱為固定成本；而依據產量不同可調整投入多寡的，稱為變動成本。例如租金、生產設備屬於固定成本，而僱用人力、水電支出則屬於變動成本。因為在短期中，已經議定的租金不會因為臨時的改變而調整，生產設備也無法因為臨時的需求而增購，而能夠調整的就是勞動力。然而在長期的分析中，因為所有的生產要素都能夠調整，所有的成本都屬於變動成本。文化創意產業多數屬於變動成本高的產業，以表演藝術產業為例，由於創作對於人的依賴比對於設備的需要更高，好的表演者（舞者、音樂家）不易被取代，而創作的價值都源自於這些表演者，演出的場次（產量）與能進行表演的表演者有關，與設備多寡的關聯性比較小，因此屬於變動成本較高的產業。由於文化創意產業在性質上依賴人的比重較傳統製造業為高，多數均屬於變動成本高的產業。

　　成本分析的目的，在於瞭解廠商生產何種的規模最為有利，因此在長期平均成本隨著規模而減少的情形，被稱之為規模經濟，具有這項特徵的產

業，生產規模愈大愈好，因為生產規模愈大，平均成本愈低，由於生產者面對的市場價格相同，因此具有較低的生產成本的廠商就具有競爭優勢，也能夠藉由降低產品價格或者接單價格，達到排擠市場競爭者的效果。由於規模經濟的關係，容易形成寡占與獨占的市場。以文創產業而言，影視產業是典型具有規模經濟的產業別，因為影視產業的設備費用昂貴，製作與行銷成本高，並不適合小規模的生產方式，因而影視產業的發展，需要朝向大規模生產的方式。

然而不同的產業類別也會發生產量增加，但是平均成本增加的現象，這種情形被稱之為規模不經濟。在規模不經濟的關係之下，廠商如果擴增規模將導致平均成本的增加，因此廠商不會選擇拓展規模，這一類產業包括微型創意工作者，例如作家、手創工作者、設計工作室、創意顧問公司等。這些行業若拓展規模，必須付出龐大的溝通與管理成本，然而並無法保證市場的利潤能夠支持整體企業發展，所以維持小規模的企業型態較適合應付市場的變動。第三種狀況就是平均成本不會因為產量的關係產生變動，這一類產業被稱之為規模報酬不變，也就是市場中存在著大規模的廠商與小規模的廠商，廠商規模的大小並不會影響其競爭能力。

貳、市場結構與定價策略

一、市場集中度與市場結構類型

市場集中度是用來衡量市占率前幾名的廠商，其市占率總和占全部市占率的多寡，若前幾名的廠商涵蓋大部分的市占率，表示該市場的集中度高，這些排名在前的廠商，對於市場的影響較大。反之，前幾名廠商所涵蓋的市占率若很小，則該市場集中度低。單一廠商對於市場的影響較小。若整個市場僅有一間廠商，則該廠商的市占率就是全體的市占率，此種情形被稱之為獨占市場。另一種與獨占市場相反的情形，市場中的廠商市占率都很低，而且廠商家數眾多，所生產的產品品質差異不大，而且廠商自己能自由進出市場，這類市場被稱之為完全競爭市場。若廠商家數雖然不是一個，但是僅有少數幾個，換言之，也就是前幾名廠商占了絕大多數的市占率，那麼這一類

市場被稱之為寡占市場，這類市場的廠商彼此之間競爭激烈，往往有應用許多銷售策略提高市占率。最後要說明的是寡占性競爭市場。寡占性競爭市場具有為數眾多的廠商，廠商也能夠自由進出，然而提供的產品卻有所不同，而其不同之處就成為之後定價能力的大小。以上四種市場類型，就是界定市場結構的方式。

二、獨占力與定價

在經濟學中關於「個人」的探討（家戶），包括供需、偏好、效用、彈性等幾個重要的部分。但是到了廠商這一個部分，必須瞭解的包括產量與成本分析、長期與短期決策，最後進入到與個人消費行為最密切的部分，那就是市場結構。

經濟學家發現，供給方跟需求方不一樣之處，在於需求方的每一個人對於經濟體系的價格均衡影響能力是相同的（但並非指購買能力相同）。但是對於供給方的廠商來說，作為一個獨營事業與百家爭鳴的小攤商來說，具有不同的意義。在市場結構的分析中，經濟學者把它區分為獨占、寡占、獨占性競爭與完全競爭四個主要種類。事實上廠商區分為這四種，是基於「獨占力」的程度去區分，而所謂的獨占力由兩個要素來決定，當中最重要的當然是廠商的家數。廠商的家數在經濟學中是經濟體系運行的結果（例如自然獨占），有時也可能是政策干預的結果（例如法定獨占）。廠商的家數愈多，則獨占力愈低，獨占力最低的結果就是所有的供給方都是價格的接受者（變成跟家戶單位一樣）。反之，家數愈少則會具有較高的獨占力，所以獨占力最高的便是獨占廠商，此時的廠商具有很高的定價能力（考量消費者消費力，並不會定下高不可攀的天價，但是會比完全競爭廠商的價格來得高許多）。

三、異質性與定價

另外一個是產品的異質程度，異質程度愈高也將導致獨占力愈高（因為別人做不出來），這樣讓廠商更具有定價的能力。廠商的定價能力愈高，便更容易達成利潤最大化的生存條件，因此在市場的競爭中就容易存活下來。然而異質性還可以進一步區分為有形的異質性與無形的異質性。有形的異質

性指的是產品本身，具有能讓消費者感受得到品質上的實質差異，例如一碗好吃的牛肉麵和一碗滋味普通的牛肉麵，對於消費者所產生的效用不同，好吃的牛肉麵當然效用較高，但是因為口味上的差異，使得好吃的牛肉麵具有較高的定價能力。這也就是名氣大、滋味好的店家，售價會比一般店家要貴，而這偏高的售價並不會影響銷售數量，這就是異質性帶來的差別，異質性愈高所伴隨而來的定價能力差異會愈大。所以一碗牛肉麵可以高達近千元，也可以只有不到百元的價格。

另一項異質性的來源，是指無形的異質性。這類異質性的來源一方面利用廣告，一方面透過品牌認同達到自我感覺的塑造。例如一齣廣告能夠鮮明的標示成功與尊爵的產品形象，那麼即使產品的實質上並不見得有成功與尊爵的差別，但是透過廣告去強化這個意象，讓消費者心中深刻的感受到產品給予消費者心理上的印象與滿足。同時這樣的策略也常見於知名品牌強調時尚與流行品味的品牌形象，其目的是希望讓民眾能在消費過程去感受到一種內心依附的認同感，彷彿消費了這個品牌的商品，就會產生如同廣告般的效用。

文化創意產業的異質性，主要來自於創意。創意可以是具有實質的異質性，也有可能是具有無形的異質性。然而文化創意產業的異質性，卻有著比一般的產品更高的風險，那就是更加容易被仿冒與複製，也因此對於文化創意產業的智慧財產權的保護，相形之下顯得更加重要。

四、消費者剩餘與定價

在價格機能均衡的狀態之下，供需雙方所面對的價格是由市場決定的。換言之，當產品的價格穩定的情形下，市場中有人願意出更高的價錢去購買，但因為均衡的狀態，其實願意出高價的消費者，實際上用了比他心目中願意出的價格更低的價格買到商品，可見得原先預期價格與實際交易的價格之間，消費者得利了，這是市場均衡所帶來的好處，我們稱之為消費者剩餘。例如某人願意用2,000元購買演唱會門票，但是演場會的門票售價是1,500元，那麼他可以省下的500元就是消費者剩餘。然而，供給方為了要獲得更多的利益，便開始使用差別定價策略。差別定價法是針對消費不同的數量以及消費者的特性所設計的。例如漢堡一個35元，三個100元。那麼為什

麼漢堡不賣33元呢？這就是針對不同數量所定出的差別定價。另外，餐券一本10張，一張1,000元，若一次買一本爲9,000元，此時爲何一張不賣900元呢？這些都是應用了差別定價，主要目的就是要將消費者剩餘歸爲廠商。

另一種是針對不同的顧客群所設計的差別定價，例如演唱會的門票，區分爲搖滾區和一般區及看台區，由於搖滾區可以近距離看到偶像，所以票價最貴，而看台區因爲位置較遠，所以票價最便宜。這些方式都是用來讓潛在消費者中，願意出較高價格的人，透過提供差異化的服務而給付較高的價格，以達成占有消費者剩餘的目的。

理論上，差別定價破壞均衡價格會使得資源的分配無法達到最適。然而對於文化創意產業而言，多屬於尚在成長中的產業，設計差別定價之用意，在於將市場中願意且有能力給付價格的消費者區分出來，給予實質上的品質與服務差異，讓支付能力較高的消費者先建立基本的市場，將行銷的策略作爲輔助增加附加價值的方式，但僅透過差別定價並無法達成促進消費的目標。有效的區分客群並進行行銷，是文創產業重要的一環。

參、產業關聯與群聚

一、投入與產出間的關聯性

廠商生產產品（或提供服務），生產的過程是組合生產要素形成產品，而生產要素包括土地、勞動、資本與技術，其中的土地是指自然資源，而勞動則爲人力，資本並不等同於資金，而是生產設備，技術則包括了生產技術與企業能力。上述四項均爲生產過程的投入，投入的比例則依據不同的組合而有不同的結果。生產出來的商品，可能是最終財貨，也可能是中間財，若產品繼續在產業鏈中成爲下一個階段的投入，那麼這項產品就具有中間財的角色。而產業之間正是串聯這些原始投入，中間財到最終財貨所形成的網絡狀關係。所以在討論產業關聯時，針對的不是單一的商品，而是商品在形成的過程中，所關係到的上游至下游的垂直產業關係，以及周邊相關產業的水平關係這兩者。例如手機的零件、外殼、面板、晶片、攝影元件等，這些最後組合成爲手機，而這些又各自是不同產業的中間財。

Gerffi（1994）提出全球商品鏈（GCC）的概念，從設計、研發的上游，一直到製造、銷售的下游，形成一個跨國的網路。全球商品鏈明確的描述了全球資本運作的現象。廠商之間垂直與水平的整合特徵日益明顯。全球商品鏈關注三個面向：(1)投入產出結構（input-output structure）：生產與服務間一連串附加價值的連結。(2)領域（territoriality）：生產和行銷網絡上空間的分散或集中。(3)治理結構（governance structure）：分配資源和財政的權力或職權。為了分析跨國產業的現象，Gerffi將生產過程區分為「生產主導」（Producer-driven）與「買方主導」（Buyer-driven）兩種型態，生產主導的產業如汽車、電腦、飛機或電子儀器等，均屬於資本與技術密集的產業。跨國公司往往在產業整合中，扮演生產系統控制的核心角色。買方主導的產業以玩具、球鞋、服飾為主，這一類的產業是由龐大的零售商、品牌商、貿易公司所建立起來的多樣化分散網路。這些依靠勞力密集的產業，往往必須降低生產成本。因此跨國公司會進行委外（Global sourcing），以找尋最有利的生產地點。但是這一類的產業往往也是設計與行銷密集的產業。母公司進行造型設計、品牌建立與行銷，並針對不同地區的產品也具有不同的定價策略，至於實際生產的行為均移往海外，有些甚至連工廠也沒有。

跨國企業透過全球搜尋員，在都市網絡的體系中尋找最適合的地點。在全球布局的結果下，設計、生產、組裝、測試、銷售等工作，不需要在同一個地方，這些過程被分散到全球可能的地方，這些被跨國企業看中的地方，已經跳脫傳統「原料導向」或者「工資導向」。傳統如韋伯的工業區位理論，無法解釋現有的全球經濟現象。在整個商品鏈的架構下，城市與城市之間被跨國的投資所串聯在一起，而這些跨國企業往往是決定後進國家與新興工業國家中產業分工的位置。都市經濟活動將直接面對國外城市的競爭。

當前都市經濟的成長已經不是依賴自身的天然資源，地理性的優勢逐漸減少，取而代之的是能否在全球產業分工中，尋求自身鑲嵌在商品鏈之中的機會。取得商品鏈中重要的生產節點，是協助城市發展與再發展的機會。商品鏈的迅速流動，加速了都市經濟的變化以及都市經濟的範圍。因此，現今許多都市的範圍往往已經超越過去的都市規模，這一半是拜科技所賜，另一半拜全球化的影響，生產要素的集中將更加明顯。所以，在空間上所產生的

衝擊,將遠遠超越工業化所帶來的程度。

傑出的大城市、政經中心和科技中心都是典型的全球都市,代表著它們是全球人們、首都、錢潮和權力的中心。這些城市擁有大量的產品創新,且強烈地關聯著媒體聚集的全球總部。產業結合下的產品創新,導致了全球市場和文創商品的集合,且仍然仰賴於高度的多樣化和創意。紐約、東京、倫敦和巴黎的媒體聚集源自於堅強的文創產業,也創造在音樂、電影、遊戲、發行產業等強烈的協同作用。現在,為了在全球市場與遞送系統中的商品,不只在自己的城市中尋求資源,他們更向世界上其他的城市尋求資源與內容。

二、產業群聚現象

工業區位理論中的聚集因素(agglomeration factors)是指競爭性企業或非競爭性之企業移至相同的生產地(也是聚集產業),使廠商得到大規模生產的經濟利益,使同業或非同業得以分享工業生產設備及機構之方便,因而降低生產成本(李朝賢,1993)。區位的選擇受到以下幾點的因素影響:(1)政治社會因素;(2)經濟因素;(3)自然環境因素;(4)實質設施因素。區位的選擇常以比較利益做考量,利潤最大化的目標需有周詳的區域規劃與評估成本考量,並可降低該產業之營運風險。

產業在地理空間上接近的現象被稱為群聚(cluster),其概念包含了聚集經濟和空間聚集之意。產業群聚和城市發展的觀念相連結,代表在地理位置相近的一群經濟個體,彼此建立關係以追求經濟活動的最佳化。由於產業群聚經實證可提高區域和地方競爭力,而成為全球化經濟發展中的重要經濟策略(林可凡等,2012)。群聚能增加專業化,也會導致增加生產力水準、經濟增長和就業機會(Cumbers and MacKinnon, 2004)。群聚更具有產業發展與社會網絡緊密的整體關係之意義。產業鏈上的廠商間既競爭又合作,不同產業彼此呈現橫向擴展或縱向延伸的專業化分工格局,帶給企業或個人間的經驗移轉交流等現象,也產生「群聚的效應」帶來經濟效益。

產業的發展為了適應於全球化和競爭激烈產業,產業群聚就在此崛起,也成為新趨勢,為創造競爭優勢而形成的一種空間組織。產業群聚具有群體競爭優勢和急遽發展的規模效應,是一般經濟型態所不可比擬的(楊敏

芝，2009）。產業群聚是指一群公司、企業或某種特定的領域，基於地理鄰近而呈現集中的情形，這些企業生產相似的產品，或彼此具有上下游的關係，且依循著市場或非市場機制相互連結，有著競爭、合作或相互依賴的關係。而產業群聚的規模，可以是單一城市、整個州、一個國家，甚至到一些鄰國聯繫成的網絡，並且具有許多不同的形式，端視其縱深程度和複雜性而定（Cumbers and MacKinnon, 2004; Gordon and McCann, 2000）。在經濟體中，出現產業群聚，而非零星孤立的企業或產業，此一現象足以揭示競爭本質和競爭優勢中地點的重要性（李明軒等譯，2001）。產業群聚具有降低產業交易的成本、加快資本與資訊在產業體系流通的速率和強化商務往來的社會連結關係。在群聚中建構出互動密切且異質性高的產業連結網絡，持續激發產業的創意力與創新力，維持該地區產業在今日全球經濟的優勢地位（Scott, 1997）。

三、外部性問題

產業通過聚集形成產業群聚帶來經濟成長的效益，是許多學者熱烈討論的議題，是產業甚至區域發展成長的推動力。企業與廠商，甚至個人因群聚而產生的外部經濟效益，即稱為「外部經濟」（external economics）。Weber於1929年所稱的集聚經濟效應，即因產業在地域上的集中而導致社會分工深化、企業聯繫加強和區域資源利用提高所產生的成本節約（吳濟華等人，2012）。外部經濟中的「外部性」（externality），正向經濟結果的稱作「外部經濟」、「正外部性」，負向經濟結果則為「外部不經濟」、「負外部性」。正外部性包括創造良好的藝術氛圍，增加創意工作者的互動與學習，改善環境成為宜居城市，帶來經濟活動活絡地方產業等。然而群聚之下也會導致負外部性，包括人潮擁擠，產生噪音與垃圾，租金上漲難以負擔（葉晉嘉，2014）。因此，政府應以治理工具解決上述負外部性，並強化正外部性對於周邊的影響，藉此形成外溢效果，成為文創環境的育成與區域成長的啟動機制。

肆、產業數據應用的困境

一、文化創意產業範疇複雜

由於文化創意產業所涵蓋的產業範疇廣泛，涉及許多原有的產業別與新興的產業型態，而各自產業之間又具有雷同與相異之處，因此要明確的界定產業屬性，避免文化創意產業分析的困難。在行政院主計總處的行業別分類上，並無文化創意產業的分類，現今對於文化創意產業的統計，是依據中華民國行業分類標準，一一對照是否屬於文化創意產業，若納入屬於文化創意產業的範疇，則該項產值即為文化創意產業產值。然而分類細項的對照，並不見得每一項都能符合文創的精神，容易發生模稜兩可的狀況。但為了做一致性的比較，如文化部所出版的文化創意產業發展年報，亦採用此對照法以取得全國的文化創意產業產值數據。

二、統計資料存在的問題

行業別統計的困難，還可以區分為下列幾項：第一是產業貢獻的計算，例如某間策展公司（文創公司）的會計，事實上並未真正從事文化創意產業，但是卻難以從公司的產值中扣除。而一間玩具公司（非文化創意產業），也可能有針對商品企劃出一套故事內容來行銷，從事這些工作的企劃人員其實正在進行文化創意產業的工作，但是卻不被記入文化創意產業的產值。第二項原因是行業別的概念中並無文化創意產業，因為文化創意產業並不是一個具體分野的新產業，而是一種新的產業型態。換言之，許多產業都可能有文化創意產業的特徵，然而這些創意的生產卻未能計入統計資料之中。

伍、結語

文化創意產業一詞，其意即注重產業概念，因此對於文化創意產業問題的解析，均需要具備共同的基本理論概念，例如討論如何擴大潛在市場，如何增進商品銷售的數量與金額，如何透過政策工具將空間與經濟活絡，創業

公司經營時長、中、短期應該採行何種策略，哪一種行銷策略對於消費者產生最大的吸引力等，其基礎知識與理論基礎，均源自於經濟概念。產業體系存在著既分工又群聚的兩種現象，廠商之間也存在著既競爭又合作的關係。我們所身處的世界，是位於全球化經濟系統下運作的世界，文化創意產業自然也受到這些規則的影響。透過本章的介紹，從事個案分析的角度，應從個人的行為層面，擴大到整體系統的理解與分析，俾能對產業面的問題提出更佳的解決之道。

學習評量

1. 請試著解釋出版產業的固定成本與變動成本有哪些？
2. 從企業的平均成本分析，你認為工藝產業屬於規模經濟或者規模不經濟？
3. 為什麼看完同樣一場表演，不同觀眾的滿意度會不同呢？
4. 針對玩具廠商開發特定的限定版，並制定較高的售價，這是基於何種理由？
5. 群聚帶來的優點與缺點是什麼？

參考書目

一、中文部分

毛慶生、朱敬一、林全、許松根、陳添枝、陳思寬、黃朝熙（2010）。經濟學（Economics）（大改版）。台北：華泰文化。

李明軒、高登第、張玉文、蔡慧菁、胡瑋珊、林麗冠譯，Michael E. Porter著（2001）。競爭論。台北：天下遠見。（原著出版年：1985）

李朝賢（1993）。區域發展規劃。台北：華泰。

閻永祺、孔憲法（2014）。產業水平空間群聚型態與其空間結構之辨識：以台灣製造業為例。都市與計畫，41(2)，頁117-148。

吳濟華、李亭林、陳協勝、何柏正（2012）。產業群聚與區域創新：聚集經濟理論與實證。新北市：前程文化。

林可凡、胡太山、解鴻年、賈秉靜（2012）。地方產業群聚之演化——以新竹地區為例。
  建築與規劃學報，第13卷，第1期，頁45-74。
葉晉嘉（2014）。台灣藝術產業群聚現象之初探。第十八屆（2014）國土規劃論壇論文
  集。（ISSN: 2307-0196）

二、英文部分

Cumbers, A. and MacKinnon, D. (2004) . Introduction: Clusters in Urban and Regional De-
  velopment, *Urban Studies, 41* (5/6), 959-969.

Gordon, I. R. and McCann, P. (2000) . Industrial clusters: Complexes, agglomeration and/or
  social networks? *Urban Studies, 37* (3), 513-532.

Scott, A. J. (1997) . The cultural economy of cities. *International Journal of Urban and Re-
  gional Research, 21*: 323-329.

Turok, I. (2003) . Cities, cluster and creative industries: The case of firm and television in
  Scotland. *European Planning Studies, 11* (5), 549-565.

Gereffi, G. (1994). Capitalism, Development and Global Commodity Chains, In L. Sklair (ed.).
  (1994). *Capitalism and Development* (pp. 211-231). New York: Routledge.

第 6 章

文化創意產業的創新與創業

施百俊

學習目標..

1. 理解「創意、創新、創業」三位一體的關係，應用商業模式創新於文化創意產業。

2. 瞭解商業模式及市場分析，期能從相關產業內外部資訊提供不同的思考面向，並擬定事業計畫。觀察社會民生動態，發掘創業機會，開發文化創意產業新業種。

3. 創業經營模式分析，進而實施創業演練。
....

關鍵詞彙 創新、創業、商業模式、事業計畫

第一節 「創意─創新─創業」的三段論

　　首先說文解字，「文化創意產業」這個複合名詞，是由「文化」（Culture）、「創意」（Creativity）以及「產業」（Industry）三個名詞組合而成的。在華文中，若是這種名詞疊加的複合名詞，愈前面的名詞是起類似形容詞的修飾作用，而愈後面的名詞，才是所指涉概念的名詞主體。比如「沙茶牛肉燴飯」，它的主食是飯，佐以牛肉；而牛肉是沙茶口味。回過頭來理解文化創意產業，它指的是有一種產業，以創意作爲主要價值來源，尤其是具有文化內涵的創意形式。因此，凡是文化創意產業的研究，必定主從要分明：以產業爲主體，分析其價值來源是否具有創意成分？次以文化內涵的探究。也可以反過來說，文化創意產業是以文化作爲基底，從中進行創意發想，進而創造價值，而在產業中實踐。無論是何者說法，都可以發現創意在其中，居於承先啟後、連結概念的中軸地位。徒有文化，難以形成產業；而徒有產業，不見得有文化內涵。這是必須在本章一開始就先敘明的。在實務上，必須先有創意，然後能形成創新；再進一步，運用創新來實施創業，這就是我們所謂「創意─創新─創業」的三段論。

　　隨著二十一世紀的到來，世界的變化愈來愈快，產業變遷也隨之同步加速。「不創新，就滅亡」已經幾乎成爲所有產業的信條。爲什麼呢？新時代會使我們生存的社會環境發生「變化」（Change），進而產生不確定性（Uncertainty）。對保守封閉者而言，不確定性代表風險（Risk），會阻擾其行動，也就不會去創新。然而，社會因應時空情境變化的快速調整，也會產生新的經濟問題。

　　換個心態思考，若創業家（Entrepreneur）將時空情境的變化當成實施創新的機會，不確定性便成爲優點與益處了──比如，企業可以發揮快速反應能力、增強組織彈性、靈活實施策略等，進一步創造競爭優勢──這便是達爾文「物競天擇」說的產業版。

　　「創新」（Innovation）是經濟發展的引擎，創業家運用創新來開發不確定性的好處。根據以往的研究，創新常被分爲「產品創新」（Product innovation）與「製程創新」（Process innovation）兩大類。然而，最近卻有許多創業家在策略層次思考創新，而非停留於作業層次：直接從事業基本模式上創新，而非先考慮產品創新或製程創新。這也就是「商業模式」（Business Model，或稱爲「事業模式」）的創新[1]。

　　本章將討論創業與創業精神（Entrepreneurship）相關議題，回顧「創新」的研究領域。進而將創新概念運用在文化創意產業上，討論如何創業與發展新事業。最後說明創業實務，並指導事業計畫書的編制方法，使同學可以實際操作，開創自己的文創事業。

第二節 🔷 創新理論

　　在傳統創新理論的研究中，創新常被分類爲「產品創新」與「製程創新」。然而，最近有許多創業家是在策略層次來實現創新而不是停留在作業層次，也就是進行「策略創新」。這是一種整合性的看法和心態，既是策略性的尋求機會實施創新，也是運用創新尋求競爭優勢。在實務上，策略創新常以「商業模式創新」來實踐，可以觀察這三個面向：(1)創新產品與服務的內容；或／與(2)重新組織交易的參與對象和其互相連結關係；或／與(3)重新分配交易的誘因與統合的架構。

　　關於創新的研究起於經濟學家熊彼得（Joseph Alois Schumpeter, 1883-1950），已有六十年以上的歷史。然而在研究上，Entrepreneurship卻常常因爲語言、習慣、文化及研究傳統上的差異，造成定義上的混淆，有幾種較普遍的說法：

　　第一種，Entrepreneurship當作「企業才能」解。在一般經濟學教科書

---

[1] 筆者的博士論文《事業模式創新之研究》（施百俊，2003）是關於Business Model Innovation的重要著作，若對這領域的研究有興趣，可到國家圖書館或台大圖書館借閱。本章中，亦有許多論點出於其中。

中，多半將它與土地、勞力與資本等並列，作爲生產要素之一。意指企業家組合其他要素進行生產的「能力」與「知識」，強調企業家及其資源投入在生產過程中的角色。

第二種說法是「創業」，以新創企業爲研究對象，尤其是中小型的新創企業（或說新創企業大多是中小型）。在一般研究文獻資料庫（如ABI、SDOS）中以Entrepreneurship作關鍵字檢索，得到的研究文獻多屬此類，探討創業家、創業的過程、創業的成功因素等，研究方法多爲個案研究與歸納式研究；鮮少以問卷統計方法來處理，因爲新創企業的樣態差異太大，無法滿足統計所需的基本假設。

第三種說法則把Entrepreneurship解作「創新精神」，是指創新者進行創新時所具備的能力與心態。以Amazon網路書店的創辦人貝佐斯而言，他原先根本就不是出版業或書籍流通業的從業人員，只不過是觀察到由於網路的普及，書本也可以用無店面的方式來銷售，於是大膽創辦網路書店——這就是創新精神的體現。

在本章中，Entrepreneurship 所指涉的觀念以第三種說法爲基礎，是個人或團隊以特殊方式組織資源去迎合市場機會的一種與情境 （context）相關的社會行爲。

創新行爲的本質包含認清與開發外在環境中的創新機會。由於社會成員的資訊獲得能力有差異，所以對各種資源所能創造的潛在價值認知不同，創業家就可以從中獲得創新租（Entrepreneurial Rent）。舉例而言，某甲對資源A認知的價值是X，某乙對資源A認知的價值是Y。創業家發現X>Y，於是就有了誘因會從某甲處取得A物，來轉讓給某乙，獲得X-Y > 0的創新租。

創新的機會大致可分爲四種：

1. 新資訊的產生。如伴隨新科技而來的新發明，例如智慧型手機技術出現，產生了網路直播創業的機會。

2. 由資訊不對稱所產生的資產無效率。往往某人的垃圾，會變成另一個人的黃金。比如說，廢棄的電路板在擁有適當技術的人手裡，可以淘洗出黃金。

3. 由於資源不同用途所產生的成本與利潤差異。如政治性的、法規性的或人口特徵的改變。例如在台灣，勞動保護的法律與政策相對嚴

苛，工資也就較高；若將工廠轉移到相對務實的國家，就可以更低的工資生產，從而降低成本。

4. 新舊資訊整合。將兩種或兩種以上的新舊資訊整合，創造出新的火花，例如台南的「老屋欣力」，將老舊建築重新利用搭配上新型態的經營模式，創造出不同的商業機會。

傳統經濟學的均衡分析中，財貨供給與需求終會調整至均衡點，廠商與其生產的數量呈穩定狀態，需求和其數量亦然。這個理論架構下，實在無法解釋整個經濟社會不斷成長的生產力和不斷發生的新需求。直到二十世紀初期，熊彼得提出：經濟成長的原動力源於創業家（Entrepreneur）為取得市場的獨占力量，藉由創新來提高經濟生產效率來改變市場均衡。這個過程，可能會由新廠商取代舊廠商，也可能會創造出新需求取代舊產品——也就是「創造性的毀滅」（Creative Destruction）。舉例而言，Uber的興起，勢必毀滅計程車業傳統的行業結構；Airbnb的盛行，也會破壞旅宿業原本的產業生態。

從價值創造的觀點看，創新（Innovation）與發明（Invention）的意義並不相同。發明是為了創造新產品或新服務；而創新則是將新產品與服務引入市場。此一區分方式，強調發明是靜態的創造物；而創新是一種創造性的活動，本質就是將新事物與市場需求相結合，比如：

1. 將兩個（或以上）的現存事物結合，做創造性的處理來產生新事物。比如：將行動電話與電腦結合，產生智慧型手機。

2. 從新創意概念產生至一系列複雜活動的集合，比如：選秀節目。

3. 新方法的發明與實現，比如：全自動雞肉生產線，從飼養、屠宰到分裝，完全不需要人力介入。

4. 採用新技術導致社會改變的過程，比如：智慧型手機的普及，產生一大堆「低頭族」。

5. 新的概念或創意，比如：「有機」飲食所創造的龐大商機。

6. 組織或社會採用的新方法。比如：為了方便快速通行，捷運電扶梯必須「靠右站」。

第三節 🔹 商業模式創新

創業家進行商業行為來創造財富的做法，通常被稱為「商業模式」（Business Model）。商業模式是描述企業所提供服務的本質，以及為提供這些服務所進行的活動。更通俗的說法是：企業賺錢的方式，就是商業模式。

因此，經營任何生意之前，首先要決定這門生意到底要賺什麼錢？怎麼賺錢？搞清楚錢流動的方式，且確定會有錢在流。

好的商業模式都是簡單平易的「故事」，清楚交代：「為客戶提供某某商品或服務，解決他們的某某問題（或）讓他們在某某方面覺得滿意。所以，他們會（最好一直都會）付錢給我們。」因此，構思商業模式必須反覆思考，刪除贅餘，使計畫成為一百字以內就能述說的故事。

企業活動的本質是雙向的，由企業提供產品或服務，換取客戶支付貨款或報酬——企業提供有形的商品，例如鑰匙圈、手提包、原民服飾等；或無形的服務，例如推拿按摩、聯網通訊。客戶基於其需求購買並支付貨款，例如逛文創市集時，花錢買個紀念鑰匙圈回家；或支付報酬，例如花幾百塊推拿按摩，以消除工作的疲勞——這就能建構起商業模式的雛形。具體而言，有以下五大項目：

一、企業架構

從最簡單的個人兼差：利用下班時間架設網站做起網購的生意，或三五好友一起籌備資金正式向政府登記營利事業，到發行股票、成立股份有限公司。

不同形式的企業架構，其要求的初始股本不同、公司規模不同、管理成本也不同。以新創企業來說，會依據創業時點、創業夥伴、出資者的結構，而有其合適的形式。

二、產品

創業家有創業的念頭，多半其腦袋裡已設定好欲提供的商品或服務。最常看到的例子是：從自己所從事的原有工作中延伸出去，開發出相關事業。例如原先在影視製作公司擔任攝影助理，技術純熟、人脈也廣了以後，延伸到自己承包攝影業務；甚至更進一步，自行創業成立新製作公司。

產品在市場中的定位，對新創事業的成敗有直接的影響。祕訣是從日常生活中發掘商機，例如出國旅遊發現某種美食，認為可以引進國內，評估會有很大的市場。

三、目標客戶

設定目標客戶，分析並預測其消費行為，比如顧客購買動機或消費情境／需求心理，則是整個事業計畫中最重要的一環。不管是有形的商品或無形的服務，總要有人願意付錢購買。「敝帚自珍」是創業家常見的通病：總覺得自己想做的產品是世界上最棒的產品，至少與現有產品一樣好；只要稍微降點價格，或者增加一些功能，絕對會橫掃市場。這樣的推論邏輯上似乎沒有問題，卻忽略了市場瞬息萬變、客戶心理難以捉摸。即使推出的新產品遠遠優於市面上所有同業，仍然有極大的機會賣不出去。

四、物流

提供商品的流程稱為「物流」，指的是企業如何將其商品或服務，快速準確運送到客戶手上。例如網路商城，提供郵寄及到店取貨等兩種方式，將其商品送到你手上。

五、金流

客戶支付貨款或報酬的方式，我們稱之為「金流」，指客戶如何把貨款交到企業手上。例如網路商城，提供線上刷卡、ATM轉帳、貨到付款等方式收費。

任何「模式」都是某種的「解決方案」。企業架構、產品、目標客戶、物流，以及最後的金流，這五個環節，都是為了解決企業與客戶雙方互動的問題。

　　目前我們只談到企業運作的「前台」——面對客戶的部分。另一方面，為了要實現商業模式，企業需要一群工作夥伴、原料供應商、固定客源等這些「後台」的支援。而最重要的，當事業蒸蒸日上、生意興隆時，可能會面臨資金短缺的問題。這時，尋求銀行及投資人的金援，就成了最急迫的任務。

　　建構商業模式時，大部分的創業者會陷入單線思考的陷阱：從現有的產品或服務，把事業的未來投射在既有的市場上。然而，現有的產品固然有良莠之分，在技術與創意發展飛快的現代，真正決勝關鍵，還是在於提供一個新商業模式，滿足大部分客戶的需求；而產品只不過是為了完成這個商業模式的工具性存在罷了。

　　更好的做法是以「滿足客戶需求」這個中心思想出發，來構想出新的商業模式。創意思考的方式有很多，可以參考《創意思考與文創應用》一書，相信會有很多收穫，在此，我們僅簡介最常用的「腦力激盪」（Brain Storming）法：

　　把創業夥伴找來，一起腦力激盪——不要自我設限、禁止批評。所有的想法都應該被容許保留，不要容許任何成員批評別人的想法。不管別人提出的主張行不行，如何天馬行空、不著邊際，全都要拍拍手，用張便利貼記下來貼在黑板上。

　　下一個階段，再請所有的成員都設法延伸、擴充別人的想法。從一個點連成線，再從線織成面，最後讓面組成立體圖。如此一來，你的表格上必定會充滿許多你從來沒有想到、新奇的想法。然後，帶著所有成員去休息一會兒，上網打遊戲也好，吃大餐也好，再一起回來檢討剛才列出來的主意。

　　在這個階段最常見的問題，通常不是遺漏了某些好主意，而是「過度開發」想法——產品、服務、流程、商業模式中充滿了不需要的、不實用的或太花錢的特色。要記住，當今的時代「少就是多」（less is more），只要專注在主要特色即可。太多的特色只會讓消費者抓不到重點，把不必要的細節全刪除了吧！（如果要更詳盡的描繪商業模式，請參考《文創產業企劃實務》一書第14講[2]。）

---

2 《文創產業企劃實務》，p.238。

第四節 ◆ 事業計畫書

事業計畫書（Business Plan, BP）可以說是創業者所必須研修的一門必要功課。讀者也可以從寫作這份計畫書的意願與所花費的努力中，看出一個人是否有成為創業家的潛質。業內常有一種「派對創業家」、「週末創業家」，只要參與人多的場合，就開始吹噓自己有多棒的創新想法，卻從來沒看到他動手做。教大家一種方便的檢驗方法：請他把BP寫出來。如果連寫BP這種簡單的工作都不願意完成、不努力投入，又如何期待他克服創業過程中的種種難關？

事業計畫書不僅是一份計畫，更是一個學習過程。對內，是讓創業家自己檢視新事業，並擬定出執行的細節；對外，則是要設法吸引各式各樣的「利害關係人」，如潛在投資人、優秀人才、供應商、通路、消費者等，讓他們覺得你的新事業「有潛力」、「值得投資」（包含建立合作關係、僱用投效、採購供應等）。

嚴格來說，世界上並不存在「完整」的事業計畫書。它是以往創業家創業經驗的累積，也是與各種利害關係人約定俗成的格式與溝通的工具。這份計畫不僅要用來說服自己，也要說服別人。最重要的心理方法是：訴諸理性，不如訴諸感性。要讓夥伴及顧客感受到你對準備創新的事業所花費的心力，才能加強說服力。

數據報表事實固然好，說一個「故事」更重要 —— 有主題、背景、角色、情節 —— 這個技術，文創工作者應該比科技人擅長百倍。事業計畫書就是關於新事業的故事。

首先是「主題」，或稱「標語」（slogan）。通常是像迷你裙一樣，愈短愈好，能讓人琅琅上口，一下就抓住讀者的注意力，並可用來總結你的事業的精要本質。

封面當然應要有大大的企業名稱、標語slogan、聯絡人（最好是經營團隊成員、最好是創業家自己）、聯絡方式（地址、電話、email等）、日期，以及影本編號。

接下來是執行摘要（Executive Summary），後面才接計畫書本文。整份計畫書的頁數應該在20～40頁之間，太長太短都不宜。做成投影片的話，至多十張，並且以視覺化呈現為主；也就是說，文不如表、表不如圖、字愈少愈好。

一份完整的事業計畫書，大致上會包含以下幾項：

一、計畫摘要

目的是讓潛在投資人一眼就覺得這份計畫有利可圖，願意投資！為了達到這個目的，所以必須讓潛在投資人很快的看懂計畫。舉凡商業文書，特別是企劃及分析性質的報告書，都會以「摘要」起頭，除了列出整份報告的重點以外，最重要的是呈現整個報告的結論。

摘要基本上依循5W1H的邏輯，將事業計畫摘要式的呈現在兩頁（最好是一頁）以內，讓潛在投資者可以迅速瞭解：

您是誰？（Who?）

這個公司何時成立、做了多久？（When?）

賣什麼產品或服務？（What?）

主要目標市場在哪？（Where?）

為什麼要做這個事業、商機何在？（Why?）

如何落實、如何勝出？（How?）

要花多少錢才能經營這個事業？（How Much?）

投資人最關心的莫過於投資報酬率。一般而言，年投資報酬率能達到10%就算優良，20%可說是極佳的投資標的。如果能在這裡強調獲利能力，那再好不過了！

二、產品或服務

這一個章節要「需求導向」，以「滿足客戶需求」為最高目標。針對客戶的需求，你要推出什麼樣的產品或服務來解決？特別是在文創產業，很多機會是看不見的創意或商業模式，更是習於投資硬體產業的投資人所不熟悉的，更需清楚的描述客戶的需求，以及相對應的產品和服務。最忌諱「生產導向」或「產品導向」，強調創業家的生產能力或產品本身的特性，往往得

不到投資人的青睞。

現在流行圖像式思考，強烈建議在介紹產品或服務時，能多用圖片——有實體產品就用照片；屬於創意作品者，採用作品圖片；至於純服務的商業模式，則一定要畫出服務的架構示意圖。

三、經營團隊

經營團隊通常也是事業計畫書最常被忽視的一章，把它當成團隊的履歷表來處理：學歷、主要經歷（通常以職務和年資帶過），這樣是白白浪費了展現實力的好機會。

從投資人的角度來看，商業模式、機器設備、技術、資金等都是死的，要靠人來營運，使這些資產得以產生效益。團隊評估的標準最重視「Track records」：往往經歷重於學歷，成就重於年資。

四、市場概況

這章節的目標是會為潛在投資人介紹產業概況，就像產業的快照（snapshot）一般，通常會大量引用各種市場調查資料，圖、表滿天飛；但千萬記住：掌握主軸才是重點。試著分析事業與整個市場的直接關係，例如自身產品的產業分析或目標市場分析，而不是貼了一大堆統計圖表，最後被發現原來市場這麼大，但都看得到、吃不到。

五、行銷計畫

典型行銷計畫是按照「4P」的架構鋪陳：Product、Price、Place、Promotion，也就是產品、定價、通路、行銷。這些行銷學理論架構，市面上有很多參考書和實例，在此不贅述。要強調的是，本章節的目標是影響潛在投資人看待事業的態度，也就是具體標示出企業在產業中的位置（定位，Positioning）、擁有資源的多寡，以及強弱項。

六、公司組織

公司組織反映出公司核心能力、資源分配情形。新創公司通常一人分飾多種角色；但不管多麼精簡，一家公司至少要有行政財會、業務、研發製造

等三個功能。隨著規模變大、業務增加，再予以分拆。

七、執行計畫

執行計畫是指一個產品從開發到商業化的全部流程，包括產品開發、行銷、業務、管理後勤支援等活動，以及執行期程，通常會採用甘特圖來呈現。接著，呈現出執行本創業計畫所需的人員數量和質量，以及相對應的設備投資。

八、SWOT分析

事業計畫書最後要分析市場機會，以及潛在的風險，通常以「SWOT」（Strength-Weakness-Opportunity-Treat）分析來呈現。企業內部要分析長處與弱點，企業外部要分析機會與風險。以列表分點的方式來陳述。

九、財務規劃

清楚交待資金需求及規劃，是募資時的重點。資金需求指的是爲了做這個事業，需要花多少錢。根據資金花費的性質可分兩大項：

1. 資本支出：是購買長期性（使用年限超過一年以上）的資產，包括機器設備、電腦、廠房、辦公室裝潢等，都屬於資本支出。
2. 營運資金：營運資金涵蓋的範圍甚廣，分爲「固定開銷」以及「變動成本」兩塊。

典型的公司可分爲管理、研發、銷售以及製造部門，四個部門皆會有固定開銷預算，只有製造部分有變動成本發生。在文創產業，通常並沒有明顯的「製造活動」——例如一家做數位內容的公司，可能把其開發人員編在「研發」或「創意」部門，但並沒有製造部。由於軟體產品的變動成本占總開發成本的比例非常小，亦可將變動成本歸入研發部門計算。

新創公司在編製報表時，最好第一年度以月爲單位，第二年度採季爲單位，以方便成立初期逐月追蹤檢討。在事業計畫書裡只要放季度或年度資料即可。

第五節 💎 結語

　　價值是策略思考的核心，尤其在創新的個案中，首要之務就是創造價值（Value），創新的價值才是創新租的堅實來源。於是，創業行為就可以明確的界定為確定商業模式、調用各種資源來創造產品或服務，以滿足客戶的需求，進而創造價值。

　　就財務面向而言，創業家／創新者可規劃創新的步驟，評估機會的類型與檢驗資源組合；然後思考創新的改變是否能夠創造出新價值（新奇？增加效率？）。完成商業模式規劃後，還必須思考如何去私有化創新的價值，轉化為私人的財富。另一方面，投資者（創投、投資銀行）可以檢討每一個創新投資商業模式是否具有潛力？是否具有市場優勢？來獲得豐厚的投資報酬。

　　文化創意產業的業種包羅萬象，從視覺的平面設計，諸如插畫、動畫；聽覺的音樂音效，如配樂、特效；甚至是味覺的地方美食，如米粉、豬腳；生活中各層面的需求，都是其豐富面向的表現。要記住「創新至上！」的原則：「新的不一定好，不新一定不好。」擬定完善的事業計畫，建立可行的商業模式，就是在文化創意產業開創新事業的必勝公式。

　　另外也要記得，計畫是動態的過程，不是靜態的文件。根據研究，具有正式事業計畫的新創企業「65%承認現有的事業與他們的原始概念有極大的不同」[3]。僅有極少數的新創企業的商業模式與創業當初寫在事業計畫中的完全相同；而最終成功的新創企業中，其比例就更少了。也就是說，事業計畫其實是一個允許修正、不斷依經營實際狀況而修正的「過程」，而不是一份寫好了就必須釘在牆上，每天複誦、照著辦的靜態文件。

　　商業模式與事業計畫的本質是一套「假設」，我們據以預測未來可能發生的狀況，擬定計畫予以因應。既然是未來還沒發生的事情，怎麼可能會預測得準？到時一定會與假設的狀況有或多或少的出入，那麼就需要適時修

---

[3] 《創業管理》，陳明惠，華泰文化，2010/09/24，ISBN: 9789576098154，p.246。

正，才能找到解決問題的方法。

其次，創業家在執行計畫的過程中，會遇到「意外」狀況（與原計畫假設不符），而陷入不知該前進（繼續執行），還是後退或另尋出路？比如按計畫投資於某一個新產品的開發，到了一半，發現競爭對手已經搶先上市，繼續做下去將無利可圖。由於創業家常常有「堅定的信念」要堅持下去，往往會招致嚴重的損失，導致創業的失敗。

這時就得運用「沉沒成本」（Sunk cost）的概念：已經投入而無法回收的成本，不應該列入未來策略的考量。因為無論未來怎麼做，前進或後退，這筆成本（時間、精力、金錢）都已經發生，記在帳上了——假使繼續做，做成功了，它收不回來；假使不繼續做，它也收不回來——因此做決定時不要惦念。

假使計畫遂行不如意，要有壯士斷腕的決心。過去都過去了，大方承認失敗、認賠，重新擬定計畫再開始。李嘉誠曾經這麼說：「失敗並不意味著你浪費了時間和生命，而是表明你有理由重新開始。」[4]誠哉斯言。從這角度看，計畫也是一個動態學習過程，邊做邊學、邊做邊修，才是正確的態度。

問題與討論

一、名詞解釋

　　1. 創新 Innovation

　　2. 創新精神 Entrepreneurship

　　3. 商業模式 Business Model

　　4. 事業計畫 Business Plan

二、翻閱近期的報章雜誌，從中觀察到何種創業機會？請逐條以不超過三十字寫下來，至少五條。

---

[4] 引自Facebook：李嘉誠。

三、最近一年來你最喜歡的電影是哪部？假設你現在也想拍一部這樣的電影，試著回答下列問題：

　　1. 你是誰？為何有足夠的專業拍？

　　2. 銷售重點：一百字以內的說明，簡介想法。

　　3. 為什麼要拍這部電影？

　　4. 這部電影的賣點為何？想賣給誰？

　　5. 劇情大綱。

四、2-3人一組，親自動手寫一份Business Plan，並簡報給全班同學和老師聽，每組五分鐘。

參考書目

施百俊（2001）。*事業模式創新之研究*。台北：台灣大學商學研究所博士論文。

施百俊（2012）。*開心玩文創：從0到億的創新魔法書*。台北：書泉，2012/7/25初版一刷。ISBN：9789571196541。

施百俊。*文創產業企劃實務：影視、出版、創業、競賽與標案一本通*。台北：五南，2015/2/1初版一刷。ISBN：9789571179308。

施百俊主編，賀瑞麟、葉晉嘉、蔡玲瓏、朱旭中、張重金（2018）。*創意思考與文創應用*。台北：五南，2018/4/25初版一刷。

Part II

實務篇

第 7 章

創意生活產業

周德禎

學習目標..
1. 在地化的重要性。
2. 瞭解創意生活產業的形成與發展。
....

關鍵詞彙 創意生活產業、在地化、體驗理論

第一節 🔲 創意生活產業定義、範疇與在地性

在台灣十六個文創產業裡面，有一個類別是世界各國文創產業鮮少提到的，但卻是台灣的強項，那就是「創意生活產業」。對許多人來說，創意生活產業是新奇的概念，大家不禁會發出疑問，「生活」是複雜的概念，「創意」更是如此，那麼這兩者相加將如何成為產業的重心呢？社會學者劉維公認為，創意生活產業包含許多新觀念與新作為，刺激我們去思考習以為常的產業經濟活動內涵，進而注入新的發展能量，從這樣的角度來看，創意生活產業政策的推動，事實上是「台灣經濟的一種啟蒙運動」（劉維公，2005：20）。

何謂「創意生活產業」？文化部定義「創意生活產業」為：「以創意整合生活產業的核心知識，提供具有深度體驗及高質美感的產業。」依此而言，創意生活產業已經不再從「產品物質型態」的劃分來思考，新的觀念是：企業只要核心知識專業競爭力強，又提供深度美感體驗，都可被劃歸「創意生活產業」。其中蘊含著產業文化知識、高質商品、空間美感，並提供深度體驗服務與活動，涵蓋食、衣、住、行、育、樂等各領域，讓消費者體驗下列六類的創意生活：(1)飲食文化體驗、(2)特定文物體驗、(3)工藝文化體驗、(4)生活教育體驗、(5)自然生態體驗、(6)流行時尚體驗，以上六項是創意生活產業的子類別。

這種範疇的改變，標示著內涵意義的轉型。產業轉型的起源是因為今天物質生活普遍提高，人們對於有品味的生活有著強烈的慾望，日常生活所需已經遠超過功能性的滿足，消費能力的提升也打破菁英階級和普羅階級的分野，一般大眾普遍追求高品味的生活目標，創意生活產業也就如此產生。

根據2009年8月《遠見雜誌》刊出的「文化創意產業調查報告」，認為台灣的文化創意產業中，最有壯大潛力，並能走向世界的第一名是「創意生活產業」，占35.6%，其次是表演藝術、設計、工藝及數位內容。創意生活產業比傳統產業勝出的地方，不在於生產技能的創新，而是提供消費者優質的生活品質。它所提供的是生活的體驗與生命的意義，將生活價值轉換成經

濟價值，建立了「新經濟的典範」（劉維公，2005：21-22）。創意生活係指以創意的元素，整合食、衣、住、行、育、樂等各類型產品，提升服務業的層次，提供深度體驗、增進高質美感、增加附加價值，賣的是一種體驗，而非單純的一項商品，所以涵蓋範圍廣，成長潛力大，並且是台灣未來最具吸引國際人士來台享受的新特色產業。

創意生活產業之產品重要的是具有魅力，而「魅力」是體驗、質感、品味、品牌的綜合感受，它的來源正是生活價值。從企業面向來說，創意生活產業的發展和成功，需要企業提供優良的生活品質，既為個別消費者提供服務，又能夠積極帶動在地社區的發展，進而轉化整體社會生活品質的提升。就此而言，創意生活產業本身具有比其他產業更高的社會價值標準。

劉大和（2005）指出，「在全球化文化產業競爭的時代，在地化其實是一個重要的競爭優勢。」因為文化普遍性的主題容易理解，故在世界文化產業市場上占有重要地位，例如像迪士尼樂園可以在世界各地複製，也都可以吸引相當數量的消費者。但人們對於制式化的東西久之會產生厭倦，也會希望得到不尋常、不凡的經歷，所以會嚮往殊異性。在地化就是在本地生活的社群才有的種種生命活動，以及其所衍生出來的具有美感的表達方式，這些獨特性吸引其他人高度的共鳴，是因為有過某種特定經歷才能體會，這就是淵源於個別生命與社會互動的豐富多變歷程。在全球化趨同的今天，要發展一個國家文化產業的特有優勢，文化特殊性顯得非常重要。

文化創意產業要找出它的特殊性，可以從地方傳統中找出蘊含經年累月所構成的「時代風格」與「社會風格」。劉大和（2005）指出，文化產業的關鍵要素有五項：美感、價值、故事、發現／重新詮釋、感動。分別敘述如下：

1. 美感：形式與外顯的美感是必要的。
2. 價值：是能否說服、贏得消費者認同的重要基礎。
3. 故事：並非只是單純尋找過去的故事，而是一種「發現過去」。
4. 發現／重新詮釋：過去及現在的種種文化表現、歷史遺產，端看我們如何從中「發現」與重新詮釋動人的劇本。
5. 感動：將「捕捉到的某種美好感受」予以呈現，沒有文化上的感動就不會有真正的商品化。

物質的追求和科技的翻新，必須以人心的滿足為依歸。所以就生活內涵打動人心來說，價值是一個極為重要的判準。例如日本溫泉文化就很耐人尋味，整個泡湯是很儀式性的行為。北海道登別溫泉是日本三大著名溫泉之一，在登別的夜晚很多人晚飯後就在溫泉街閒逛，很多日本人都穿著浴袍（YUKADA）在街上走。在台灣人觀念裡浴袍不可以穿出臥室，更別說穿上街。但是日本式的昇平世界的樂趣正是這樣，酒足飯飽，脫掉西裝領帶，換上舒服的浴袍，在街上高歌喧譁，輕鬆遊逛，穿YUKADA的意思就是閒情逸致，一切都那麼悠閒不受拘束，今日事已畢，明天也沒什麼大事，所以換上浴袍，或者泡泡露天風呂，或者遊逛在酒肆間繼續喝喝小酒，街上嘻哈談笑，這是日式的文化情趣。

在登別石水亭飯店的大浴場，男湯、女湯是分開的。上浴場前女子們先換上浴袍拿著毛巾，踏著斯文的碎步走入女湯室。室內的硫磺溫泉冒著白煙，空氣暖暖熱熱的，燈光維持著傳統節約能源的調調，一片暗黃迷濛。下池前每個人都坐在小板凳上仔細梳洗，人們面對牆壁，背對著浴池，洗頭洗澡，沖洗乾淨後，輕巧優雅的以側背面步入溫泉池。基本上有一種約定俗成的習慣，沒有人眼光亂轉到處打量別人。下了浴池大家只剩個臉在水面上，人們用眼睛有禮貌的互相打招呼，臉上帶著淺淺的笑容，專心享受著泉水的溫潤，也婉約的傳遞那種放鬆的享受感。

它的儀式精神在於：(1)團體中彼此尊重：浴場所有器物（小凳子、沐浴的器皿），使用前後都需擺放得井然有序，溫泉水也必須保持乾淨清潔，穿著衣物會弄髒水質，所以是不可以的。長幼有序，不可放肆。(2)空間的規定：浴場大多有兩進空間，第一進是準備和更衣的空間，第二進是盥洗和泡湯的空間，在不同的空間，人與人互動的禮節不一樣。(3)行為的規定：因為是私密空間，所以雖然是享受放鬆也要有所規範，所有動作有固定的程序和要求，沒有隨興的舉止。如果有人在浴場不停的走來走去、東張西望、大聲喧譁或做出親暱動作，都是非常失禮的。

日本式泡湯文化蘊涵著他們團體生活對個人行為的薰陶，泡湯這種場合長久以來已經變成是日本人個性養成的地方之一。每個人進入這個地方，言行舉止遵守適當的禮節是非常重要的，必須先符合團體規範之後，才能談到個人享受。台灣式泡湯文化不一樣，台灣人泡湯不能忍受不穿衣服，但能忍

受人人隨興行動，我們發展出來的泡湯文化是穿上泳衣，大家喧譁笑鬧，泡湯只是換個不同水質的游泳池。有的泡湯場合為了加強體驗歡樂經驗，還把水柱按摩、藥草浴等其他娛樂的元素加進去。從這裡，可以看出台、日兩種泡湯文化蘊含著各自不同的價值觀。當然台灣泡湯不必硬要學日本，我們必須要有信心台灣式的歡樂氣氛和日本式的肅穆氣氛各有勝場，確立自己的長處，打造自己的風格，會是另一種亮點的出現。

由上面的例子可以說明，在地化的生活創意產業必須先找到自身的特色與定位，對地方有完整的策略和規劃，並進一步從文化的底蘊與產業的需求來思考，才能打造未來長遠的發展。

第二節　創意生活產業的經營理念

許士軍（2005）指出，相較於傳統產業，生活創意產業有六種特性：(1)傳統產業自生產面出發，創意生活產業乃是自顧客立場出發。(2)傳統產業著眼在滿足需求的一種手段，創意生活產業所著眼的是生活本身這一目的。(3)傳統產業基本上建立在物質的基礎上，創意生活產業雖離不開物質的成分，但是它們乃建立在文化意涵的基礎上。(4)傳統產業是屬於一種工具性的分類，而創意生活產業本身所代表的就是一種整體，一種無法分割的有機體。(5)傳統產業一般是成本取向，且在這個基礎上從事競爭：然而創意生活產業所重視的卻是價值，彼此的競爭乃在於不同的創意內涵。(6)傳統產業追求的是偏重於技術性質，屬於可以衡量的品質（quality）：然而創意生活產業所追求的，乃是一種「質感」，它所提供的乃是一種「心理感動」，或是一種「心弦受到撥弄的喜悅」。

根據上述的特性，我們對於創意生活的理解和進入會有相當不同的心理準備。創意生活產業的經營，需以顧客作為體驗的主角，在發展創意生活體驗模式時，就把顧客納入營運範疇流程設計中，使消費過程具生活體驗價值。張維華（2010：26）指出，創意生活事業營運範疇以「經營策略」為

軸，擴及「產品」、「服務」、「活動」、「空間」四大項目，以作為和顧客體驗交流的構面。其中服務和活動是屬於深度體驗，產品和空間是屬於高質美感。這四個項目的設計必須互相串聯，成為企業經營的利基及重要特色之所在。當顧客對企業所提供的產品、服務、活動、空間產生體驗的共鳴時，才能成為忠誠的代言人。

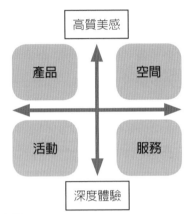

🎋 圖7-1　張維華經營策略圖

　　管理學者李仁芳（2005，2008）、Pine與Gilmore（1999；夏業良等譯，2008）也針對生活創意產業吸引顧客之道，提出了「體驗理論」。體驗可以從很多方面吸引顧客，其中有兩個重要軸線。第一個是橫軸，表示客戶的參與程度，橫軸的一端代表「消極的參與者」，意味著客人並不影響表演；橫軸的另一端代表「積極的參與者」，這類消費者能影響事件，進而影響產出的體驗。另一軸線是縱軸，縱軸是環境上的相關性。它使消費者和事件成為一個整體，在縱軸的一端表示「吸收」，以及透過讓客人瞭解、體驗的方式來吸引客人的注意力；而在縱軸的另一端是「沉浸」，表示消費者變成實體體驗的一部分。換句話說，如果體驗進入「客體」，他正在吸收體驗；另一方面如果是「客體」進入體驗，那麼他就是沉浸在體驗中。

　　這兩個軸線劃分出四個面向，將體驗分成四個領域，分別是娛樂的體驗、教育的體驗、逃避現實的體驗、審美的體驗，它們互相兼容，形成獨特的個別情境，底下分別說明。

一、娛樂的體驗

娛樂的體驗是被動的透過感覺吸收體驗，如觀看演出、聽音樂和閱讀輕鬆讀物。

二、教育的體驗

教育的體驗和娛樂體驗一樣，在教育的體驗中，客體正在吸收對他來說並不是很清楚的事件。然而和娛樂的體驗不一樣的是，教育需要客體更多的積極參與，要確實擴展一個人的視野、增加他的知識，教育必須積極使用大腦的智育和身體的美育。就創意生活產業而言，教育體驗的焦點從提供者轉移到使用者，從教育者（產業經營者）轉移到學習者（顧客），教育行為將逐漸著眼於積極的學習者，而不是管理者。

三、逃避現實的體驗

值得記憶的第三種體驗是逃離現實的體驗，他們與純粹娛樂體驗完全相反。逃避者要完全沉溺在其中，同時也是更積極的參與者。典型的逃避體驗所要求的環境，如主題公園、虛擬實境的耳機、聊天室，和終日懶散在家的人之消極角色不同，逃避者是參與其中的演員，會影響到現實的事件。

四、審美的體驗

在這樣的體驗中，人們沉浸於某一事物或環境中，而他們自己對於事物或環境極少產生影響，或根本沒有影響，因此環境基本上未被改變，例如站在大峽谷極目遠眺、參觀畫廊或博物館。

顧客參與有教育意義的體驗是想學習，參與逃避體驗是想去做，參與娛樂體驗是想感覺，參與審美體驗是想到現場去（李仁芳，2005：12-15；Pine & Gilmore原著，夏業良等譯，2008：70-83）。

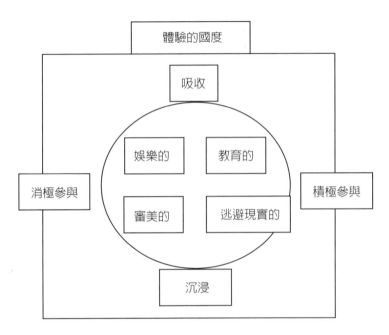

圖7-2　體驗理論

資料來源：Pine & Gilmore原著（1999），夏業良等譯（2008：72）。

張維華（2010：24）在觀察國內一些優質「創意生活產業」後，提出的可行作法有：

1. 在營運範疇上結合地方的人群、文化、地理、產業、景觀各項要素，因為在地性強，所以不易被模仿。
2. 運用族群的圖騰（如原住民、客家意象），來深化營運的獨特性。
3. 以產品或服務發展「最」字相關的活動──最大、最小、最長與最高等。當運用這種手法時，應該與企業廠家特有技術結合，始能彰顯其獨特性。
4. 特色就是企業營運的價值主張，因此必須和企業營運的核心知識密切結合，更應該融入科技和美學，表現出精緻和優雅。
5. 事實上，經營者本身的風範就是企業營運的另一種特色，因此經營者的生活風範應該明確敘說，具體而微地設計在營運中，並用產品和服務予以彰顯。

　　張維華（2010）認為，創意生活產業是跨界創意心靈的實踐經營，它所追求的不是第一，而是追求唯一。在這當中，文化和創意的交會生成、傳統和現代的融合內化、美學和科技的組合運用等，都是不可或缺的。

　　經營創意生活產業有幾個很自由的面向，因為生活可以結合過去和現在，透過創意，將歷史和現代科技加以融合，給予消費者一種新奇而又懷舊的滿足，產生極高吸引力。因此，這種產業沒有必須放棄「舊的」和「過時的」煩惱；而新的，也未必就是「好的」和「受歡迎的」。其次，這類產業大規模未必具有優勢，因此無所謂「規模經濟」的問題。還有，生活既然代表一種體驗，這種感覺或滿足必須要消費者自己體會，產業的價值是由供給者和需求者雙方互動中共同創造，這樣也就消除了「供需對立」的問題。這些自由的面向，給了新的創業者很大創新、創意的自主空間。

第三節 🔶 創意生活產業的實踐

　　我們要打造創意生活產業，首先需從文化生活裡面，不斷萃取創意的點子，進而把它落實形成一個產業。所謂文化，它既可以是書寫的文本，也可以是話語的本身，是日常生活思想、言語、行為的各種表現。我們要從文化生活的資源中，找出能夠提供六感（眼、耳、鼻、舌、身、意）的知覺元素及四種（娛樂、教育、逃避現實、審美）體驗，從中經營出獨具風格的產業。重要的是，我們要避免工業化製造的思維，不要想量產、標準化、追求降低成本，甚至互相抄襲和模仿，以至於使產業失去其價值，變得千篇一律、索然無味。另外，要小心的是不要採取譁眾取寵的作法，甚至走上低級趣味的路。這種作法即使可以短期獲利，但是長期而言，不但會斷喪產業的生機，而且也會對社會帶來不良的影響。以下我們來看看一些創意生活的案例，體會他們的優缺點。

壹、峇里島的創意生活產業

在《享受吧！一個人的旅行》（Eat, Pray, Love）這部電影裡，茱莉亞‧蘿勃茲旅行了好幾個地方，最後在峇里島停下腳步。在片中她悠閒的騎著腳踏車穿梭在鄉間田野，在寧靜的環境裡修養身心，在傳統市場找新鮮而且色彩絢麗的食材學習烹飪，在芳香的空間做SPA。峇里島在銷售著什麼樣的生活創意產業？

首先，峇里島的自然風景就提供了嚮往逃避現實的人，一個遠離熟悉環境的異國情調和氛圍。峇里島的社區規劃很有遠見的把觀光區和追求深度之旅的區域劃分開來，庫塔（Kuta）是最開放的觀光區，這一帶有五星級飯店、購物中心、沙灘、刺激的水上活動、啤酒屋、各式餐廳，可以滿足要尋求時尚摩登感的遊客。但是如果要深度探索峇里島的傳統趣味，就必須離開這裡，到霧布（Ubud）去。霧布有傳統市場及充滿著新鮮蔬果，各式香草，也有植物園、生態花園、山間步道可供漫遊。這裡有許多美術館、畫廊，那些建築物本身和周遭綠蔭遍布的環境就十分吸引人。喜歡學習的人，有各種短期課程可以參加，學做烹飪，或學習辨識各種植物，製作花草茶。甘美朗樂曲非常有名，社區的兒童經常舉行團練，喜歡樂器的遊客也可以報名上笛子、鼓、竹片琴的音樂課。峇里島的舞蹈非常優美，不過要身體柔軟才容易學，如果不在乎學得很好，只是扭動身軀、擺擺姿態，跟著體驗些當地的歡樂感覺，也是可以參加舞蹈課程。其他銀雕、木雕、面具雕刻的商店，都不只是提供產品銷售，也可以教人創作，有些作品很容易在短時間內完成，讓人很有成就感（游麗莉，1999）。

霧布也有幫助身心鬆弛的各種SPA水療按摩館，他們提供的服務種類很多，如峇里傳統式、爪哇傳統式芳香療法都很普遍。對於許多疲倦的勞心、勞力工作者，這裡是提供放鬆和重新獲得身體能量的地方。如果要找心靈安寧的宗教修行則在東峇里，像峇里島第一高山阿貢山上，有第一大廟北沙基廟，在這裡就會遇到智慧的長者，聽他說一些像《享受吧！一個人的旅行》電影裡的玄妙預言了。

峇里島近年來變成台灣旅客的最愛，其實早在1960年代起它已經是西方人最喜歡去的地方之一，在1980年代成為日本觀光客的度假勝地。是什

麼樣的元素，使它有這樣大的魅力吸引各類型的遊客呢？根據我對它的觀察，第一，它能提供四種體驗的樂趣：在娛樂的體驗方面，例如有名的巴隆舞、皮影戲，讓喜歡觀看但不熱衷參與的遊客覺得新鮮有趣。在教育的體驗方面，它有各種學習課程，也能按照遊客的程度和期望量身打造，喜歡積極參與的人也會覺得很有收穫。在逃避現實的體驗方面，它有一些環境是相當與世隔絕的，像是在古廟裡學習宗教體驗，可以得到渾然忘我的經驗。至於審美的體驗，站在高山上觀賞梯田蜿蜒、夕陽西下的美景，或在海邊凝望大海波光瀲灩，都令人深刻感受到這是個眾神的傑作之世外桃源。

第二個傑出之處，它符合「強化核心知識」、「深度體驗」、「高質美感」的品質要求。作為一個被觀光客喜愛，然而卻又像被大軍壓境般侵入生活空間，經歷了外來者帶來淺薄化、西方化的衝擊，整個峇里島不但沒有陷入迷失與混亂，反而以它自己的宗教信仰、人文素養、美學基礎、歷史深度、獨特地理空間，化解消融「自我喪失」的危機。以自身積累厚實的生活或文化底蘊，重新井然有序的編織出多層次、多面向、多樣性的生活創意產業，抓住不同消費者的心。目前台灣也面臨觀光快速成長、陸客大量來台的局面，我們固然因為經濟成長、景氣回升而一則以喜，但不免也一則以憂，以台灣地狹人稠的條件，能提供優質的活動、服務、產品與空間嗎？會不會因為過度觀光化而喪失自我或降低生活品質呢？峇里島的成功經驗，是可以作為我們學習與借鏡的。

從峇里島的例子，我們可以看出峇里島整體的文化資源，是它的創意生活產業的沃土：也就是說生活創意產業的發達，絕不是無中生有，而是扎根於在地的土壤上。

貳、京都的創意生活產業

日本京都的生活創意產業是以整個都市街廓為範圍，我們考察此地的創意生活產業，發現他們的古代文化傳承如歷史悠久的寺廟，與日常庶民生活的飲食文化融合且貼切、完整，值得參考。

以美感來說，日本京都的金閣寺是一個很好的例子。金閣寺建於1397

年，原為幕府將軍足利義滿的別墅，初名「鹿苑寺」，由於外表貼著金箔，故稱「金閣寺」。它的舍利殿的第一層是寢殿建築式樣的法水院，第二層是武士建築式樣的潮音洞，第三層是中國佛教禪宗式樣的究竟頂。塔頂有一隻中國古代象徵吉祥的鳳凰，遠遠望去，金光燦燦，絢麗奪目。寺前方的「鏡湖池」，池水乾淨清澈，金閣寺的倒影映在湖水中，如夢似幻，簡直就像天上人間之勝景。直到今天，這個地方名氣還是很大，遊客眾多，但人們必須站在一定距離之外，觀賞著它的金碧輝煌及水中倒影，感受和體會著當年高僧大德，發願把天上的淨土重現在人間的心情，面對這種絕世美麗，語言真的是多餘的了，這就是美感給人的震撼。而這種美感是結合了當地的歷史淵源、地理環境、宗教情懷的積累所生成的，在全世界其他各地很難找到它的複製品。

京都「清水寺」非常有名，來朝山的遊客很多。寺廟蓋在高崖上，形式偉岸、建築奇美、意境脫俗，從清水寺往下眺望，京都美景又盡收眼底。但清水寺周邊卻形成一個完整的創意生活產業區，它的地形很像我們的九份，一個狹窄的山坡上去，兩邊都是商店街，但它優質之處就在於整條街區的商店，不論空間呈現、產品製作，雖然熱鬧擁擠卻有相當一致的整體水準，不會給人雜亂侷促、參差不齊的感覺。在這裡最多見的是賣各式「京果子」的小點心店，京果子（京都製造的糕餅小點心）在日本是很有名氣的，因為當地的人們生活富裕享受，所以對糕點、甜品講究勝過其他地區。雖然對我而言，食物口感並不如台灣中部製作的糕餅，以大甲裕珍馨的「奶油小酥餅」、「紫玉酥」來說，就遠比他們出色。但是這裡糕餅店的空間裝潢，不但明亮潔淨而且各具風格，服務人員態度彬彬有禮，產品包裝精緻美觀，種種都讓人印象深刻。

這條街區上，比京果子更讓人眼睛為之一亮的是「京都清水燒」，就是當地生產的陶器。「朝日堂」的清水燒，那些色彩鮮豔的陶瓷娃娃、燦爛華麗的花瓶、樸拙的酒杯、古意的盤子，真是美不勝收。日本的生活創意產業發展得很好，因為日本人珍惜傳統不輕易拋棄古老的東西，致使歷史肌理紋路得以累積烙印在新成品上；此外，他們庶民生活中對美感充滿狂熱，工藝（包含食品）製作者對美學專精的追求和堅持，使文化產品富有活潑的生命力，眼睛一接觸就可以感受到一種熱情，手一觸摸就可以感受到溫潤的感

覺，他們的確做到把眼、耳、鼻、舌、身、意的六種感覺，融進產品裡面，呈現京都人文情調和生活美學之獨特風格。

Gilmore與Pine（2007）在《原眞性》（*Authenticity*）書中指出，以往競爭優勢是可得性（availability）、成本、品質；在體驗經濟時代，競爭優勢是呈現「原眞性」。原眞並非必然指「眞實」，但它忠於業者自身之承諾。

以服務卓越的原眞性來說，它的原則是：(1)直接、坦率；(2)著重獨特性；(3)放慢步調；(4)提供異國風味。

以體驗來說，原則是：(1)向個人致敬；(2)喚起過往時光；(3)挑選地點；(4)凸顯重要性；(5)逼眞寫實。

關鍵是要引起關聯的原眞性，使人們聯想到其他情境的體驗，或從歷史中汲取的靈感，觸及人們共同記憶。以京都生活創意產業來看，他們的氛圍、產品、風格，都隱然符合這種原眞的要求。

接下來，讓我們來看看台灣的創意生活產業。

參、淡水的創意生活產業

在台灣，北部、中部、南部、東部有特色的創意生活產業不少，無法在有限的篇幅裡面全部觸及，本節只選北部淡水及南部高雄愛河進行討論。台灣北部的創意生活產業發展得相當快速蓬勃，從近期幾部以台北爲背景的電影可以發現相當多的特色空間，例如《一頁台北》裡面的誠品書局、師大夜市，《艋舺》裡面的萬華龍山寺、清水祖師廟、草藥店、佛具金香店等。如果以淡水來看創意生活產業表現，淡水位於淡水河出海口，它作爲四百多年的海運樞紐，歷史沉澱在街市巷弄間，像活化石般一層一層保存下來。早期原住民凱達格蘭族曾聚居於此，十七世紀時，漢人開始移入墾殖，中間歷經西班牙、荷蘭、英國、日本等國統治，留下不少中西並陳的人文史蹟。例如夾雜著多國建築風格的「紅毛城」（聖多明哥城），就可以看出經過時間與權力的更迭，不同文化國族的人們在這座小小城牆上留下的痕跡。西班牙人打下基座，荷蘭人興建建築主體，英國人加上外觀裝飾修整。「馬偕醫館」

（現爲淡水教會「馬偕史蹟館」）則是融合中西建築特色，有閩式屋頂和西式拱形門窗，它反映的是一位外籍醫生對台灣和自己祖國的平等博愛情懷，在一棟建築物上體現。

離淡水捷運站廣場不遠，就連接到保有漢人聚落特色的淡水老街。老街有許多知名的老店如「滬尾餅鋪」，不但餅做得好，名字更是有意思。「滬尾」是淡水舊稱，傳說此地鄉賢前輩觀察到台灣東北季風從東北方帶來的冷雨，下到淡水這邊就停了，所以稱此地爲「雨尾」（台語讀作「滬尾」）。滬尾餅鋪以此命名，保留下傳統文化的古趣。

淡水發展出來的生活創意產業很多，除了傳統的、也有現代的，像是街頭藝人表演。根據文化局之規定，採取「登記制」開放街頭藝人申請，只要民眾符合「音樂」、「繪畫」及「技藝」其中一種表演方式，即可提出展演申請，可以表演的地方如捷運站廣場、漁人碼頭、紅毛城、八里左岸公園等。

淡水作爲一個歷史、地理、人文與現代科技發展後大融合的載體，也提供四種體驗：在娛樂的體驗方面，例如街頭藝人的演出有些是純供觀賞表演；有些也歡迎遊客參與，自己擔任人像素描模特兒，被畫成一幅作品。在教育的體驗方面，它有一些學習課程，如創作工作坊開授「植物染」、「攝影」、「傳統彩繪」、「木工」等地方傳統工藝，從事推廣與傳授傳統藝術，遊客則能體驗傳統與現代的連結。審美的體驗方面，淡水過去有舊八景，如今又有新興景點新八景，景色優美不在話下，遠眺觀音山千年沉默優雅的臥姿，在河邊觀霧或看夕陽餘輝都是美麗的經驗。比較不足的是在逃避現實的體驗方面，淡水河附近的產業雖然有一些初步的規劃，如坐船在藍色公路海上巡弋，但這些還需要再強化設計，加強逃離感和沉浸忘我之感，也許自己泛舟，更勝過嘈雜的機械動力船。如果真要飆速度，那讓遊客自己操作極速快艇，也可以帶來逃離現實感。

肆、高雄的創意生活產業

北「淡水」、南「愛河」，這是台灣兩條深獲大眾喜歡的河流。看過淡

水河，讓我們再來看看高雄的愛河。

對任何一個都市來說，有一條河流貫期間，眞是再曼妙不過的事了。巴黎有塞納河、科隆有萊茵河、紐約有哈德遜河，而高雄何其有幸有愛河！愛河並不像長江、黃河發源於高山峻嶺，所以沒有那樣源遠流長的特質；它也沒有淡水河的顯赫，淡水河全長159公里，是台灣第三大河，由新店溪、大漢溪和基隆河組合而成，從高山而平地，流經群山環抱的台北盆地（淡水河，2011）。相反地，愛河全長僅16公里，它的源頭只是數個埤塘溝圳，蒐集雨水形成河川，這種特別的地理環境和它形成期的地質學有密切關係。第四紀地質年代時的高雄是一片淺海沼澤，經過長久的河砂淤積及造山運動，土地漸漸隆起，形成平原地形，但是整個區域仍是相當低窪，中間散布著許多埤塘溝圳，這些水塘逐漸匯流成河，就形成今天的愛河（愛河之子，2011）。愛河的身世如此，自然也有它獨特之處，第一，愛河流域及沿線有很多埤塘溝圳，雖然有些已被填平，若還留著的就形成溼地，所以它沿岸的溼地很多，保存豐富的生態系統並可調節洪水淹沒土地。第二，是它的河川地勢低，所以海水會倒流進入河裡，形成淡水、鹹水並存的現象，稱爲「感潮型河川」（鄭德慶，2000）。這樣的好處是會帶進來很多海洋生物，有一年愛河甚至出現迷途的小鯨魚。壞處是如遇漲潮和大雨齊至，水面滿溢過堤岸，附近地區會有淹水之患。

愛河自東北流向西南，雖然不長卻流經高雄精華區域，最後從高雄港出海。它的上、中、下游發生過許多歷史人文的事蹟，孕育著高雄各類型的生活，成爲創意生活產業的搖籃。上游經過河堤公園社區，附近有很多精緻的富有異國情趣的餐廳，像帕莎迪那法式餐廳等。中游有造型新穎的「愛河之心」，可以自在的作單車之旅；沿岸有慈濟「靜思堂」，和寧靜素雅可以讀書喝茶的「靜思書軒」；還有新落成的佛光山「南屏別院」，其中觀音殿的觀音雕像造型唯美絕塵、出神入化，充滿藝術氣息，「滴水坊餐廳」有美味的素食佳餚。其他還有客家文物館、內惟埤濕地公園、高美館等。

下游有「歷史博物館」，這是一棟建於1938年的和洋混合風格的帝冠式建築，它有東方冠式屋頂，中央塔樓是日本式四角攢尖頂，尖頂爲寶瓶狀，內部有歐式大型拱柱，在日據時期它是「市役所」，光復後曾爲高雄市政府所在地。在愛河出海口的五福路上，有一棟天主教「玫瑰聖母殿」，這

座教堂完成於1931年，採哥德式（Gothic style）建築，中間鐘樓高聳，兩旁有兩座拱門，側面爲圓拱窗，內部有彩繪玻璃，氣氛莊嚴肅穆。據說教堂在1928年動工的時候，它的所在地就在愛河旁的沙灘上，因爲地基太低，還請教友們每人負責一個區域的填土工程，要填上五尺的泥土才能打好地基，開始起造。2001年這座教堂獲選爲高雄市歷史建築十景之一、行政院文建會全國歷史建築百景甄選第一名（玫瑰聖母聖殿，2011）。

愛河美極了！在燈與影的輝映中，在水與風的盪漾中，前人的蓽路藍縷造就了今天的多彩多姿，一切顯得韻味深遠。不論是重大節慶，如元宵燈會、端午龍舟競賽、春節藝術市集，一定都是人潮洶湧、萬頭攢動；即使是平常日子晚飯後家人散步、情侶漫遊，在眞愛碼頭、光榮碼頭、新光碼頭、漁人碼頭可以坐船遊河，也是庶民生活喜愛流連之地。夜色降臨的時候，從碼頭邊仰望85東帝士大樓的燈光閃爍，另有一種獨特的、神祕的感覺。整個市區高高下下的大樓燈影迷離，好像森林裡精靈住的魔幻城堡，在對著渴望的靈魂放出魅惑的光芒。

這樣一個城市生活創意產業發展的如何呢？高雄想要打造文創品牌已經有一些基礎。首先在餐飲方面，文化中心旁的「御書房」把田園情趣的茶文化搬進都市來，加上不斷舉辦的各式藝文活動，像用文火細細烘焙著悠遠清淡的人文素養。哈瑪星的「大碗公冰」具有道地高雄草根精神，用大盆、大海碗吃冰，一來顯得高雄人待客的豪氣，二來搭配高雄燦爛熱情的太陽，在這豔陽高照的地方，吃冰就要用超級大碗才相配，如同東北人大塊吃肉、大碗喝酒一樣，在冰天雪地中顯現粗獷豪情。還有眷區的風味食物，如左營軍區中山堂附近有名的「酸白菜火鍋」，火鍋是古早的金屬鍋，下面燒木炭，鍋子中間有一根煙囪般的柱子傳熱及排煙。以酸白菜爲鍋底，加上鮮肉片，沾著特製醬汁，搭配豆皮、凍豆腐，店裡面人聲鼎沸，大家呼嘯而來，呼嘯而去，吃得非常暢快，符合高雄人的消費心理需求：「俗」（便宜）又大碗。

高雄人個性豪氣率直、生活簡單熱情，高雄的河海、港灣、山丘悠緩寬闊，在生活創意產業發展上是優勢而不是劣勢，因爲這種在地性是別處沒有的。近年來幾部影視產品，如《痞子英雄》、《不能沒有你》、《深海》的導演在高雄拍片（藍祖蔚，2010），就深深發現高雄有它得天獨厚之處，

如它的陽光燦爛、居民熱情等，只是它也需要再精雕細琢，才能既彰顯與眾不同的特質，卻又有著深度和質感。

除了飲食、自然環境，高雄有一些精緻的文創產業商店，例如在夢時代有霹靂布袋戲旗艦店、台灣文創館、大禾竹製品等。在霹靂店裡有很多布偶，像素還真、識玲瓏、亂世刀狂、忘殘年、秦假仙、善法天子等，都做得十分漂亮，很值得典藏。在裝潢精緻具有戲劇情境氣氛的店裡，牆上掛著一幅刀狂劍癡葉小釵作的詩，以仿瘦金體書寫而成，詩云：

> 征衣紅塵化雲煙，江湖落拓不知年；劍癡刀狂世紛云，今將衣缽卸雙肩。
> 踏盡千山無人識，當初枉受盛名牽；東風吹醒英雄夢，笑對青山萬重天。

情境氛圍布置出俠客的灑脫自在！

高雄也能提供四種體驗：在娛樂的體驗方面，例如去欣賞霹靂布袋戲的布偶或看它的演出，讓喜歡旁觀但不積極參與的客人覺得生動有趣。審美的體驗，如參觀美術館的藝術展覽，站在愛河旁欣賞波光與燈影，在柴山峭壁的咖啡座看夕陽沒入海平面，都令人深刻感受到這裡的美。在教育的體驗方面，科學工藝博物館有各種學習課程，能按照顧客需要安排一些動手做的課。在逃避現實的體驗方面，佛光山南屏別院、百年古剎元亨寺、法鼓山紫雲寺都有禪修打坐活動，可以讓人忘記世俗的喧囂。近年來在高雄港碼頭邊，有一片廢棄的貨運倉庫區，打造成駁二倉庫文創空間，裡面有年輕人經年不斷展出各種藝文表現，層出不窮的創意，相當令人眼睛為之一亮。

雖然說能提供這四種體驗，但是真的要擦亮文創品牌，其實高雄還有待努力。後現代主義知名學者大衛哈維（Harvey, 2002）、布希亞（Baudrillard, 1998）、布狄厄（Bourdieu, 2004），提出一些方法來塑造在地化文化產業的優勢和利基，足供我們參考：(1)必須創造文化產業與地景的獨特性、真實性、特殊性；(2)將商品與地景符號差異化，並賦予象徵價值；(3)凸顯意象傳達、美學體驗，作為生活風格的展現（郭曜棻，2007）。我認為高雄在深度體驗和高質美感的水準上，仍需要藉由設計、美感及創意發

想，使空間環境和服務素質繼續精進；另外，除了已有的點的成就外，更需擴及線、面、區塊的同步提升，發展出整體氣勢，並且需要在獨特性及喚起人們共鳴方面，下更多的功夫，高雄才能有明顯的風格令人難以忘懷。

伍、花蓮的創意生活產業

　　花蓮是個創意生活產業發展的好地方，因為它保存了純樸簡單天然的生活方式。這是個主張慢活的地方，它的慢活調性既不需要渲染，也不需要強調，只要任何人在花蓮山邊、海畔悠遊的走個兩、三天就會感受到，它的慢活，基本上是大自然創造的，是形勢天成的。這裡不興走馬看花，呼嘯而來，呼嘯而去，這種玩法除了累人，也體會不出情趣。還有，花蓮有颱風、有地震，大自然的強大力量，人很容易體會生命的渺小，自然給予人們的功課就是知足和感恩。這裡也不興強取豪奪，如果有人掠奪山坡地、河川地，很快就會知道大自然會向人類討回去。這裡也不主張過度開發和量產，因為耕地有限，所以大家提倡有機無毒的生活，綠色小農是主流的聲音，而不鋪張、不浪費、不狂野，這就是典型的花蓮生活。

　　花蓮有一群人被形容為：「用生活思考」，與一般「用金錢思考」的人不太一樣，例如愛護日式老屋、留著陽光花影和慵懶貓咪的時光二手書屋及時光1939蔬食餐飲女主人秀寧，喜歡慢慢的生活，用緩慢的速度建立了生活的暖度，在生活裡融進了對流浪貓狗、對歷史、對生命的愛（劉崇鳳，2014）。

　　花蓮很多文創人都具有獨特的個性，例如以積極開創、大方分享的漂流木藝術家阿迪克先生，他愛護中輟學生，願意傾自己所有資助他們、教育他們。還有像傾聽內在聲音拓展深度的生活畫室主人許水源先生，因為愛戀太平洋，就始終在海邊真誠地揮灑彩筆。或像O'rip生活旅人工作室鍥而不捨的發行一本雙月刊，主題式的介紹花蓮的人事物，把花蓮散落的點點滴滴用珠串串起來。O'rip在2008年12月（王玉萍，2008）出了一本感恩專輯，記錄著太魯閣、花蓮市區、慶豐、知亞干溪口、光復鄉、卓溪鄉等各地的天主教堂，寫下百年來外籍傳教士為這片土地帶來的幸福感。看著這些小小的、

古老的教堂，站在花蓮的各個角落，讓人為那飄洋過海而來的溫暖和撫慰感動著。花蓮人以平淡優雅但充滿感情的方式，妝點著這片土地。花蓮有著大山、大水作為舞台或布幕，大自然千變萬化的風雨晴和的姿態，培養出淡泊寧靜能夠欣賞品味簡單寂靜的在地人，各種文物的創作也依著人的淡泊變得耐人尋味。這些提供給來到花蓮尋求心靈安寧恬靜的旅人，無限探索和體驗的空間。

我一直認為文創必須從在地的土壤生長出來，必須是獨一無二無法複製的，才會美麗、才會長久，才會因為在地文化源源不斷滋潤，而愈來愈茁壯。這也就是台灣的生活方式，才是最吸引國內外遊客來這裡品味及體驗創意生活的理由。

我最喜歡的花蓮文創活動是每年秋天在太魯閣及清水斷崖舉行的峽谷音樂節。在清水斷崖下面的沙灘上舉辦音樂會，人們或坐或躺在沙灘上，仰首望著藍天、青山，耳畔是海浪拍打的聲音、火車飛馳而過的聲音，伴隨悠緩而韻味綿長的鋼琴、弦樂、打擊樂器，聆聽一首台灣民謠的演奏，真是超級享受。這種經驗在台灣別的地方無法複製，世界上也難得有一模一樣的活動，這真是創意生活產業的極致，它傳遞的價值是：天寬地闊，人的存在，單純就是美。

結 語

本節我們分析在地化特色的重要，主張愈是具有充分在地性的東西，愈具有全球化的潛力。接著我們探討創意生活產業是跨界創意心靈的實踐經營，在跨界時必須融合文化和創意、傳統和現代、美學和科技。然後我們舉出印尼峇里島、日本京都及台灣北部淡水、高雄愛河、花蓮來瞭解他們的發展現狀。

建築家妹島和世（2010）在威尼斯建築雙年展中說，建築應由使用者重新定義。我覺得創意生活產業也應該是這樣，由參與者給予定義。參與者（包括觀眾、顧客、閱聽者）的面向是不可忽略的，以美食作為創意生活產業為例，台灣非常適合發展美食產業的主要因素，就在於我們在文化習俗上

是個愛吃的民族,各種婚喪喜慶大小節日一定都要吃上一頓,吃久了、吃多了,很多人學會評頭論足,把品評食物當成一個樂趣。再進一步的,更多人不怕進廚房,喜歡研究廚藝,進而由分享同好,轉變成開發一門生意。因為整個社會欣賞者、提供者、熱情者眾,所以在這種脈絡上要創發好食物,真是易如反掌。

台灣文化創意產業推動之初,就具有強烈的空間導向。從「社區總體營造」運動開始,便以推動「地方文化產業」為使命,政策確立地方發展「文化產業化、產業文化化」的目標,樹立「空間與文化產業結合」的思維。經由探索在地空間—文化—經濟的互動,樹立空間與創意的關係,將具有特色的文化空間再利用,以歷史的脈動、氣氛的營造、社區互動的方式,塑造出成功的創意生活產業(朱庭逸編,2004)。推動創意生活產業發展,更需注意群聚效應的產生,使整個產業出現點、線、面、體的成長,在形塑創意的行動方向上,要透過文化價值的探索、形象資源的開發與地方資源的利用,凝聚居民的信心、榮譽和歸屬感,產生文化認同,最後達成地方整體發展的經濟效益。

在全球化競爭的時代,在地性才是躍升舞台的祕密武器,因為在地文物長期扎根於地方,文化的底蘊內化得極深,由此而形塑出來氣質、風格、質素的無形魅力,會成為值得被行銷推廣甚至推崇的特色。最好的在地化實力,才能抗衡全球化的壓力。其實任一名牌的立足點,也都是從一個地方起家,它是具備許多成功條件,才變成全球性產業。我相信未來的世界一定屬於有思想、有在地文化根基、有創意、有行動力的個人與社區。

我認為在整個台灣社會大眾的集體參與這個意義上來說,台灣創意生活產業已經有一定的厚度。不只是美食,其他面向亦然,社會整體及個人的參與,賦予這個產業源源不絕的活力與生機。當傑出人才培育成功,美感與創意設計呈現,資金到位,優秀行銷團隊出現,時機成熟,必然會花繁葉茂,成果豐碩。

學 習 評 量

1. 請以體驗理論進行某一創意生活產業的SWOT分析（優勢、劣勢、機會、威脅）。
2. 以某地區、某一文化、生態物產作一份創意生活產業發展計畫書（包含產品、服務、活動、空間四大項目之經營策略）。
3. 請利用原真性理論，以台灣或世界兩個都市或社區為例，比較他們創意生活產業的發展情形如何。

參考書目

一、中文部分

王玉萍（主編）（2008）。感恩。花蓮：O'rip 工作室。

朱庭逸（編）（2004）。創意空間：開創城市新地理學。台北：典藏藝術家庭。

李仁芳（2005）。創意生活產業的經營，朱庭逸編，創意生活產業魔法書（頁12-16）。台北：典藏藝術家庭。

李仁芳（2008）。創意心靈──美學與創意經濟的起手式。台北：先覺。

玫瑰聖母聖殿（2011）。歷史沿革。高雄：天主教高雄教區玫瑰聖母聖殿主教座堂。http://www.rosary.org.tw/08/08_01.php

妹島和世（2010）。威尼斯雙年展。台北：聯合報。http://mag.udn.com/mag/newsstand/storypage.jsp?f_MAIN_ID=419&f_SUB_ID=4841&f_ART_ID=288385

夏業良、魯煒（譯）（2008）。Joseph Pine & James Gilmore原著。體驗經濟時代。台北：經濟新潮社。

淡水河（2011）。淡水河。台北：維基百科。http://zh.wikipedia.org/zh/%E6%B7%A1%E6%B0%B4%E6%B2%B3

許士軍（2005）。創意生活產業的特色、解放與陷阱。遠見雜誌，頁230。

張維華（2010）。創意生活產業的設計觀。科學發展，453期，頁20-29。http://web1.nsc.gov.tw/ct.aspx?xItem=11780&ctNode=40

郭曜棻（2007）。全球化與地方文化產業之壟斷邏輯。台北：師大書苑。

游麗莉（1999）。峇里島。台北：太雅。

愛河之子（2011）。愛河起源。高雄：愛河之子。http://library.taiwanschoolnet.org/cyberfair2003/C0317800455/nano3.htm

劉維公（2005）。創意生活產業——台灣經濟的啟蒙運動。朱庭逸編，創意生活產業魔法書（pp. 20-23）。台北：典藏藝術家庭。

劉崇鳳（2014）。活著的城——花蓮這些傢伙。花蓮：寫寫字工作室。

鄭德慶（2000）。豐富之旅。高雄：串門企業。

藍祖蔚（2010）。影領風潮：高雄城市光影紀實。高雄：高雄市電影圖書館。

二、英文部分

Gilmore, J. H. & Pine, B. J. (2007). *Authenticity: What consumers really want.* Boston, Mass: Harvard Business School Press.

第 8 章

創意城市與創意經濟

葉晉嘉

學習目標...................................

1. 從全球經濟結構與供需角度認識創意經濟的興
   起，瞭解總體經濟的發展過程和創意經濟發軔的
   趨勢。
2. 瞭解地方發展與3T之間的關係，包括吸引人才、
   提升科技能力與增加包容性三項條件，進而形成
   創意氛圍的環境。
3. 認識創意城市各國案例與做法，以及相關的研究
   議題。

....

關鍵詞彙 創意城市、創意階級、創意經濟、創意循環、創意資
本、創意氛圍、文化消費、創意市集

　　創意城市是以創意經濟作爲都市經濟主體的都市。創意城市與創意經濟的關聯性在於創意源自於創意人才，而創意人才往往偏好生活在具有某些條件下的環境，這些環境條件包括了實體與非實體的元素所組成，具有大量創意人才集中的地方，我們遂可稱之爲創意城市。創意的產生並非偶然，雖然它具有許多的不確定性，然而從過去的發展經驗與實證研究，從事創意工作的人才確實在都市中具有群聚（cluster）的現象，而藉由創意人才的群聚，提供了更多創意的生產。同時都市亦爲創意的消費地，能夠接受較爲新奇的觀念與商品，進而產生蓬勃發展的創意經濟。

第一節 ◆ 創意經濟的轉型

壹、全球產業結構改變與創意經濟

　　隨著人類生活型態的轉變以及科技的進展，其經濟活動的內容也歷經多次轉變。初期原本以農業或小型手工業爲常見的都市經濟活動型態，自工業革命後，由於生產技術的改良促進了工業的蓬勃發展，也使得資本主義的影響力遍及全球。1960年以後，各國城市的發展逐漸走入「後工業社會」（post-industrial society），商業與服務業等第三級產業成爲帶動經濟發展的新核心。如今，資訊科技與全球化的浪潮再度爲都市經濟帶來變革，知識密集資本主義興起，製造與生產行爲的利潤被壓縮，知識、文化與創意成爲新經濟利潤的來源（徐進鈺，2003）。同時，消費導向的城市經濟發展思維也逐漸取代以往生產導向的經濟發展思維，城市不再僅僅因爲具有生產條件的優勢而成長，也可以因爲消費與服務等機能而取得全球城市（global city）的重要角色。

　　科技進步也帶動了文化創意商品的發展、傳播與消費。具體而言，科技進步對創意產業的影響如下：

一、提供創意產業強大且多元的技術資源

高科技的研發與應用所誕生的技術資源，讓創意產業的內容產生劇烈且跳躍性的質變，傳統產品與經營方式皆受到巨大衝擊。例如音樂光碟、MP3檔案的發明衝擊傳統唱片業，而網路電子書更顛覆傳統報社與出版業的營運模式。

二、激發嶄新藝術形式並開拓產業新領域

隨著數位科技的發展，以文化創意為內容的超文本系統激發了層出不窮的新表現手法，而數位化創造的虛擬空間也改變人們的交際、活動和消費方式。由於創意產品具有天生的虛擬性，所以比其他產業領域的產品，更適合在網路虛擬通路上生產、流通和消費。

三、展延創意產業的產業鏈

網際網路的發明拓展了創意產業鏈上下游在水平與垂直端的觸手，模糊異業之間的界線。數位平台促進彼此的融合，從而展延創意產業的產業鏈。

當普遍重視資訊的同時，科技並非完全是知識經濟的全部，資訊的內容與本質才是促使經濟活動蓬勃發展的主要原因。這一類重視內容產業除了在資訊領域之外，各種行業都可能與內容產業發生關係，這便是創意產業的發展的基本條件。普遍認為，人們在物質層面的需求獲得滿足後，才會進一步對精神文化層面產生需求，而創意產業即提供豐富的文化產品，藉由文化消費來滿足消費者在文化和精神層面上，日益增多且迫切的需求。另一方面，現代經濟發展和社會進步所產生的多餘閒暇，也有助於開闢創意產業的消費市場。如文藝表演、藝術展覽、旅遊、書報與影視音樂等消費，皆需要占用大量休閒時間。在經濟尚未發展時，人們傾向於放棄休閒，增加工作時間以賺取所得。但在經濟發展後，高所得水準降低所得的邊際效用，放棄休閒反而損失較多的效用。因此，經濟發達的地區提升了生活品質的同時，也將休閒時間的評價提升為高生活品質與高消費水準的標準。

圖8-1　少林寺表演（葉晉嘉攝）

　　文化消費的興起包含兩種意涵，首先是文化消費品面臨日漸高漲的需求。在人們順利解決物質匱乏的問題後，精神需求的重要性逐漸浮現，圖書、音樂、戲劇、美術等文化活動或產品的消費開始具備廣泛的市場基礎。消費者基於求新求變的心理，對文化消費品的內容、形式、品質等方面的要求標準也愈來愈嚴格。創意產品的生產者和經營者便以獨具匠心且推陳出新的創意為核心，輔以產業的規模和標準來提供消費者產品。其次是人們愈來愈重視物質消費品的文化內涵，不再僅追求商品的實用性價值，而是產品的外觀設計、包裝、品牌、品味、觀念、情感、故事等概念性價值。消費不再只是解決實用問題的手段，而逐漸成為某種能表達個人價值觀、風格與地位的文化宣言。

　　面對愈來愈激烈的全球化競爭，各國對於因應產業結構的變化也相對的更加積極。透過英國對於推動文化創意產業的發展經驗，近十年以來朝向創意經濟的發展模式成為一項重要的經濟政策。由於製造業的分工已經愈來愈分散，一件商品可以透過不同的國家、不同的生產階段，結合在全球商品鏈的環節之下，使得管理策略必須朝向低成本的方向。然而，成本降低並非唯

一的方法，亦可透過其他的方式讓商品產生加值的成果。創意經濟所涵蓋的就是結合以文化消費、創意行銷、產品設計等，讓商品在功能與本質上具有更大的異質性（heterogeneity），無論從商品的機能、特殊的構想、外觀的設計等，都讓創意商品與一般商品產生本質上的差異，進而在消費市場中能夠取得較大的定價空間。同時以創意為本質的經濟模式，避免在競爭激烈的紅海中賺取毛利，而能夠藉由創意找到更佳寬廣的藍海。

貳、創意資本與創意階級

以全世界而言，創意經濟在1999年的產值為2.2兆美元，而且正以每年5%的速度成長。根據世界銀行的統計，全世界在1999年的國民生產毛額（GNP）為30.2兆美元，而創意經濟則占了全世界經濟的7.3%。在1977至1997年間，它們是以每年6.3%的比率成長，相較之下，美國全體產業的年成長率僅有2.7%。英國的市場規模為980億英鎊。現在有超過75萬的英國人認為自己是在創意產業中服務，自從1991年開始，這個人數每年即以3%的速度在成長，要比總人口的成長快上許多。相較於1991年，從事於音樂領域的工作者已多了55%，演員和其他表演工作者多了40%，作家多了30%，從事於數位媒體的工作人員更是多了400%（李璞良譯，2008）。

創意資本理論（creative capital theory）是指創意人是推動區域經濟成長的動力，而這些人喜歡創新、多元、包容的地方。創意人也就是所稱的「創意階級」。創意階級的特徵在於：所從事的工作是要創造有意義的新形式（create meaningful new forms）。這個新興階級的超級創意核心（super-creative core），包括：科學家、工程師、大學教授、詩人與小說家、藝術家、藝人、演員、設計師、建築師，以及現代社會的思想領導者，如非小說類作家、編輯、文化人士、智庫研究員、分析師與其他評論家。超級創意核心成員的工作，是創造出可迅速流通或廣泛採用的新觀念或新設計，譬如設計出一種可廣泛生產、銷售與使用的產品，找出一個很有用的原理或策略，或者譜出會一再被演奏的樂曲等。除了這類超級創意核心以外，創意階級還包括在知識密集產業（knowledge-intensive industry，如高科技、金融

服務、法律、醫療、企管等）工作的創意專業人士。這類人士以創意解決問題，或運用許多複雜知識找出創新的解決方案。目前美國的創意階級約有3,830萬人，約占全部工作人口的30%，而二十世紀初僅10%，到1990年還不到20%（Florida, 2010）。

參、創意市集與創意經濟

一、新型態市集的浮現

市集是人類生活重要的經濟活動型態，也是地方經濟發展中的典型模式，雖然不同的文化背景演變出不同類型的市集特徵，但日常生活都確實與市集活動密不可分。這些進行著商品的交換與買賣的場域，形成了都市發展的重要基礎。

台灣的市集型態有傳統的早市與夜市兩種。這些聚集的地點通常是廟宇前或者重要的交通要道上，以便利民眾在此處進行交易，逐漸形成以攤販形式聚集的市集，晚近也有由政府所規劃的攤販集中市場（商場）等形式，但主要都是以販賣日常生活用品與料理的食材爲主。

如今市集型態有了不同的轉變，英國倫敦的Spitalfield Market和Portobello Market從販售二手商品轉變爲創意與設計感的商品，從事創意與藝術的設計人才將此地轉變爲具有地方特色的市集，更進而自創品牌打入國際市場，成功的促進地方化經濟的發展。台灣也有類似的市集活動型態，從1999年華山文化園區配合各項活動的跳蚤市場，開始出現一些以自創的手工用品與日常雜貨的攤位，可以說是創意市集的雛形。一直到2004年王怡穎提出「創意市集」的概念之後，台灣開始使用這個名詞，並於2004年開辦「南海藝廊創意市集」，而後演變爲「牯嶺街書香創意市集」；以及「CAMPO生活藝術狂歡節」、誠品書局「一卡皮箱show自己」創意市集，再到台北市文化局「西門町十字紅樓創意市集嘉年華」；高雄市文化局於文化中心所舉辦的「藝術市集」，台東推出「手創藝術市集」等，目前各縣市更積極推動「街頭藝人認證」，顯然以創意爲主要訴求的市集型態正在台灣快速的成長。受到歐洲的影響，亞洲其他國家的創意市集也在積極發展，包

括日本、大陸與泰國的創意市集，也在都市經濟中扮演重要的角色，特別是透過市集產生的觀光效益反映在經濟產值上。

時至2020年，創意市集在台灣也不斷的演進中，過去部分創意市集停辦，亦有許多閒置空間活化作為市集場所，包括四四南村簡單生活節、松菸東西好文創市集、華山文創園區市集、紅樓創意市集、天母生活市集等均持續營運中。

二、創意市集是創意階級的實踐場域

Florida（傅振焜譯，2006）認為創意經濟的產生，是聚集了一群創意工作者使得都市經濟產生成長的原動力，他將這些人稱之為創意階級。他認為這些從事以創意為生產資本的工作者，是地方經濟再成長的關鍵。目前在創意市集中的工作者亦屬於創意階級之一，這些人利用藝術設計與美學的手法創作，加上自己的個人風格呈現出具有特色的創意商品。此時的創意市集，提供了展示的空間，有消費的通路，也有交流的機會。也就是說，創意市集是一處創意作者實踐自我的場域，讓這些從事創意生產的人能夠激發出更多創意的可能，並逐漸形成一種所謂的創意氛圍，藉此展現在地文化的自明性與獨特的地方經濟型態。

創意市集形成都市經濟中重要的一環，首先創意市集提供了一個平台，讓以手工創意與設計的工作者，能夠獲得展示自己的舞台，也是年輕世代尋找理想與自我價值的過程（王雅黎，2007）。同時也提供了一個新的文化消費型態。有別於工廠大量生產的型態，創意市集更能夠顯示出在地的文化創意特色，並且能夠吸引具有創意的人才進駐，提升在地的創意氛圍。人的創意是經濟成長的根源，每個人與生俱來都具有某方面的創意，若要充分開發與利用這種創意，就必須要有包容、多元與無歧視的環境。這個環境不單是一個消費的空間，也是創意實踐的空間，和提升文化生活品質的空間，更很有可能是吸引創意階級進駐地方的重要關鍵因素。

三、文化商品的消費模式成為趨勢

如此創意市集中所販售的產品，代表一種文化現象或者意識型態的認同，也可視為一種生活風格或者價值觀的表徵，而購買這些商品的消費者，

取決的並非只有傳統經濟學所謂的價格因素。在創意市集中,這些經過手創生產的文化商品,聚集在同一個空間場域,被具有某些特徵的消費者所購買。然而,文化消費的決策行為有別於一般商品的消費,主要是因為對於文化商品的偏好並非完全依據價格進行考量,其中包含了消費者的社會經濟條件以及內在的價值觀等因素,這也正是文化消費行為更為複雜的原因。

⊷ 圖8-2　高雄市街頭藝人認證標章（王允中攝）

　　綜上所述,因為無論從生產與消費的觀點或者都市經濟的觀點而言,此一新型態的市集活動除了具有研究的價值,也相當具有在地化發展的可能性。吾人所面對的全球化世界充斥著太多標準化的大量生產,產品成為工廠內機器製作的結果,導致市場變成只能在降低成本中競爭。而創意市集的研究可能啟發一項重要的關鍵,亦即都市的生產不僅僅依賴工廠的大量生產,而能夠利用彈性且多元的創意市集,作為創意經濟活動的平台,使地方再度成長的關鍵。

第二節 🍷 創意城市

壹、創意城市定義

　　全球化趨勢所形成的多元文化潮流，是另一個創意產業的推手。政治與經濟的全球化思維加強世界各國間的交流合作。來自不同地域、不同文化背景的人往來愈趨頻繁，文化多元化的潮流已不可逆轉。創意是創意產業的核心內容之一，而創意往往是在不同文化與思想之間相互交流、碰撞中產生的，因此多元文化實為創意產業發展奠定了一套穩固的基礎。綜觀世界上創意產業發達的國家和城市，無一不是人員交流頻繁、眾多文化匯集之地。Jacobs（1984）即主張，一座多元且具特色的城市能夠吸引人才進入，而人才就是影響城市經濟成長的重要因素。這主張後來影響了因提出「人力資本」是城市與區域發展關鍵而獲獎的諾貝爾經濟學獎得主Robert Lucas。Florida（2002）將人類社會發展進程劃分為「農業經濟時代」、「工業經濟時代」、「服務經濟時代」與「創意經濟時代」，並指出創意經濟已自1980年起迅速成長，甚至有超越服務經濟的趨勢。

　　在上述種種趨勢下，文化創意產業作為都市經濟新核心的可能性開始受到矚目、廣泛探討與實踐。舉凡倫敦、紐約、東京等國際大城，無論在其國內或全世界，都是創意產業最集中發達的文化創意城市，也以其創意產業的特色名聞遐邇。事實上，文化反映了生活的方式，而創意則是推動文化演化的動力。因此，城市發展文化創意產業的基礎工作便在於培育創意，將其內化為城市生活的主軸，已從生活中萌發源源不絕的創意生命力。而城市於其中可以獲得的不只是經濟上的利益，也保存了具備自身特性的文化，塑造居民對城市的認同，建立獨特的城市形象與品牌。從另一方面來說，在創意經濟時代，城市的核心競爭力已非以往如此絕對地取決於自然資源是否豐富、土地及勞力成本是否低廉、地理位置是否為交通輻輳等生產與地理要素，而是取決於當地人才與社群的創意與創造能力，是兼顧創意人才與都市生活型態的多重面向考量。Florida（2002）認為，當一座城市的經濟發展是透過

聚集創意人才與高科技產業來達成，同時也具備開放多元的生活空間，便可稱之為「創意城市」（creative city）。

創意城市不僅可以吸引文化創意人才與組織團體進駐群聚達到經濟成長，更能以創意角度思考如何化解城市發展過程中遭遇的種種難題，例如都市空間再造、都市更新與再生、都市治理與公民參與等。以城市規劃為例，工業化時代的主流是由上而下進行規劃，將規劃的本質視為一種城市工程。但隨著都市範圍延伸到郊區，規劃需求日益社區化，講求地方參與及開放性思維等議題，都製造了策略上的難題。而創意城市的概念即建議規劃者擴大視野與見識，以更富想像力的方式瞭解城市生活經驗。同時也鼓勵群眾發揮想像力與創造力，同心協力參與城市規劃。

Landry（2008）主張，創意時代城市活力的重要來源與城市新經濟的焦點，就是富有創造力的創意經濟活動。這些經濟活動將推動城市社會文化傳播架構、產業發展型態與社會運作方式的根本性變化。而一座創意城市的發展規模，從無到有大約分為十個等級。Hospers（2003）則將創意城市分為以下四種類型：

1. 技術創新型城市（technological-innovative cities）：這類城市多為新技術或者技術革命的發源地。一般是由具備創新精神的企業家，創造出分工合作並崇尚創新精神的城市環境來引導城市發展。

2. 文化智力型城市（cultural-intellectual cities）：這類城市偏重於文化氣質方面的隱性條件，例如文學和表演藝術等。通常由主張改革的藝術家、哲學家或知識分子的創造性活動，引起了文化藝術上的創新革命，隨後形成了吸引外來者的連鎖反應。

3. 文化技術型城市（cultural-technological cities）：這類創意城市兼有以上兩類城市的特點。技術與文化的融合形成了所謂「文化產業」（cultural industries），這種類型的創意城市將是二十一世紀的發展趨勢。

4. 技術組織型城市（technological-organisational cities）：技術組織型城市是起源於人口大規模聚居，而形成的城市生活問題，例如用水、基礎建設、交通和住宅等。面臨這些問題，在政府主導下，由政府部門與當地商業團體進行公私合作，透過創意行為的推廣以求得解決方案。

圖8-3　上海M50創意園區（葉晉嘉攝）

一、3T

Florida（2002）將「創意資本」視為「人力資本」的延伸補充，並闡述所謂現代城市發展關鍵因素的「3T」：「科技」（technology）、「人才」（talent）與「包容」（tolerance）。其中，科技指的是結合創新與高科技後產生的作用；人才是指接受高等教育訓練的人力；包容則是不分種族、族群、職業、生活方式，對各式各樣的人均抱持開放、接納、尊重的態度。其理論架構如圖8-4所示。

在3T的架構中，最重要的是地方的開放與多元觀點，因此包容性代表著重要的意涵，就是對於創意工作者的友善態度。一個能夠接納多元意見、多元族群以及多元價值的環境，亦即能夠尊重所有的新創作與新構想，如此創意工作者才能在不背負傳統的包袱底下，發揮創意的才能。

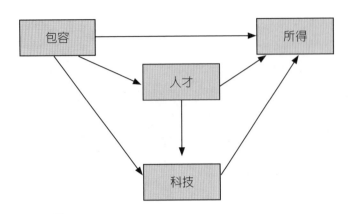

圖8-4 3T理論架構

資料來源：Florida（2002）。

　　產生良好的環境之下，便能聚集具有相同興趣、喜好與專長的創意階級生活在一起，交換彼此的構想與創意，再進而產生新的想法與新的點子。因此，創意群聚現象是醞釀創意資本的重要發展環節之一。

二、創意氛圍（creative milieu）與城市創意循環

　　創意氛圍是一種空間的概念，它包括了硬體設施如研究所、教育機構、文化設施等，也包括了軟體如社交網絡、社會關係與人際互動。因此，良好的創意氛圍需要透過良善治理（good governess）。至於城市創意循環是一種機制，以評估是否能夠充分鼓勵創意的產生，它包括了圖8-5的各階段。

　　創意經濟的產生正是源自於這種循環，進而啟動產業之間的關聯性，帶動相關產業的發展，促進整體都市產值。換言之，產業型態並不是直接轉換為新的產業，而是藉由都市管理者打造創意氛圍的環境，利用正向的創意循環，使得都市經濟的本體獲得成長。

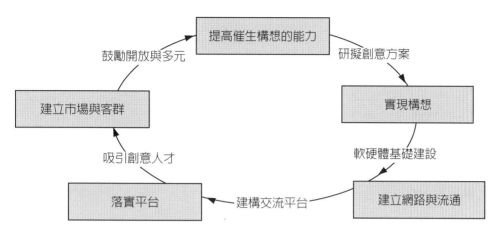

鼓勵開放與多元　提高催生構想的能力　研擬創意方案

建立市場與客群　實現構想

吸引創意人才　軟硬體基礎建設

落實平台　建構交流平台　建立網路與流通

圖8-5　創意城市循環與發展策略

資料來源：整理自Landry（2008）。

貳、創意城市指標

　　而除Landry以外，世界上其他城市、國家與國際組織亦發展出一套評估指標，以闡述創意城市所需的要素。以下就美國、英國、香港的研究與案例，分別說明。

一、美國

　　Florida於2002年所建構出衡量城市創意競爭力的指標，是目前美國甚至於全世界最具代表性的指標之一。其指標構面分為創意階級、創新能力、高科技、綜合多元化與人才等指數，分別說明如下：

㈠ 創意階級指數（creative class index）

　　是指創意階級占全部就業人口的比例。Florida所謂的「創意階級」是指科學家、工程師與波希米亞三種族群，在他的著作中又稱為「專業創意資本」。

(二) 創新能力指數（innovation index）

主要評估內容爲市民發明創新的能力，是以每千人的平均專利數爲衡量指標。

(三) 高科技指數（high-tech index）

參考自米肯機構（Milken Institute）所建立的技術標竿指數（tech pole index），針對美國各城市中，軟體、電子、生化產品與工程服務等行業的成長規模與集中程度進行評估。

(四) 綜合多元化指數（composite diversity index）

原本Florida僅以「同性戀指數」（gay index）來測試地區的多元化程度，惟他認爲多元化可以吸引創意人才，故又重新加入兩種指數，以三種指數所組成的系統呈現地區多元化表現的結果，稱之「綜合多元化指數」（Composite Diversity Index, CDI）。其中包含同性戀指數、熔爐指數（melting pot index）、波希米亞指數（bohemian index），分述如下：

同性戀指數是以一地區的同性戀家庭數目占全國同性戀家庭數目的比例，除以該地區的人口占全國人口比例後所得的區位商數。Florida認爲要衡量地區生活型態是否多元化，同性戀是一項良好指標。他的主要理由爲，長久以來社會經常以一定程度的歧視眼光對待同性戀，造成同性戀族群在試圖融入社會主流的議題上總是遇到極大阻礙。所以，同性戀可以作爲一種代表社會多元化的底線，若一個社會可以接受同性戀，則有很大的信心可以推測該社會也會接受任何非主流族群。此推測間接表示對該社會而言，各種外部資源、人力的進入門檻很低，這對一個地區的創意成長極爲重要。Florida並進行許多高科技與同性戀的相關分析，發現兩者有高度相關，證明高科技從業人員是崇尚開放且多元化的生活空間。

熔爐指數的計算方式是一地外國出生居民占當地人口的比例。Florida參考許多研究報告後表示，美國成功的經濟發展主因是開放移民政策，讓全世界有創意、有活力的人加入，成爲創新與經濟成長的基礎。以矽谷爲例，統計報告指出，幾乎四分之一以上的高科技科學家與三分之一的工程師都在

外國出生。

　　波希米亞指數則以一地區的波希米亞人口比例除以全國平均波希米亞人口比例所得。因為所謂波希米亞族群具備喜歡自由、不受拘束、有崇高理想與浪漫性格、偏愛多元的生活環境等特質，故Florida以作家、設計師、音樂家、演員、導演、畫家、雕塑家、攝影家與舞者等文化產業工作者，為波希米亞人口計算依據。

㈤ 人才指數（talent index）

　　主要是以每千人中18歲以上擁有大學以上高等教育學歷的人口比例作為評估依據。假使人才指數愈高，表示該地區人力資本愈高。Florida回顧過去研究文獻後指出，人力資本的聚積會產生外溢效果，當工作者與其他具高度人力資本的人聚集時，生產力將會提高，也刺激地區或都市的成長。

表8-1　Florida的城市創意競爭力指標

指標構面		指標內涵
創意階級指數		科學家、工程師與波希米亞等所謂「創意階級」的族群占全部就業人口的比例。
創新能力指數		以每千人平均專利數衡量市民發明創新的能力。
高科技指數		評估城市中軟體、電子、生化產品與工程服務等行業的成長規模與集中程度。
綜合多元化指數	同性戀指數	一地的同性戀家庭數目占全國同性戀家庭數目的比例，除以該地區的人口占全國人口比例，是一種區位商數。
	熔爐指數	一地的外國出生居民占當地人口的比例。
	波希米亞指數	一地區的波希米亞人口比例除以全國平均波希米亞人口比例。
人才指數		每千人中18歲以上擁有大學以上高等教育學歷的人口比例。

資料來源：整理自Florida（2002）。

二、歐洲

歐盟對於文化事務的加強，主要是在1993年《馬斯垂克條約》（Maastricht Treaty）之後，2000年3月，歐洲各國元首在參與里斯本（Lisbon）歐盟會議（European Council）時曾同意里斯本行動方案（Lisbon Agenda），希望「在2010年以前，將歐盟形塑成為以知識經濟為基礎並具有國際競爭力的經濟體，並能夠達到永續經濟發展的目標，創造工作機會、促進社會向心力」。歐盟發展出一套方法來辨認文化與創意產業（the cultural & creative sector）所涵蓋的範疇（scope）：(1)文化面向（cultural sector）包含非產業部門（non-industrial sector），意指不能重複製作的產品和服務，而只能在現場感受的消費，例如音樂會或藝術展覽；產業部門（industrial sector），意指能夠大量複製（mass reproduction）、大量發行（mass dissemination）、大量外銷（mass exports）的文化產品，像是書籍、電影、音樂、廣播、電玩等。(2)創意面向（creative sector）主要是希望在生產非文化產品的同時，能夠用創意手法注入文化元素，活動（activities）類型包含設計（時尚設計、室內設計和產品設計等）、建築和廣告。

歐洲對於創意產業的重視一直沒有停歇，Florida和Tinagli（2004）於「在創意時代的歐洲」（Europe in the Creative Age）報告中，提出了歐洲創意指數，它包括了三個面向九個指標：歐洲人才指數、歐洲技術指數、歐洲包容性指數。詳細的指標項目如表8-2。

表8-2　歐洲創意指數

歐洲人才指數	創意階層指數	創意產業從業人數占整個從業人數的比率
	人力資本指數	25-64歲人群中擁有學士或以上學位的人數比率
	科技人才指數	每千人擁有科學家和工程師的數量
歐洲技術指數	研發指數	研發支出占GDP的比率
	創新指數	每百萬人擁有的專利數
	高科技創新指數	每百萬人擁有在生物技術、訊息技術、製藥以及航空等高技術領域的專利數
歐洲包容性指數	態度指數	主動或被動寬容的人數占總人數的比率
	價值指數	一個國家將傳統視為反現代的或世俗價值觀的程度
	自我體現指數	一個民族對待個人權利和自我體現的重視程度

資料來源：整理自Florida & Tinagli（2004）。

三、英國

英國智庫公司Demos、英國都市再生機構（The British Urban Regeneration Association, BURA）與皇家特許調查公司（The Royal Institution of Chartered Surveyors, RICS）於2003年共同合作，參考Florida所發展的指標後，發展一套用於評估衡量英國四十個主要城市創意競爭力的系統性指標，指標共三項構面（丁家鵬，2005）：

1. 城市居民每人所獲得的專利數。
2. 非白種英國人的人數。
3. 城市中為男女同性戀者所提供服務的數目。

就英國專業機構所建立的城市創意競爭力衡量指標而言，其建立指標的精神內涵均源自於Florida，並可見是簡化自Florida指標的結果。如城市居民每人所獲得的專利數便近似於創新能力指數，而衡量非白種英國人的人數就類似於熔爐指數，城市中為同性戀者提供服務的數目便源自於依同性戀指數來衡量多元化的概念。然而對於人力資本、波希米亞與高科技指標等，則無著墨。

四、香港

香港特別行政區政府的民政事務局在2004年委託香港大學文化政策研究中心，進行城市創意競爭力指標的擬定工作，其內涵也是融合Florida提出的3T架構，與他後來和Irene Tinagli於2004年合作的「在創意時代的歐洲」（Europe in the Creative Age）研究，以及2002年由「矽谷文化啟動」（Cultural Initiatives Silicon Valley）的John Kreidler主導的「創意社區指數」（Creative Community Index）研究。

香港大學研擬的創意指標系統是由一種創意成果和四種資本構築而成，稱為5C的創意競爭力評估體系。四種資本分別為人力資本、文化資本、結構及制度資本、社會資本，是決定創意成長的關鍵因素。而四種資本互動的累積影響下，會以無形效益或有形產物的形式展現出創意的成果，其概念如圖8-6所示。

在5C的概念下，創意的成果主要觀察創意所帶來的經濟貢獻、經濟創

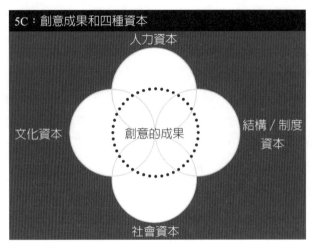

圖8-6　5C互動關係
資料來源：香港特別行政區政府民政事務局（2004）。

意活動與消費生產現象。結構及制度資本則觀察司法制度、言論自由，與通訊、文化、金融相關的基礎活動或基礎建設。人力資本著眼於研發與教育支出、教育人口及人力移動狀況。文化資本評估文化支出、文化方面的參與、習慣與價值。最後社會資本針對社會福利、慈善、多元開放、公民參與等價值觀進行衡量。

第三節 ◆ 創意城市的議題與案例

壹、聯合國全球創意城市網絡

　　2004年聯合國教科文組織（United Nations Educational, Scientific and Cultural Organization, UNESCO）建立所謂的「全球創意城市網絡」（The Creative Cities Network），宗旨為推廣已開發及開發中國家城市之社會、經濟與文化發展。城市藉此網絡推廣當地創意特色。獲得網絡認證的城市可

在國際化平台上分享與創意觀光（creative tourism）有關之自身經驗，以及創造相關機會。網絡其中一項重要特色為，協助開放新經濟中至為重要之創意型中小企業之創業精神，而為達此目的，城市本身於藝術、流行、工藝品、音樂及設計之發展亦為蓬勃。目前全球已有超過二十個城市等待成為網絡一員（UNESCO, 2009）。

網絡城市可使用聯合國教科文組織之名義與logo，其資格無期限，亦可隨時退出。網絡城市需每年向UNESCO報告其相關政策與活動執行進度。若超過兩次未提出，則UNESCO可解除其資格。

全球創意城市網絡是全球創意產業領域最高級別的非政府組織，在促進文化多樣性和創意產業發展方面，已經在全球範圍內具有很高的影響力。它與世界上著名的國際創意產業協會有密切的聯繫，有龐大的專家顧問隊伍，與創意城市及其官員建立了經常性的聯繫。加入這個網絡，獲得其中一個稱號，就等於邁向了該領域國際合作與交流最權威和便捷的平台。目前在美洲、歐洲與亞洲皆有已成為網絡成員的城市。

由於名單每年持續更新，最新之名單請上聯合國教科文組織網站查詢，https://zh.unesco.org/creative-cities/creative-cities-map。創意城市網絡共有文學、電影、音樂、手工藝與民間藝術、設計、媒體藝術、美食等七個種類的創意城市。以下逐一介紹該網絡對不同類型的創意城市所重視的條件：

一、文學之都

城市是否符合文學之都資格，在產業方面觀察的面向有：編輯與出版業者的品質、數量與多樣性，出版業翻譯國內多種語言及國外文學作品造成的積極影響，以及積極涉入媒體，包含新媒體，以推廣文學並強化文學市場的行為。在教育方面，則是與國內外文學有關的初等至高等教育專案的品質與數量。另外，觀察就文學、戲劇與詩歌等整體而言的都市環境，主辦國內外文學推廣活動與節慶的經驗，以及保存、推廣與普及國內外文學的圖書館、書店與公私立文化中心狀況。

二、電影之都

電影之都需要具備與電影製作有關的重點建設，如攝影棚、文化或電影

地景、電影紀念館等。同時該城市也要擁有與電影製作、普及與商業化有關的歷史，特別需具備國家或當地的文化脈絡。此外，還有以檔案、博物館、私人收藏、電影學校形式保留的電影影像遺產，與舉辦電影節慶、放映與影像活動的傳統。或者該城市為電影產業製作者與藝人的出生、居住、工作地，並有描述城市且能被國內製作者與藝人瞭解的電影，或是存在有關該城市的電影。

三、音樂之都

入選為音樂之都的城市需為公認的音樂創作與活動中心，且具備主辦國內或國際音樂節慶與活動的經驗。同時還有推廣音樂產業的活動，也設立與音樂有關的學校、學術機構與高等教育機構，或是非正式的音樂教育機制，包含業餘合唱團與管弦樂團。城市內有供特定音樂類別或外國音樂交流的國內或國際平台，並有適合練習與聆聽音樂的文化空間。

四、手工藝與民間藝術之都

手工藝與民間藝術之都需有關於特定民俗工藝形式的悠久傳統，在當代仍進行民俗工藝的生產，同時在地工藝家與藝術家的強勁表現也是評選項目之一。此外，硬體建設上要有工藝品的職業訓練中心與工藝品的基礎建設，例如博物館、手工藝品店、當地美術拍賣會等。並有推廣工藝品的成果展示，例如節慶、展覽、拍賣會、市集等。

五、設計之都

成為設計之都的首要為已建立的設計產業或設計導向的創意產業。城市內具有與設計及建設背景（建築、都市規劃、公共空間等）有關的文化地景。教育方面可提供設計學校與設計研究中心的人才培育，並有持續進行地方或國家級活動的創作者與設計師團體。城市也需要有舉辦設計拍賣會、活動與展覽的經驗，並提供地方設計師與城市規劃師使用地方素材與都市或自然條件的優惠。

六、媒體藝術之都

該城市需以數位科技觸動文化創意產業的發展，並成功地透過媒體藝術改善城市生活。在社會面上，訴求公民社會參與的電子藝術形式要有所成長，並透過數位科技發展增加文化活動的廣度。同時需有媒體藝術家的進駐專案與其他影音空間。

七、美食之都

美食之都的城市具備發展良好、可作為都市中心或區域特色的美食文化，其市區內有傳統餐廳或主廚組成的活躍美食社群。且在當地餐廳或一般居民生活中有使用於傳統烹飪的內在因素，也透過產業化或技術化的升級保存了本地知識、傳統菜餚與烹飪方法。此外，城市內仍有傳統食物市場與傳統食物產業，以及舉辦節慶、獎項、比賽等推廣當地美食的傳統。而社會具有尊重環境並推廣永續在地產品的共識，重視飲食營養，在教育機構推廣營養學，在料理學校課程中包含生物多樣性保育專案。

圖8-7　上海田子坊創意市集（葉晉嘉攝）

貳、創意城市在世界各國的經驗

一、英國倫敦

英國繼1993年發表一份以「創意性的未來」（A Creative Future）為題的國家文化發展策略後，於1997年將文化創意產業規劃為國家重點培植產業，是世界上第一個以政策手段推動文化創意產業發展的國家。而倫敦作為英國首都，在英國政府大力培植下自然成為全球最重要的創意產業發展基地之一。

2004年，倫敦市政府出版了《倫敦：文化資本 —— 實現世界級城市的潛力》（*London: Cultural Capital - Realising the Potential of a World Class City*）一書，是市長為發展倫敦成為世界卓越的文化與創意中心，首次擬定的十年計畫書（Greater London Authority, 2004）。計畫書提及，為推廣文化創意產業，政府設立一個由倫敦發展局主導的委員會，稱為「創意倫敦」（Creative London）工作小組。小組成員廣邀創意產業的企業主管、政府官員和文化藝術組織領導者，共同評估城市創意產業的經濟發展潛力，以及可能阻礙其未來發展的主要障礙（褚勁風、崔元琪、馬吳斌，2007）。在倫敦，包括藝術界、商界、高等教育機構和政府部門等領域中，所有與創意產業相關的高層人士都積極參與協調工作，目前已發展的工作項目構面涵蓋投資、人才開發、房地產和行銷等環節。小組並建立「創意倫敦評估」（Creative London Evaluation），旨在提出與創意倫敦計畫有關的創意中心投資及其他投資計畫的評估建議。而計畫投資的創意中心共十處，期望能通過社區和文化團體，與政府、教育機構和房產商的合作，推動長期的投資和發展。

倫敦發展局也在產業、社會與國際等面向設計一系列的鼓勵方案。在產業面，鼓勵中小企業的創新活動，為個人與中小企業提供研發基金以促進倫敦的創新能力。例如在2005年3月設立的「創意之都基金」，提供資本投入與商務上的支援，以激發倫敦創意產業企業家的創意潛力。該基金原資產淨值為500萬英鎊，加上其他私人投資，總額達到1億英鎊。或如2005年6月成立的「倫敦科技基金」，以促進高科技產業發展為目標，並對創意產業從業

人員進行技能培訓，給予企業財政支援、知識產權保護、文化出口鼓勵等協助，同時促進了英國創意產業的發展。

在社會面的工作，則為培養公民的創意生活和創意環境。為了提供創意產業一個有益於發展的外部環境，倫敦發展局設計許多教育培訓專案以提供民眾接觸創意的機會，並鼓勵民眾以創意為主的生活風格。

在國際面，則是積極探索並加強與其他國家在創意產業方面的交流和合作，促進相互間的進步。例如在2007年11月舉辦第五屆創意集群（Creative Clusters）年會，活動分布在倫敦的四個指標性地區：the South Bank、the City Fringe、Soho/West End和Exhibition Road，並邀請世界上在創意領域方面具備遠見與創新思維的人士進行演講。

二、美國紐約

雖然紐約沒有如倫敦般，由市政府提出一套「創意城市」的口號與發展策略，然而身為文化主管部門的紐約文化事務部所明確提出的文化發展目標可作代表：「促進和維持紐約文化的永續發展，並提高文化活動對經濟活力的貢獻。」這項目標呈現了紐約市政府依然關注於如何保持創意產業的繁榮，特別是經濟上的發展，並讓市民享受實際繁榮的成果。

在創意產業發展上的四項優勢，讓紐約成為美國文化創意活動最為繁榮和發達的地區之一。第一項優勢，紐約的創意核心區域擁有眾多組織提供相關支援與服務。例如在教育方面，有Juilliard學院、紐約大學Tisch藝術學院、Pratt研究院和美國芭蕾學院等多所國際知名教育機構在此設立以作育英才；財務方面，有大型藝術社區、基金會、傑出貿易組織和市政府等單位提供贊助；還有十五個聯盟、五十個地方性組織專門服務創意工作者。第二項優勢，紐約在文化創意領域擁有豐富的軟硬體資源。除了有大量世界著名的文化設施，如百老匯、林肯藝術表演中心、美國大都會博物館、美國自然歷史博物館外，無論在文字、影像或聲音等不同形式上的媒體傳播都有世界級水準，另外還有兩千家以上非營利性質的文化藝術機構推廣文化活動。第三項優勢，是豐富的創意人才和技術工作者。大批的創意企業選擇落腳於紐約的主因，就是在此可以尋得為數眾多的創意人才和技術工作者，可說是一個龐大的人才資料庫，而人力資本正是創意產業發展的核心要素。最後一項

優勢，是豐富多元的創意活動。紐約時常舉辦各種規模的營利性和非營利性
的創意活動，因而在城市內營造了一個良好的創意氛圍，鼓勵個人自由選擇
具有創意的生活方式。這些活動對紐約成爲創意中心貢獻巨大，舉辦者可藉
活動機會製造收入，也可贏得廣泛群眾支持，更可以進行創意實驗，刺激下
一波更有創意的活動。

三、日本東京

日本政府自泡沫經濟崩潰後，便轉而藉助文化產業將自己蛻變成東亞最
有競爭力的文化輸出國，以謀求新的發展出路。在此之後便開始一連串文化
政策推動措施。例如在1990年成立了由藝術領域專家學者所組成的「文化
政策促進會」；1996年提出「二十一世紀文化立國方案」，正式確立文化
立國的策略；2000年公布《IT基本法》；2001年頒布《文化藝術振興基本
法》，並實施新的《著作權管理法》。自2002年起，更針對數位內容產業
提出相關產業政策，如2002年的《知識產權基本法》、2003年的「電子日
本重點計畫」與2004年的「內容產業振興政策」等。

上述各項政策的推動與法律的制定，建立起東京文化產業的市場制度
與規範，進而確保了東京在國際文化市場的競爭力。在國家文化策略指導
方針下，東京的文化策略目標是：「以文化作爲都市魅力與活力的來源，
建立將東京文化資源與創造性活動結合的有機架構，打造充滿創造性的文化
都市。」在文化都市建設中，東京先後通過了《利用民間力量促進特定文化
設施建設的臨時措施法》、《文化方面旅遊城市建設法》等相關法律，並按
人口密度配置區域內的基本文化設施，同時制定不同級別的文化設施建設標
準、資金來源、各級文化設施的職責管理範圍等。

東京的數位內容產業體系，包括廣播電視、圖書出版、動畫、音樂、
遊戲和電影等產業，而發展重點在於遊戲、軟體、電影、音樂、出版和服務
六大領域，包含以數位技術呈現內容的廠商，與提供數位內容流通所應備的
軟硬體及平台服務廠商。除數位內容產業外，東京亦發展出多種形式的文化
活動，例如文化主題年等大型交流活動、舉辦國外文藝團體表演、美術文物
展覽，或是時尚與設計產業活動，都維持當地文化活動的久盛不衰，並打造
「亞洲時尚之都」的形象。在政府政策的鼓勵與培植下，東京營造了適宜的

文化產業環境，流行音樂、戲劇、動畫等產業的成熟，也開始跨越文化隔閡，傳播至亞洲其他國家，甚至是美洲與歐洲等國。

　　創意經濟是一種以文化消費爲基礎的經濟型態，同時也需要創意生產者與良好的地方治理等條件。在消費的層面上，民眾要具有文化消費的素養與欣賞能力；在生產的層面上，則需要朝向創意城市發展，吸引創意人才的進駐；在治理的層面，則應當以創造良好的創意循環與創意氛圍作爲願景。創意城市的提出，無意以量化的創意指標衡量每個城市的創意程度，然而，重視以創意經濟爲主體的都市經濟觀點，是當前全球化產業結構轉型的趨勢中，一項具有競爭力的發展方向，值得世界上眾多面臨後工業化的都市採用，以解決其產業外移與空洞化的危機。

學 習 評 量

1. 請說明創意經濟在全球化過程中所扮演的角色。
2. 聯合國創意城市網絡的分類有幾大類？台灣的城市有哪些適合申請？
3. 創意市集是重要的文化商品銷售平台，這類商品與一般消費有何不同？
4. 何謂創意氛圍？政府應該如何透過治理的方法來提升創意氛圍？
5. 在台灣的都市中，哪一個城市最具有條件被稱之爲創意城市？請論述你的看法。

參考書目

一、中文部分

丁家鵬（2005）。台灣地方城市創意競爭力之比較研究（未出版）。台北：國立政治大學企業管理研究所。

王一芝（2007）。文化創意產業新模式　張培仁放大你的生活想像力。遠見雜誌，247期。民96年1月。

王怡穎（2004）。創意市集 Fashion Market。台北：田園城市。

王雅黎（2007）。創意市集把青春主張攤出來。卓越雜誌，272，頁10。

司徒愛勤（譯）（2010）。R. Florida原著。創意階層的崛起。台北：中信。（原著出版年：2003）

李璞良（譯）（2008）。J. Howkins原著（2003）。創意經濟——好點子變成好生意。台北：典藏藝術家庭。

徐進鈺（2003）。邁向學習性經濟中的創意型城市：兼論台北的機會與限制。研考雙月刊，27（4），頁66-75。

傅振焜（譯）（2006）。R. Florida原著（2005）。創意新貴II——城市與創意階級，初版。台北：寶鼎。

楊幼蘭（譯）（2008）。C. Landry（2000）原著。創意城市：打造城市創意生活圈的思考技術。台北：馬可孛羅。

葉晉嘉（2010）。各國創意城市指標的比較性研究。城市發展，9，頁111-144。

褚勁風、崔元琪、馬吳斌（2007）。後工業化時期倫敦創意產業的發展。世界地理，16（3），頁23-28。

應媛譯（譯）（2003）。R. Florida原著（2002）。創意新貴：啟動新新經濟的菁英勢力。台北：寶鼎。

二、英文部分

Costa, P., Magalhaes, M., Vasconcelos, B., & Sugahara, G. (2007). A discussion on the governance of 'Creative Cities': Some insights for policy action. *Norwegian Journal of Geography, 61*(3), 122-132.

Florida, R. (2002). *The rise of the creative class: And how it is transforming work, leisure, community and everyday life*. NY: Basic Books.

Florida, R. & Tinagli, I. (2004). *Europe in the Creative Age, Carnegie Mellon Software Industry Center and co-published in Europe with Demos*, February.

Greater London Authority (2004). *Making Your Plans Sustainable: A London Guide*. London: GLA.

Hospers, G. J. (2003). Creative Cities in Europe: Urban Competitive in the Knowledge Economy. *Intereconomics, 38*(5), 260-269.

Jacobs, J. (1984). *Cities and the Wealth of Nations - Principles of Economic Life*. NY: Random House.

Krueger, R. & Buckingham, S. (2009). Creative-city scripts, economic development, and sustainability. *Geographical Review, 99*(1), piii-xii.

Landry, C. (2008). *The creative city, a toolkit for urban innovators*. London: Earthscan.

Scott, A. J. (2006). Creative cities: conceptual issue and policy questions. *Journal of Urban Affairs, 28*(1), 1-17.

第 9 章

活動產業與地方行銷

蔡玲瓏

學習目標 . . . .

1. 瞭解活動之起源與類別，活動產業之現況與發展
   趨勢。
2. 能依活動特性進行利害關係人分析及其影響性評
   估。
3. 瞭解活動之規劃與執行，做好現場管理與事後評
   估。
4. 瞭解地方行銷之目標市場與可以採行之行銷策
   略。
5. 瞭解節慶活動之分類與台灣目前主要之節慶活動
   形式。

. . . .

關鍵詞彙 活動產業、地方行銷、節慶活動

活動原本是人類用以記錄特殊事件的儀式，發展至今，活動之舉辦已變成一種專業，更進而發展成為產業。不論是企業或是官方所舉辦之活動，都不斷地要強調活動所傳承之文化，並隨時代之演進，以創意之方式賦予活動更多新意。特別是每年或固定期間舉辦之活動，必須經常融入新元素，使得活動更精采、更多元，以維繫舊有遊客，並吸引更多新遊客到訪。因而活動產業就其性質而言，已是一種新型態之文化創意產業。而近幾年來，隨著文化部「一鄉鎮一特色」之政策，地方政府大多以舉辦節慶活動，作為營造地方特色之推廣方式；以辦理節慶活動來建立地方品牌，活絡地方之經濟，節慶活動已成為地方行銷之最佳模式。而文化創意與節慶活動之結合，才能使活動歷久彌新，此為本章所欲探討之重點。

第一節 活動產業分類與影響

壹、活動產業的起源

從有歷史以來，人們習慣用各種不同的方式來記錄生活上的重要日子或事件。以中國人為例，目前在台灣的三大節慶分別是春節、端午節與中秋節，而這些傳統節慶也都分別有其典故，可能是故事傳說，也可能與歷史上曾發生的事件有關，例如中秋節起源於唐朝初年，到了元末明初，於餅中夾著殺韃子紙條，形成後來中秋節吃月餅的習俗。或有為紀念歷史名人，如端午節划龍舟競賽與吃粽子，則是為了防止戰國時代楚國屈原遺體被魚所食，因而逐漸發展成為一種儀式。

國外亦有類似之情況，例如現今每四年舉辦一次的奧運，則是起源於希臘之體能競技大賽，其後發展成正式的比賽活動。首屆古代奧運於西元前776年舉辦，直到羅馬皇帝狄奧多西一世廢除奧運會，結束了一千多年的傳統。到了近代，在法國男爵古伯丁的倡導下，於1896年在希臘展開首屆現

代奧運。但1964年後，因規模之日益擴張，支出龐大而產生鉅額虧損，使得許多國家望而卻步。直到1984年，美國在洛杉磯舉辦奧運，引進商業模式，而有2.25億美元之盈餘，舉辦奧運才又成為各國競相爭取的國際重要活動。

除了全球性的賽事如奧林匹克運動會外，其他如世界盃足球賽亦是四年一次，且在不同國家輪流舉辦。亦有因地方特色，而後來發展成為全球矚目的大型活動，如巴西里約嘉年華（Carnival in Rio）可說是該國之代名詞，在活動中宣揚巴西之傳統舞蹈、音樂，使森巴舞成為無人不曉的國際舞蹈。而提到西班牙，最令人印象深刻的就是聖佛明奔牛節（San Fermín Festival）。此活動起源於1591年為了慶祝當地之保護神，其後又有知名作家海明威在其小說中描述奔牛節之熱烈場面，這項活動因此聲名遠播。而德國慕尼黑啤酒節（Oktoberfest），則起源於1810年，巴伐利亞王子與薩克森公主舉行盛大婚禮，在為期兩天的慶祝活動中，提供免費之菜餚與飲料給全體平民。歷經近兩百年之發展，已成為國際之重要活動，每年吸引650萬之遊客，為地方政府帶來9.5億歐元的收益。

活動的舉辦，不論就規模與頻率都有日漸增多之趨勢。而舉辦活動需事前執行規劃。活動之進行，則需要做現場之管理與後勤支援。在活動舉辦後，則要有疏散人潮之措施與現場之清理與回復工作。例如每年都會舉辦的跨年晚會，都需要經歷上述流程。在活動舉辦日益頻繁與專業分工的趨勢下，舉辦活動已儼然形成一種產業，且有日漸興盛之現象，活動產業已成為世界各國之新興產業，且正蓬勃發展。

貳、活動的類別與產業趨勢

一、活動的類別

活動依其特性之不同，可區分為四大類：(1)休閒活動；(2)文化活動；(3)個人活動；(4)組織活動。休閒活動是指閒暇時間所從事的活動，其內容是放鬆的、富趣味性的。例如休閒運動、聽音樂或是娛樂。文化活動通常與過去的歷史與傳統有關，舉凡儀式、宗教、藝術、傳統、民族有關的活動，

皆稱之爲文化活動。個人活動則與個人的重大事件有密切關聯，人的一生中所可能遇到的事件，包括出生、結婚、紀念日等皆屬個人活動。組織可區分爲營利與非營利組織，因其存在之意義與目的不同，因而活動之訴求也有所差異，因此包括商業、政治、慈善、銷售、產品上市皆爲組織活動。

二、活動產業的範疇

因爲各類活動的需求日益增加，造就了籌辦活動專業公司如雨後春筍般的相繼出現，而這些活動行銷公司所包含之業務範圍也甚爲廣泛，舉凡新品發表會、記者會、商品展示會、電影首映會、通路促銷活動、經銷商大會、企業內部大型會議、春酒尾牙、各類型開幕活動、演唱會、園遊會、成果發表會、頒獎典禮、跨年晚會等皆屬於其範疇。以一場通路促銷活動爲例，其流程內容包括展場活動設計布置、活動現場表演、產品試用或試吃、產品展示與解說、產品促銷販售、賓客入場接待、贈品及DM發放等工作。活動產業依其業務功能，可歸納如下：

(一) 設備器材出租

此類業者出租活動舉辦的相關設備，一般辦理活動較常用到的器具如帳篷、桌椅、燈光音響、活動式舞台、支架等器材，而活動會場周邊所需如花籃、盆栽、彩球等用品，亦會代爲準備。

(二) 活動現場設計與施工

此類業者依活動屬性設計活動現場，在搭建活動場地時需進行前置作業如施工與組合，其業務範圍包括會場視覺效果設計、表演人員及節目流程安排、櫥窗及商品陳列設計、燈光音響效果設計、靜態商品陳列、空間規劃設計如樣品屋、展場隔間之規劃設計等。

(三) 活動人力派遣

在主辦活動過程中，人員爲決定活動成功與否的重要因素，而各項活動因其特性與活動單位之條件不同，因而產生不同之人力需求。這些需求包括活動團康人才、戶外活動指導員、園區導覽解說員、旅遊導遊服務員、會議

禮賓接待人員、活動現場工作人員、會議活動司儀或主持人、活動主題之專業講師等。

　　活動產業之業者，其業務經營範圍，公司規模較小者可能包括上述之部分業務，而其餘不足之部分再與相關之業者合作，合力承辦活動。而資源較豐富之大型公司，則可能從器材出租、活動設計到人力派遣都能充分支援。

三、會展產業的興起

　　近幾年來，舉辦大型會議與展覽，也成為活動產業之趨勢，稱之為會展產業。會展就是會議的展覽（招商、銷售），指在一定地域空間，由政府單位、民間企業及個人聚集在一起，為某一特定主題（如APEC、WTO、旅展或電腦展等）所舉辦之展覽或會議。廣義而言，經由會展活動，帶動主辦城市交通、旅遊、商務、餐飲、住宿及房地產等相關產業，該相關產業均為會展產業。會議展覽產業起源於1798年法國舉辦了世界第一個由政府舉辦的工業產品大眾展，這是近代工業展覽會的開端，首屆世博會是1851年英國海德公園水晶宮的萬國工業大展覽會。

　　會議展覽（MICE）產業是由一般會議（meetings）、獎勵旅遊（incentives）、定期會議（conventions）、展覽（exhibitions）等英文字首所組成，簡稱MICE（鄭健雄，2016）。會議展覽產業之內容如下：

(一) 一般會議（meetings）

　　各類企業或社團所辦理的小型研討會或培訓活動會議等，例如國內企業公司舉辦的會議。

(二) 獎勵旅遊（incentives）

　　為達成企業或團體的目標，以及提升鼓勵員工的表現，所舉辦的一種特殊的旅遊經驗和集會的方式，專為員工或公司代理而安排的旅行活動，作為對工作業績的獎勵，此種旅行方式通常可攜帶家眷。

(三) 定期會議（conventions）

　　凡公司、社團、財團、政黨等社會或經濟團體為特定目的，提供其成員

對討論議題之相關資訊，使與會者凝聚共識而召開之會議。此種會議類型通常較大型，例如亞太經濟合作（APEC）等大型國際會議。

㈣ 展覽（exhibitions）

具時效性的臨時市集，在有計畫的籌組下，銷售者與採購者可以現場看樣品、討論及下單購買。展覽通常有主要的主題，例如旅遊展、美食展等。

會展產業的發展狀況可用以衡量某一地區繁榮及國際化程度，許多城市更將國際會展產業納入城市發展策略。會展產業高度仰賴服務，需整合周邊資源，而舉辦展覽與會議，亦可使周邊產業獲益，例如舉辦國際會議除了帶來人潮外，也帶來交通、住宿、餐飲、購物、娛樂、觀光之需求。因此，會展產業帶來之經濟效益十分可觀，據經濟部估算，會展產業每投入1元支出，約可帶動7～10元之周邊經濟效益（經濟部，2008）。

參、活動之利害關係人分析

利害關係人一詞源於1984年Freeman在《策略管理》一書中所提出，利害關係人是指在一組織中會影響目標或被組織影響的團體或個人，企業若要永續經營，則必須制定一個符合各種不同利害關係的策略，以滿足多元的需求。而一個活動之舉辦，當然也會有很多層面的影響。活動依其直接與間接之影響，可區分為內部要素與外部要素，內部要素包括主辦單位、當地社區及工作人員，外部要素則有媒體與贊助者。此外，還包括最重要的部分——參與者及觀眾。因此，活動之利害關係人（Allen et al., 2011）應包括：

一、主辦單位

包括政府部門、私人組織及社區組織，無論是政府、企業或是社區都可能主動發起活動，其活動目標可能不同。政府部門有宣導政令、執行政策之目的，私人組織則致力於推廣其產品或宣揚理念，而社區組織則藉活動以促進社區成員之互動，並擴大其影響力。

二、當地社區

除了活動地點及其社區之外，還包括當地居民、店家、利益團體、地方政府、警力、消防與救護單位等。例如一年一度的岡山羊肉文化節與籃筐會活動，是由岡山區公所發起，再結合當地的羊肉業者，共同策辦活動，而當日之交通管制、接駁公車及垃圾清理，都需要人力的支援。

三、贊助者

為活動提供資金來源，得以有人力、物力舉辦活動，而其自身也通常可以從活動舉辦獲得利益者。例如台灣菸酒公司啤酒事業部，舉辦啤酒節活動，可使台灣啤酒藉此推廣啤酒飲用與提高其品牌知名度。而有些活動則由主辦單位徵求贊助者，而以品牌LOGO露出、企業冠名權、發行刊物置入品牌宣傳等條件，作為贊助者的回饋獎勵。

四、媒體

媒體在活動中所扮演的角色為活動訊息的傳遞，在活動舉辦前，對廣大民眾告知；而活動舉辦時，則報導活動之現況；在活動結束後，往往還有事後之分析。而對媒體本身而言，活動之舉辦，也能帶給媒體高度的知名度與曝光率。2018年俄羅斯世界盃足球賽轉播權利金採用各地獨立投標，以價高者得標為原則，當年由愛爾達電視以新台幣2億元獨家取得台灣所有轉播權，無線電視台華視則以3,000萬元的權利金轉播16強之後賽事，可見轉播賽事對於媒體經營績效之提升必定有所助益，才會砸下重金爭取獨家轉播權。

五、工作人員

包括活動執行長、表演者、宣傳公關、搭建舞台、燈光音響、道具供應、保全人員、甚至清潔工，都是活動的工作夥伴。知名的太陽劇團，其成員包羅萬象，包括體操選手、空中飛人、單車騎士、跳水選手、雜技演員、歌唱者、舞蹈家、小丑等。從高階主管到基層員工，皆有精細的分工，大家各自盡責於崗位，為了達成組織共同目標而努力。

六、參與者及觀眾

　　活動若缺少參與者及觀眾，可能就會失去其主辦的意義，因而參與者決定了活動的成敗。而參與者或觀眾是指社會大眾，他們是活動的裁判者。因為活動若辦得好，則會再度光臨；若辦不好，則可能立即走人，留下冷清的現場。台北101煙火秀，每年吸引數十萬人前往觀賞，若是不夠精采，則可能隔年的人潮就會大幅度減少。活動是為誰舉辦，以及活動由誰舉辦，是辦理活動的兩項重大考慮因素。

肆、活動影響性評估

　　舉辦活動可能會對當地的社區帶來正面或負面的影響，節慶活動雖然只是在某一時期進行，但其產生的影響與我們生活中的每個層面都是息息相關的。活動管理的主要目的在於，使活動對於當地居民或活動對象帶來最佳的預防措施，使其衝擊效應降至最低。一般而言，舉辦活動的影響包括文化與社會、實體與環境、政治的衝擊、觀光與經濟等方面的影響（Hall, 1992）。

一、文化與社會

　　所有的活動對於參與者或活動當地居民，都可能帶來直接的社會和文化影響。舉辦活動對社會文化的正面影響，包括：物質生活條件的提升、消除人口外移的趨勢、職業結構的改變、創造在地就業機會、縮小社經差異、促進文化及生活習慣的溝通、促使當地文化受重視而得以保存。例如油桐樹為日治時期從中國及東南亞引進的經濟作物，隨著油桐工業的沒落，成為棄樹種。直到2002年，行政院客家委員會在苗栗舉辦桐花祭後，使得每年有數萬名遊客欣賞桐花之美，並結合客家之旅遊行程，以推廣與保存客家文化（葉欣偉，2005）。油桐花盛開的季節又稱五月雪，近年來油桐花步道亦擴及桃園、新北、南投及彰化等地。

二、實體與環境

　　舉辦活動對於環境可能有正向衝擊，例如環保意識、增加基礎建設、都市轉型，及更新與改善交通和通訊設施等。1988年南韓爲了配合漢城舉辦奧運，花了3億美元整治漢江，將漢江塑造成兼具生態保護與城市休憩的重要據點。2012年倫敦奧運樹立了永續發展的典範，運用「褐地再利用」技術，將原本廢棄工廠與垃圾場的有毒空地，轉化再生爲綠地。主場館採用可組裝、拆卸的建材，98%之設施可再回收利用，達成節能減碳及永續發展的理念。2009年台灣藉由高雄世運之舉辦，建造可容納5萬5,000人的國家體育場，也是全球第一座具有百萬瓦太陽能發電容量的運動場。位於香港米埔內后海灣濕地，是東亞－澳洲飛行路線其中一個重要的水鳥遷徙中途站，每年冬天都有大量的雀鳥從北方飛抵。和港濕地公園毗鄰這片濕地，也成爲重要的雀鳥棲息地，包括黑面琵鷺等十六種瀕臨絕種的鳥類在此過境，藉由每年一次觀鳥節的舉辦，可以喚起大眾對濕地保護與禁止濫捕鳥類的重視（香港特別行政區政府農漁自然護理署，2019）。而在負面衝擊部分，則有因活動所引起的過度開發與資源的超限使用。例如增加噪音及垃圾汙染、人潮洶湧及交通擁擠等。每年3、4月間在墾丁舉辦的墾丁音樂季活動，就號召了數萬名來自全國各地的青年朋友，高分貝的音樂，對當地居民是一大考驗。而年度之跨年晚會，各地政府則必須提供紓解人潮之方案，例如延長捷運服務時間、增加接駁公車班次、規劃臨時停車場等事宜。而晚會後留下大量垃圾，更是讓清潔工作人員從深夜做到清晨，以及活動期間所投入的警力，皆是對資源的巨大消耗。

三、政治的衝擊

　　舉辦活動的正向影響，包括國際聲望的增加、政府行政能力的提升、政府形象的加分與促進國內外投資。如近年來各國爭相申請舉辦奧運，其目的在於希望與世界接軌，努力提升國家之國際聲望，躋身成爲世界大國。舉辦奧運需要卓越之行政能力，可以提升各國政府之整合與管理能力。中國廣州之廣交會（Canton Fair），創辦於1957年春季，以促進中國外貿發展爲目的，現已發展成爲中國第一展，爲世界著名的展覽，是中國規模最大、

商品種類最齊全、到會採購商最多、採購商來源地最廣且成交效果良好的綜合性國際貿易展。目前共有212個國家，超過20萬名境外採購商參與，對於促進地區投資有甚大之助益（中國進出口商品交易會，2019）。而在負面衝擊部分，則有可能淪為政治的宣傳工具、資金分配不當、社區主導權與控制權的喪失與意識型態的合法化。例如2010年9月，英國王儲查爾斯開始乘坐專車在英國格拉斯哥等十座城市之間，宣傳環保理念。這項名為「開始」（START）的綠色行動，媒體感興趣的，反而是王室的專用列車，環保卻成為次要之焦點。各類活動舉辦皆由各地方政府審核，但對於社區民眾而言，僅能被動地舉發活動所帶來的噪音、垃圾等問題，但並無權拒絕活動在該地辦理，這也是社區與地方政府衝突的來源。

四、觀光與經濟

主辦者最關心的事莫過於活動本身是否能帶來利益，從成本的角度考量，活動的收入包括贊助商、攤位租金及門票收入。而活動之收益能否大於活動之開銷，如事前規劃、活動所需設備及宣傳費用等，亦應納入規劃考量。另一方面就是因舉辦活動所帶來之觀光產業的收入，遊客除了參與活動外，也常願意將錢花費在當地的旅遊、住宿、商品與服務，而這些遊客之消費對活動舉辦地而言是一大經濟來源。然而，經濟之衝擊包括正負向的影響，正面的衝擊有外資引進、增加就業機會、提高居民收入、政府稅收增加；相對地，也有負面之影響，如物質上漲、貧富差距擴大及外來集團獲取活動利益等。在2009年高雄世運期間，高雄市居民平均觀看了兩場賽事，在此過程中消費了1,398元門票、770元餐費及290元交通費。而外縣市一日遊團體在高雄市的消費較高，約為4,100元，無論在餐飲、交通及購物上的花費，均高於高雄市居民。在各類消費族群中，以居住旅館者的花費金額最高。外縣市居民使用旅館者的消費金額約為18,500元，停留時間約為兩天。而國際遊客使用旅館者每個團體於高雄市的消費金額高達50,000元，停留時間約五天，為所有遊客類別中，停留最久、消費金額最高者。負面的經濟衝擊方面，在世運期間，民眾感受到民生物價之上漲及周邊房地產價格上升最為明顯（吳濟華，2010）。

第二節 🔷 活動的規劃與執行

壹、財務規劃與預算控制

　　想辦理成功的活動，資金的支持是不可或缺的，因此為活動的所有收益與支出，做一個預先性的評估是重要的。若是舉辦活動之目的在於獲利，則必須讓收入大於支出，而社區所舉辦的活動，至少也要讓收支平衡。由於辦理活動往往需要龐大的資金，為了保證活動之進行順利，在事前需要列出收入來源，如贊助廠商、門票收入、廣告收入等。而另一方面，則是因辦理活動所引起的資金支出，例如舞台設備、僱用人力薪資、現場清理與保全費用等。活動的辦理可用投資報酬率（return on investment, ROI）的角度來評估，事前估算活動的投資報酬率，可及早瞭解辦理活動可能帶來的收益或損失，因而可推估舉辦活動的風險。

　　為了使財務規劃容易控管，活動辦理單位進行規劃時，即應提出活動之預算表。在預算表中可以用項目名稱列出可能的收入來源，例如政府的補助、企業的贊助、民間團體的捐贈、門票收入、攤位租金、廣告費用等。同樣地，在活動花費上可以逐項列出，例如場地成本、活動宣傳、員工薪資、後勤支援、環境清理等費用。為了能更精確預知活動的成本與收入的交叉點，通常可以製作損益平衡表，在衡量舉辦活動之固定費用與相關衍生性支出後，可以協助主辦單位作為訂定門票價格的參考。

貳、人力資源規劃

　　人力資源是使活動順利進行的重要環節，可依整個活動的流程計算出人力的需求量。若是例行性舉辦活動，可由歷年之參與人數去推估員工的需求數量。若是非常態性舉辦之活動，則需由主辦單位判斷，依其活動參與對象來推估當日或當次的參加人數。人力需求可依執行活動之專業能力、業務外包程度、場地數量、志工人數等因素，而計算出各種不同類型人力之需求。

人力資源規劃的首要步驟就是進行工作分析。在活動過程中會產生哪些工作項目？其所需具備的能力、技巧與條件為何？哪些是需要的專業人力？而哪些則可以用志工支援？做了這些思考後，就可以依工作流程而配置人力需求。接下來，再依據工作分析的結果，對於每一項任務做出工作說明書。工作說明書通常包括：(1)職稱與任務；(2)職務薪資與計算；(3)職務簡要說明；(4)職務間之報告關係；(5)職務所需之知識與技巧；(6)職務的權力範圍。針對工作說明書，活動主辦單位應再訂出工作規範，以利於甄選招募執行人員。工作規範包括執行此項任務所需的相關經驗、技術、能力或人格特質，具體列出申請條件與申請方式（簡建忠，2014）。

在確定執行活動所需人力後，就可透過招募管道如人力仲介網站、報紙雜誌及現有人員介紹等方式傳遞招募訊息，再經過遴選之過程，挑選辦理活動所需之人力，於活動前施以專業訓練，使活動能順利展開。在志工方面，則可運用地方團體、社區機構、宗教團體，或經由熟識者的介紹，找到足夠支援活動進行的志工，以充分支援活動之進行。

參、尋找活動贊助者

舉辦活動的資金支持，是活動成功的要素之一。有時候活動贊助者恰好可以補足資金之缺口。但在尋找贊助者之前，要先瞭解活動本身所能傳遞之核心價值為何、本次活動之目標對象為何；其次為瞭解贊助者的需求，並結合活動的資源，制定出一份符合客戶需求的贊助方案。

在設定活動贊助者之前，要先能找到目標觀眾，對於活動之目標對象有高度相關的廠商，對於此類活動也會有較高之興趣。活動主辦者可以檢視活動所具備之資源，如活動命名權、獨家權利、商品銷售權、場地廣告招牌、商品展示權等，以利於說服潛在贊助者提供資金。活動經理人通常將活動之贊助劃分等級，如鑽石級、黃金級、白銀級，來區分贊助者的層次。

在評估活動潛在贊助者時，應先確定活動之參與者是否為潛在贊助者的目標市場，抑或可透過本次活動解決贊助者的某些問題。活動經理人應掌握潛在贊助商的內部資料，如年度報告、企業刊物，以瞭解其內部資源與各階段之目標，之後才能將活動資源與贊助商需求，做適當之連結。

　　邀約贊助前，通常需準備簡短的活動內容介紹，描述活動的概況及活動所提供之贊助機會。接著提出贊助方案，明確指出贊助者可獲取之具體利益為何、作為贊助者需要多少金錢的投資；若對方已同意贊助活動，再與贊助者討論活動之細節，並簽訂贊助合約書，以保障贊助者與主辦者之權益。

肆、後勤支援

　　活動現場之物流支援，可依其種類與對象之不同區分為：(1)顧客供應；(2)物品供應；(3)現場物流等三方面。

一、顧客供應

　　門票收入通常是活動資金來源之一，因此售票系統非常重要。門票的銷售可分為事前販售與現場販售兩種。事前販售通常透過網路訂票系統，或與活動結盟之合作單位，如書局、便利商店、郵局、量販店等零售通路合作。若是在活動前無法完全賣出門票，活動主辦者則會在現場設置售票窗口，方便活動參與者購買，然而也會衍生排隊等候問題。針對現場之排隊人潮，主辦單位應配置適當之招呼接待、引導人員與維安人員，並備有控制排隊隊伍之隔離措施，以利參與者能順利購票進入活動現場。在顧客面的另一考量為往返活動地點的交通時間，如何結合現有之運輸工具，並管制活動現場周邊交通，以利進場；在活動結束後，如何紓解人潮、降低壅塞，是主辦單位必須努力達成的目標。

二、物品供應

　　辦理活動通常包含許多產品與服務，而即時的產品或服務到位，對整個活動而言是重要的。若是因表演活動而有器材需自國外運入時，則需提前作業，表演團體應預先告知其運輸需求，以便物流配送之規劃。表演現場之燈光、音效、舞台與後台所需設備，皆應納入物流計畫中。此外，活動表演者於表演期間，生活物品的供應與其住宿的安排，也應在此階段做好妥適之安排，使得活動表演者能處於個人身心的最佳狀態。

三、現場物流

物流規劃必須將人員與器材的移動納入考量，使得現場之交通運輸路線順暢。在人員移動方面，事先將各類型參與者分區識別，以利表演者與器材搬運的動線規劃。而在活動開始時，受邀貴賓與一般觀眾及媒體播報者也同時抵達現場，引導人員可指引不同的路線進入現場，使所有人員均能快速就位。在掌控人員移動方面，則可藉由溝通工具如手機與無線對講機通訊傳遞最新訊息。而大型看板或告示牌，則提示入場群眾行進之方向或顯示相關之位置。

活動現場之停車問題亦是一項重要的工程。使用自備交通工具者，主辦單位需在數公里外豎立指標，使參加活動者能依循規劃路線駛入現場。而停車場通常分為大型車輛、一般車輛與機車停放區，停車場必須配置管理人員，才能有效控制車輛的進出。而使用大眾運輸工具者，也需在站牌前設立指引標示，以縮短入場時間。

活動舉辦地點為人潮匯集之場所，而參加者所購買或攜帶之餐點或飲料，其包裝或空瓶通常棄置於現場，所以現場要有足夠之垃圾桶，以方便事後之清理。此外，洗手間或流動式廁所的數量，需能滿足現場群眾之需求，掌握廁所使用之尖峰期，並規劃定期清理廁所的時間，以維持活動現場之整潔。

伍、活動之執行

活動的舉辦地點，往往是主辦單位的首要考慮因素。每個活動依其性質之不同，而有不同的地點選擇。而場地的條件就成為主辦單位篩選活動地點的客觀標準，例如提供多少座位、場地周邊之交通情況等因素，而超過一日之活動尚需考量旅館之供應是否充足。

為使活動順利進行，需先行預估活動人數，而座位設計方式亦應列為考量，如固定式或活動式座位？是否有站立觀賞的空間？此外，走道大小、緊急出口、無障礙設施等也是重要的考量因素。在活動過程中，舞台是最重要的環節。在舞台的規劃需注意現場燈光音效的配置、後台基本設施，最好將

觀眾席與舞台繪製成一平面圖,在現場依觀眾的視線角度進行模擬,以瞭解舞台的各項設施與安排,是否契合觀眾之需求。

在視聽器材之管理部分,燈光與音效是兩項主要掌握的部分。燈光應配合活動之需求,來決定燈光的位置、種類、投射方向及顏色。在音效部分,除了需清除現場回音與雜音的問題外,還需考量喇叭的配置方式,例如以大型喇叭集中於舞台播放,或是採小型喇叭分散於活動現場之四周。

活動進行時,或許會遇到未預期的臨時狀況,所以活動主辦者應有備用方案,事先做好沙盤推演,當遇到有特殊狀況發生時,就不會慌亂,啟動備用機制,使活動能繼續進行。

陸、活動事後評估

在活動舉辦後,進行事後評估就是檢視活動成效的工作。Raybould (2000)等人認為節慶活動的影響,可以分為三個層面來衡量,包括經濟、社會文化與環境的影響。在經濟方面,以收入與活動支出的比例、觀眾的花費,及每一位觀眾帶給當地的純利貢獻為評估標準。在社會文化方面,可以當地居民對節慶活動的參與程度、擔任活動志工或工作人員之比例、當地企業承包活動相關產品或服務比例、因活動而興建之設施對當地之價值、因活動而引起之犯罪率、因擁擠而浪費之時間與意外事件,及節慶活動所帶來之曝光品質與次數來衡量。在環境影響方面,則以活動現場運輸所耗費之能源為指標,包括用水、用電、產生之廢水與再利用、產生之廢棄物及再利用。

Allen(2011)等人認為活動事後評估有下列幾項功能:

一、辦理後續活動之改善參考

在活動過程,可邀請各參與活動之工作人員提出檢討。在活動辦理過程,是否有現場執行或行政作業疏失之缺點?針對所列舉的缺點,提出具體改進方案,以提升活動品質。

二、建立參與活動民眾資料

可藉由活動的進行，讓參加活動者留下其個人基本資料，以瞭解參與此類活動觀眾之背景。分析出參與者之特性後，主辦單位便能制定符合活動參與者之策略或方針，以契合潛在參與者之需求，吸引更多人參與活動。

三、提升活動之聲望

透過辦理活動，可以瞭解參與群眾感到興趣的部分，作為日後設計活動內容之依據。而媒體對於活動之報導，亦有重要之參考價值。若是有負面之新聞，則應檢討改進，防範負面事件再次發生；若是正面之報導，則可藉此宣導活動，作為下次吸引人潮的誘因。

第三節 ◆ 地方行銷與節慶活動

壹、地方行銷的目標市場

廣義的來說，地方行銷的目標市場可以區分為四類：(1)遊客；(2)當地居民和勞工；(3)商業和工業；(4)國外市場（Kotler & Lee, 2007）。

一、遊客

來到地方參訪的遊客，可分為商業遊客與非商業遊客兩種類型。商業遊客到某地的目的可能是銷售商品，或是採購商品。若當地有特殊的或是著名的商品，通常都會吸引此類遊客前來採購；若是該地為人口匯集、經濟繁榮的地區，也會吸引商業型遊客前來推銷或銷售商品。而非商業型遊客，則是因個人休閒目的，或獨自前往，或團體旅遊而至該地。非商業型遊客較注重旅遊地，對於身心的放鬆與知性的滿足。

二、當地居民和勞工

目前居住在該地的民眾，或是在該地上班者，均是此類。定居於當地的民眾，會以生活機能為主要考慮因素。這些因素包括購物之便利性、醫療品質、教育品質、文化設施等。而環境因素部分則有空氣品質、公園綠地、停車空間等。在當地就業勞工則考慮工作地點之交通便利性，是否有港口、機場、火車站等設施，到達工作地點可選擇的交通工具如巴士、捷運等大眾運輸工具的多寡。上班地點與住家的距離，會影響通勤時間。此外，該地是否為產業集中之地點、工作地點之周邊環境，均為重要之考量因素。

三、商業和工業

對於選擇以當地作為商業用途的投資者而言，當地政府之政策很重要，是否有吸引投資措施如租稅之減免、水電費之優惠，都會影響其投資之意願。此外，當地的交通是否便利、當地人口之多寡與當地居民購買力，都是商業投資人評估的因素。而在工業方面，企業家則會考慮當地之勞動力來源是否充足、土地之取得與成本、原物料之運送、便利的運輸路線、鄰近目標市場及當地政府的工業政策。因為工業種類之不同，其思考方向也不同。例如煉鋁廠需消耗大量動力，因此以動力取得為優先考量；成衣、製鞋、電子業，以勞力供應為考量；而食品罐頭工廠則會選擇原料所在地，如鳳梨、鮪魚罐頭之製造。

四、國外市場

該地點有能力提供製造更多商品或服務，而其他國家之企業也願意來購買此商品或服務，形成鮮明的出口印象。有些大型企業在組織發展規模日益擴大後，會思考於國外設置辦公室或工廠來取代出口貿易。當地若有廉價的勞工、低價的土地成本、優良的技術支援及原物料的充分供應，就會吸引國外之企業家來此設立辦公室或工廠，對當地的經濟與就業均有貢獻。

貳、地方行銷策略

地方政府可以採取四種策略來向目標市場行銷，這四種策略分別為：(1)形象行銷；(2)吸引力行銷；(3)公共設施行銷；(4)人員行銷。雖然沒有絕對的排他性，但這些策略通常適用不同的市場區隔。例如公共設施可以吸引工業投資者，而吸引力方面則是對遊客或居民提出的訴求（Kotler, Haider, & Rein, 1993）。

一、形象行銷

在很多方面可以採用此種策略，用以發展出某些特別地區的形象或品牌，而形象行銷策略也多半來自於旅遊策略。這種形象被小心地塑造出一種能吸引外地投資的屬性。地方政府偏好採用此種策略，其理由在於使用自有資源即可，不會花費太高的成本。塑造型象的工具包括印有標識的印刷品、旗幟、標示，來讓遊客及居民留下深刻的印象，並立即採取行動。

二、吸引力行銷

地方政府以當地的實體建設、文化或是自然資源來吸引遊客前來旅遊。自然資源如湖光山色皆是吸引遊客來此觀光的誘因，例如美國五大湖及尼加拉瓜瀑布的壯觀、美國大峽谷的特殊地形皆是。此外，一些重要的活動如文化節慶、賽馬或運動競賽，都是能引起遊客前來觀光的潛在吸引因素，例如每年一度的台灣燈會，均吸引大量人潮賞燈，在2019年由屏東縣主辦之台灣燈會，即超過1,300萬參觀人次，估計創造經濟產值為新台幣130億元（林庭安，2019）。

三、公共設施行銷

地方政府對於公共設施的投入，對於商業或是工業投資者是一項重大考慮因素。政府在大眾運輸、教育和通訊設備的建設，能讓投資者產生競賽優勢，因此就有足夠的誘因促使投資者願意挹注資金於此地。對於個人而言，大型的量販店、學校、醫院的設置、價格合理的公共住宅，也會促使潛在的居住者有意願到當地定居。

四、人員行銷

此種策略是以當地居民之技術、教育水準或是態度來行銷地方。若是當地有很高之教育水準，通常可以吸引高科技產業或是高級人力需求產業進駐此地。遊客到原住民族部落觀光，就是要體驗各部落自古傳承的舞蹈、傳統習俗。而原住民族的熱情接待，亦是吸引觀光客來此觀看節目的動機。

參、節慶活動的分類

若以節慶活動的規模大小區分，Allen（2011）等人將慶典活動分為：(1)超大型活動（mega events）；(2)大型活動（hallmark events）；(3)重要活動（major events）；(4)地區型活動（local events）等四類，分述如下：

一、超大型活動（mega events）

超大型活動規模龐大影響整個社會和經濟體系，也引起國際媒體大幅報導，此類活動其對象多為全世界各地之群眾。例如萬國博覽會、世界盃足球賽、奧林匹克運動會等超大型活動，皆針對全球之旅遊市場，吸引的是來自各大洲之遊客。超大型活動參觀者至少應達100萬人次，成本至少應達5億美元，其規模之大應該在觀眾當中造成一種「非去不可」的慾望。超大型活動以其目標市場規模、影響力之巨大、政治影響力之深遠、媒體大幅報導、參與群眾之多、聲名遠播四方、相關硬體建築之複雜、經濟與社會衝擊之巨大等種種因素，能夠帶動當地旅遊業大幅成長，才能名符其實地被稱之為「超大型活動」。由於辦理超大型活動對於主辦國之政治聲望與經濟利益帶來正面的影響，因而成為各國競相爭取的目標。2018年申辦世界盃足球賽的國家包括英格蘭、俄羅斯、比利時與荷蘭（聯合申辦）及西班牙與葡萄牙，最後由俄羅斯獲得主辦權。1982年，西班牙因為主辦世界盃就獲得高達63億美元的旅遊收入。2006年因為舉辦世界盃足球賽，為德國帶來110億美元至120億美元的直接經濟收入。2010年南非世界盃足球賽，中國中央電視台僅在廣告費方面的收入就超過20億元人民幣。2010年世博會是中國首次舉辦的綜合性世界博覽會，也是首次由發展中國家主辦綜合性世博會。本

屆世博會的主題是「城市，讓生活更美好」（Better City, Better Life）。本屆世博會共有256個國家和地區及國際組織參展，吸引世界各地7,308萬人次參觀者前往，雖經歷全球經濟危機，中國中央政府在上海世博會的總投資額達到450億美元，是世界博覽會史上最大規模，同時也遠超於2008年在北京舉辦的第29屆奧運會（上海世博會，2010）。

二、大型活動（hallmark events）

大型活動可以形容為一個重複舉辦，且有重大意義但持續時間有限的活動，其目的主要在於促進各地對於舉辦地的認識，創造當地觀光產業的短期及長期商機。這樣的活動對於傳統的維繫、觀光客的吸引、都市形象與信譽名聲的建立都有正面的助益，使得舉辦該活動的場地、社區、都市都變得具有高度的競爭優勢。且大型活動必須與主辦城市、地區的精神、特色、名稱完全契合，幾乎變為舉辦城市、地區之代名詞，並且廣泛獲得當地人的認同與支持，帶進來大量觀光客的消費，也為舉辦地建立起相當的自信與驕傲，更有國際間普遍的認同。這種活動要成功的祕訣在於其內容及性質必須獨特，有良好的名聲，並藉著時機的精確掌握，來創造大眾對該活動的注意和興趣。例如嘉年華（carnival）活動源於歐洲，但卻在巴西發揚光大，至今巴西已幾乎成為嘉年華會的代名詞。巴西的第一場嘉年華會在1723年舉行，當時的人們運用身邊可以拿到的用具在街上互相嬉鬧。現在的巴西嘉年華會已成為巴西一年中的最高潮時間，尤其是在里約舉行的嘉年華會舉世聞名，整座城市都會為之沸騰，從世界各地來參觀的遊客更是不計其數，嘉年華會大約在每年的2月末至3月初舉行，通常會選擇週六開幕，延續到隔週週三中午結束，其中最為著名的活動為森巴大遊行，炫目的花車爭奇鬥豔、火辣的森巴舞女郎、節奏強烈之森巴舞曲，讓人在不知不覺中隨著音樂手舞足蹈了起來。嘉年華會時期是巴西的旅遊旺季，無論是旅館、飯店、甚至餐飲，均擠滿了人潮。2020年里約市統計，五天的嘉年華盛會吸引700萬人參加，外國遊客人數突破150萬人，為全球最盛大的嘉年華會。

三、重要活動（major events）

重要活動所指的是可以吸引相當數量的參觀人潮、媒體報導，以及經

濟效益的慶典活動。然在現今觀光潮流下，節慶活動（festival）與重要活動間的區別已漸趨模糊，當節慶活動被包裝且行銷國際時，在實質上已經具備了重要活動所需的特點了。每年夏天舉辦的宜蘭國際童玩藝術節，是以多山河畔親水公園為活動地點。宜蘭童玩節起源於1996年，宜蘭縣政府為了慶祝移墾200週年所規劃之慶典活動，第一屆童玩節就此誕生。這場以孩子為主角的嘉年華會，是聯合國教科文組織下「國際民俗藝術節協會」（CI-OFF）的指標性活動之一，在台灣曾經創下許多紀錄，包括人數、收入、參與國家數等。擁有超高人氣的同時，童玩節也多次被台灣媒體評選為「最有品牌」、「品質最佳」的藝術節代表，同時也是台灣觀光局所選出代表台灣的「十二大地方節慶活動」之一。讓宜蘭人感到驕傲的國際童玩節，因觀光與在地文化的活動規劃結合，每年的參與人數屢創新高，2002年曾創下超越90萬入園人次之紀錄。童玩節自1996年開辦以來，共計邀請過67國172個外國團體到親水公園演出。童玩節堪稱台灣元老級的地方節慶，也是台灣第一個以售票收費而能自給自足的公營節慶活動，為台灣重要活動的典範。

四、地區型活動（local events）

地區型活動是指針對當地居民提供休閒機會、推廣產品及社區認同而舉辦，一種與當地人分享其經驗與共同利益的活動，大部分的社區慶典活動是在創造地區本身的獨特性，提升當地居民榮譽感等目的。大甲媽祖繞境進香是目前台灣民間規模最盛大、動員力最強的常態性宗教活動。大甲媽祖進香活動已被列為全球三大宗教活動之一，全球估計有1億5,000萬名媽祖信徒。九天八夜的大甲媽祖遶境進香活動，信徒來自全國各地，自大甲鎮瀾宮起駕，至新港奉天宮返駕，行程經台中、彰化、雲林、嘉義等二十幾個鄉鎮市。往返三百多公里，參與人數眾多、規模盛大，其準備工作自元宵便揭開序幕。自1999年舉辦「大甲媽祖文化節」以來，透過整體包裝將台中的宗教文化盛事向國內外行銷，吸引各地民眾參觀，不但成為台灣重要的節慶活動，也是國際性重要的宗教盛事之一（黃敦厚、洪瑩發、雷養德、劉巧梅、王嘉菜，2009）。每年10月到次年2月期間，為台灣水稻休耕期，但因為南部日照充足，仍適合豆類、蔬菜或其他經濟作物生長。1960年代，萬丹地區引進紅豆試作成功後，成為休耕期間主要之經濟作物。由於土質肥沃，水

源充沛，萬丹鄉逐漸成爲全國產量最高且高品質之紅豆產地。2006年首次舉辦「紅豆文化節」，以萬丹紅豆爲主軸，推廣紅豆加工品、在地農業特色產品。在活動中亦置入「三對三鬥牛」、「古早味湯飯比賽」、「寫生比賽」等社區活動，以達凝聚地方意識、結合當地特有文化、推展地方各項產業永續經營之效益。由於當地之酪農產業甚爲發達，所飼養之乳牛與牛乳產量在台灣皆是名列前茅，每四罐鮮奶中就有一罐來自萬丹。2016年將當地之酪農產業納入推廣項目，正式更名爲「萬丹紅豆牛奶節」。

肆、台灣地區節慶活動形式

台灣不同的地方文化產業發展型態，開啟了後續更多不同種類文化節慶活動，台灣重要節慶活動的主辦單位幾乎都是政府機關，尤其是地方政府在節慶活動的舉辦上扮演重要的角色，且舉辦的地點除了各縣市文化中心之外，大多與地方文化產業的基地有關聯。根據陳柏州、簡如邠（2004）的研究，台灣的節慶活動大致可分成以下三種類型：(1)藝術文化節慶活動；(2)產業促銷與社區營造的節慶活動；(3)創新傳承民俗祭典節慶活動。

一、藝術文化節慶活動

藝術文化節慶活動係以當地特殊的人文、地理、宗教、工藝、農產、音樂、美術所發展出的節慶活動，其目的在於塑造或保留當地文化，以吸引外地遊客之注意，有些節慶活動在辦理數年之後，已成爲常態性舉辦之活動。具代表性的各縣市節慶和活動，包括：宜蘭縣國際童玩藝術節、新北市鶯歌陶瓷嘉年華、苗栗縣三義木雕藝術節、台中市爵士音樂季、南投縣日月潭國際萬人泳渡嘉年華、雲林縣國際戲偶節、台南市元宵鹽水蜂炮活動、台南市南瀛國際民俗藝術節、高雄市國際貨櫃藝術節、台東縣南島文化節、澎湖縣海上花火節等。「鶯歌陶瓷嘉年華」活動以提升鶯歌陶瓷文化特色、促銷鶯歌地區陶瓷工藝爲目的，結合親子互動、環境綠化、創意造景、藝術與生活等概念而規劃設計相關主題活動，並以自行車與登山活動襯托鶯歌之休閒風。藉由活動舉辦，來展現鶯歌人文魅力、拉近民眾與陶瓷的距離，在傳統手工藝轉型爲藝術文化創意產業後，未來更朝向「國際陶瓷文化城」的目標

邁進（宋順澈，2010）。

二、產業促銷與社區營造的節慶活動

　　此類活動主要以「地方傳統文化產業」作爲基礎，主要目的爲促銷當地產業，善用地域特色予以文化包裝，並結合社區總體營造，推出新的節慶活動。具代表性的節慶活動包括：花蓮縣國際石雕藝術季、彰化縣花卉博覽會、新竹市國際玻璃藝術節、台南縣白河蓮花節、屏東縣東港黑鮪魚觀光季等。新竹玻璃產業起源於1925年，初期以製造工業儀器、醫療器材與民生用品爲主。至1960年代，以空心或實心加工製成各種動物飾品爲主。1970年代則引進拉絲技術朝向裝飾品與藝品發展，新竹地區生產的玻璃纖維與拉絲藝品、熱水瓶玻璃與耶誕燈泡，產量曾居世界第一。但至1980年代後期，由於台幣升值與年輕人不願投入此辛勞產業等因素而逐漸沒落。直至1991年新竹市立文化中心選定「玻璃工藝」作爲地方特色館的主題，1995年舉辦「竹塹國際玻璃藝術節」，邀請國內外玻璃藝術家參與，吸引了12萬人參觀，一舉打響了「新竹玻璃」的知名度，此後每兩年舉辦一次，並更名爲「新竹市國際玻璃藝術節」，2018年邁入第12屆。透過節慶之舉辦，提供國內外玻璃藝術工作者及玻璃相關業者交流之經驗與機會，並吸引一般民眾欣賞玻璃藝術創作，進而開拓國內之玻璃消費市場（新竹市文化局，2018）。

三、創新傳承民俗祭典節慶活動

　　活動主要以「地方文化活動產業」作爲基礎，主要目的爲從傳統節慶活動中創新，賦予新意義與新觀念的新做法。具代表性的節慶活動包括：台中市大甲媽祖國際觀光文化節、台南市府城七夕國際藝術節、高雄市內門宋江陣文化季、屏東縣東港鎮東隆宮迎王平安祭典。台灣各縣市的節慶及活動都各有特色，也吸引不少慕名而來的觀光客人潮，依照當地的重要文化、地方特色及地方節慶演變成爲節慶活動。東港迎王平安祭典，於2011年獲頒國家無形資產。東港迎王，是閩南人特有之祭拜王爺儀式與文化祭典，主要以祭拜溫府千歲爲主祀神明，是台灣極富盛名的宗教盛事與觀光慶典。東港東隆宮迎王平安祭典，每三年舉行一次，爲期八天，於祭典前兩年建造豪華又

威嚴的王船，造價600餘萬元，是使用越南檜木打造的相當華麗的王船。透過送王儀式，將王船火化，希望五位千歲爺與中軍府回駕天庭繳旨時，能帶走鄉里中的不幸、邪氣，還有惡鬼。燒王船盛行於台灣西南沿海，燒王船習俗原意是送瘟神出海，演變至今已成為祈福祥瑞之祭典。王船祭期間，東港鎮民大擺流水席宴請賓客，街頭巷尾鑼鼓喧天，為東港帶來熱鬧非凡的節慶氣氛。活動的尾聲是將王船堆放在金銀紙的小丘上火化，即送王的儀式，此為燒王船活動的最高潮，每次皆吸引數十萬人參與，為東港鎮帶來不少觀光遊客與商機（邱淑玲，2009）。

結 語

辦理活動需有適當的計畫，因而事前的準備非常重要。一個成功的活動要有妥善的財務、人力資源與後勤支援規劃。活動之現場執行與事後評估，亦為活動之重要環節；而能提供對贊助者有利之贊助方案，亦為是否順利取得活動經費贊助之關鍵。此外，活動之利害關係人分析，可以廣納關係人之需求，作為活動達成多方利益之目的，而將因活動所帶來之負面影響降至最低。隨著國際化程度日益增高，台灣將來之國際性節慶活動必定日漸增加。不論是1996年開辦之宜蘭國際童玩藝術節，或是近期之2018台中國際花卉博覽會，均顯示外國遊客為台灣發展觀光與活絡經濟的重要對象。因此，如何規劃大型活動與具備豐盛之內容，是各活動主辦單位所必須具備的條件與能力。2009年之高雄世運證明，台灣已具備舉辦世界級運動賽事之能力，未來更多大型活動在台灣出現，指日可待。

學習評量

1. 活動產業的範疇為何？是否符合各項產業之需求？因活動所出現之工作機會有哪些？

2. 會展產業（MICE）的內容為何？台灣具備哪些發展之條件？此產業可以

帶動哪些周邊產業之活絡？

3. 活動之舉辦所造成之影響性為何？試以文化與社會、實體與環境、政治的衝擊、觀光與經濟評估其影響。

4. 活動應如何進行財務規劃、人力資源、後勤支援等方面之管理？要如何尋找活動贊助者？其說服策略為何？

5. 活動之現場執行時應注意之事項為何？如何做好離場管理？活動結束後如何評估活動成效？要如何採取修正行動或策略？

6. 地方行銷依其目標市場之不同，應採取哪些作為？地方政府可以採取哪些行銷策略，來因應各種不同對象？其採用之時機與訴求分別為何？

7. 節慶活動該如何與地區資源結合？台灣目前有舉辦過哪些類別之節慶活動？台灣地區成功之案例有哪些？

參考書目

一、中文部分

吳濟華（2010）。2009世運會對高雄市整體社會發展影響之研究。高雄市政府委託研究報告（編號：Rdec-99-544），未出版。

陳柏州、簡如邠（2004）。台灣的地方新節慶。台北：遠足文化。

黃敦厚、洪瑩發、雷養德、劉巧梅、王嘉棻（2009）。台灣瘋媽祖──大甲媽祖遶境進香。台北：博揚文化。

新竹市文化局（2018）。2018年新竹市國際玻璃藝術節成果專輯。新竹：新竹市文化局。

經濟部（2008）。會展產業分析及投資機會。經濟部投資業務處報告，未出版。

葉欣偉（2005）。農業節慶活動遊客效益認知之研究──以客家桐花祭為例。未出版碩士論文，國立中興大學，台中。

蔡玲瓏（2009）。節慶活動對政府與業者之影響性探討──以岡山羊肉節為例，2009文化創意產業永續與前瞻研討會，頁67-86。

蔡玲瓏（2010）。啤酒節舉辦形式與行銷策略之比較。2010文化創意與設計創新學術研討會，頁145-150。

鄭健雄（2016）。休閒與遊憩概論──產業觀點（第三版）。台北：雙葉書郎。

簡建忠（2014）。人力資源管理：以合作觀點創造價值（第三版）。台北：前程文化。

二、英文部分

Allen, J., O'Toole, W., Harris, R., & McDonnell, I. (2011). *Festival and Special Event Management* (5th ed.). Milton: John Wiley & Sons.

Freeman, R. E. (1984). *Strategic Management: A Stakeholder Approach*. Englewood Cliffs, NJ: Prentice Hall.

Hall, C. M. (1992). *Hallmark Tourist Events: Impacts, Management & Planning*. London: Belhaven Press.

Kotler, P., Haider D., & Rein, I. (2002). Marketing Places. *Attracting investment, industry and tourism to cities, states, and nations*. New York: The Free Press.

Kotler, P. & Lee, N.(2007). *Marketing in the Public Sector: A Roadmap for Improved Performance*. New York: Pearson Education Inc.

Raybould, M., Mules, T., Fredline, E., & Tomljenovic, R. (2000). Counting the herd. Using aerial photography to estimate attendance at open events. *Event Management, 6*(1), 25-32.

三、網路資源

KingNet旅遊局（2011）。全球節慶——2月巴西里約嘉年華。2011年3月11日，取自 http://travel.kingnet.com.tw/info/festival/feb-1.html

中國2010年上海世博會官方網站（2010）。世博盛況。2011年3月11日，取自http://www.expo2010.cn/newsn/indexjn.htm

中國進出口商品交易會（2011）。關於廣交會。2011年3月11日，取自http://www.cantonfair.org.cn:82/gate/big5/www.cantonfair.org.cn/cn/about/index.shtml

今日新聞網（2010）。2010宜蘭童玩節畫句點入園總數58萬6530人。2011年3月11日，取自http://www.nownews.com/2010/08/16/327-2636688.htm

宋順澈（2010）。2010台北縣鶯歌陶瓷嘉年華。大紀元。2011年3月11日，取自 http://www.epochtimes.com/b5/10/12/22/n3120731.htm

邱淑玲（2009）。東港東隆宮「燒王船」迎王祭典最高潮。聯合新聞網。2011年3月11日，取自http://travel.udn.com/mag/travel/storypage.jsp?f_ART_ID=31140

林庭安（2019）。經理人三月號，史上最難到的盛會！屏東燈會如何吸引1000萬人朝聖？幕後推手透露3個關鍵，2019年3月13日，取自https://www.managertoday.com.tw/articles/view/57386

黃靖媗（2020）。是嘉年華 就是不疫樣//巴西仍熱舞 義提前落幕，自由電子報，2020年2

月25日，取自https://news.ltn.com.tw/news/world/paper/1354254

中國進出口商品交易會（2019）。關於廣交會。2020年6月29日，取自ttps://www.canton-
　　fair.org.cn/

香港特別行政區政府農漁自然護理署（2019）。濕地護理。2020年6月29日，取自https://
　　www.afcd.gov.hk/tc_chi/conservation/con_wet/con_wet_look/con_wet_look_man/con_
　　wet_look_man.html

第 10 章

文化資產保存與文化創意產業應用

林思玲

學習目標...
1. 認識文化資產於文化創意產業應用的定義。
2. 認識文化資產保存。
3. 認識建築類文化資產於文化創意產業應用的理論與實務。
....

關鍵詞彙 文化資產、歷史性建築、古蹟、保存、再利用、文化創意產業應用、經濟價值

近年來在政府的推動下，台灣對於文化資產保存的觀念已逐漸成熟。文化資產中「資產」傳達的是一種社會承襲功能，也扮演了自我認同的重要媒介。文化資產對於文化創意產業來說，文化資產為文化創意產業的「資本」（capital），所謂的應用也就是這項資本轉化成可生產的功能。文化資產在文化創意產業的應用，即是一種活化再利用。

在行政院文化部對文化創意產業所設定之產業範圍三：「文化資產應用及展演設施產業」，其中在「文化資產應用」這部分解釋為：「所稱文化資產利用，限於該資產之場地或空間之利用。」[1]乍看這似乎僅指稱「建築類文化資產的再利用」。若以「文化資產」嚴謹的定義來看，所謂「文化資產」是指受台灣《文化資產保存法》（以下簡稱《文資法》）所指定或登錄，具有法定地位的不同類型。《文資法》中將文化資產分為有形文化資產九類和無形文化資產五類。但文化資產其實還可包括尚未被指定或登錄之具歷史、藝術、科學等價值之資產。因此，筆者認為「文化創意產業」之「文化資產應用」其範圍應該廣泛地包含這些文化資產的應用。

若以文化創意產業所設定之其他產業範圍來看，如第一類「視覺藝術產業」，內容指「從事繪畫、雕塑、其他藝術品創作、藝術品拍賣零售、畫廊、藝術品展覽、藝術經紀代理、藝術品公證鑑價、藝術品修復等行業」。這其中畫廊可能會展示具文化資產身分的畫作，或者進行具文化資產身分之藝術品修復（如故宮收藏畫作修復工作）。第二類「音樂及表演藝術產業」，內容指「從事音樂、戲劇、舞蹈之創作、訓練、表演等相關業務、表演藝術軟硬體（舞台、燈光、音響、道具、服裝、造型等）設計服務、經紀、藝術節經營等行業」。這其中可能會有具文化資產身分的戲劇表演（如歌仔戲的表演）。第三類「工藝產業」，內容指「從事工藝創作、工藝設計、模具製作、材料製作、工藝品生產、工藝品展售流通、工藝品鑑定等行業」。這其中可能會有具文化資產身分之工藝技術製品（如交趾陶的製作）。第十四類「創意生活」，內容指「產業經濟部指從事以創意整合生活

---

[1] 詳閱行政院文化部於2010年8月30日所頒發的「文化創意產業內容及範圍」。

產業之核心知識，提供具有深度體驗及高質美感之行業，如飲食文化體驗、生活教育體驗、自然生態體驗、流行時尚體驗、特定文物體驗、工藝文化體驗等行業」。這其中可能會有具文化資產價值之文化體驗（如客家八音的體驗）。

《文化創意產業發展法》第三條說明：「本法所稱文化創意產業，指源自創意或文化積累，透過智慧財產之形成及運用，具有創造財富與就業機會之潛力，並促進全民美學素養，使國民生活環境提升之下列產業。」在經濟學中，產品的專業名詞叫作「產業」（industry）（張清溪等，2010：333）。文化資產可視為一種「文化資本」（cultural capital）（張維倫等譯，2003：55-56），這項資本經過適當的生產過程形成各種產品，部分可透過金錢買賣而達流通。此外，文化創意產業的另一項重要的特徵，即是「創意」，也就是所謂「透過智慧財產之形成及運用」。因此，文化資產可視為原始而沒有被商品化的資本，所謂文化資產在文化創意產業的應用，也就是在文化資產這項資本的基礎上，藉由人類之創意，發展出具文化象徵意義之產品。我們要討論文化資產之文化創意產業應用，不僅要瞭解文化資產本身之文化價值與意義，更重要的是認識如何被生產與行銷的產業活動過程。

本文將介紹台灣與國際間文化資產保存的方式，並且闡述文化資產與產業活動結合的概念。再以建築類文化資產為例，說明建築類文化資產經濟價值意義與分類，及再利用的理論與原則。最後以三個文化資產的案例說明在文化創意產業應用的方式。

第一節 🔷 文化資產保存與產業活動結合

壹、文化資產的保存

一、台灣文化資產保存的概況

在台灣，「文化資產」（cultural property）有時可泛指具文化與歷史意義的各種人、事、物。若嚴謹定義「文化資產」，則是指經《文資法》第三條中的規定，具有歷史、藝術、科學等文化價值，並經指定或登錄之有形與無形文化資產。在國際間，大多使用「文化遺產」（cultural heritage）這個詞。台灣跟國際一樣，文化資產或文化遺產也是區分為有形文化資產或有形文化遺產（tangible cultural heritage）；無形文化資產或無形文化遺產（intangible cultural heritage）。若是經過聯合國教科文組織所登錄的遺產類型，則有文化遺產、自然遺產與複合遺產等世界遺產（World Heritage），以及無形文化遺產（Tangible Cultural Heritage）。

目前台灣的文化資產是透過《文資法》來進行保存工作。《文資法》的制定是為保存及活用文化資產，並充實國民精神生活，以發揚多元文化而立之法。台灣最早於1982年制定，經歷多次修訂。《文資法》訂定後，陸續增加了許多相關法令，以提供文化資產全方位的保存制度。

台灣的文化資產保存從日治時期曾歷經《史蹟名勝天然紀念物保存法》（1922-1945）、《古物保存法》（1945-1982）、《文化資產保存法》（1982-2005）及《文化資產保存法》（2005-）四個法制階段，其中的《古物保存法》並未被實際執行。2016年7月以後之《文資法》修正，將有形與無形文化資產調整為以下類別：

(一) 有形文化資產

1. 古蹟：指人類為生活需要所營建之具有歷史、文化、藝術價值之建造物及附屬設施。

2. 歷史建築：指歷史事件所定著或具有歷史性、地方性、特殊性之文

化、藝術價值，應予保存之建造物及附屬設施。

3. 紀念建築：指與歷史、文化、藝術等具有重要貢獻之人物相關而應予保存之建造物及附屬設施。

4 聚落建築群：指建築式樣、風格特殊或與景觀協調，而具有歷史、藝術或科學價值之建造物群或街區。

5. 考古遺址：指蘊藏過去人類生活遺物、遺跡，而具有歷史、美學、民族學或人類學價值之場域。

6. 史蹟：指歷史事件所定著而具有歷史、文化、藝術價值應予保存所定著之空間及附屬設施。

7. 文化景觀：指人類與自然環境經長時間相互影響所形成具有歷史、美學、民族學或人類學價值之場域。

8. 古物：指各時代、各族群經人為加工具有文化意義之藝術作品、生活及儀禮器物、圖書文獻及影音資料等。

9. 自然地景、自然紀念物：指具保育自然價值之自然區域、特殊地形、地質現象、珍貴稀有植物及礦物。

(二) 無形文化資產

1. 傳統表演藝術：指流傳於各族群與地方之傳統表演藝能。

2. 傳統工藝：指流傳於各族群與地方以手工製作為主之傳統技藝。

3. 口述傳統：指透過口語、吟唱傳承，世代相傳之文化表現形式。

4. 民俗：指與國民生活有關之傳統並有特殊文化意義之風俗、儀式、祭典及節慶。

5. 傳統知識與實踐：指各族群或社群，為因應自然環境而生存、適應與管理，長年累積、發展出之知識、技術及相關實踐。

在管理單位方面，除了自然地景、自然紀念物屬於行政院農業委員會所管轄，其餘均在行政院文化部文化資產局管理。在《文資法》第三條指出，這些依法所指定或登錄之文化資產，必須具有歷史、藝術、科學等價值。2005年以後所修訂的新版《文資法》在第一條即已敘明「保存及活用文化資產，充實國民精神生活，發揚多元文化，特制定本法」，與修正前的《文資法》比較，特別強調了文化資產的「活用」，以及對於「多元文化」

的重視。過去《文資法》所重視的僅有「保存」，就造成了所謂的「凍結式」的保存。但凍結式的保存，只會使得文化資產更與時代脫節，文化資產經常淪為骨董式的展示。而新版的《文資法》除了保存之外，更強調應該如何去運用，使其和當代的社會環境、生活型態需求融合。進一步「活用」文化資產，文化資產的價值才能夠真正受到重視。與舊版《文資法》以「中華文化」來概括台灣文化資產的觀念不同，新版《文資法》強調「漢文化」、「日本殖民文化」、「原住民文化」、「福佬文化」、「客家文化」等台灣多元文化的發展，更能充分反應台灣歷史發展的脈絡。此外，新版《文資法》除了保存與維護之相關規定外，也針對經營管理、教育推廣與所有權移轉等有明確的規定，讓文化資產的活用有更完善的法律規範。

二、世界其他國家文化資產保存的概況

世界其他國家或組織也都有文化資產保存的辦法，台灣的「文化資產」在日本則稱為「文化財」，《文化財保護法》是日本對於文化資產保存的法律。「文化資產」在中國則稱之為「文物」，《中華人民共和國文物保護法》是中國對於文化資產保存的法律。美國文化資產保存的管轄系統分為聯邦政府、州政府與地方政府三個層級。雖然各州與各地方的保存法令彼此有些不同，但是基本上它們都受到聯邦法的規約。《1966國家歷史保存法案》（National Historic Preservation Act of 1966）是美國最重要的聯邦文化資產保存法令，它也是今日美國古蹟保存法令制度的基礎。

聯合國教科文組織所實施的「世界遺產」（World Heritage）是一項由聯合國支持、聯合國教育科學文化組織負責執行。《世界文化遺產暨自然遺產保護公約》（Convention Concerning the Protection of the World Cultural and Natural Heritage）於1972年在聯合國教科文組織本部巴黎召開的第十七次大會中獲得在場國家一致決議通過。藉由公約來保護對全世界人類都具有傑出普世性價值（universal value）的自然或文化遺產。世界遺產可分為「文化遺產」、「自然遺產」和「複合遺產」三大類。「國際文化紀念物與歷史場所委員會」（ICOMOS）與「國際自然保護聯盟」（IUCN）等非政府組織為聯合國教科文組織的協力組織，共同參與世界遺產的甄選、管理與保護工作。

受聯合國教科文組織保護的還有一類稱之為「無形文化遺產」（Intangible Cultural Heritage），聯合國教科文組織於2003年通過《保護無形文化遺產公約》，對全世界具有價值的無形文化遺產進行保護。根據《保護無形文化遺產公約》中的定義，「無形文化遺產」指被各群體、團體、有時為個人所視為文化遺產的各種實踐、表演、表現形式、知識體系和技能，及有關的工具、實物、工藝品和文化場所。各個群體和團體隨著所處環境、與自然界的相互關係和歷史條件的變化，不斷使這種代代相傳的無形文化遺產得到創新，同時使他們自己具有一種認同感和歷史感，從而促進了文化多樣性和人類創造力。無形文化遺產包含以下五項類別，分別是：(1)口頭傳說和表述，包括作為無形文化遺產媒介的語言（oral traditions and expressions oral traditions and expressions, including language as a vehicle of the intangible）；(2)表演藝術（performing arts）；(3)社會風俗、禮儀和節慶（social practices, rituals and festive events）；(4)有關自然界和宇宙的知識和實踐（knowledge and practices concerning nature and the universe）；(5)傳統的手工藝技能（traditional craftsmanship）。至於文物，雖然目前聯合國教科文組織沒有如同世界遺產或無形文化遺產相同的制度來進行登錄與保護，但也有一些如《關於採取措施禁止並防止文化財產非法進出口和所有權非法轉讓公約》等國際公約進行保護與規範。

貳、文化資產與產業活動結合的概念

一、文化資產與產業活動結合的定義

聯合國教科文組織（UNESCO）對於文化產業（cultural industries）的定義為：「結合創作、生產與商業的內容，同時這內容的本質上是無形資產與具文化概念的，而且通常由智慧財產權的保護而來呈現。」因此，所謂「文化創意產業」除了「文化」與「創意」要素之外，最重要的是具備「產品」或「服務」等產業活動結合後的形式。

產業（industry）是指一群正在從事類似的經營活動之企業的總稱。依照類似程度的高低不同，產業的定義範圍可大可小。就產業之活動中，從產

品的製造和相關服務的生產、行銷，經銷和出售至消費者手中等經濟過程，例如產品與服務的供給面、需求面、市場結構、定價行為、產品創新、廣告、生產效率，乃至於政府的政策，都是一項產業必須關注的部分。

本文所謂「文化資產於文化創意產業的應用」，也就是以文化資產為資本所從事的產業行為。這種產業行為會將「創意」（creativity）融入，生產活動也會涉及了文化「象徵意義」（symbolic meaning）的產生與傳達，且該生產活動的產品或服務含有某種形式的「智慧財產」。而生產過程中可以關注的項目包括有廠商、產業價值鏈、資本、營運計畫與財務管理、商業包裝、市場評估、行銷通路等。

二、文化資產公共財性質與產業經營的衝突

廠商對產業經營其中一個目的是以賺取最大利潤為目的，但是這種經營目的有時會與某些具有公共財性質的文化資產產生衝突。產業經營有其為廠商獲利的目的性，文化資產若以產業型態經營，勢必免不了要有成本與獲利的考量。經濟學教科書大都假定廠商的目的在追求利潤極大，這個假定是否合理？在現實複雜的世界中，利潤極大或許不是廠商的唯一目標。廠商的目標與廠商的企業主（所有人）有關，亦即廠商的目標與其組織型態有關（陳正倉等，2009：19-21）。尤其以文化資產為資源的文化創意產業，因為文化資產具有某程度的公共財與經常產生外部性的性質，廠商經營的目標應該要與一般產業不同。

尤其對於具有公共財性質的文化資產，廠商若將目標只放在追求極大利潤，很容易招致民眾的反感。例如一些公有的古蹟，以民間參與投資的方式再利用，因為具有公共財性質，若經營廠商完全以獲取利潤最大為考量，經營的方式忽略了古蹟保存的教育功能（古蹟身為公共財最重要的功能），或者盈餘沒有適當回饋於公眾或文化資產的維護，將會讓公有古蹟淪為廠商牟利的工具。因此，具公共財性質的文化資產其產業活動的經營，廠商必須考量經營除了獲利之外，也要能達到文化保存與教育推廣的目的。

文化創意產業畢竟是一種產業行為，廠商獲取利潤是最基本的目標，因為有利潤，廠商才能生存與發展。若是文化創意產業善用文化資產作為產業發展的原料，在獲取利潤的同時，能夠讓更多人認識文化資產，進而激發民

眾對於文化資產保存的意願，這可讓文化資產保存與產業發展相輔相成。

第二節 ◆ 建築類文化資產於文化創意產業的應用

壹、建築類文化資產經濟價值

一、建築類文化資產經濟價值的意義

本文所指之建築類文化資產，乃指《文資法》中第一類古蹟、歷史建築與聚落等文化資產。建築類文化資產的保存對社會具有價值是被大眾普遍認同的觀點。從1970年代開始，許多國外的保存研究開始討論文化資產保存的經濟價值，美國「歷史保存國家信託」（National Trust for Historic Preservation）在1976年所舉辦一場名為「老房子保存的經濟效益」（Economic Benefits of Preservation Old Building）的會議，其中一項研究結論指出，老建築的再利用與新建一棟建築相較，經費較為節省，因此具有經濟上的效益（李清泉，1995：85）。這裡的經濟效益是文化資產保存的經濟價值之一。廣泛來說，文化資產保存的經濟價值存在於文化資產保存的各種層面。文化資產被視為一種社會資源（資本），文化資產的經濟效益或經濟價值會跟資源分配的方式有關，經濟學討論有限資源如何有效分配，因此西方學者開始從經濟學角度來解釋文化資產保存的價值。

目前國外進行「文化資產保存經濟學」之研究大多以具經濟學專長之學者為主。例如澳洲Macquarie University經濟系教授David Throsby，即是著名之文化經濟學專家，Throsby長期擔任「世界銀行」（World Bank）、聯合國教科文組織（UNESCO）、澳洲創意經濟發展之顧問，其著作有《文化經濟學》（*Economics and Culture*）、《文化政策經濟學》（*The Economics of Cultural Policy*）等。此外，「世界銀行」也曾進行文化環境資源經濟評估之研究。美國歷史保存學家Randall Mason，目前也是賓夕凡尼亞大學（University of Pennsylvania）設計學院歷史保存碩士學程（Graduate Program in Historic Preservation）主任，以其歷史保存專業背景涉入保存經濟學之研究後，認為歷史保存經濟效益評估是必須為一個清楚的研究方向且是創造混合的方法論，並能同時測量經濟與文化利益（Mason, 2005: 19）。也就是說，混合的方法論可以解決一些特別的缺點或盲點。因此，跨領域成為「文化資產保存經濟學」研究所必須採取之策略。

　　Throsby認為，對於建築類文化遺產（遺產建築、場所），被視為是所有者（包含政府單位、個人及公司）的文化資本（cultural capital）時，保存（preservation）、保護（conservation）、修復（renovation or restoration）、可適性再利用（adaptive re-use）等行為可視為是對於文化遺產的投資（Throsby, 2010: 117）。因此，歷史保存的經濟價值，以經濟學的角度，則脫離不開這些行為的成本與獲益（costs and benefits）。例如當文化資產作為文化觀光、文化商品和文化服務的發展，評估投入資本的經濟附加價值是否符合投資成本效益，即是文化資產活化再利用所需進行評估的理由之一。

　　有些經濟學者更進一步將文化資產藉由各種經濟理論與分析工具，將人類所獲得的各種效益轉化為貨幣值。將效益轉化為貨幣值的估算活動稱為「經濟價值評估」（economic valuation），或簡稱「評估」（valuation），是相當重要的一項工作[2]。因為利用貨幣值來表達文化遺產為人類服務的重要性，通常較能為經濟活動之決策者與大眾所理解，因而有利於各界溝通經濟與文化保存政策的爭端與協調。另一方面，經濟學是一門談如何讓有限資源可以得到最適分配的學問，經濟學所談的「經濟價值評估」並非指單純金錢方面的收益，而是希望藉由貨幣化的文化資產價值，讓文化資產保存過程的各種資源有具體參考的數據來思考如何合理有效的分配。從這個角度去思考，「經濟價值評估」的貨幣值對文化資產保存才有具體的意義。

---

[2] 詳閱鄭蕙燕「第十六章生物多樣性之經濟價值與評估」（http://www.medie.com.tw/book/b/b16.htm，2011年5月3日）。

二、建築類文化資產經濟價值的分類

學術界談到建築類文化資產的價值，大部分是以文化面向取徑，此時對於文化資產價值的評價會與文化相關論述有關。目前台灣所施行的《文資法》中提到，所謂文化資產「指具有歷史、文化、藝術、科學等價值」。在《古蹟指定及廢止審查辦法》進一步提到古蹟是具有「重要歷史事件或人物之關係；各時代表現地方營造技術流派特色者；具稀少性，不易再現者；具建築史上之意義，有再利用之價值及潛力者；具其他古蹟價值者」。Throsby把文化資產的「文化價值」定義為美學價值（aesthetic value）、精神價值（spiritual value）、社會價值（social value）、歷史價值（historical value）、象徵價值（symbolic value）、真實價值（authenticity value）等（Thorsby, 2001: 84-85）。這種文化面向取徑的「價值」是一種抽象概念，而且通常不以「價格」來論文化資產，因此沒有數值，不容易談大小。

對於經濟學而言，「價值」（value）或「價格」（price）是所有經濟行為的起因與動機，而「市場」（market）則是決定價值或價格的重要因素。在經濟的範疇裡，價值與效用、價格，與個人或市場對商品的評價有關。雖然文化價值與經濟價值看似有分野，明確來說應是評估的方式不同，因為絕大部分消費者需求是會包含文化價值的觀點（Thorsby, 2000: 30），因此在經濟價值評估的計量上經常會將文化觀點納入消費者需求的計算之中。

根據經濟學理論，經濟價值可包含「使用價值」（use values）與「非使用價值」（non-use values），兩者合稱「完全經濟價值」（total economic values）。因此，若將文化資產價值以上述完全經濟價值之分類，可分為使用價值與非使用價值兩大類。其中使用價值包括直接使用價值（direct use value）與間接使用價值（indirect use value）兩類；非使用價值包括存在價值（existence value）與遺贈價值（bequest value）兩類。以下是利用經濟學價值定義所解釋的各種文化資產價值：

（一）直接使用價值（direct use value）

是指文化資產的任何一個元素被直接交易或作為商業活動的投入元素

所衍生的經濟效益。其中又可分爲消耗性（consumptive）直接使用價值與非消耗性（non-consumptive）之直接使用價值。消耗性的直接使用價值（consumptive value）：指人類直接取用文化資源作爲各種商品販售之商業交易價值。例如文化資產不動產交易所發生的市場交易價值。

非消耗性的直接使用價值（non-consumptive value）：指文化資產提供人類精神或物質上的享受所帶來的效益。例如人們從事文化資產活動、享受文化資產的氛圍所產生的滿足感，最具典型的是文化資產的遊憩效益。

(二) 間接使用價值（indirect use value）

包括文化資產功能價值與選擇價值。文化資產功能價值（function value of cultural heritage）：指人類對文化資產提供人類生存之文化環境，包括歷史文化的延續、藝術與科學知識的延續之功能與服務所給予的評價。

選擇價值（option value）：指人類爲了保留自己未來直接使用文化資產之權利所願付出之代價與努力，類似爲確保自己將來使用權之風險保險金（risk premium），也就是爲了保證可享有未來的直接與間接使用價值而預付的保險價值（insurance value）。

(三) 非使用價值（nonuse value）

包括存在價值與遺贈價值。

存在價值（existence value）：指人類針對保留文化資產的存在權所願付出之代價，亦稱倫理價值（ethical value）。人們會認爲遺產的存在，對他們自身或社區而言就是有價值的，即使不會直接享受到這項遺產所帶來的效益。舉例來說，對於全世界的人類而言，即使有些人從來沒去過埃及，但有人也會珍視金字塔的存在。

遺贈價值（bequest value）：指人類爲了保留未來子孫對文化資產之使用權所願付出之代價，亦稱遺產價值（heritable value）[3]。

---

[3] 詳閱鄭蕙燕「第十六章生物多樣性之經濟價值與評估」（http://www.medie.com.tw/book/b/b16.htm，2011年5月3日）及《Economics and Culture》，Thorsby, 2001，pp. 78-79。

　　此外，Thorsby認爲文化資產還有外部性價值（externalities），也就是影響其他經濟單位（economic agents）之效益或成本的外溢（spillovers）效果（Thorsby, 2001: 78-79）。

貳、建築類文化資產於文化創意產業的應用

　　誠如前文的定義，「文化資產於文化創意產業的應用」也就是以文化資產爲資本所從事的產業行爲。針對古蹟、歷史建築、聚落這些建築類文化資產而言，其產業行爲有一部分會產生於其保存之後的「再利用」。因此以下的內容從歷史性建築再利用的理論與相關案例，來說明建築類文化資產於文化創意產業的應用。

一、歷史性建築再利用的理論

　　建築類文化資產主要指古蹟、歷史建築、聚落。這些建築類的文化資產，可以概稱爲具有「歷史性」的建築。所謂歷史性建築的「再利用」，在原使用機能喪失後，經由整修並賦予新的使用機能。因此必須先透過「保存」，然後思考「再利用」之行爲。也就是透過「可適性再利用」（adaptive reuse）的方式對建物賦予新的使用功能，並發展成爲經濟上可行的新利用。這種建物循環利用（recycling）也成爲歷史保存重要且有效的工具，也成爲保護歷史性建築免於毀壞的方法之一（Fitch, 1998: 169）。

　　1960年代以後歷史性建築的保存運動開始在世界各先進國家展開。以美國爲例，在1966年「歷史保存國家信託」（National Trust for Historic Preservation）出版了一份名爲「遺產讓我們更富有」（With Heritage So Rich）的報告，報告中指出美國許多已經消失的歷史性建築，並促使聯邦政府擔任保存之要角。報告中的許多建議後來被立法成爲《1966國家歷史保存法》（National Historic Preservation Act of 1966）（Tyler, 2000: 44-45）。1970年代初，保存運動是相當緩和的社會運動與建築思潮，世界各國歷史性建築保存運動主要都只是基於一種歷史與維護（Historical-Conservational）觀點，老建築物史實性之原樣保存與修復是相當重要之中心思想，這時候保存老建築之最大動力乃是很單純地要保存人類過去，以便對人

類之共同記憶提供一點心力，許多建築因而被凍結成像博物館的展品一樣（傅朝卿，2001：1-1.2）。這樣的保存方式開始受到質疑後，保存後的活化再利用便開始受到重視。

就西方現代保存的觀點來說，歷史性建築的保存除了文化上的意義之外，美國「歷史保存國家信託」（National Trust for Historic Preservation）在1976年所舉辦一場名為「保存老建築的經濟利益」（Economic Benefits of Preservation Old Building）的會議，其中一項研究結論指出，老建築的再利用與新建一棟建築相較，經費較為節省，因此具有經濟上的效益（李清泉，1995：85）。另一方面，由於社會經濟產業結構之改變，使得許多原屬於某種特殊產業類型的建築，因為無法生存於劇變之社會而逐漸被閒置或放棄。而這些建築在某些面向上如果稍加改善，仍然可以重生於城鎮之中（傅朝卿，2001：1-1.2）。古蹟保存的觀念也從十九世紀中期的「廢墟式保存」（反對修護）、現代式的「凍結保存」（修護後僅供參觀）到今日的「動態式保存」（古蹟再利用）的轉變。這種具經濟效益的思考方向，成為1980年代後廣受歡迎的保存方式。

在國內相關的研究方面，歷史性建築再利用的觀念在台灣可回溯於1977年，當年國際著名的景觀建築師Lawrence Halprin來台灣演講所帶來的新觀念，並由馬以工撰文「古屋的再循環使用」（1977）加以介紹，但當時並未引起廣大的迴響（傅朝卿，1993：97）。Halprin曾參與過許多歷史性建築再利用的設計案，其中最知名者為美國舊金山港灣漁人碼頭（Fisherman's Wharf）並於1982年登錄「美國國家註冊歷史場所」（National Register of Historic Places）的吉拉德利廣場（Ghirardelli Square）。吉拉德利廣場原是興建於十九世紀末的巧克力工廠，到了1960年代巧克力工廠擬遷移他處且原工廠與土地出售後，開發商以朝向產業轉型再利用的方式並聘請Halprin進行整體設計開發。Halprin保存其中具特色之產業建築並發展為多樣性的購物中心。此外，Halprin在1973年也曾參與美國維吉尼亞州Charlottesville歷史城區downtown mall的保存與開發，同樣地保留原有城區的舊建築並導入新的商業機能活化使用（Alison Bick Hirsch, 2008: 332）。另一個案例則是「美國國家公園管理局」（National Park Servic）所管轄之惡魔島（Alcatraz Island），這個島位於舊金山灣，原是美國著名之監獄，

原功能在1963年喪失後，經由Halprin的設計成為一個今日著名之觀光風景區（Rothman, 2004: 72）。

國內學者戴育澤於1986年嘗試將再利用之觀念應用於台灣日治時期建築保存論述，認為其可應再利用達到舊建築之再生（戴育澤，1986）。類似的論述操作也出現在施進宗的研究之中（施進宗，1992）。李清泉（1993）也主張，「再利用」的主要目的在於透過建築物使用機能的延續，使那些具有歷史價值或地方特色之建築物免於毀壞或閒置，藉由經濟活存的手段來重塑建築物的新生命。

二、歷史性建築再利用的原則：尊重歷史的態度

學者胡寶林主張古蹟保存無論如何再利用，再活化都應保有指定時的史實性主題和多個「生命週期」（包括再利用）的「脈絡延續性」。古蹟活化再利用的重要原則在於歷史意義的再現與尊重既有地方社會或社區脈絡（胡寶林，2003：67-58）。

歷史性建築在不同時期本來就有不同使用方式的可能性，雖然再利用若能符合或相近於原建築機能，新機能的置入會比較適合原有空間形式。應置入何種新機能則更需以當前的社會環境需求為考量。但畢竟歷史性建築所承載的歷史記憶為其價值之所在，適時在新用途中傳遞原本建築機能的歷史記憶才是符合所謂「歷史性建築再利用」的精神與意義。

再利用中傳遞原本建築機能的歷史記憶基本上有兩種，一種是新機能全部或部分延續舊有機能，使人們在使用建築時能夠被喚起建築原有的歷史感。例如高雄武德殿，就是整修後依原建築機能再利用，由高雄市政府委託給社區劍道社團「劍道文化促進會」作為劍道練習的場地。

若再利用機能無法完全延續原有建築之機能，建築師也應當在歷史性建築再利用的整修計畫中，傳遞建築的歷史意義。許多建築師會利用建築裝修設計手法，適時地讓到訪之民眾，藉由觀看這些建築裝修喚起原建築之歷史記憶。例如美國紐約曼哈頓島上的紐約肉品加工區（Meatpacking District）一棟原為肉品加工工廠再利用為商場及辦公室的建築，建築師巧妙地保有部分原工廠的裝修與設備，並使之與新的設計相結合。室內處處可看到原工廠的窗戶、鑄鐵桁架、大掛鐘、吊掛肉品的掛鉤、蒸氣輸送管、工業風扇與管

❀圖10-1　高雄武德殿外觀（2008年林思玲拍攝）

❀圖10-2　高雄武德殿再利用為社區劍道社團練習劍道的場地（2008年林思玲拍攝）

❀圖10-3　建築師保留原工廠的窗戶與吊掛肉品的掛鉤（2008年林蕙玟拍攝）

❀圖10-4　建築師保留原工廠的鑄鐵桁架及工廠用的大掛鐘（2008年林蕙玟拍攝）

線等。這些舊有工廠設備讓現在進入參觀或消費的民眾認識到這一棟建築原來是肉品加工工廠。

　　利用北九龍裁判法院再利用的薩凡納藝術設計學院（Savannah College of Art and Design，在世界許多都市的校園都使用舊建築改建而成），是香港發展局文物保育專員辦事處所提之「活化歷史建築夥伴計畫」其中一個案例[4]。負責整修的建築師在新的設計裡保留了許多原法院的裝修與設備，例

4 詳細資訊可參考香港發展局文物保育專員辦事處網頁資訊http://www.heritage.gov.hk/

如由法庭所改建的教室，留有當時被告的出入口。出入口的鐵欄杆完全沒有粉刷，目的是為了保留當時許多被告要進入法庭內忐忑不安而雙手緊握鐵欄杆所磨損的痕跡。另一間法庭所改建的教室，門板上方保留當時法庭名稱字體。地下室原設有一間間的拘留室也改建為討論室，建築師保留了原來的鐵門作為歷史的見證。昔日司法審判的場所，如今已是學生設計創作的學習場域。建築機能雖完全不同，但卻能成功地保留建築的歷史意義。

🐾圖10-5　拘留室改建為討論室留有原來的鐵門（2011年林思玲拍攝）

🐾圖10-6　教室入口門板上方保留當時法庭名稱字體（2011年林思玲拍攝）

　　因此，歷史性建築再利用很重要的前提是必須瞭解原建築的文化資產價值，使新的使用機能與原空間形式能夠彼此協調，並藉由新的使用機能或空間整修設計適度地傳遞建築的歷史意義。

　　此外，《古蹟管理維護辦法》中：「第九條古蹟開放大眾參觀者，其開放時間、開放範圍、開放限制、收費、解說牌示、導覽活動、圖文刊物、參觀者應注意事項及其他相關事項，應於管理維護計畫中載明。」、「第十條古蹟供公眾使用，且有經營行為者，其所有人、使用人或管理人應就經營組織、業務章程、經營目標、營運內容、作業流程及財務計畫等事項，訂定

tc/rhbtp/ProgressResult_North_Kowloon_Magistracy.htm（網頁瀏覽日期：2012年5月27日）。

經營管理計畫實施,並於管理維護計畫中載明。」及「第十六條古蹟之所有人、使用人或管理人得結合當地文化特色、人文資源,配合推動在地文化傳承教育,並建立社區志工參與制度。」這些辦法強調了古蹟再利用需有完善的經營管理計畫,此外還需發揮古蹟的教育功能。完善的經營管理計畫一方面也必須以產業經營的角度去思考古蹟的再利用,可讓營運能有完善的財務計畫以及經濟效益。

三、建築類文化資產再利用相關案例

㈠ 台北市的華山1914文化創意園區

位於台北市的華山1914文化創意園區,園區空間為昔日台北酒廠,廠區多棟建築為台北市文化資產。目前園區內有許多創意商店進駐,並且不定期會舉辦文化創意相關活動,吸引了許多人潮,成為台北市文化資產再利用一個具特色的案例。

華山1914文化創意園區的「華山」採自於日治時期舊街庄名「樺山町」,當時位於樺山町包含台北市役所(今行政院院址)、樺山貨運站、台北酒廠等建築,至國民政府時期再將「樺山」改為「華山」,並沿用至今。目前在華山創意文化園區所見的建築物及設施,其前身為創建於1914年(大正3年)的日本「芳釀社」製酒廠。芳釀社初期以生產清酒為主,首創以冷藏式製造法克服氣候因素產製清酒,是當時台灣最大的製酒工廠之一。至1922年台灣總督府實施「酒專賣制度」後,將製酒廠先以租用後再正式收購,改稱為台北專賣支局附屬台北造酒廠。1924年再更名為「台灣總督府專賣局台北酒工場」,並改以製造米酒及各種再製酒為主。戰後工廠由國民政府接收,改名為台灣省專賣局台北酒工廠。1949年(民國38年)因專賣局改制為菸酒公賣局,再改名為台灣省菸酒公賣局台北第一酒廠。大約從五十年代中期,米酒的產量逐漸增加,並且研發各種水果酒,獲得「水果酒工廠」的稱號,也開啟了「台北酒工場」的黃金時代。至1975年再度改名為「台灣省菸酒公賣局台北酒廠」,習稱「台北酒廠」,並沿用至今。隨著經濟發展,位於台北市中心位置的酒廠,因為地價昂貴,加上製酒所產生的水汙染問題難以克服,於是配合台北市都市計畫,於台北縣林口購地設置新

廠。1987年台北酒廠搬遷至台北縣林口工業區，原廠區停止營運。台北酒廠具有台灣近代產業歷史上的特殊價值與意義，其製酒產業的縮影不但與百姓生活息息相關，更見證了從日治時期到國民政府時期的台灣酒類專賣的歷史。因此，台北市政府於2003年將園區內的米酒作業廠、四連棟等指定與登錄爲台北市文化資產「市定古蹟」與「歷史建築」。

在廠區內建築公告文化資產之前，在1997年金枝演社進入廢棄的華山園區演出，被指侵占國產，藝文界人士群起聲援，結集爭取閒置十年的台北酒廠再利用，成爲一個多元發展的藝文展演空間。自1999年起，公賣局將舊酒廠委託當時省文化處代管，省文化處再委託「中華民國藝文環境改造協會」經營。台北酒廠正式更名爲「華山藝文特區」，成爲提供給藝文界、非營利團體及個人使用的創作場域。精省後華山藝文特區轉由行政院文化建設委員會管理，亦曾短暫委託「橘園國際藝術策展股份有限公司」繼續經營，除前衛藝術展演外，也引入設計、流行音樂等活動。2002年起，「文建會」開始計畫運用菸酒公賣局民營化後閒置的酒廠進行舊空間活化再利用。同時爲解決華山長期藝術表演權與公民使用權之間的爭議，乃整併調整爲「創意文化園區」，作爲推動文化創意產業之特別用地。後來經過一年封園全面整修，在2005年底結合舊廠區及公園區的「華山創意文化園區」重新開放供藝文界及附近社區居民使用。

2007年2月文建會以促進民間參與模式，規劃「華山創意文化園區文化創意產業引入空間整建營運移轉計畫案」，並2007年12月由「台灣文創發展股份有限公司」依約取得園區經營管理權利，而後將名稱改爲「華山1914創意文化園區」。台灣文創發展股份有限公司由遠流出版事業股份有限公司、仲觀設計顧問有限公司及國賓大飯店股份有限公司等三個法人以共同合作方式組成。基於公共性、專業性與公平性、多元性的整體經營理念，並以關懷台灣文創發展生態、培育文創事業發展、經營文創發展未來爲主要營運核心。

此外，在遠流出版公司董事長王榮文的召集下，2008年成立「財團法人台灣文創發展基金會」，與台灣文創發展股份有限公司共同經營「華山1914創意文化園區」。基金會以協助推動台灣文化創意產業發展爲宗旨，協助華山創意文化園區，結合在地資源，活化歷史建物及生態空間，經營故

事、經營感動、成就品牌，使其成爲「台灣文化創意產業的旗艦基地」。

圖10-7　華山1914創意文化園區內的特色商店（2011年林思玲拍攝）

圖10-8　華山1914創意文化園區內舉辦許多藝文活動（2011年林思玲拍攝）

(二) 屏東市的勝利新村（勝利星村）眷舍標租活化再利用

　　屏東市的勝利新村原是國防部所屬的眷村。近年來因爲國防部眷村改建條例，台灣多處眷村被拆除改建，因而引發眷村文化保存運動。勝利新村被屏東縣政府登錄爲文化資產後保留下來並且標租給民眾活化再利用，成爲屏東市一處可以體驗眷村文化的場所。

　　勝利新村的眷舍興建於日治時期1936年（昭和11年），原是一處日本陸軍使用的官舍。在日本殖民台灣的後期，日本以台灣作爲南進基地，地處亞熱帶與熱帶的台灣，在對華南及南洋執行航空作戰的目標下，台灣爲日本理想的訓練場所。1920年（大正9年）台灣總督府在屏東設立全台第一座機場，同時作爲警察航空班的基地。1927年日本陸軍航空隊正式進駐台灣，將警察航空班併編，結束了警察航空班的任務。取而代之的是進駐屏北飛行基地的日本陸軍飛行第八聯隊，肩負起台灣防空作戰和理蕃清剿支援任務。日本爲準備南進計畫，1936年8月，屏東陸軍飛行第八聯隊依據「昭和十年軍備改變要領大綱」之內容擴編爲陸軍第三飛行團，並且興建「崇蘭陸軍官舍群」來安置軍人及其眷屬，也就是今日的勝利新村。當時官舍群皆是配合最新的都市計畫，興建相關設施、道路與下水道，帶動屏東市的都市發展。第二次世界大戰結束後，官舍由政府軍隊接收作爲眷村，本眷村曾居住了多

位包括劉放吾將軍、葛南衫將軍等多位著名的將領。

　　2010年在國防部眷村改建計畫下將原眷戶遷出。為保存眷村文化，屏東縣政府早於2007年將勝利新村、崇仁新村兩處眷村一起登錄為文化資產「歷史建築」。在眷戶遷出後，屏東縣政府為了活化文化資產，於2011年開始辦理「屏東市『勝利、崇仁眷村』歷史建築經營管理標租案」，得標人可利用標租的眷舍建築來經營可彰顯眷村文化相關之藝文展演、研習講座、餐飲及相關紀念品製作販售、其他零售經營、生活體驗等服務。這種標租方式通常由承租者支付租金、權利金或標租金等費用，並與縣市政府訂定租賃契約，履行之責任義務以租賃契約為主。目前已有多家特色餐廳、藝術家、文化創意產業業者進駐於此區，為屏東市注入一股文化新活力。2018年屏東縣政府將勝利新村改名為「勝利星村」。

圖10-9　屏東市勝利新村歷史建築民眾承租作為創意旗袍工作室（2020年林思玲拍攝）

圖10-10　屏東市勝利新村歷史建築民眾承租作為藝文展演空間（2020年林思玲拍攝）

（三）台南市的林百貨文創經營

　　林百貨（ハヤシ百貨）位於台南市中正路上，台南人俗稱五棧樓仔（Gō-chàn-lâu-á），是日治時期由日本商人林方一投資興建的百貨公司，在1932年12月5日開幕。1930年代正是台灣進入現代文明的起點，生活上開始出現電燈、電話、飛機、汽車等物品。自來水普及，咖啡廳盛行，流行文化、電影、留聲機、爵士樂等出現。思想開放主張自由戀愛，洋裝替代和

服，西式教育日漸普及。林百貨在這個時間開幕，象徵了台灣文明的摩登時代。

1945年太平洋戰爭結束，林百貨受到美軍轟炸的波及。戰後由台灣製鹽總廠（後改為台鹽實業股份有限公司）、糧食局、空軍（含空軍宿舍）、鹽務警察局（保三總隊）等單位於不同樓層使用。後來各單位在整編重組後紛紛撤離，空間逐漸閒置，僅剩部分空軍眷屬居住五、六樓。1998年林百貨被指定為市定古蹟，產權歸市府所有，於2013年修復完成。修復完成後，由台南市政府文化局展開經營權的委外作業。經過公開評選之後，由高青開發股份有限公司取得經營權，決定將林百貨定位為以台南文化為主軸的文創百貨。

經營團隊以文化為本再創新，在室內空間設計上採現代古典與台南味的空間概念。經營上思考城市文創產業的可能性，強化文創產業的故事脈絡，傳遞台南傳統風味，並且結合在地產業與設計，提供台南文創商品能量的窗口。整體企劃傳遞「老的好；舊的好」，老與舊之間卻又有新時代的創意與精神，成功地打造古蹟文創林百貨品牌[5]。

圖10-11　林百貨外觀（2015年林思玲拍攝）

圖10-12　林百貨內部販賣許多文創商品（2015年林思玲拍攝）

---

5 關於林百貨的介紹可詳閱《林百貨：台南銀座摩登五棧樓》（陳秀琍，2015）。

文化資產是文化創意產業的「資本」，文化資產在文化創意產業的應用，即是一種活化再利用。進一步解釋，文化資產可視爲原始而沒有被商品化的資本，所謂文化資產在文化創意產業的應用，也就是在文化資產這項資本的基礎上，藉由人類之創意，發展出具文化象徵意義之產品。

　　目前台灣的文化資產是透過《文資法》來進行保存工作。世界其他國家或組織也都有文化資產保存的辦法，例如《文化財保護法》是日本對於文化資產保存的法律；《中華人民共和國文物保護法》是中國對於文化資產保存的法律；《1966國家歷史保存法案》是美國最重要的聯邦文化資產保存法令。聯合國教科文組織所實施的「世界遺產」與「無形文化遺產」則爲跨國的文化資產保護制度。

　　所謂「文化創意產業」除了「文化」與「創意」要素之外，最重要的是具備「產品」或「服務」等商品開發的產業行爲形式。這種產業行爲會將「創意」融入，生產活動也會涉及了文化「象徵意義」的產生與傳達，且該生產活動的產品或服務含有某種形式的「智慧財產」。對於具有公共財性質的文化資產，經營的廠商所獲得的盈餘需適當回饋於公眾或文化資產的維護，以發揮其公共財的功能。

　　文化資產被視爲一種社會資源（資本），文化資產的經濟效益或經濟價值會跟資源分配的方式有關。經濟學討論有限資源如何有效分配，因此，西方學者開始從經濟學角度來解釋文化資產保存的價值。歷史保存的經濟價值，以經濟學的角度，則脫離不開成本與獲益。因此，文化資產保存經濟學發展出一套文化資產經濟價值論述與評估方式。這樣的論述與評估方法有助於進行文化資產於文化創意產業應用的研究。

　　以建築類文化資產古蹟、歷史建築與聚落等文化資產在文化創意產業之應用爲例，具文化資產身分的歷史性建築「再利用」，在原使用機能喪失後，經由整修並賦予新的使用機能。因此必須先透過「保存」，然後思考「再利用」之行爲。「再利用」的主要目的在於透過建築物使用機能的延續，使那些具有歷史價值或地方特色之建築物免於毀壞或閒置，藉由經濟活存的手段來重塑建築物的新生命。歷史性建築所承載的歷史記憶爲其價值之

所在，適時在新用途中傳遞原本建築機能的歷史記憶，才是符合所謂「歷史性建築再利用」的精神與意義。建築類文化資產再利用需具有完善的經營管理的計畫，此外還需具備教育功能。完善的經營管理計畫一方面也必須以產業經營的角度去思考古蹟的再利用，可讓營運能有完善的財務計畫以及正面的經濟效益。台北市的華山1914文化創意園區、屏東市的勝利新村眷舍標租活化再利用、台南市的林百貨文創經營等，都是建築類文化資產在文化創意產業應用的案例。

　　文化創意產業應用是文化資產保存效率化的一個思考方向，也期望因為導入文化創意的活化再利用可將文化資產與民眾的生活更緊密地結合，讓文化資產以新面貌讓更多的民眾欣賞、使用與愛護。

學習評量

1. 請解釋文化資產於文化創意產業應用中所扮演的角色。
2. 請說明台灣與國際間文化資產保存的方式。
3. 請說明建築類文化資產經濟價值的意義與分類。
4. 請說明歷史性建築再利用的理論與原則。
5. 請以本文定義再舉其他案例說明建築類文化資產在文化創意產業的應用。

參考書目

一、中文部分

李清泉（1993）。*歷史性建築再利用計畫程序初探——以台灣日據時期建築為例*。國立成功大學建築研究所碩士論文。

李清泉（1995）。*老屋就是賠錢貨嗎？歷史性建築再利用計畫程序中的經濟議題*。**建築師**。第245號，頁82-94。台北：建築師公會全國聯合會。

胡寶林（2003）。*古蹟、歷史建築及閒置空間再利用的脈絡：借屍還魂或是廢物利用？利用軀殼或是脈絡延續？*。Dialogue：**建築雜誌**。第69號，頁67-58。台北：美兆文化

事業股份有限公司。

施進宗（1992）。歷史性建築再利用之探討——以台灣日據時期建築爲例。國立成功大學建築系碩士論文。

陳正倉、林惠玲、陳忠榮、莊春發（2009）。產業經濟學。台北：雙葉書廊。

陳秀琍（2015）。林百貨：台南銀座摩登五棧樓。台北：前衛出版社。

張維倫等（譯），David Throsby原著（2003）。文化經濟學。台北：典藏藝術家庭。

張清溪、許嘉棟、劉鶯釧、吳聰敏（2010）。經濟學——理論與實際。台北：翰蘆圖書出版有限公司

傅朝卿（1993）。老建築的第二春——談台灣日據時期歷史性建築再利用之契機與問題。建築師。第227號，頁92-99。台北：建築師公會全國聯合會。

傅朝卿（2001）。台灣閒置空間再利用理論架構。2001推動閒置空間再利用國際研討會。10月22日，台南：國立成功大學建築學系。

戴育澤（1986）。台灣都市中近代公共建築之維護與再利用。國立成功大學建築系碩士論文。

縱橫四海文化事業有限公司（編）（2005）。高雄縣旗山鎮舊鼓山國小委託經營管理案結案報告書〉（未出版）。

鄭蕙燕「第十六章生物多樣性之經濟價值與評估」http://www.medie.com.tw/book/b/b16.htm（網頁瀏覽日期：2011年5月3日）。

香港發展局文物保育專員辦事處網頁資訊http://www.heritage.gov.hk/tc/rhbtp/ProgressResult_North_Kowloon_Magistracy.htm（網頁瀏覽日期：2012年5月27日）。

二、外文部分

Fitch, J. M. (1998). *Historic Preservation: Curatorial Management of the Built World*. Charlottesville: University Press of Virginia.

Mason, R. (2005). *Economics and Historic Preservation: A guide and Review of the Literature*. The Brookings Institution, Metropolitan Policy Program.

Rothman, H. K. (2004). *The New Urban Park: Golden Gate National Recreation Area and Civic Environmentalism*. Lawrence, Kansas: University Press of Kansas.

Tyler, N. (2000). *Historic Preservation: An Introduction to Its History, Principles and Practices*. New York: W.S. Norton and Company.

Thorsby, D. (2001). *Economics and Culture*. Cambridge: Cambridge University Press

Thorsby, D. (2010). *The Economics of Cultural Policy*. Cambridge: Cambridge University Press.

Thorsby, D. (2000). 'Economics and Culture Value in the Work of Creative Artists', pp. 26-31, *Valuing Cultural Heritage: Applying Environmental Valuation Techniques to Historic Buildings, Monuments and Artifacts*. Cheltenham: Edward Elgar.

第 11 章

工藝產業與產品設計產業

陳潔瑩

學習目標..

1. 瞭解工藝產業與產品設計產業之定義與分類。
2. 說明工藝產業的歷史意義與現代傳承。
3. 瞭解現代工藝的發展與創新設計。
4. 說明產品設計中的國際觀點與文化觀點。
5. 瞭解如何利用文化符碼於文化創意產品設計中。
....

關鍵詞彙 工藝、產品設計、文化符碼、融古貫今

遠古人類對於工具及生活器物的製作與應用，應是工藝與產品的濫觴。

　　最原始的工藝是以最簡便的功能兼具實用性為考量，然而隨著人類文明的發展，對於器物的要求已經超越實用的基本概念，在各種器物上進行裝飾美化，也是早期人類的設計活動，設計與美學在器物的發展應用，更形塑了工藝的存在價值。這些器物進入了流通領域又具有了商業價值，在商業交易之下，對器物的功能性、實用性、裝飾性要求更高更完美；另外，因為社會地位或社會價值觀的不同，器物的象徵性與社會性也隨即產生，變得更精緻而有特色，因此文明的發展與器物的流通是工藝文化的推手，更內蘊了工藝藝術成就。

　　十九世紀以後，托工業革命之福，生產方式也從手工勞力的生產模式，轉變為人力與機械結合的生產型態，手製工藝品也逐漸被機器量產的產品所取代，不但效率大有改善，品質與技術成為當時工業經濟體系的成敗關鍵。文明的演進讓器物有重大突破，配合機器量產，人們對產品的要求逐漸以感性與美學取代了基本功能性，產品設計也因商業價值與大量行銷而逐漸普及。產品設計結合了創新科技與人文美學，提升了產品價值，更滿足了大眾的使用需求，更引領著生活文化的潮流。

　　工藝產業與產品設計產業在文明史中扮演了非常重要的傳承演化角色，在文化創意產業中更是將文化內涵外顯於世界的推手。設計是人心之華，也是文化之美，運用工藝設計與產品設計將文化的獨特性、風格與內涵轉化在生活器物上，提升文化的創意與活化生活的體驗。

第一節　工藝產業

壹、工藝產業之定義與分類

　　工藝是人類創造器物之技術臻於成熟的技藝。工藝藉由器物的創作過程

與使用過程豐富了歷史文明，無論在日常生活中的實用品，在建築空間的美術品，在人類身體上的裝飾品，在宗教信仰的祭祀品，從過去到現在，不同時期、不同地域的民族社會中，都有工藝產業的存在。

　　工藝產業定義範疇：「凡從事工藝創作、工藝設計、模具製作、材料製作、工藝品生產、工藝品展售流通、工藝品鑑定等行業均屬之。」（源自於文化部訂定「文化創意產業內容及範圍」）

　　台灣的工藝品早期以低廉的手工勞動力換取市場占有率為主要競爭手段，後來引進機器輔助部分手工，便採取改良製造技術、擴大生產規模路線，對於工藝品的藝術性、文化價值則呈現低度開發的現象。近年來隨著全球整體經濟環境的變遷，面臨國內產業環境轉變的巨大壓力下，工藝產業已逐漸改變其經營策略。又藉由當前趨勢潮流對於美學、設計、手感與體驗的熱衷，生活風格、文化觀光、樂活主義與東方元素成為當前對於生活型態的詮釋與實踐。因此，有關台灣工藝產業未來發展方向利基（文化部，2009）：

1. 文化特色與設計結合之美感創新產業發展的態勢已形成。
2. 發展全球性設計研創及中高單價位之精緻產品，為台灣工藝產業升級的發展可能。
3. 全球吹起亞洲設計流行風，屬於東方的設計風格將成為世界趨勢。
4. 發展美學經濟、體驗經濟與感性消費的文化性產業市場已成熟，為值得投入資源人力且轉型為高附加價值之產業。
5. 形塑地方獨特性及吸引力，聚集創意社群及帶動地方經濟發展效應。

　　藉由創新研發設計與拓展行銷通路的策略下，開創台灣工藝轉型契機，以及國際形象嶄新局面，達成台灣工藝創意產業三美遠景，也就是工藝產業文化創意美、工藝產品創新品質美、工藝品銷售成績產值美。

貳、歷史文化的記憶傳承

　　Bruce Metcalf（1993）提到工藝有四個特點：

1. 工藝品必須大部分是用手工完成的，這是所有工藝領域的原始定義。
2. 工藝有具體的材料媒介：工藝品經由具體的材料媒介（陶土、玻璃、木材……）與成熟的技藝而創作完成。
3. 工藝能被使用：工藝品具有其功能性與實用性，而被使用在日常生活中，或建築空間內或身體裝飾用。
4. 工藝具有歷史意義：工藝是承先啟後的技藝，每一個工藝品有主要的文化歷史傳承或是傳統的文化角色。因歷史文明的變化，對於不同工藝產生的感情和記憶，也藉著這段歷史鋪陳出文化性格的塑成。

　　工藝產業傳承歷史文化的內涵與記憶，在工藝創作設計過程中，常常從歷史尋找適當文化符碼加以應用，亦是一個轉化文化意義的再塑造過程。原本無意義也無設定主題共鳴的器物，並不具有特指意義的產品，但由於文化的實質存在賦予器物意義，使工藝器物就轉變成承載集體歷史記憶的「工藝品」，而不僅僅是一個器物產品。工藝品和產品的不同點，是在於歷史文化並不是具物性的實體，本來不一定擁有特定指向的內涵，但工藝品的存在卻是由於人們對於特定的歷史文化產生感知的統合，所以才成為某種意義或內涵的工藝品。不同的人群對相同的產品雖然感受不一，但是人類的生活經驗會賦予大家共同的感覺成分，也對工藝產生認同感；每個工藝品都是由歷史文化所轉化，經由技藝以及實物的結合構成有意義的工藝產品，因而工藝是通過人對於歷史、文化、社會、時間的經驗，以及它們互相的關聯結合，顯露出的意義來源與本質。

一、陶瓷工藝

　　中國在距今一萬年前左右發現陶器，是世界上最早出現陶器的地區之一。一直以來，陶器是日常生活的必需品，烹飪飲食的陶甕、陶碗、陶刀，建築材料的陶磚、屋瓦、瓦當，工藝禮器的雕塑、陶尊、陶爵。而後逐漸形成藝術發展的低溫釉陶、唐三彩、紫砂陶、交趾陶等陶器工藝。陶器是中國燦爛文化的重點傳承，特別是以陶器為基礎而延伸出釉陶與瓷器發展，在世界文明史上極具代表性。瓷器是中國的特色發展，商周時期有原始瓷器發現，到了戰國已經是人們重要的生活用具了。魏晉時期瓷器發展快速，白瓷

光澤明亮姣好。隋唐五代全面發展瓷器，青瓷晶瑩光亮明潤。而到了宋代，宋瓷更是聞名世界，中國瓷器製法流傳到東西方各國，對世界瓷器文化影響深遠。元代青花瓷又超越宋代技術，而成爲瓷器工藝的新成就；釉色白底繪青，圖案紋飾豐富具有時代特色風格。明清時代的彩繪瓷器更是重要技術發展，釉色豐富多彩，出現各種五彩瓷器、粉彩瓷器、琺瑯彩瓷器，更是極具藝術價值（廖惠玲，2008）。

現代陶瓷不僅具有傳統優良技術，更是融入現代思維與創意，並將台灣陶瓷工藝發揚光大於國際間。台華窯位於台灣陶瓷重鎮鶯歌，早年鶯歌陶瓷廠幾乎以代工爲主，台華窯從1987年轉型爲自有品牌公司並以創新爲核心，結合各種藝術家與藝術媒材創作出許多經典之作，並帶領鶯歌鎮從代工轉變爲現代陶瓷創意源頭。而台華窯也由傳統工藝蛻變成代表中華現代精神的精緻陶瓷，2005年，更以「天圓地方」國宴餐具系列勇奪「亞洲最具影響力大獎」。

「天圓地方」飲食思源系列中，陳俊良設計師掌握土坯和釉料之間的衝突，循著透明和無光的交錯，藉著創新傳統的霽青和灰墨釉色，簡單卻深刻的表現出裂紋的視覺美感。沿著邊緣停靠的是台灣二十三個老地名，如今成爲一輛停靠在生活裡的列車，每次饗宴，都把家鄉的故事再說一次。「天圓地方」美意延年系列中，由書法家董陽孜所設計，董陽孜的筆書可擋千軍萬馬，也可溫婉優雅；百轉千迴亦書、亦畫，傳達對傳統的最高敬意。吉慶喜樂之詞話從墨韻轉化成黑、金、桃紅釉彩，穿梭在美食與美器之間，宛若台灣餐瓷的巴洛克風格，改寫古老書法與陶瓷的傳統形象。

圖11-1 「天圓地方」飲食思源系列（圖片由台華陶瓷股份有限公司提供）

圖11-2 「天圓地方」美意延年系列（圖片由台華陶瓷股份有限公司提供）

　　法藍瓷（FRANZ）為國內陶瓷產業新興的自創品牌，融合創新、人文、藝術、時尚等元素，並採用釉下彩、倒角專利等技術，創作出許多造型立體獨特、具有新藝術風格的瓷器精品。2002年在紐約國際禮品展，自上萬件作品中脫穎而出獲得最佳禮品收藏獎，不僅開啟美國市場，也奠定品牌之路。2005年獲得象徵台灣產品最高榮譽的國家產品形象金質獎。法藍瓷副品牌──Jean Boggio for Franz，由法國名設計師Jean Boggio設計的「舞出天地」（China Circus）作品當中，一系列採用瑰麗的色彩如土耳其藍、亮橘色、蘋果綠等明亮色系的陶瓷娃娃，展現中國雜技藝術的生動靈巧，打造一座絢爛的夢幻樂園。Jean Boggio for Franz常融合中法美學，超越國際文化的界限，並以多種材質與工藝技術，表現出東西跨界文化的夢幻意境與異族情懷。

❧圖11-3　「蝴蝶」系列（圖片由法　❧圖11-4　「舞出天地」系列（圖片由法藍
　　　　　藍瓷股份有限公司提供）　　　　　　　瓷股份有限公司提供）

二、金銀工藝

　　黃金白銀具有優良的金屬延展性，可以敲碾極薄的金銀箔，可以拉成極細的金銀絲，常製作成器皿與裝飾品，而中國在商周時期即發現利用鎏金、錯金銀之技術，製作貴族生活重要的金釧、銀環之飾品與金杯、銀盒之器皿。漢代金銀器製作技術更是繁複精緻，富麗堂皇，金銀器亦常見於皇室貴族之身飾中。唐代是中國金銀工藝發展的繁榮時期，採用鎚煉、切削、焊接、掐絲、鑲嵌技術，並融入中亞與西亞傳入中國之技術，使得金銀器的紋飾立體多變化。明清更是注重金銀工藝的華麗精美，出現了點燒琺瑯與掐絲

琺瑯之新技術，而銅胎掐絲琺瑯又稱景泰藍，更是造型優美、色彩鮮豔、花紋細緻的金屬工藝品（廖惠玲，2008）。

今生金飾是台灣地區第一個國人於1995年自創的品牌，也是國內知名度最高之金飾品牌，並獲故宮授權製作，結合故宮國寶與深度中華文化的故事性，以館藏文物為設計靈感，擷取古典元素與文化符碼融入金飾飾品，成為台灣打入國際市場的特色金銀工藝飾品。無論利用國寶古文物之整體造型與意象轉換而設計的毛公鼎、翠玉白菜與玉辟邪擺件，或是利用抽象概念和具象文字圖騰，並融入強烈的流行時尚風格而設計出的汝窯青花瓷墜、赤壁賦金墜與龍紋球瓶金墜，將歷代典藏的藝術文物化身為美麗金飾，佩戴的不僅是美麗璀璨裝飾品，更能表現心靈與文化的涵養氣質。「汝窯青花瓷墜」的設計起源於汝窯青瓷花式溫婉細緻紋路而來，純金勾勒的不規則網紋，點綴著晶瑩的綠色水晶，整體散發清雅素淨、黃澄蘊潤的典雅美感。「赤壁賦金墜」的設計起源於蘇軾著名的前後赤壁賦，因此取二賦傳繼文化、一脈相承的意涵，利用「傳」和「脈」兩字代表千言賦。

🐉 圖11-5　「赤壁賦金墜」、「汝窯青花瓷墜」、「毛公鼎」、「翠玉白菜」（圖片由今生金飾股份有限公司提供）

「朱的寶飾」是林芳朱所領導的設計師珠寶品牌，1992年創始之初，便以古董文物作為設計主軸，前人的巧思加上現代的創意，塑造最新潮的古典風格，並獲得國立故宮博物院品牌授權，透過專業設計，將故宮珍藏的豐富國寶變成一件件藝術珠寶，有裝飾性，有文化性，更有故事性。

「故宮宜子孫項鍊」以乾隆皇帝的印章「宜子孫」作為藍本，喜歡書畫的乾隆皇帝，將宜子孫的印章蓋在書畫收藏給子孫看，子孫也一代傳承一

代，在這故事下設計成一款朱紅珊瑚底色的四方造型項鍊，「宜子孫」三個字則以立體的爪鑲鑲上鑽石，既古典又時尚，國寶工藝藝術亦延伸於生活。「故宮指甲套項鍊」以慈禧太后與清宮后妃戴的長指甲套為靈感，利用金與銀的延展性與高超的工匠技術，以純熟的技法製作精細緻密的紋飾，搭配天然珍珠的設計，獨特而搶眼，更呼應了古今美甲流行時尚美感，讓慈禧太后跨越時空，走入現代時尚。

圖11-6 「故宮宜子孫項鍊」
（圖片由朱的寶飾股
份有限公司提供）

圖11-7 「故宮指甲套項鍊」
（圖片由朱的寶飾股
份有限公司提供）

三、玻璃工藝

中國古代的玻璃製造工藝始於西周，但一直到遼、宋、金時期，玻璃工藝才受重視而發達，也帶給當時人們使用玻璃器皿的便利。含鉛量高，所以玻璃色彩光鮮，質地輕脆，不易保存。經過緩慢的發展，玻璃製造工藝到清代達到頂峰，玻璃製作得到皇室的重視，而有單色玻璃與琺瑯彩玻璃之變化。玻璃質脆，不易保存，故能夠留存至今的玻璃工藝寥若晨星，其珍貴程度不言自明（廖惠玲，2008）。

1987年成立的琉璃工房，是台灣第一個琉璃藝術工作室，也是當今華人世界最大的琉璃藝術品牌。楊惠姍和張毅兩位創辦人，從對「脫臘鑄造」的一無所知，不斷摸索研究復興失傳已久的傳統「脫臘鑄造法」。始終堅持民族文化的風格，在工藝價值上，秉承永遠親自動手做的工藝價值。2005年，琉璃工房以中國設計概念，獲得香港設計中心所頒發「DFAA亞洲設計

大獎」之「最具影響力總體設計品牌獎」,超過二十件的作品,榮獲世界最知名博物館的永久收藏。創新產品和品牌營造發展,琉璃工房開創了台灣新的美學經濟價值。

「並蒂圓滿」是利用中國文化符碼隱喻在琉璃設計之中,圓圓的瓜是完整的滿足,是期待、希望、努力之後的一個甜蜜的結果;求後,則百子千孫;求財,則金玉滿堂。把文化變成一片片故事,將這些故事透過圖樣傳播到西方世界,是玻璃工藝發揚國際的圓滿結果。「千手千眼千悲智」,這尊高100公分的琉璃千手千眼觀音,是敦煌第三窟壁畫首次以琉璃材質立體呈現,歷時三年半完成,已是全世界至今最大且完整以脫臘鑄造技法製作的琉璃佛像,2010年展覽於上海世界博覽會並永久典藏於上海世博中國館。

圖11-8 「並蒂圓滿」(圖片由琉璃工房志業股份有限公司提供)

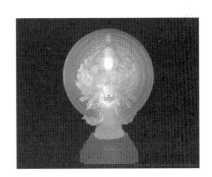

圖11-9 「千手千眼千悲智」(圖片由琉璃工房志業股份有限公司提供)

參、新文化新工藝

二十世紀傳統工藝環境曾經深受全球化主義風潮與大量機械化生產的衝擊而逐漸式微,如何傳承深具文化意義與生活創意的傳統工藝資產,開創工藝的新展望便顯得格外重要。傳統工藝透過科技技術以及注入新一代的創新思維改良,將一般人視為傳統工藝的物品,從沒落的邊緣,重新賦予生活新意,展現本土文化的創意思維。

　　二十一世紀，工藝產業已是文化產業的一環，在產值上，工藝雖然難以再成為與工業產品相匹敵的對手，但在重要性上，工藝卻在二十一世紀開始躍居鎂光燈下，在文化的伸展台成為重要的角色。之所以會有此戲劇性的轉變，因工業高度發展帶來經濟成長與物質充裕，人們開始用文化的角度來思維，而非僅以溫飽為依準。用產品和生活型態方式來建構自我，用工藝或美學來想像、追求、品味生活，工藝便不再只是傳統的產物了，往往借重文化內涵，增加了手感與生活的體驗，更是「文化產業」的重要一環。

　　工藝，因為擁有豐富的文化與創意，更添風采。文化是生活經驗的累積，也是生活型態的表徵。而創意是藉由凝聚共同生活議題的思考，發掘出傳統文化價值的創新機會。如何利用文化創意資源賦予工藝新的生命與契機，感動台灣的每個人，並吸引全世界的目光，是一門學問。透過文化創意產業的點綴，工藝特色更加鮮明。傳統工藝中，各式各樣的技法等待有心人去發掘，並將這些片段的文化故事，加入創意元素，用各種方法向世界展示工藝之美，去感動不同文化的民族人類。

　　融古貫今，我們看到歷史古蹟與精緻工藝，會愛不釋手，會流連忘返，會有特殊的情懷。歷史文化的內在記憶會觸動人心，但是我們又已經回不去那古老的年代，因此如何讓懷古思潮重新展現，便是利用新方法、新科技融入新材料，將古老的元素、古老的故事與古老的文化重新展現古今融合的新樣貌與新工藝。所以，「融古」是古老感情的源頭，「貫今」則是將文化重新展現於今世。

　　「融古」即是將歷史文化的內在記憶融入工藝中。鶯歌陶瓷、大溪家具、竹山竹編、大甲草編、鹿港木雕、美濃紙傘、花蓮石雕，這些都是台灣常民的技藝，也是大家生活的記憶，這些具有工藝文化特色的技藝，若能注入創新的設計，不僅是傳統技藝的延伸，更能提升工藝的價值。取材文化，透過創意，現代創意設計得以從文化的探索及理解中，建構設計創意的新方向，以象徵文化的圖騰符號等概念來設計情境氣氛，挑出適合的元素，再慢慢堆疊出優美而質樸的文化意象，透過工藝的技術再現人們的念舊情懷，以豐富現代人單調的生活型態。

　　「貫今」即是將工藝貫穿於今日生活創意的外顯體驗。台灣工藝發展過程中累積許多的利基，陶瓷、琉璃、金屬、木工與編織等工藝，都有獨到

傲人的專業技術（張志遠，2004）。再加上工藝設計，設計是文化創意活動，其最終的目的在於形成生活體驗，營造人本的生活環境。工藝產品乃是藝術、文化與科學的整合，以滿足消費者的生活品味，營造並重新定位生活型態。台灣工藝以人文藝術為基盤，以精湛的工匠精神，經由不斷的創意激盪，設計出令人讚嘆的工藝精品，不論技術、材質、造型及設計元素的美感，已經在傳統與現代、技術與設計間找到另一種對話關係，並融合懷古思情重現新意，激發工藝創作新活力，經由工藝文化的創新發展，建立台灣生活創意的新工藝體驗。

近年來，台灣工藝研究發展中心與台灣創意設計中心共同推展工藝時尚計畫，藉由工藝師傅和設計師合作的連結，利用跨領域專業人士的合作，讓台灣的傳統結合現代設計，傳統工藝師精湛之技藝結合設計，開創具實驗性之工藝新趣作品，共同創作出新文化與新工藝。自2009年起，工藝時尚計畫更開始進行大規模的國際合作及跨域合作，並以竹藝、竹編、木雕、漆器、細銀及陶瓷等工藝設計系列作品進軍國際，推展台灣工藝設計與台灣生活創意。因此，台灣工藝研究發展中心推出工藝時尚Yii品牌，藉由工藝和設計產業的連結，透過當代設計轉化傳統工藝，強化Yii品牌形象，將合作的工藝家及設計師帶進國際工藝產業。Yii，音同於中文字「易」，所指即是事物的易變與轉化。Yii也有「意」及「藝」的諧音，具有創意、工藝及藝術之意涵。Yii以人文及自然之間的和諧關係為出發點，多數產品採手工適量或限量製作，並於製造流程中摒除造成環境負擔的因素，尊重自然與保護環境。Yii品牌展現出台灣工藝新形象、新創意、新設計，工藝商品以時尚精緻、生活機能，並具文化特色與流行趨勢，開創台灣工藝品牌商機與行銷潛力。

Yii世界杯將全球品牌星巴克（Starbucks Coffee）與台灣傳統工藝巧妙結合，並由木雕、交趾陶、琉璃、細銀等傳統工藝家，以星巴克Grande紙杯為題，順著工藝內涵，於作品創作過程中隨機增添生動的裝飾，例如攀爬的甲蟲或青蛙、盤空的雲朵和祥龍等，讓全球不變的普遍造型與圓形圖案，在台灣得到不同的生命與靈氣。利用文化內涵、環保手感與創意設計之生活工藝物件，為忙碌但生活單調的現代人，提供一種具美感且簡約自然的生活方式與價值。

絲雲

祥龍

墨荷

龍騰

沐蘭

輪迴

竹浪

天目

蛙鳴

圖11-10　星巴克Yii世界杯（圖片由台灣工藝研究發展中心提供）

　　Yii蕾絲碗是一組蘊涵視覺線索與細膩觸感的詩意作品，結合東方刺繡與西方蕾絲圖樣，表達華人母親對女兒婚嫁的祝福。瓷器從底部開始漸漸變薄，至開口處細薄如膜，幾乎穿透，和光線互動出幻化多變的細膩效果，此系列由花器、碗及大盤組成。

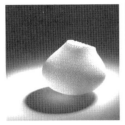

圖11-11　Yii蕾絲碗組（圖片由台灣工藝研究發展中心提供）

第二節　產品設計產業

壹、產品設計產業之定義與分類

　　台灣早期產業以OEM（original equipment manufacturer）之代工模式為經營主軸，經濟部工業局於1988年啟動全面提升工業設計計畫，期望藉由工業設計能力之提升，培養產業的自主設計開發能力，協助產業轉型升級為ODM（original design manufacturer）之自有設計製造模式，協助產業自行開發新產品，強化國際市場之優勢。工業設計主要運用設計創意與美學涵養，導入設計美學，開發符合市場需求之差異化及獨特性產品。後工業時代的大眾消費市場裡創造差異的，絕對不是同樣式之國際觀的集體品味，而是一個擁有殊異生命發展、具備不同感官、能咀嚼嗅聞出生命之不同風格、創作獨特形式作品的個人品味，這是創意設計產業的核心，也是市場需求之差異化及獨特性產品設計。因此早期「工業設計」一詞也轉用「產品設計」，而這兩者語詞其實所指的意義與內容是相同的。

　　產品設計產業定義範疇：「凡從事產品設計調查、設計企劃、外觀設計、機構設計、人機介面設計、原型與模型製作、包裝設計、設計諮詢顧問等行業。」（源自於文化部訂定「文化創意產業內容及範圍」）

　　產品創意設計是提升國家競爭力的重要關鍵，政府近年落實《文化創意產業發展法》，大力媒合廠商與設計服務業者合作，協助廠商運用設計開發創新商品，並協助廠商參與德國iF及reddot、美國IDEA、日本Good Design Award等國際四大設計獎比賽，提高台灣產品知名度及國際形象（文化部，2009）。另外，政府為推動文化創意產業發展，於2003年成立國家級設計中心——「財團法人台灣創意設計中心」，並於2004年正式啟動營運，2020年升格改制為「台灣設計研究院」（英語：Taiwan Design Research Institute，簡稱設研院、TDRI）。近年來，台灣設計研究院以「台灣設計館」形象，帶領許多業者至國外參展各種國際展覽會，促進國際設計交流，協助拓展海外市場能力。政府亦委託台灣設計研究院建立跨域整合設計創價服務平台，透過服務平台將更快速傳遞最新設計訊息，與產業密切聯繫合作，讓更多人快速掌握設計資訊及情報；並建置網站，運用網路展示台灣優良設計，增加台灣優質文創商家及商品之曝光度，強化民眾對台灣設計好物的認知及購買力，並開拓網路國際市場。

貳、國際觀與文化觀

　　從產品設計的角度來看，在「經濟全球化，生活地球村」的影響下，各國的產品設計呈現一致的國際化風格，缺乏地區性的文化特色。全球化是一個經濟概念，代表著國家與國家之間資金、產品、服務、資訊的流通與交換。最近半個世紀，全球化已發展為一個普遍的概念，更成為一種國際觀的理想生活模式。特別是在國際交流、貿易頻繁的國家中，無論身處美洲、歐洲或亞洲，我們常使用的個人3C產品：IBM個人電腦、Acer筆記型電腦、HP印表機、SONY數位相機、iPhone手機，或家用家電產品：Samsung液晶電視、Pioneer錄放影機、Sanyo洗衣機、LG電冰箱、Krups咖啡機等，這些產品行銷全世界，也就是無論在哪裡都可以看到國際大品牌大公司的各種產品。當國際性產品卯足了勁向全球化推展時，人類開始擔憂全球化是否也有它的負面影響，最大的隱憂就是經濟全球化，生活地球村之後，全球的人類生活在不同區域，卻都使用大同小異的國際性產品，進而令各國慢慢失去

其珍貴的文化特色。而經濟強國美國，其資源和經濟發展足以將其文化與娛樂，包括聽英文流行音樂、看好萊塢電影、喝星巴克咖啡、吃麥當勞漢堡、拿iPhone手機等，向全世界推銷輸送。而iPod、iPhone產品為什麼成為全世界的流行，就是靠Apple產品美學；星巴克咖啡為什麼成為全世界的流行，就是靠美式咖啡生活美學；好萊塢電影為什麼成為全世界的流行，就是靠好萊塢流行美學；這就是文化創意的精髓，也是美國文化的創意美學與流行行銷。

近年來在消費者導向、使用者中心的設計趨勢下，人們開始喜歡個性化、差異化的產品，甚至尋求具有文化認同、表現文化特色的產品，世界各國也發展出強調自己文化特色的設計風格，例如義大利風格、日本風格、德國風格、北歐風格等。各國不同的產品風格，呈現在設計上的文化差異，正是全球化下產品設計「同中求異」的趨勢（林榮泰，2009）。而其實產品的國際觀與文化觀在設計史上一直交錯互現，文化觀更不是因近年來文化創意產業受到國內產官學的重視而發展出來。

「國際主義」（international style）設計風格是第二次世界大戰之後所發展出來，但其實受到戰前的德國包浩斯設計學院與「現代主義」設計風格影響。「現代主義」（modernism）設計在德國的包浩斯設計學院時期（1919-1933）達到頂峰，大力主張功能主義和承認現代工業，減少任何裝飾，主張產品標準化和大量生產化，完善地把各個設計的不同項目綜合在一起，融合藝術、工業設計和手工業，發展出工業設計、平面設計等各方面的現代設計，並影響整個歐洲設計。1933年納粹強行關閉重要的包浩斯設計學院，學校的領導者逃離戰時納粹黨逼迫，幾乎都來到美國並帶領各設計領域，因此這種包浩斯所提倡的單純、理性、機械式、忠於材料的設計，再加上受到當時米斯・凡德洛主張設計應該「少即是多」（less is more）、「簡潔即是豐富」的深刻影響，強調產品功能、造型簡單、系統化模組成了產品設計主流，因此戰後形成新的現代主義設計，就稱為「國際主義」設計風格（王受之，1997）。產品設計的極簡化，在美國強大經濟實力帶動下，席捲了西方各國，終於變成國際主義設計運動，全世界的產品設計都呈現出高度理性化、極簡化的造型風格樣式。而這樣的「國際主義」設計風格剛好符合國際性生產公司，產品的設計不單單為一個特定國家，而是行銷至世界經

濟圈,因此設計的方向可以統一化、公式化、簡單化,不用考慮國家民族差異,產品可以為各式不同的人們提供相同的功能,作相同的服務。國際主義設計風格確實征服了世界,成為戰後世界設計的主導風格,並大力影響世界的建築設計、產品設計、平面設計,甚至壟斷全世界的設計。到了50、60年代,世界大都會城市建築幾乎變得一模一樣,所使用的家電與家具也大同小異,地方特色、民族特色的多元化逐漸消失了,原來多樣的各國設計風格被追求單一化的國際主義設計所取代。

　　70年代初期發展以來,也有設計師對現代主義及國際主義那種單調、無人情味、功能至上感到厭倦,特別是個人工作室的設計師沒有國際企業的商業包袱,開始追求更加富於人情的、裝飾的、變化的,甚至傳統的表現形式,特別從歷史中吸取裝飾營養,採用抽出歷史的元素,並以混合與拼接等折衷設計處理,而產生「後現代主義」(postmodernism)設計。因此,後現代主義設計是對現代主義設計的挑戰,是對國際主義設計的一種裝飾性的延伸發展,在設計上大量運用了各種的歷史裝飾符號,採取的是折衷的手法,把傳統的文化脈絡與現代產品設計結合起來,並主張以裝飾手法達到視覺上的審美愉悅,注重消費者心理的滿足　(王受之,1997)。

參、文化符碼之產品設計

　　後現代主義設計觀是當代西方設計思潮向多元方向發展的一種必然趨勢,它是從西方工業文明中產生的,是工業社會發展到後工業社會的必然產物;同時,它又是從現代主義設計觀中衍生出來的,在對現代主義設計觀的反思和批判中,後現代主義設計觀逐漸走向修正和超越。後現代主義主要針對現代主義所提出的中心思想有所反動,主張以裝飾的方式增加作品的豐富,並且從自身的文化之中萃取特殊的語彙增加到設計作品上,因而作品能夠充分的反映出自身的特殊性。後現代主義下的工業產品設計派別,包含了微型建築風格、微電子風格、極簡主義以及語意派等,茲將後現代的工業產品設計派別簡述如下:

　　1. 微型建築風格(micro-architecture)是指將建築風格援引到產品設

計上，代表設計師有亞德・羅西（Aldo Rossi）、翁格斯（Ungers）等人。

2. 微電子風格（micro-electronics）是由於微電子技術的發展所形成，評論家約翰・格羅斯（Jochen Gros）說這是一個「小但是複雜」的風格。

3. 極簡主義（minimalism）又稱爲還原派或低限派，還原派宣稱設計要回復到簡樸生活，低限派則是與純藝術裡的最低限藝術具有雷同的品味。代表設計師有菲力普・史塔克（Philippe Starck）。

4. 語意派是指受到符號學影響，從而探討造型元素的符號化與組合規則，從而建立使用者的心理意象。

針對建築文化風格進行解析，以後現代主義的建築師亞德・羅西爲例，希望藉由深入瞭解設計大師亞德・羅西的作品，運用文化風格解析，進而萃取風格元素，並結合生活用品之功能進行風格文化再現，讓使用者在使用產品之際，瞭解設計大師之設計風格。亞德・羅西是義大利無與倫比的建築師，在國際建築界贏得無數獎項，1990年更得到世界建築最大榮譽匹茲克獎（The Pritzker Architecture Prize）。亞德・羅西也替義大利的著名企業艾烈希公司（Alessi）等設計產品，其產品被定位於後現代主義中的微型建築風格。其作品無論是建築物或是產品都有其強烈的個人特色，具有一致性的風格造型，簡單原始的基本形體，少量無華的精緻細部，豐富概要的點綴用色，再加上文化歷史的內涵意義與無限的想像空間，尺度的顚覆造成新意，成就其風格型態。亞德・羅西對歷史的參照是抱持著嚴肅的態度，企圖以歷史的建築元素來建構其理論，主張以「面向事物的本身」以及「本質還原方法」把本質當作是事物的原型，利用簡單的原型創造一種神祕或偉大的文化氣氛（Adjmi and Bertolotto, 1993）。在亞德・羅西作品中，沒有使用流行的裝飾，也沒有粗劣的仿製，反而充滿著一種能讓我們感受到從以前到未來的歷史文化經驗。在艾烈希咖啡壺中的蔻妮卡和柯波拉，是微型建築設計風格最著名的兩款產品設計，其作品造型復古、線條簡潔、工法細緻，與義大利的傳統教堂建築特色緊密相關，圓錐塔體加角錐屋頂之建築特色，搭配帶著輕鬆愉快的調子，其產品設計同時保持高度解釋性。

義大利生活精品設計品牌艾烈希，是以義大利文化設計風格聞名全球

的家用品設計製造商，創自於1921年，一路走來兼顧傳統的堅持與創新的努力，也兼顧產品設計的實驗精神與古典文化的詩質美感，深信一切產品的造型，都是創意和科技的偉大結晶，也許就是因爲這份執著，讓他們成爲了產品設計界中的國際佼佼者。1979年艾烈希設定一個經典主題茶與咖啡系列，由亞力山卓·麥狄尼（Alessandro Mendini）找了十一位國際知名建築師包括亞德·羅西來自由設計，這一系列產品充滿義大利古典建築風格，更引入文化符碼的後現代主義設計。1983年於米蘭的聖卡波沸洛教堂展出，宣示艾烈希的義大利文化設計風格，也建立起全球知名度。亞力山卓·麥狄尼本身反對現代主義過於理性，讓產品設計成爲資本的工具，喪失了文化意義。這一系列的產品設計也打破了功能形式，挑戰國際主義設計，開始強調個性化與高品味，甚至改變了產品意義，豐富了設計文化。艾烈希對文化的堅持，以文化原型作美學的基礎，採取多元藝術融合於產品設計中，而讓產品擁有文化性、審美性、趣味性與創意生活性的多種特質，無形當中吸引了消費者的注目，也贏得設計界的讚賞。1991年更採用新銳產品設計師進行家族故事企劃與設計，深入研究家用品如何引發人類的感情，深信每個家用品的背後都有一個與人類日常生活息息相關的小故事，利用故事性引發生活產品的趣味與夢幻。艾烈希以夢工廠自居，在世界各國的旗艦店都設計成夢幻商店來傳達艾烈希一貫的夢幻風格，除了整體氣氛的要求外，細節至烘托每個商品的特色，表現出個別作品美感，每件商品都是一個童話角色，訴說自己的故事，並能傳達美麗與歡樂的情感（Alessi, 2003）。

圖11-12 亞德·羅西「蔻妮卡」咖啡壺（圖片由艾烈希公司提供）

圖11-13 亞德·羅西「柯波拉」咖啡壺（圖片由艾烈希公司提供）

2007年國立故宮博物院與義大利艾烈希公司合作正式發表「當東方故宮遇上西方ALESSI」，艾烈希的主力設計師史帝芬諾・吉歐凡諾尼（Stefano Giovannoni）為故宮全新創作了「The Chin Family──清宮系列」，其創作靈感來自於一幅清代乾隆皇帝年輕時的畫像。史帝芬諾・吉歐凡諾尼以此幅典藏畫像為藍本，創造出「清先生」頭戴清冠帽，臉帶著笑意的丹鳳眼公仔形象，並衍生設計出一系列胡椒罐、蛋杯、計時器等趣味文化的生活產品，並考據清朝貴族王室用色，利用中國傳統色相再加重，使色澤鮮豔亮麗飽滿以符合現代色彩流行趨勢，且每件作品的文化圖騰皆代表了不同中國符碼意喻：胡椒罐的袍服相間著富貴花紋飾代表花開富貴之意；計時器的袍服相間著蝙蝠圖案代表福運來財之意；調味罐組的袍服相間著祥雲圖案代表祥瑞如意之意，還有代表長壽的壽桃也出現在調味罐組當中。清宮系列問世即大受歡迎，寫下超高人氣的銷售數字，也將故宮博物院品牌之文化創意商品順利推廣於各歐美國家中。之後雙方繼續合作發展「東方傳說」系列與「香蕉家族」系列，利用故宮典藏的歷史文物為藍本，以各種動物與植物的形象，呈現童話故事的特質，特別是「香蕉家族」中的非禮勿視、非禮勿聽、非禮勿言的三隻小猴子最為逗趣，並藉由故事性的文化創意商品特質，將中國傳統文化的孔子儒家思想傳播於國際間。

故宮博物院的收藏主要來自清宮收藏，承襲自宋、元、明、清等四朝宮廷，再加上來台之後的徵集，藏品數量總計六十五萬餘件，品目繁多，收藏年代遠溯新石器時代，近至現代，不僅是中國藝術與工藝品的精華，也是華夏文明與亞洲多元交織的文化精髓。故宮近年來更以「時尚故宮──Old is New」為核心企劃，成功創造文化創意產業新價值，強調人文與藝術的精神生活態度與價值觀，將中華文化融入現代產品與生活中，形塑新東方主義的創意生活。故宮本身就是一個蘊涵豐富中華文化的母體，可以提供多樣化的文化素材，而故宮授權文化創意商品開發設計，經由設計師透過文化的蒐集與分析，找出文化符碼進行創意的結合，開發具有功能性、美觀性以及內涵文化元素之文化創意產品，讓文化風格得以延續，提升產品之附加價值，也帶來不少新商機。「龍爪開瓶器」的設計以玉龍珮流暢的線條為設計靈感，玉龍珮在戰國時期常為貴族所佩帶，象徵其身分地位，利用飛騰靈動的旋繞身姿之美，並增加了實用的新元素。本設計運用龍爪的線條成為開瓶器，以

科技產業常用的鋁合金賦予玉龍新形象。「盞」，淺碟型器具，可用來飲酒、也可以用做油燈。設計師藉由「盞」的淺碟概念，結合歐美人士於早餐桌上隨處可見的日用蛋杯，讓中國文化與創意，能更貼近於現代人的日常生活之中，並且能將東方器具作為西方日常生活之用，此乃東西文化合用之新產品設計。

圖11-14　故宮與艾烈希合作「清宮」系列（圖片由艾烈希公司提供）

圖11-15　故宮與艾烈希合作「東方傳說」系列（圖片由艾烈希公司提供）

　　在我們日常生活當中，文化無所不在，社會活動的模式營造出各式各樣的生活文化，不同的文化體系是透過各種符號象徵存在社會文明之中，人們也學習這些符號象徵體系理解種種社會現象與事物。因此，如何解讀各種符號象徵在該文化的實質意義，便成為社會學科詮釋人類心智的重要方式之一，而在產品設計中，應用這些文化的符號象徵體系，強調人文生活態度與價值觀，融入現代產品與生活中，並以傳統與創新相容並蓄的方式，傳達文化扎實與真誠的情感。台灣的主體文化包括生活、飲食、工藝、設計都是有優勢的，台灣的文化更是無所不在，在漢民族群、在閩南族群、在客家族群、在原住民族群中，在歷史文明中也存在現代社會中。而如何在台灣文化的符號象徵體系，找出適合在產品設計的符碼，藉以創新開發、建立風格特色與品質形象，更是產品設計師要去探索與思考的。在我們生活周遭，可以發現許多新奇美好的事物，也有許多過去生活中的共同記憶，例如陳潔瑩與林立倫設計的「香草船——香料研磨器」，傳統中藥鋪的藥船碾槽是小時候的記憶，也是台灣歷史生活中的符號象徵，懷念利用藥船碾槽搗藥時的陣陣

藥草香氣四溢，而反映在現實生活中，我們也常常使用一些香料於食材中，因此將藥船的意象並融入華夏文化爵鼎造型線條美感，轉換設計成現代餐具的香料研磨器。

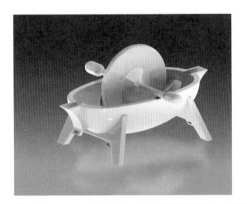

⛭圖11-16　香草船（香料研磨器）（圖片由陳潔瑩提供）

　　產品設計近年來應用於開發文創紀念商品，也帶來許多觀光的商機。第八屆世界運動會於2009年7月16日至26日在高雄市舉行，台灣首次舉辦國際性大型綜合運動會。2009世運會徽，以高雄之「高」字為主要元素，以彩帶形狀來呈現運動之律動感覺，更以各種亮麗色彩，並傳達和諧、友誼、律動、飛躍、進步、歡樂的概念，結尾使用藍色系，表現出高雄市為一座陽光和海洋的城市，表現歡樂繽紛的感覺，本會徽於2010年1月1日正式成為高雄市市徽。本屆世運所採用的吉祥物被稱為「水精靈」，以高雄市「光和水」兩大主題作為靈感，並以高雄兩字正式命名為「高妹」和「雄哥」，吉而好公司設計一系列的世運授權商品，也是國內首次以大型運動會開發紀念文創商品，創造兩千多萬元的營業額。於2010年台灣舉辦國際大型博覽會——台北國際花卉博覽會，也是文化創意產業的代表，博覽會開發兩千多項文創紀念商品，創造兩億多元的營業額。不少遊客來到台北國際花卉博覽會，總會想買個小禮物回家當紀念，而銷售排行榜前五名的商品分別是花精靈紀念章、花精靈保溫罐、花精靈台北捷運路線文件夾、花博手鏈、花精靈環遊世界鑰匙圈等。這些商品都有共同特色，由花博logo和五隻花精靈公仔、一隻種子芽比娃娃所代言而延伸開發，單價不高但精美、具創

意和有趣性。第二十九屆夏季世界大學運動會於2017年8月19日至30日在台北市舉行，為台灣首次舉辦世界大學運動會，也是台灣有史以來主辦過的層級最高的國際體育賽事。以U字意象延伸（UNIVERSIADE、UNITED、UNIVERSITY），代表年輕世代發的力量、希望與信念，更將「北」字意象帶入U字意象，呈現向上躍升與追求卓越的城市主張，而行銷核心定位以「捍衛主場」為意識形象，衍生出「台北我主場」來支持中華國家隊。熊讚（Bravo）是此世大運吉祥物，為一隻雄性台灣黑熊，後來於2017年9月20日正式成為台北市政府吉祥物，並擁有自己的官方網站，而延伸出來的各式熊讚的紀念商品一直在台北市各大角落都還在持續銷售中。因此將活動之形象建立，不僅有中心思想的精神所在，更能明確做好行銷核心定位。舉辦活動並利用城市文化結合，更能將活動與城市一起推廣，達至一加一大於二的加乘效用。

　　文化產業有重要的三大要素，分別為美感、價值和故事，形式與外顯的美感是必要的條件（台灣經濟研究院，2002）。高雄市的彩帶市徽與台北市的熊讚吉祥物就是被創造出來的角色與故事，創造文化價值認同的本身，是一個消化知識、創造型式、設定對象、文化行銷的過程，當表現的原型獲得人們喜愛時，便可以大量複製，往往規模愈大，邊際利益就遞增，此即文化產業的重要性之一。這一類文創紀念商品是紀念品也是伴手禮，搭配在地文化與節慶，並結合觀光旅遊，常在觀光景點與節慶活動成為熱銷商品。在富裕社會中，文化內涵已然成為產品本身之重要特質，而觀光乃是文化行銷手段，文化則是觀光的內涵。因此在文創紀念商品的產品設計詮釋手法上，常以在地文化、在地特色或活動文化、活動情境，表現設計的多元面向，結合設計美學，開發出各種創意有趣的禮品、精品與紀念品。陳潔瑩設計的「排灣族拆信刀」，以排灣族文化為發想主題，經文化調查找出具代表性之排灣族三寶：古陶壺、琉璃珠、青銅刀。古陶壺是排灣先民誕生之源，代表創生的意義，並分為公壺與母壺；公壺圖騰以百步蛇紋為多，象徵男性；母壺則以乳突或鈴鐺裝飾，象徵女性。琉璃珠是蜻蜓美麗的大眼睛所製成，是神送給排灣人的禮物。青銅刀是象徵權威及力量，也是排灣勇士防身妨害之神器。「排灣族拆信刀」萃取排灣族之文化元素，經由創意的構思，設計一只融和了排灣族古陶壺雙耳造型，又特別設計成雙中空圓來象徵蜻蜓之眼

睛，而刀型採取青銅刀之外形意象，上刻有百步蛇造型，整體造型簡潔極具創新性，因此成為屏東市政府之紀念品。台灣過去有多樣性的生態與多元豐富的文化，獨具其他國家缺乏的特殊性，這些文化傳統與特殊性將成為文化創意產業中的創意泉源，能將具有的文化元素與創意結合，並配合觀光產業，產生富有趣味性之文化創意紀念商品，將成為發展的方向之一。

❧ 圖11-17　排灣族拆信刀（圖片由陳潔瑩提供）

　　世界上具有文化特色的產品，都是從文化角度中研究精髓，從歷史中挖掘寶藏，結合現代的科技技術與工業發展，才能創造出富有文化符碼之創意產品。法國的時尚貴族歐風設計、義大利的鮮明活潑南歐風格、德國的科技品質設計、北歐民族的自然極簡設計、日本的和風東方風格等，全都是從本身土地與歷史中的民族文化元素提煉出象徵符號，並將之灌注於所設計之產品。所以設計根植於深層文化素養，全世界各國家或民族均有其歷史文化，在人類歷史與文化的演變過程中，無論是東方或西方世界，均在歲月旋轉的世紀中呈現興盛和衰退的循環。而近年來東方哲學引領不可測的無窮盡思維，歷史悠久的東方文化更暗藏許多美學的精妙，向古人與向東方學習的互動行為，正以倍數的現象影響全球運行生活，所以台灣意象所暗含的東方符號象徵，必須能夠承載台灣之既有文化特色與生活型態，並將之化為台灣意象產品設計元素，再以「台灣設計」形象推向世界。

學習評量

1. Bruce Metcalf 提到工藝有哪四個特點？

2. 說明工藝時尚Yii品牌對台灣現代工藝設計之影響。

3. 說明產品設計產業定義範疇。

4. 何謂「國際主義」（international style）設計風格？

5. 何謂「後現代主義」（postmodernism）設計？

6. 如何應用文化符碼於產品設計中？

參考書目

一、中文部分

王受之（1997）。世界現代設計。台北：藝術家。

台灣經濟研究院（2002）。推動文化創意產業之系統服務規劃研究報告。台北：行政院文化建設委員會。

行政院文化建設委員會主編（2009）。創意台灣——文化創意產業發展方案行動計畫98-102年。台北：行政院文化建設委員會。

林榮泰等合著（2009）。設計典藏：創意產業的文化想像。台北：文瀾資訊。

張志遠（2004）。台灣的工藝。台北：遠足文化。

廖惠玲主編（2008）。圖說中華文明史。台北：人類智庫。

二、英文部分

Adjmi, M. & Bertolotto, G. (1993). *Aldo Rossi Drawings and Paintings*. New York: Princeton Architectural Press.

Alessi, A. (2003). *The Dream Factory: Alessi since 1921*. Milan: Electa.

Metcalf, B. (1993). Replacing the Myth of Modernism. *American Craft, 53*, 40-47.

三、網頁部分

https://zh.wikipedia.org/wiki/2009年世界運動會

https://www.kcg.gov.tw/cp.aspx?n=CF5DF99964D9DB8E （高雄市市徽）

https://zh.wikipedia.org/wiki/2017年夏季世界大學運動會

https://bravo.travel.taipei（台北市政府吉祥物熊讚）

https://www.tdri.org.tw/about/#IndustrialInnovation（台灣設計研究院）

第 12 章

視覺藝術產業

劉立敏

學習目標 . . . .

1. 熟悉視覺藝術產業的核心與範疇。
2. 瞭解視覺藝術產業的生態與發展趨勢。
3. 評述視覺藝術產業政策與制度的影響力。
4. 認識視覺藝術產業經營工作者的核心能力。

. . . .

關鍵詞彙 視覺藝術產業（Visual Art Industries）、藝術拍賣（Art Auction）、畫廊（Art Gallery）、藝術博覽會（Art Exposition）、藝術漂白（Artwash）、藝術市場（Art Market）、藝術修復（Art Restoration）、買家酬金（Buyer's Premium）、藝術行銷（Marketing in Art）、起標價（Minimum Bid）、藝術銀行（Taiwan Art Bank）

前言

　　長久以來，文化藝術界慣於以「純藝術」價值思考視覺藝術的多元發展，以至於藝術品多為藝術家抒發自我理念的象徵，而未能成為開拓商機的有價資產。直到近三十年來，政府有系統的從基本政策面著手，為整體藝文生態規劃出網絡結構，將視覺藝術產業的「人文」、「經濟」、「跨領域」價值展現出來，一方面強化國內藝術市場的信心指數，另一方面則是透過國際展覽、藝術博覽會等機會行銷台灣的多元文化實力。自2010年8月《文化創意產業法》正式施行以來，雖然視覺藝術產業未能獲選為創意台灣的六大旗艦產業，但是國內的藝術品與古玩市場仍有全球獨特的利基長處。

　　以人文面向而言，透過國內重量級學者、藝評人、藝術家、美術行政人的經驗累積編纂《家庭美術館──前輩美術家傳記》、《台灣美術地方發展史》、《台灣當代藝術大系》等史料與論述類書籍，對於奠定台灣美術的歷史地位發揮了關鍵作用，也讓更多的藝術創作者、藝術收藏家、藝術顧問等從中找到參考座標，深刻領會視覺藝術產業鏈中的人文價值。

　　以經濟面向而言，透過贊助財團法人中華民國畫廊協會舉辦「Art Taipei台北國際藝術博覽會」，藉此強化畫廊的健全制度，提供藝術家、收藏家、經紀人更多的交流平台，激發出國內視覺藝術產業的未來潛力與發展性。

　　以跨領域面向而言，國內的策展人和策展團隊，試著在美術館、畫廊、替代空間等傳統的專業展覽環境之外，在餐廳、企業、建設公司等合作對象和組織串連之下，有著實驗性質強烈的當代藝術探索與夥伴創生關係。

第一節 視覺藝術產業的核心與範疇

　　全球視覺藝術產業的興起，說明兼顧文化與經濟效益的藝術產業價值漸漸受到重視。因此，討論視覺藝術產業應結合「人文」、「經濟」、「跨領域」的三大思考面向為主軸，我們才可能積極檢視視覺藝術產業鏈的上游

（藝術創作）、中游（藝術展示與販售）、下游（藝術衍生商品與服務）等生態。

英國的「創意產業」發展在1997年就有具體架構，也被納入國家產業政策的計畫性推動目標，其中與「藝術」相近的產業包含廣告、建築、工藝、藝術品與古玩市場等項目，獨缺「視覺藝術產業」。因爲英國的創意產業推動理念中，強調以「個人的創意、技藝、才藝」結合「經理人與技術專才」的結盟，開創富有文化和智慧財產專利特質的「創意產品」（王嘉驥，2004），而視覺藝術類的純粹創作確實與應用藝術有所不同，最主要的區別是視覺藝術家通常不會將最後的作品看成是「產品」，因爲視覺藝術品的產生有其「不可複製性」。多數的視覺藝術家認爲即使是重複的動作，每一次的創作都有其「獨特性」和「不可取代性」。

另一方面，根據國內專家學者的常用分類來說明，凡從事繪畫、雕塑及其他藝術品的創作、拍賣零售、展覽、經紀代理、公證鑑價、材料供應、修復維護、顧問諮詢等，皆可被認定爲是廣義的視覺藝術產業架構。前述所謂的藝術創作指的是狹義的由藝術家「接受藝術工程贊助」、「委託藝術生產」、「以藝術行銷利潤」等目的而製作的藝術品。

壹、視覺藝術產業鏈的角色與功能

視覺藝術產業的基本成員應包含藝術創作者、藝品收藏家、藝術拍賣或是經紀代理、藝術顧問或是公證鑑價公司、藝術評論者與策展人、藝術品供應或是維護修復等六大類。茲將以上各身分者在藝術產業鏈中所扮演的角色與功能，分別敘述如下：

一、藝術創作者

藝術創作者可以簡略的分成專業藝術家與業餘藝術家兩種職業名稱。顧名思義，專業藝術家以自己的「產品」達到自給自足的生活方式，這類型的專業「產品」可能以水墨、水彩、油畫、攝影、裝置、雕塑、參展論述等藝術品型態呈現，以製作目的而言，包含藝術工程贊助、委託藝術生產、以藝

術行銷利潤等目的而製作。

在藝術生產鏈中，藝術創作者可被視為是提供創作研發的源頭與產品生產製成的生產者，傑出表現的藝術創作者則被賦予「藝術家」、「大師」等特別身分。當代社會中也有一些精彩的例子，如回歸藝術本位的高雄獎得主石晉華就是一個鮮明的當代藝術家，他早期透過觀念和行為展現「走鉛筆的人」，創作過程通常持續2小時餘，在左、右手臂同時綁上錄音機和削鉛筆機，往返行走並在牆上拉出線條，也以收音麥克風錄下個人冥誦心經和懺悔文的過程，這種當代藝術的呈現手法即是提供產業創意研發的源頭。

藝術家優席夫・卡照（Yosifu Kacaw）出生花蓮馬泰林部落、旅居英國愛丁堡，將台灣原住民族的議題和文化觀點，透過鮮明的色彩和搶眼對比的能量以畫作的方式表達出來，作品獲選彩繪了紐約地鐵、桃園機捷、普悠瑪列車，成功地透過自身的藝術表達和創作理念將台灣的在地文化行銷到國際。

其次，業餘藝術家的作品水準不一定亞於專業藝術家，卻不以自己的「產品」為主要經濟來源，或是除了專業「產品」外，也以附屬性「產品」如工藝、應用設計等維生。值得討論的是中國深圳附近「大芬油畫村」的案例，自1990年代起，畫師、畫工聚集並以仿畫維生，多年後成為世界重要的油畫複製品交易市場。這其中許多的畫匠曾經參與2004年千人油畫創作活動獲金氏世界紀錄肯定，又有一些青年參加各種職業技能競賽獲美術類獎項，顛覆了傳統藝術創作者的職業界定。

二、藝品收藏家

可以簡略的分成以贊助或是投資的方式支持藝術家生活的個人或團體。贊助者可以慈善方式進行，不一定要求藝術家以「原作」回饋；投資者則多以資金換取「原作」實體，並有再次販售或是出租借展的所有權。狹義而論，贊助性的藝品收藏家多具備藝術關懷的特質與富豪階層的身分，願意以無目的的方式換取藝術家的創作。投資性的藝品收藏家則抱持商業的概念，以金錢計價，要求藝術性商品擁有資本性價值。

以畫作市場的購買行為而論，贊助性的藝品收藏家對藝術品帶有文化鑑賞和個人情感投注等因素，是一種偏感性的投資行為，偶爾會有偏執或是

高價收購的消費紀錄。相對而言，投資性的藝品收藏家在決定購買藝術品之前，參考的是畫作內容、歷史漲幅紀錄與專家對未來的趨勢分析，這是一種趨近理性的投資。

許多人以為，藝品收藏家必須擁有萬貫家財，才能為之，其實你我可以從金錢資助或是意見提供等面向支持藝術家。舉例而言，1994年的文化大學美術系罷課的學運事件後再出發的「小草藝術學院」，自1998年起陸續發行近300張紀念明信片，這些明信片的印製以一種大型、多人、長期參與的藝術創作實踐為前提，進行歷史老圖像的蒐集、設計、印刷、生產、行銷等工作。印刷出版時，贊助者得以「助印人」身分給予實質支持與鼓勵，為視覺藝術產業貢獻出一己的心力（鄔繼嬪，2004）。

在藝術市場被視為是國際化經貿之後，國外金融已有「藝術基金」的投資工具，由熟悉藝術市場和金融市場的專家為客戶集資買賣高報酬率的藝術品。也因為藝術品的買賣可以帶來相當豐厚的利益和名聲，許多藝術品收藏家常就文化、歷史、審美等觀點進行投資式的自我充實和學習，以獲取更大利潤。

三、藝術拍賣或是經紀代理

可以簡單的說藝術拍賣者為藝術收藏家工作，經紀代理則為藝術創作者發言。藝術拍賣公司公開買方與賣方的交易訊息、開立發票誠實報稅、建立第二手交易原始憑證，以競投方式將「拍賣品」售出並取得合法利潤。許多藝術拍賣公司會在正式開拍前，以精美目錄或是展示方式，將藝術品的創作者、年代、尺寸、材質、保存狀況、估計售價等陳述說明清楚，作為指引買方的參考依據。

參與藝術拍賣會可以現場競投、書面競投、電話競投等方式，其中又以現場競投最能深刻體會拍賣會上瞬間臨場的戲劇性。一般而言，每一位參與競投者手中都握有一個號碼牌，舉起號碼牌表示出價，持續舉牌表示持續遞增競價，放下號碼牌表示退出競價。最後，拍賣官會重複念出三次得標價和號碼牌，並以手中的小木槌輕敲桌面，以示成交。

台灣地區，目前較具規模的藝術品拍賣公司約有十來家，其中，又以蘇富比、佳士得等知名外商公司成立較早，屬於第一批；宇珍國際藝術、景薰

樓國際藝術拍賣、羅芙奧等在外商之後相繼成立，屬於第二批。晚近成立的香港中信國際拍賣、中誠國際藝術、金仕發、藝流國際拍賣、富博斯藝術集團等則分別在台中、高雄、桃園等地設服務處。整體而言，羅芙奧、富博斯藝術集團、中誠國際藝術等三家拍賣公司最具市場競爭力，曾獲全球前250最佳拍賣公司的殊榮肯定（藝術＋拍賣雜誌，2013）。

經紀代理為藝術家的專業與權益著想，協助藝術家簽約、獲利、贏得尊重，因此當小蝦米遇上大鯨魚時，藝術經紀代理可能以代理畫廊或是公關團隊的形式，提供藝術家保障，並透過藝術家的產品邊際效益維持畫廊所需。

根據財團法人中華民國畫廊協會的統計指出，截至2020年7月，國內有118家畫廊加入協會（畫廊協會網頁A，2020）。其中，各家畫廊的主要經營項目大致包括台灣前輩本土畫家作品、全球華人當代藝術藝品、傳統與現代彩墨作品、中國藝術家作品等四大類。

藝術電子商務和線上藝術品銷售是一個新興趨勢，依據《巴塞爾藝術展與瑞銀集團環球藝術市場報告》分析，交易隱私和買家匿名的安全性服務促使全球藝術市場成交金額衰退11%之際，線上藝術成交仍有9%成長的影響關鍵。另外，透過經紀商與畫廊達成的私人銷售量也有大幅成長趨勢，2016單一年度較去年成長達24%之多（文化部A，2018）。

四、藝術顧問或是公證鑑價公司

藝術顧問提供各方藝術投資、買賣仲介、保存、修護、展示、文化諮詢等服務。公證鑑價通常為保障畫廊名聲、收藏家權益、端正藝術市場等因素而進行藝術品真偽鑑定或是鑑價等服務。公證鑑價的工作成員包含由藝術專家、學者或是藝術創作者的親友、師生、基金會、代理畫廊等擔任，透過完整的科學程序，開立鑑定意見書讓藝術品的創作者、年代、尺寸、材質、保存狀況、估計售價等資料有一明確的歷史定位。

在文化創意產業的觀念發達，市場條件充足的城市中，也可見藝術顧問公司的主要業務是媒合藝術家的作品與國際知名品牌的商業性產品做結合，透過限量發行或是特色行銷等方法，使藝術家和品牌商品都能獲得實質利益。

在當代社會投資對於藝術財富相形重視之下，藝術顧問和諮詢公司也

能透過專業爲一般藏家提供市場經驗的指引。舉例而言，同樣的一筆金錢數字，可以購買到青年藝術家的「尚好等級精品」，也可以買到知名藝術家的「尋常經典作品」，雖然時間才能證明投資眼光的正確和前瞻性，但是專業素養可以現在就多元的外在條件加以分析和評估，以保障消費者利益。

五、藝術評論者與策展人

藝術評論者可被視爲是藝術界的觀察家與論述者，透過文字書寫與媒體報導的藝術影響力參與藝術討論，其中不乏專精藝術史、美學、藝術理論的學者、藝文記者、藝術法律專家、畫廊經紀人、美術館行政等各領域的專業人才。在當代社會，藝術評論者的功能甚至負有爲藝術觀賞者和藝術消費者「詮釋」藝術脈絡、理解藝術觀念、分析藝術價值的重要地位。

對於收藏家而言，許多藝術發展史、美學概念和藝術評論難免艱深晦澀，但是認眞的收藏家一定熟讀藝術評論，從評論中預測未來，作出正確的決策判斷。

值得一提的是近來在國內常見的「策展人」（Curator）的立場，也會左右評論的觀點。早期在歐美的博物館系統，策展人多爲具有專題研究和策劃系統性展覽的學者，具備將館藏文物加以論述、整理、展出的專業素養。近二十餘年來，策展的概念在台灣衍生成由具有藝術史、文化政策、藝術行政與管理或是藝術家等背景的人士，以其自身專長爲各項展覽性活動策劃。

知名策展人胡朝聖獨資成立「胡氏藝術公司」，尋求藝術跨領域的發展和可能。在商業與藝術結合之後，以獨特的品味開創出不同於以往以「藝術」爲核心的展覽目的，從而創造出「藝術介入其中」的全新觀展經驗（范譽莉，2011）。

六、藝術品供應或是維護修復

藝術品供應與維護單位大概是最易被忽略的一環，其中包含提供各式創作媒材如顏料、紙張、工具等的美術材料行、提供裱褙、裝框、拓印服務的裱畫店、負責運送高級藝術品的搬運公司、透過傳統或是科技方法修復藝術品的專業人員或單位。

受到時間、濕度、人爲等多重原因影響，藝術品的「賞味年限」也會受

到限制，這時得靠專業的維護修復才能讓藝術品再現光采。歷史上最精采的例子就要屬西斯丁教堂（Sistine Chapel）的天頂壁畫「創世紀」（Creation of Adam），這是文藝復興時期的藝術家米開朗基羅（Michelangelo）的傑作。自1920年代起，梵蒂岡逐漸發現溫室效應的酸雨中帶有細小粉塵和寄生物質，長年侵蝕壁畫，使壁畫布滿紅鏽而呈現暗沉色調。日本企業本著維護世界文化資產的責任，自1984至1994年間的十年，進行化學分析，用AB57溶劑進行全面清洗，終於使得藝術家米開朗基羅慣用的鮮麗色澤和磅礴氣勢重現在世人面前。

知名的蔡舜任團隊曾於2014年修復完成1947年民間彩繪師潘麗水門神作品，獲國際建築彩繪裝飾藝術研討會（APR）專案資助至瑞典展覽，成為台灣之光。蔡舜任過去是義大利烏菲茲美術館專研文藝復興時期作品的修復師，在義大利有將近十年的修復經驗，認為縝密的古物背景調查、紅或紫外線測光、正確的清潔步驟、豐富的個案應變能力是不可或缺的扎根工作（黃玉景，2014）。近來，蔡舜任成立TSJ藝術修復工事，期待建構亞洲最具規模的藝術及文物的醫療中心（鄧慧純，2019）。

貳、視覺藝術產業與相近產業的區分與釐清

視覺藝術產業的事業主管機關雖然隸屬於文化部，卻與經濟部主管的創意生活產業、數位內容產業和內政部主管的建築設計產業有些許產業交疊的複雜性及間接性。主要原因包含下述兩點：

第一個原因是視覺藝術的核心和本質來自「純美術」領域，以歷史軸心而言，遠自盤古開天地起「美的範疇」就是人類的追求目標，因此我們可以見到法國拉斯科洞窟（Grotte de Lascaux）的石器時代洞穴壁畫、埃及金字塔的古墓彩繪浮雕藝術等都有藝術創作者的心血和文化結晶；近則有新冠肺炎於2020年世界大流行期間，縱使香港的藝術拍賣市場因疫情嚴重取消活動，移師紐約的佳士得、蘇富比拍賣仍能獲得許多的關注。畢竟，複雜的當代社會不能脫離視覺藝術的生活而自覺美好。

第二個原因是目前的中央機構文化部來自前身「文化建設委員會」（文建會）。早期的文建會及其附屬機關掌管事務涵括草根的地方文化到廟堂的

精緻文化，當年配合落實精省條例，各部會文化業務的移轉和文化事權的統一性影響了現在文化部重點扶植的經濟產值和配套措施。在這些歷史背景的前提下，理解視覺藝術產業的架構時，也要瞭解經濟部和內政部等相關產業的交疊影響。

《文化創意產業法》中視覺藝術產業與文化資產應用及展演設施產業的關聯性，在某些面向上看來可能非常接近。其中，兩者的主管機關均是文化部；文化資產應用與展演設施產業包含展覽機構，但不侷限於視覺藝術類，舉凡博物館、藝術村、音樂廳、演藝廳等的經營、管理與服務皆屬之。以產業內涵舉例而言，橘園國際藝術策展股份有限公司屬於視覺藝術產業類；位居鐵道藝術網絡之始的20號倉庫（位在台中後火車站20-26號的七個貨運倉庫，含行政中心、實驗劇場、藝術家工作室等室內約500坪、室外約800坪空間）屬於文化資產應用及展演設施產業。

視覺藝術產業與文化資產應用及展演設施產業也可能衍生出有趣的合作關係。舉例而言，以策劃展覽、藝術經紀、閒置空間再利用的有效管理、公共藝術規劃執行等目的而成立的橘園國際藝術策展股份有限公司，就曾經是20號倉庫的經營管理單位，負責統籌規劃各式展覽、演出活動、駐地藝術家的生活便利及創作事宜。

其次，視覺藝術產業和工藝產業、出版產業、設計產業、創意生活產業等也有密切的關聯性，但分項細則確實有所不同。視覺藝術產業強調平面、立體、空間、觀念等創作的價值，藝術作品的通路及販售，以及其衍生性商品和服務。工藝產業則著重於金工、陶藝等手工藝產品的設計、製程、展售、鑑定等工作。

以國人熟悉的「插畫家幾米」為例，愛好者甚至包含華文市場的多個國家和地區。藝術家幾米專心創作，不演講、不主持，但多年來也累積廣大的基本客群，幾乎沒有一個時下的青年人沒聽過「幾米」。當插畫家幾米著重平面性繪本創作，藝術家本身職業隸屬於視覺藝術產業；但插畫的延伸商品可能轉化為「繪本」，即為出版產業的範疇；或是插畫的延伸商品可能轉化為「產品」，即為設計產業的範疇；插畫的延伸商品可能轉化為「影片」，即為電影產業的範疇，如電影《向左走、向右走》；插畫的延伸商品可能轉化為「聽覺藝術商品」，即為音樂與表演藝術產業的範疇，如音樂劇《地下鐵》。

第二節 ◆ 藝術市場的生態和發展趨勢

壹、藝術市場的典型與代理制度

讓我以一個典型的畫廊從業人員的工作內容說起：

　　時間是陰冷二月初春的早上9點20分，地點是台北市大安區敦化南路的畫廊，身穿黑色典雅套裝的畫廊負責人王小姐，一邊正享受著香濃黑咖啡，一邊瀏覽來自全球的藝術家電子郵件，這是一個籌備近兩年的展覽，希望配合造勢活動盛大舉行。王小姐徵得十位出生年代自1911到1980年的華人藝術家參展作品，畫廊將就亞洲藝壇的豐厚底蘊和藝術家的世代特色作一次完整展覽和回顧。

　　在這同時，王小姐的手機響起，是一位青壯輩的收藏家自香港來電，詢問蔡國強的新實驗「天空花城」計畫，這一位擁有多元的美學素養和國際視野的收藏家，對於以「贊助」方式照顧藝術品的理想很有認同。

　　近上午11時，王小姐聽見爽朗、洪亮的笑聲響起，一聽就知道是老顧客。這位前輩收藏家以藝會友，但是對於藝術投資標的做起功課一點都不馬虎，總是謹慎參考藝術市場的波動，詳細閱讀藝評家的論述，當然也不忘鑑定藏品的藝術歷史價值。前輩收藏家今天來的目的是希望更進一步瞭解趙無極《21.04.59》這一幅名家的當代作品。

以上的簡短描述大致說明畫廊與藝術家、畫廊與收藏家的緊密脈動。在健全的藝術制度下，藝術產業的核心將是畫廊或是拍賣公司，而非身為創作者的藝術家自身。產業的體制如果健全，台灣藝術家的創作將受到學術界、企業界、媒體界的廣泛討論，也因此而有機會受到國際藝術市場的重視；透過畫廊的經營與行銷，每一件藝術品都能有公開交易訊息及原始憑證，保障收藏家的權益，同時也為政府帶來穩定稅收。

一、畫廊經紀代理

台灣的藝術市場能在景氣低迷時呈現抗壓性，其實與業者在藝術產業的經營與行銷有密切關聯。有健全制度與規模的畫廊長期觀察國內外的優秀藝術家，對作品質感、創作理念、美術發展等都有全盤瞭解，徵集藝術作品辦理展覽，並借重各界專家整理藝術評鑑、整合資金管理、發展商業行銷等資源，與藝術家簽約建立長期經紀代理的合法制度。

傳統畫廊多在商業聚集、人潮匯流的店面街，街屋式的設計雖然挑高不足，無法展出當代大型作品，但有著溫馨、富麗的人文特質，關懷台灣前輩藝術家的畫作市場，針對的顧客群也多是醫師、律師等專業人士，這些收藏家對於前輩藝術家作品中的傳統水墨趣味、寫實技法、歷史生活記憶的傳達等多有熟悉與認識。現代畫廊多有明亮、簡約的展場空間，為因應當代畫作多媒體的需求，畫廊展場的天花板多有五公尺高、牆面也有三公尺以上的高度，甚至規模和氣勢均不亞於小型的美術館和藝文中心。許多新畫廊對於海外華人藝術家、台灣中生代、年輕藝術家的作品代理感興趣，原因很多，大致不出顧客群的國際觀、多元品味、第二代畫廊經營者的藝術理財觀、看好未來中國市場的發展性等因素。大致而言，畫廊是視覺藝術產業的核心，畫廊負責人的保證和藝術家在美術史上的獨特地位都是讓收藏家安心的原因（黃河，1996）。

以台灣南北的各地畫廊而言，多年來對於收藏家和藝術家的經營都下了十足的功夫。以經營收藏家來說，畫廊對於藝術史上的「精品」、「稀有」和「重要作品」多能有所熟悉。以華人藝術家吳冠中的作品為例，1919年出生於江蘇宜興的吳冠中，師承林風眠、潘天壽，早年公費留法，文化大革命期間遭下放勞改，自70年代起活躍中國藝壇，80年代起作品陸續在香港、新加坡、日本、英國、美國及台灣等地展出，其中油畫、水墨、速寫作品都能在華人藝術市場上備受收藏家喜愛與重視。在台灣地區，不少知名企業家、電子新貴、醫師等收藏家都多次鎖定吳冠中的作品，做足功課後在藝術市場上，競標實力堅強（鄭功賢，2003）。

二、藝術經紀的微妙

讓我從一件典型的藝術品交易周期來探討：

　　第一階段是藝術品從藝術創作家的手中進入首購藏家的交易；第二階段是從首購藏家的手中轉賣、交易到其他收藏家的二級市場的過程；第三階段是從二級市場進入到公開競標的藝術品拍賣會。其中有趣的是，第一階段和第三階段僅是一次性的唯一經驗，但第二階段的過程也許是多次頻繁地在各收藏家手中不斷的轉手交易。

　　乍看之下，藝術品的交易是自由心證、價格自訂。其實在藝術市場上，有一個實行多年的行規默契，是由畫廊與藝術家協議，或是參考過去的成交紀錄，先約略訂出「計價單位」，再行確立預估「全件作品」行情。舉例如下，國內的藝術家雜誌社自1990年起每月刊出「藝術市場行情表」，標示當月重要藝術家在國內畫廊的展出地點、計價單位、單位價格、創作類別、藝術家的姓名和出生年等基本資料供大眾作為藝術投資的參考（藝術家，2010）。其中特別要說明的是常用計價單位有「號」、「才」、「全開」、「套」等標示，「號」是統稱各式油畫畫布的尺寸標示單位，在台灣、歐洲和美國各有不同的常用規格，大約是以一張郵寄明信片的尺寸為主；「才」多是沿用水墨紙張的尺寸標示單位，大約是以長寬各30公分的尺寸為主；「全開」多是水彩紙張的尺寸標示單位，大約是以110公分×79公分為主；「套」多用在版畫、插畫等系列作品，具有藝術完整性的不可分割，因此以多件作品為計價單位。當然，如果未有特別標示就是以「件」計價。

　　畫廊和藝術家長期合作，在彼此相處愉快的情況下，也會互相協助、共創佳績。2009年誠品畫廊慶祝成立二十週年，有計畫的擴遷畫廊展場空間、選定適合契機進軍中國，也發下宏願為推展當代藝術而努力。誠品畫廊新空間的首檔展覽，就是展出有多年合作經紀代理默契的當代藝術家林明弘的20餘件作品。除此以外，也與林明弘合作策劃，讓誠品畫廊將關係企業誠品書店的信義店藝術區的上萬本書籍成為「覆摺計畫」的實驗場域，讓觀

念藝術落實生活。

　　林明弘的創作風格獨特，具有熟悉當代藝術的生態環境、接受過美術專業的理論與實務洗禮、運用母文化的思想體系為美感經驗塑造新精神、適時掌握文化效益和社會議題的特質。更特別的是，畫作長期由專業藝廊經紀代理，能夠擁有更多的媒體關注、行銷機會和完整資源。

　　隨著國際能見度的提升，近年來林明弘的藝術創作更是與全球知名品牌義大利家具Moroso、法國精品Chanel與Louis Vuitton、日本彩妝植村秀 Shuuemura等作異業聯盟，面對這些國際合作計畫，藝術家的專業經紀正扮演著不可或缺的重要性。林明弘與LV的合作案就是由誠品畫廊仲介，在藝術家充分授權後，讓畫廊經紀人就工作內容、藝術家權益、作品利潤等作「評估把關」，使畫廊與藝術家都能從國際合作案中獲得雙贏（A&B藝企網網頁，2011）。

貳、藝術藏品拍賣市場

　　相較於黃金、股票、期貨、外匯、不動產等經濟性投資，藝術品市場一向被認為是投資分配的非主要選擇項目，富人可能只有在金融景氣的樂觀考量下，會將浮溢出來的小筆金額作藝術投資；上班族等尋常百姓在景氣回春之際，也比較樂於支持藝術產業。

一、拍賣與藝術流通

　　以拍賣而言，藝術拍賣是一種消費者對消費者，以公開的出售方式來進行藝術品的交易。這些拍賣品可以包含書畫、瓷器、工藝、珠寶、名酒、名人遺物等。先由賣方自行定價或是參考行家建議後訂下一個「起標」價格，再由各路買方依據自己的預算或是對此件藝術品的喜好程度訂下合理價格，過程中可以現場參與、電話委託、郵件處理等方式調整預算價格來參與競標，只要有買方願意出更高的價格，最後售價就會相對提高。在現場熱絡氣氛下，由買方最高價者「得標」，將心愛的藝術品列入收藏，另外在沒有任何人起標的情況下，這次的藝術交易將「流標」。許多知名的藝術拍賣公司每年舉行兩次拍賣活動，依舉行時間稱為「春拍」和「秋拍」。在這個正式

活動之前,拍賣公司會依據需求製作精美圖錄或是舉辦世界重要城市的巡迴預展來吸引買家。製作圖錄的目的是先讓買家瞭解每一件拍賣品的尺寸、媒材、起標價、年代、保存狀況等細節;巡迴預展的目的則是讓買家有「先睹為快」、「預先鑑賞」、「刺激買氣」等目的而設置。

除此以外,藝文界、傳媒界、金融界等各行各業對於大型跨國拍賣的歷史發展和未來趨勢都有許多討論,坊間也可購得《藝術拍賣年鑑》等書籍,內容包含專家執筆的藝術拍賣市場回顧與分析、全球市場的重要成交紀錄、未來趨勢的預測分析等概況,供有興趣的收藏家作為投資理財的參考(黃河,2008)。

以歷史事件而言,2008年全球性的國際金融風暴,澈底考驗藝術產業的業者與投資者的信心,和台灣地區藝術市場的成熟度。以藝術拍賣市場總成交額而言,2008年的秋拍遇到景氣嚴峻的考驗,首當其衝、情勢黯淡。2009年的春拍稍有回穩,2009年的秋拍呈現成交額平均增長50%,拍賣公司龍頭羅芙奧甚至有總成交額增長300%的佳績(胡永芬,2010)。

以國際趨勢而言,2013年佳士得拍賣公司舉行的「戰後與當代藝術」,則出現買家瘋狂競投,5月的春拍創造出4.95億美元的總成交歷史紀錄。11月的秋拍在同樣主題「戰後與當代藝術」,則又創造出6.91億美元的新成交歷史紀錄,這63件拍品超過了法國、德國、瑞士、義大利(全球藝術市場前四到七大)當年的交易總和(劉家蓉,2017)。

以國際市場而言,2019年5月紐約蘇富比拍賣公司推出「印象派及現代藝術」晚拍,在經濟不甚景氣的狀況下,「莫內」的盛名依然是藏家競逐的目標,「乾草堆」拍出1億1千萬美元的全場最高價。這個作品是莫內在1890年間在巴黎近郊完成的系列作品之一。值得一提的是,另一件相近的「乾草堆」作品曾於1986年出現在藝術拍賣會,當時的成交價是250萬美元(Sotheby網頁,2020)。

為保護消費者權益,公平透明的交易所建立的市場紀錄非常重要。再以本文第二節第一段案例中,知名華人藝術家吳冠中的作品舉例,市場上的偽作層出不窮,甚至鬧上法庭有宣判案例。事情發生在2017年,知名企業家以匯款方式優先取得畫廊代售之私人收藏品的議價權,因此買賣雙方在交易的當下並未簽立正式契約或是開立真跡證明。事後買方透過律師寄出存證

信函要求證明，賣方實為國內知名藝廊及藝術公司卻以作品售出表示銷售完成為由，無法提供其他服務。2020年法律訴訟結果顯示，買方勝訴（賴佩璇、林孟潔，2020）。這個案例說明正式交易契約至關重要，不可不察。

二、拍賣會的競投與銷售

「想賺錢的話不要買畫！」這是國內資深藝術代理人，也是曾任蘇富比拍賣公司台灣區董事長伊淑凡在一場與知名作家、主持人、收藏家蔡康永的藝術投資面對面座談中的肺腑之言。座談會中依淑凡提到1994年張學良「定遠齋」專拍的例子，當初國際知名的蘇富比拍賣公司作了完整的鑑價、展示、媒體等功課後，預估成交總金額將可達到1千萬元的佳績，結果在拍賣會上，理性與感性的收藏家匯聚一堂，有人在購買時代氛圍、有人為展示個人品味，有人為了炫耀購買實力，結果拍出1億3,000萬的驚人數字（張禮豪，2003）。對蘇富比而言，這當然是一個成功的交易；對張學良而言，也是生命終老有所依靠的保障；但是對收藏家而言，眼光是否準確、投入時機是否正確、投資門檻是否適當等因素才是最重要的。

「定遠齋」專拍當然是個特例。一般而言，拍賣會的紀錄是投資理財的重要參考依據，透過漲幅分析可以讓剛入門的收藏家瞭解市場概況，也讓想轉換收藏路線的老藏家瞭解市場趨勢；對於政府而言，公平透明的交易更是政府稅收的穩定來源，和未來文化產業經營的扎根基礎。

為支應世界各國對於藝術品所設置的銷售稅和增值稅等必須稅項，「買家酬金應付費率」是成交金額之外的一項支出。買家酬金應付費率按照每一件拍賣品的收槌價計算，在歐美地區是以成交金額的多寡收取13.5%到25%不等的比例；在中國地區是以統一費率20%為基準。買家酬金幣值則是以美元、歐元、英鎊、瑞郎、港元為最常見交易貨幣。以足跡涵蓋46個國家或地區的佳士得拍賣為例，2019年最新買家應付酬金費率於每件拍品收槌價首之225,000英鎊或300,000美元的25%，加225,001英鎊或300,001美元至3,000,000英鎊或4,000,000美元的20%，再加3,000,001英鎊或4,000,001美元）以上部分的13.5%（Christies網頁A，2020）。

2018年全球藝術報告指出，美國仍是全球第一大藝術品市場，占市場總值的42%；中國緊接在後是全球第二大市場，占市場總值的21%。英國

排名第三約20%、法國排名第四約7%、德國約2%、瑞士約2%、義大利約1%、西班牙約1%。由此可以看出，藝術交易市場仍是以歐美等國家為主要交易國，但是中國的新興經濟體崛起的藝術市場已經有相當基礎，不容小覷（文化部B，2018）。

參、藝術博覽會的交流與趨勢

藝術產業的發展與興盛取決於藝術博覽會的基礎和規模。一個成熟又連年舉辦的藝術博覽會與生產製造（藝術創作者）、消費者（藝品收藏家）、中游產業鏈（畫廊經紀、拍賣、鑑價、展示、評論）有複雜又緊密的關聯。

一、國內知名的藝術博覽會

以經營藝術家來說，畫廊從不輕忽「本土藝術家」和「當代藝術家」的市場效益。常見的做法是，透過推動在國外行之有年的藝術博覽會，藉以提升國內的藝文交流、活絡藝術市場、行銷與提升本土藝術家的知名度等。

舉例而言，2009年財團法人中華民國畫廊協會曾經在12月舉辦第一屆「Photo Taipei台北攝影與數位影像藝術博覽會」，吸引國內外40家畫廊共襄盛舉。這個博覽會的展場選定在精緻旅店的房間，讓當代藝術家、青年藝術家的新銳作品和卡漫風格等小品，巧妙創意的布置在旅店房間的床鋪、家具、浴廁之中，這個銷售策略瞬時激起購買衝動，也年輕化了收藏家的平均年齡（林文珊，2010）。

經過十餘年的市場發展和台灣能見度的提升後，台灣的藝術博覽會有多元化的趨勢，常見又具有影響力的包含以下幾個重要的交流活動：

前身為「中華民國畫廊博覽會」，自1995年起連續舉辦的「Art Taipei 台北國際藝術博覽會」（又稱台北藝博），已在台灣各地開展，建立活絡的平台，擁有優質的參展紀錄。根據中華民國畫廊協會的網站公告資訊指出，在2009年創造出4.6億新台幣的成交額、總人次5萬的參觀人潮、37家海外國際藝廊參展、78家國內外總參展畫廊等歷史紀錄（畫廊協會網頁B，2011）。目前由中華民國畫廊協會籌辦的藝術博覽會包含「Art Taipei 台北國際藝術博覽會」、「Art Taichung 台中藝術博覽會」、「V ART Tainan

台南藝術博覽會」，非常具歷史規模和在地特色，國際知名度和影響力也與日俱增（畫廊協會網頁C，2020）。

「台北當代藝術博覽會」雖然創辦歷史短暫，但是在瑞士銀行集團的贊助下，擁有頗高的知名度。由全球知名的藝術活動統籌公司如Single Market Events、Angus Montgomery Limited、ARTHQ、Ramsay Fairs合辦，歷屆的藝術總監和文化夥伴都有大中華和香港的生活背景與相關經驗；國內配合的公部門和藝文單位包含文化部、台北市文化局、台北當代藝術館；更有藝術家雜誌、亞洲藝術新聞、非池中等知名媒體的曝光率，歷屆展覽都能有效呈現台北觀點和台灣特色，吸引來自世界各地的觀賞者與收藏家互動。台北當代藝術博覽會在2020年的1月也有超過4萬人次的參觀人潮、匯聚了99家全球頂尖藝廊參展的紀錄（台北當代藝術博覽會活動網頁，2020）。

台北新藝術博覽會（Art Revolution Taipei）由社團法人台北國際當代藝術家協會主辦、台北市觀光傳播局贊助。號稱是亞洲最具規模的國際藝術家大獎，歷年均有來自80餘國的四千多件優秀作品參與角逐，每年選出首獎與畫廊獎各一件，成為重量級藏家的藝壇關注焦點。

二、國外知名的藝術博覽會

隨著全球各地的藝術產業發展變動，各重要城市或地區的藝術博覽會都蓬勃發展，各有區域性的實質影響力。

以歷史的發展脈絡而言，德國科隆藝術博覽會（Art Cologne）最早成立始於1967年，擁有優越的經濟城市和藝品收藏傳統為後盾，是全球藝術博覽會的始祖（李宜修，2010）。

以現代藝術的參展歷程而言，瑞士巴賽爾藝術博覽會（Art Basel）始於1970年，至今已經有五十年歷史，對於參展畫廊有非常嚴格的評選要求；每年12月，在美國的巴賽爾邁阿密海灘展覽（Art Basel in Miiami Beach）則是藉助邁阿密其位於北美和拉丁美洲的地理位置，為老牌的藝術博覽會帶來許多新活力。

以藝術品的成交金額而言，美國紐約國際藝術博覽會（Artexpo New York）始於1978年，是全美規模最大的藝術品交易會，在展覽期間的藝術研討會也引領藝術和經濟的議題，帶來許多全新觀點的討論。

以無可取代的經典藝術之都而言，法國巴黎藝術博覽始於1974年、英國倫敦藝術博覽會始於1978年、西班牙拱之藝術博覽會（ARCO）始於1978年，至今都是歐洲重要的藝術博覽會，借助著首都及最大城市的特殊地位、藝術史的經典貢獻，以上三大藝術博覽會也是引導藝術市場和城市藝術經濟的驅動力。

以亞洲的藝術城市而言，日本當代藝術博覽會和香港亞洲藝術博覽會均始於1992年，具有長久的舉辦歷史和獨特的區域特色；中國的廣州藝術博覽會始於1993年和上海藝術博覽會始於1997年，應用成熟的西方藝術博覽會運作模式，帶動中國的現代藝術發展，頗有成效。

以拉丁美洲的藝術城市而言，總共涵括了22個獨立國家和地區，深受西班牙和葡萄牙殖民歷史、文化影響，其中墨西哥當代藝術博覽會（Zona MACO）始於2003年和巴西聖保羅藝術博覽會（SP-Arte）始於2004年，拜拉丁美洲經濟成長之賜，藝術博覽會的實力不容小覷。

第三節 ● 視覺藝術產業政策與制度的影響力

回顧歷史，全球視覺藝術產業經過2000年網路泡沫、2003年SARS、2008年金融海嘯、2016年英國退出歐盟投票、2018年中美兩國貿易協定持久戰、2020年新冠肺炎疫情再度重創全球經濟，一路走來逆風成長，經得起時間的淬鍊，來自各界的創意和資源整合皆是影響藝術經濟力的主因。

壹、視覺藝術產業深受行政框架的影響

一、國內現有資源分配案例

國家資源的公平分配，本來就不是一件容易的事，當政府單位面臨一個經濟起飛的文化盛世年代，和一個藝術氣壓低迷的文化清貧年代，政府的暫時紓困方案也將有所不同。依據《文化創意產業法》，視覺藝術產業的主管

機構是行政院文化部,而文化部也正是國內中央政府主管文化藝術界的主要部門,對於全國性和區域性的文化發展有著重要的領導地位,對於補助款的審查計畫也占有舉足輕重的影響力。

2003年4月SARS疫情衝擊國內的各行各業,文化部委託國家文化藝術基金會辦理「因應SARS疫情衝擊視覺藝術紓困濟助方案」,其中包含「視覺藝術動員計畫」,摘錄如下:

> 「為了整合視覺藝術生態中之民間博物館、商業畫廊、替代空間,以及閒置空間等空間資源,同時鼓勵國內藝術創作者、策展人、藝術行政工作者以及產業經營者共襄盛舉,於92年10-12月之活動期間,採同步、串聯或接續之方式策辦形式多元之視覺藝術展覽、教育與推廣活動,共同成就首次全國性民間視覺藝術嘉年華會。」

這個視覺藝術動員補助計畫的申請總件數為40件,錄取件數為14件,總補助金額為15,296,860元。9月份國藝會公布審查結果後,兩個極端反應布滿了藝文界,可說是幾家歡樂幾家愁(王玉齡,2003)。令人感到高興的是「獲補助團體的區域分布平均」,其中北、中、南各區都有團體獲補助,以平衡國家資源公平分配而言,齊頭式的平等也是一種準則;令人感到憂慮的是,檢視通過補助的14件提案後發現其中有部分團體已經是「長期接受政府補助的明星團體」,也因為是明星團體,因此長期擁有更多豐厚資源。這個例子說明文化藝術很難脫離政治。

另外再舉一個例子說明公部門的立場與藝術圈的想法偶有出入,由於威尼斯雙年展為當代藝術最重要的國際舞台之一,也是台灣長年來透過藝文展演推動文化實質外交的重要媒介。台北市立美術館自1995年起以台灣館名義參加,自1999年起以徵選策展人及其團隊代表台灣館的方式參加,2009年改採邀請歷屆策展人擔任展覽諮詢委員,同時公布參展主題和參展藝術家。這種改由台北市立美術館雙年展辦公室自行策劃第五十三屆威尼斯雙年展台灣館的方式,引發藝文界的廣泛討論(藝術家雜誌,2010)。這些想法上的出入來自於雙年展辦公室並非一個正式的常設組織,編制很小,要推動國際專業計畫非常不易;另一方面,民間的藝術圈非常珍惜這個「威尼斯

雙年展台灣館」的舞台，希望維持多年來藉由「民間徵件」的默契，彰顯台灣社會民主、自由、多元的文化價值與藝術氛圍。

在多方討論後，2009年11月，台北市立美術館說明第五十四屆的威尼斯雙年展台灣館的策展人將以「邀請比件」的方式選出，這也許是一種藝術與政治間的相對平衡吧。

二、台灣藝術銀行案例

文化部近年來的重要政策「藝術銀行」，透過藝術品的租賃服務，扶植青年藝術家、鼓勵當代創作、營造多元的原作欣賞環境、提供專業藝術諮詢、數位圖像授權、衍生藝術產品開發等項目。目前購藏2,000餘件當代作品，由國立台灣美術館執行。藝術銀行自2013年正式執行起，匡列將近2億5千萬台幣，不可謂之少。與世界各國相較，台灣設置藝術銀行的政策立意良好，但是礙於國情和國民普遍性的審美風格而言，許多的選件作品比較適合「租賃」、「搬運」、「視覺甜美」特質，受到政策限制，未能將當代藝術的前瞻性、未來性、批判性等特質融入選件。相較於其他國家的美術銀行，大部分的作品來源是畫廊和藝術博覽會，對於帶動藝術市場上的營利和業績成長等頗具貢獻。

三、英國藝術漂白案例

自從1980年代，英國政府在首相柴契爾夫人當政並大幅刪減藝文預算後，英國的藝文界與企業界的合作日益加深（Wu, 2003）。對藝文界而言，仰賴企業界的資金贊助，可以得到非競爭型計畫補助的大量財源，相對容易；對企業界而言，藉由獨家冠名的機會，將藝文活動視作公關機器，大幅提升企業的社會形象，算是美事；對消費者而言，展覽的門票、活動的贈品都來自企業商贊助，也是好事。

然而，在英國曾有英國石油公司（BP）透過贊助大型藝文活動提升公眾形象、塑立清流概念，但又未能及時有效處理2010年在墨西哥灣外海油汙外漏事件，造成人員傷亡、生物絕種、海洋汙染、漁業災難。英國的藝文組織和消費大眾在事件之後深自覺醒不該讓企業界得以「藉藝術漂白黑歷史」，並且要求素行不良的石油公司退出藝文贊助，算是積極回應社會對於

環保議題的深度重視。

四、中美貿易關稅協定案例

2018年起的中美貿易關稅協定，雖然看似只是一場經濟貿易的雙方戰爭，由美國政府針對中國商品如噴砂機、新鮮和冷凍魚貨、帽子等商品徵收10%的關稅，怎奈何這些提議未能有雙方共同協議，美國政府因此提出對價值160億美元的中國進口商品徵收15-25%的關稅，這其中包含百年以上古董、手工繪製的油畫、年輕藝術家的原創雕塑等有價商品（USTR網頁，2020）。

一旦執行，所有源自中國的藝術品都將在原有價格上額外增加15-25%的關稅，這包含了美國的收藏家在海外的博覽會上收購的中國青年藝術家的當代藝術作品；這也包含了在紐約的藝術拍賣公司高價拍出的明代景德鎮的青花瓷器花瓶，儘管歐洲收藏家已經擁有數十年的交易證明紀錄。有趣的是，美國貿易協定辦公室曾就細節說明，擬議的進口關稅關乎「藝術品的生產地點，而非創作者的國籍」（USTR網頁，2020）。換句話說，當代藝術家艾未未在德國工作室完成的當代藝術創作不需徵收高額關稅；但是現代藝術家在上海設有工作室並完成的作品，就必須徵收25%的關稅。

擬議中的高額關稅一旦落實執行，將為視覺藝術產業帶來幾個重要影響，簡述如下：(1)精美百年古董的國際交易將轉移到歐洲或是亞洲拍賣會執行；(2)美國國境內的畫廊將不再享有自由經濟市場的優勢，勢必要將「佣金」提高；(3)美國畫廊代理的中國當代藝術家可能得「出走」到他國的工作室創作，才能享有藝術市場的商業競爭性；(4)高額的關稅可能迫使中美兩國大量減少文化交流和藝術交易。

當然，中國也不是省油的燈，在美國仍然研議25%的關稅階段，就曾以10%的新增關稅報復美國出品的藝術品。這些複雜的藝術產業政策都是藝術與政治間的博弈和關鍵影響。

貳、視覺藝術產業活力帶來無限商機

一、特展與常設展的資源整合

資深博物館人黃才郎曾為文表示：「常設展對初來乍訪的美術館觀眾是一個識別，對常常造訪的訪賓則是一項約定：你來了我一定在。」（黃才郎，2010）對於博物館的商品行銷而言，常設展品曾多次將無價文化資產轉化成為「180元的筆記本」，使藝術的經驗延展成生活的品味。

國立歷史博物館為發揮文化資產保存和教育等多重使命，不定期透過「巡迴展」、「行動博物館」等常設展進行文化推廣的教育工作。除此以外，也以特展的方式引進國際上的一流展品，豐富國內觀者的視野。舉例而言，2011年國立歷史博物館透過與大陸瀋陽故宮博物院的合作，自1月起至5月推出「大清盛世──瀋陽故宮文物展」，這個特展的展品包含多件大清入關前的兵器、服飾、皇室用品等隸屬於六皇一后的珍貴文物。這個展覽的展品具有高度的文化和藝術欣賞價值，相對地，展品的運費、保險、展場展示、印刷等費用也高。幸而，聯合報系金傳媒集團給予資金上的贊助、平面書報、網路影音資源等的多重關注，減輕公部門的負擔，也為國內的藝術產業界帶來生氣。

這個博物館和報社的合作計畫在國內已有多次成功先例，不只說明藝術展覽活動富含教育意義和商機，而且透過媒體行銷和宣傳也能將精緻文化普及於大眾（石隆盛，2004）。

二、虛擬博物館的探索體驗

「虛擬博物館」在新冠肺炎疫情全球擴散之前，雖有前瞻性的發展，但礙於藝術正是美感經驗必須實際體驗而未能有十足的市場重要性。然而，2020年3月之後，歐洲的義大利、法國、英國、西班牙，美國的紐約等重要藝術之都皆未能逃過新冠肺炎疫情的侵擾，博物館從業人員為了自身的安全和民眾的健康不得不閉館，但同時也善用科技發揮創意，提出「虛擬博物館」或是「線上藝廊」持續吸引全球目光。英國的佳士得拍賣公司更是在疫情期間大手筆逆性投資，與世界各知名展館合作推出「雲遊藝術」世界十大

博物館虛擬遊覽體驗，讓安坐家中的觀賞者可以瀏覽從北京到巴黎、從台北到紐約、從東京到佛羅倫斯等地的一流珍品（Christies網頁B，2020）。

疫情期間，也有博物館與Google合作，讓實際聽取導覽的特殊臨場感轉換成虛擬實境的360度的互動體驗（Google網頁，2020）。

三、藝術電子商務需求日增

「物流通貨」和「大數據分析」是近年來視覺藝術產業創新的關鍵。雖然經濟遲緩是大環境的影響，但是有效掌握VIP的名單、瞭解目標客戶的需求、用最迅速的方式遞交商品、快速獲得現金等卻是產業供應鏈的每日思考。藝術範疇下的經濟活動其實不易評估，目前有聯合國教科文組織的文化統計專案、歐盟統計專案、美國的大學研究系統性評量專案、私人企業的統計專案等方法。國內則有中華民國畫廊協會成員的資源分享名單。以下就根據台北國際藝術博覽會的VIP客戶資料庫，簡述如下：

80%的藝品收藏家每年的收藏支出超過300萬台幣以上；其中75%的消費者是男性、25%是女性。職業分布為：醫師32%、律師15%、銀行金融業15%、電子業13%、建築業10%、傳統產業10%、其他5%等（柯人鳳，2013）。

仔細研究上述資料，成熟的藝術博覽會籌辦單位得以推斷或許中高價位的藝術品（百萬台幣以上）仍有市場需求，中低價位（十萬台幣以下）的藝術品更易於轉手；男性的知識新貴是主要買家；醫學、法商、工程領域的專才也樂於瞭解藝術品投資。這些數據資料對於布局未來的藝術博覽會和畫廊經濟甚為重要。

參、藝術經濟力的培育

一、探索文化底蘊

在今日的台灣，我們所處的是一個商業導向、經濟掛帥的現實社會，發展文化創意產業中的視覺藝術產業並不是將原先的消費產品用「藝術」包裝後再行銷，而是落實將藝術性、觀念性架構在產品功能性之上的理想。好的

「視覺藝術產業」發展，應結合政府的文化建設和文化產業政策，促使視覺藝術產業將純粹藝術中的感官、想像、心靈體驗展現成一個美感經驗。

　　落實《文化創意產業發展法》的同時，我們應該瞭解完整、健全的視覺藝術產業需要長時間育成，才能將文化的底蘊完整釋放在最合宜的行銷中。事實上，我們在台灣已經看到零星的火花和成功的先例。以國人熟悉的台灣傳統花布圖紋來說，經由裝置藝術家林明弘的作品，國人和外國美術館得以重新審視「台灣傳統花布」的藝術性與視覺能量。

　　透過客家委員會連續多年的活動宣導與媒體造勢，「花布」漸漸成為推動平易近人價格與實用性日常商品的有利契機。這些年來，官方活動將花布展品轉化成具有在地精神的文化產業，無形中成為政府推動當代視覺藝術展演和心靈交替的重要藝術反思潮流和前衛精神。同時間，花布所內含的意義不但反映了公部門與設計產業的文化建構模式，對於啟發視覺藝術產業也有相當影響（劉立敏，2010）。

二、產業人才培育

　　視覺藝術產業的人才養成多元與產業鏈的生態息息相關，包含視覺藝術產業鏈的上游（藝術創作）、中游（藝品收藏、拍賣、鑑價、展示、評論）、下游（藝術衍生商品、修復、販售、材料供應、運送服務）等。除此以外，目前全球需求的人才包含藝術修復、電子商務、當代藝術史、藝術法律等面向，簡述如下：

　　藝術修復領域：年代古老的畫作因為歷史價值而能大幅提高轉手售價，但是如果因為時間久遠，作品容易受到光害、熱氣、濕度、黴菌、蟲害、天災等因素毀損，這時類似外科醫療手術的藝術修復工作正好可以透過紅、紫外線判讀原始顏料的成分、重新修補裂痕、支撐原始畫作，讓古董作品風華再現。

　　電子商務領域：受到地球村的趨勢影響，藝術性的商業活動也強調「最佳化」的經濟模式以獲取利潤。為了鞏固和強化藝術機構中的經濟效益，漸漸地已有許多的中大型美術館、私人美術館、藝術基金會等都要求館內成員進修商業、管理、科技、資訊等課程以符合時代所需。

　　當代藝術史領域：歷史性的藝術珍品深受關稅、國家主權、市場經濟、

政治觀感等因素操弄，不容易轉手，但是海峽兩岸和華人文化圈的當代藝術卻是近三十年來的風潮，作品多元、符合現代生活議題、具有在地語彙、科技性創作可以多產等因素，反而有大好趨勢，唯有熟悉當代藝術史的發展才能帶來商機。

藝術法律人才領域：藝術的演繹與詮釋受到商標法、著作權、違約金、買家酬金等影響，可以理解當市場需求愈成熟之時，愈需要精通藝術法律背景的人才，才能在法律訴訟中占得上風。

 結 語

一、以視覺藝術產業的核心和範疇而言

自從行政院提出「挑戰2008 —— 國家重點發展計畫」，其中「視覺藝術產業」的相關調查、研究、趨勢分析雖然有待持續推動，但是以「畫廊」、「拍賣」、「博覽會」為產業核心的共識將成為未來努力的目標。

藝評家暨策展人王嘉驥曾為文表示「台灣官方對於文化創意產業的分類與描述……有模糊含混之嫌」，主要是因為相較於較早提出「創意產業」架構的英國，技巧性的將「藝術創作的決定性」和「藝術市場的相對性」區隔。平心而論，純粹藝術的創作者在從事個別創作之時，往往不在乎藝術市場上有形的產值和產品經濟的考量，因此，「畫廊」成為經紀或是代理藝術家開拓潛在客群的重要關鍵（王嘉驥，2004）。另一方面，文化部將「視覺藝術創作」納入「視覺藝術產業」架構，也根植於公部門對於「藝術市場」的法律規範、運作機制和管理條例限制，因此自2010年起透過《文化創意產業法》的制定確立視覺藝術產業的完備基礎。

二、以視覺藝術產業的經營與行銷而言

在健全的藝術制度下，身為藝術產業核心的畫廊或是拍賣公司，應該持續投資「創作」與「市場」的合諧默契。回顧台灣的畫廊發展至今，自早期畫廊成立於1960年代已有六十年的歷史，在這之中，畫廊和藝術家的產銷

關係有所改變。在畫廊產業發展的初期,雖是慘澹經營,畫廊負責人享有重要的地位,藝術家願意忍受創作的寂寞和孤獨,也備受尊重,畫廊更因此慢慢引導早期的收藏家培養品味和素養。在90年代,蘇富比和佳士得兩大國際拍賣公司來到台灣,帶來藝術拍賣的觀念和機會,使畫廊產業達到巔峰,走過榮景。在90年代末期遇上金融風暴後,畫廊紛紛西進中國「卡位」,雖然憑藉著在台灣的經營模式與多年經驗向有優勢,但是中國沿海城市發展快速,國際化程度日深,與國際接軌的步伐也大。畫廊從業人員的專業素養將是視覺藝術產業發展的關鍵核心,面對全球華人的藝術市場競爭,唯有持續透過「人文」、「經濟」、「跨領域」三個面向的結合,才能發展出健全的藝術博覽會榮景和視覺藝術產業。

三、以文化政策的關鍵影響力而言

從草擬至今,《文化創意產業發展法》終於在2010年完成立法三讀通過。多年的時間裡,文化藝文界的多方代表雖然曾經參與籌備會、公聽會、審查會等多場會議,依然有許多的遺憾、期許、迷思、配套等討論。主要原因是《文化創意產業發展法》的制定是先有政策後有立法的施行,政策也許可以因為時代環境的變動、人為觀點的改變等靈活調整,但是立法代表國家強制力的推動,具有法律穩定性的特質,因此,藝文界期待國內關於視覺藝術產業的發展等討論,能夠與國際接軌,符合聯合國2010年提出的《世界文化多樣性》宣言之「文化政策應當在確保思想合作品的自由交流的情況下,利用那些有能力在地方和國際發展的文化產業,創造有利於生產和傳播文化物品和文化服務的條件」(張淑華,2010)。由此可見產業政策與文化政策有不可分割性,在探討視覺藝術產業發展的同時,不可忽視藝術政策所扮演的關鍵影響力。

面對世界競爭的壓力,處在兩岸關係的台灣視覺藝術產業,扮演著「文化貿易」產品輸出的關鍵,應該憑藉著在台灣的經營模式與多年經驗、透明化公開資訊的市場行情、健全穩定的社會核心價值等基礎,使藝術品成為「經濟資產」。更應該盡力將健全產業生態落實到產、官、學、社區等環境中,永續發展知識、創意、在地資源、全球趨勢的整合,才能確保台灣的藝術家、畫廊、收藏家持續擁有利基。

學習評量

1. 你能說出視覺藝術產業鏈的基本組合成員嗎？

2. 你能列舉說明一件藝術市場交易中的青年藝術家藝術創作品嗎？

3. 你認為少子化、高齡化、資訊化、疏離化的社會趨勢，是否將衝擊視覺藝術產業鏈的上游（藝術創作）、中游（藝術展示與販售）、下游（藝術衍生商品與服務）的生態？

4. 你會投入視覺藝術產業鏈的專業工作嗎？請舉例說明。

參考書目

A&B藝企網。http://www.anb.org.tw/coverstory_content.asp?Ser_No=636（2011年2月20日瀏覽）。

Christie's. Selling Guide。christies.com（2020年7月24日瀏覽）。

Christie's雲遊藝術。christies.com（2020年7月24日瀏覽）。

Google 藝術網。artsandculture.google.com（2020年7月13日瀏覽）。

Office of the United States Trade Representative。ustr.gov（2020年7月11日瀏覽）。

Sotheby's 拍賣結果。sotheby.com（2020年7月13日瀏覽）。

Wu, Chin-tao. (2003). Privatising Culture: Corporate Art Intervention Since the 1980s. Verso.

文化部A（2018）。文化產業訊息及趨勢分析。載於第一期2月號。台北：文化部。

文化部B（2018）。我國視覺藝術市場發展該況：專訪藝科智庫石隆盛執行長。載於第一期2月號。台北：文化部。

王玉齡（2003）。讓台灣藝術好起來。載於典藏今藝術。頁153。台北：典藏。

王嘉驥（2004）。創意的絕對價值VS產品的相對價值──視覺藝術創作與產業的結盟。載於文化創意產業實務全書。頁273-277。台北：商周。

台北當代藝術博覽會活動網頁。taipeidangdai.com（2020年7月13日瀏覽）。

石隆盛（2004）。台灣藝術市場發展的下一波。載於視覺藝術──從在地到全球的人文產業思考。頁18-23。台北：典藏藝術家庭。

李宜修（2010）。1980-2000年代台灣藝術（美術）環境與藝術經濟發展之關係探析。載於屏東教育大學學報──人文社會類，35。頁81-122。屏東：屏東教育大學。

柯人鳳（2013）。國內個案分析：台北國際藝術博覽會。載於藝術經濟力。頁201-216。

台北：財團法人中華民國畫廊協會。

林文珊（2010）。積蓄能量，另闢蹊徑——2009台灣視覺藝術產業概況。載於2009年台灣視覺藝術年鑑。頁46-51。台北：藝術家。

范譽莉（2011）。不斷找尋變形體般的夥伴關係胡氏藝術。載於財團法人國家文化藝術基金會。頁110-117。台北：遠流。

黃才郎（2010）。2009台灣美術館行政與趨勢。載於2009年台灣視覺藝術年鑑。頁22-26。台北：藝術家。

黃玉景（2014）。台灣藝術修復革新者。載於今周刊905期。4: 24。台北：今周刊。

財團法人中華民國畫廊協會A。http://www.aga.org.tw（2020年7月1日瀏覽）。

財團法人中華民國畫廊協會B。http://www.aga.org.tw（2020年7月13日瀏覽）。

財團法人中華民國畫廊協會C。http://www.aga.org.tw（2020年7月10日瀏覽）。

張淑華（2010）。五力推進，期待文化創意產業發展新力。載於藝術家雜誌，3。頁130-10-12。台北：藝術家。

張禮豪（2003）。與衣淑凡、蔡康永看藝術，談收藏。載於典藏今藝術。頁157。台北：典藏。

胡永芬（2010）。東邊太陽西邊雨，輕舟過了萬重山——2009台灣藝術市場回顧與分析。載於2009年台灣視覺藝術年鑑。頁42-45。台北：典藏。

黃河（1996）。藝術市場探索。台北：淑馨。

黃河（2008）。買畫也能賺大錢。台北：三采。

賴佩璇、林孟潔（2020）。台塑少東王文姚妻買畫提告求償，畫廊老闆判賠1238萬，載於聯合新聞網。udn.com（2020年5月8日瀏覽）。

劉立敏（2010）。視覺藝術教育觀點下的客家文化意涵。高雄：高雄復文。

劉家蓉（2017）。紐約拍賣周佳士得現代與當代雙刷歷史第二新高，載於非池中。artemperor.tw（2020年7月1日瀏覽）。

鄧慧純（2019）。為修復設立標準：回溯時光的修復師——蔡舜任。載於台灣光華雜誌。4。台北：台灣光華。

鄭功賢（2003）。中國藝壇閃亮的一顆星星——吳冠中作品收藏家分布海內外。載於典藏今藝術，10。頁178-179。台北：典藏。

藝術＋拍賣雜誌（2013）。全球前250最佳拍賣公司。台北：藝術＋拍賣雜誌。

藝術家（2010）。2009年台灣視覺藝術年鑑。台北：藝術家。

鄢繼嬪（2004）。小草藝術學院——從學運出發的創意。載於文化創意產業實務全書。頁248-253。台北：商周。

第 13 章

電視製作產業

李欣蓉

學習目標....................................

1. 介紹電視製作產業發展概要，使學生對電視製作產業有基礎認識。
2. 介紹電視製作產業製播流程，藉由製播流程的理解，內化相關基礎知識之訓練。
3. 藉由電視產業之創新管理介紹，研討創新的來源及類型，進而研究在電視製作產業中的工作紀律及組織型態。
4. 藉由電視行銷管理的介紹，研討電視製作產業之行銷策略與組合、如何處理行銷焦點，以及如何將核心能力充分的運用。
5. 從節目的創新到行銷策略的創新，分析電視製作產業的各種工作型態，藉由文獻及實務的研討，啟發學生自我瞭解，進而在電視製作產業多元人才需求下，能得到適切的工作機會。

....

關鍵詞彙 電視產業、媒體、節目創新、創新管理、媒體品牌、收視率分析

過去幾年世界各國愈加重視文化事業發展，雖命名有所不同，但在文化相關產業都有長遠的發展與計畫。文化產品的輸出已成爲許多國家財務來源。2003年，台灣文化建設委員會將文化創意產業定義爲：「源自創意或文化積累，透過智慧財產的形成與運用，具有創造財富與就業機會潛力，並促進整體生活環境提升的行業。」而將台灣文創產業特色，歸納、篩選與分析出台灣發展文化創意產業十五項核心產業。而本文即以隸屬其一之「電視製作產業」爲主要探討產業。

　　電視製作產業乃是由聲音及影像組合而成的綜合藝術展現，而電視製作產業更直接包含了音樂、各種影像形式在媒體上的運用。本文將從台灣資深電視製作公司及其經理人王偉忠先生三十多年累積之經驗，從台灣電視產業的變遷以及電視製作公司之企業歷程，發展出文創產業中電視製作產業的發展指標。

　　本文提出電視製作產業六大策略要素，在創新管理方面：(1)隨時可調整的組織型態與財務結構；(2)工作人員的紀律要求；(3)創新的節目內容。而在行銷管理面向：(4)創造娛樂事業品牌；(5)各種聯盟形式；(6)行銷焦點處理模式。

第一節　產業結構

　　我國電視事業開端，是1962年2月開播的教育電視實驗電台，當時每日播出2小時教學節目。1962年10月，台灣電視公司（台視）播出第一個電視訊號，我國正式邁入電視時代；中國電視公司（中視）在台視開播六年後正式成立；1971年，教育電視台即改組爲中華電視台（華視）。我國電視產業在十年之間，從一家擴展爲三家電視台；在硬體方面，民國60年代，電視機由黑白發展到彩色螢幕，伴隨著科技技術的快速發展，電視愈加精進畫面的品質，加上電視機大量生產，至2008年，電視的普及率已達99.295%。

　　目前我國民眾依收訊方式分為三種模式：無線電視（如台視、中視、華視等）、有線電視（如年代、八大、三立等）以及衛星電視（衛視中文台、AXN、HBO等）。無線電視台由於政治因素遭到30年的長期壟斷，直至1997年民視及1998年公共電視的成立，目前台灣共有五家無線電視台。

　　在有線電視方面，根據行政院1985年「建立有線電視系統工作小組之研究報告」紀錄，第一家第四台在1976年出現於基隆地區，其間數年第四台業者無節制播送無版權的節目，使得美國政府以301法案對我國施壓，加上第四台業者積極要求合法化，各方角力之下《有線電視法》於1993年8月11日總統公布實施，在1994年10月起接受有線電視系統之申請及審議之作業。

　　電視節目製作事業之所以產生，主因是廣播電視頻道業者試圖將節目委外製作而來。為了規避觀眾喜好的隨時變動，導致收視／聽率不穩定，進而影響到廣告營收的風險。

　　在台灣，廣播電視等主流媒體的主要客戶—廣告主，乃是依據每日由AGB Neilsen發布的收視率調查，來調整分配電視廣告預算。收視／聽率愈高的節目將獲得較高的廣告收入，也較可能提高單位收視／聽率廣告的單價。對以廣告為主要收入的廣播電視頻道業者而言，若投資重金製作的節目不符合觀眾的胃口，收視／聽率不佳的結果就是嚴重的虧損。因此，廣播電視頻道業者通常會將部分節目的製作與廣告業務，一起委外給所謂的「外包」公司來製作。單純只收取播出的時段費用。此種經營策略將可以有效降低電視台財務上的波動。通常外包公司的節目若達一定收視率，電視台也有分紅的可能；而收視／聽率不佳的節目，則有隨時下檔的風險。

　　廣播電視頻道業者的新經營想法，促發了「外包」公司的新經營模式。外包公司不但必須時時推出嶄新的電視節目，部分還必須經營節目的廣告業務。所以，不僅需要源源不斷的節目創意來滿足時時變化的觀眾胃口，還必須要能夠掌握廣告收入的來源。

　　以經營年數結構來看，在產業營業家數或營業額的發展，10至20年之公司表現都較為傑出；4年以下之公司多呈現下坡趨勢。若以年度其穩定度判斷，20年以上的公司家數的穩定度最高；1至3年、5至10年的公司變動性最大；十年以上的公司則是逐年的增加。足以見得，廣電產業的結構對於新

加入競爭的業者較爲不利（圖13-1）[1]。

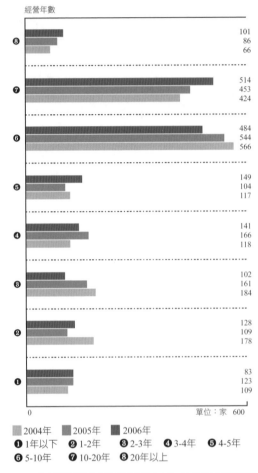

經營年數

❽		101
		86
		66
❼		514
		453
		424
❻		484
		544
		566
❺		149
		104
		117
❹		141
		166
		118
❸		102
		161
		184
❷		128
		109
		178
❶		83
		123
		109

0   單位：家 600

■ 2004年 ■ 2005年 ■ 2006年
❶ 1年以下 ❷ 1-2年 ❸ 2-3年 ❹ 3-4年 ❺ 4-5年
❻ 5-10年 ❼ 10-20年 ❽ 20年以上

✿ 圖13-1　2004-2006年廣播電視產業經營年數之家數柱狀圖[2]

---

1 經濟部文化創意產業推動小組辦公室（2008.5）。2007台灣文化創意產業發展年報，頁86。台北：經濟部工業局。

2 經濟部文化創意產業推動小組辦公室（2008.5）。2007台灣文化創意產業發展年報，頁87。台北：經濟部工業局。

第二節 🎲 電視製作產業之創新管理

　　傳統之管理論述不出五管：行銷管理、生產與作業（組織）管理、人力資源管理、財務管理、研發管理。由於文創產業的人力乃是自主性高的創作者，而其產品乃是主觀性高的「作品」，而非一般實物之產品，因此，在本文裡之管理偏向於對文創產業人力資源之創新管理模式。經由作品的創新與創新的管理，得以維繫電視製作產業之永續經營。創新的定義繁多（表13-1），在密西根大學（University of Michigan）Allan Afuah教授的《創新管理》中，創新的定義如下：

　　　　創新是指使用新的技術及市場知識，提供顧客新的產品及服務。新產品指的是使用低成本、改善舊的產品屬性，具備前所未有的產品屬性，市場上從未出現的產品。[3]

　　也就是說，無論是從事硬體、軟體、製程上創新，抑或對客戶而言是「新產品」，都可視為創新。而哈佛商學院（Harvard Business School）桃樂斯・雷諾（Dorothy Leonard-Barton）教授的觀點如下：

　　　　創新對大多數的企業而言，是保持競爭優勢的來源，然而創新，有賴公司每一個成員每個人的專業能力與努力。[4]

　　桃樂斯教授認為，創新是企業保持競爭優勢的來源，但必須由員工的專業知識與努力貢獻作為創新的基礎。此外，桃樂斯教授與塔弗次大學（Tufts University）華特・史瓦普（Walter Swap）教授在2000年出版

---

[3] Allan Afuah (2000)。《創新管理》（原書名：*Innovation Management: Strategies, Implementation and Profits*）（徐作聖、邱奕嘉譯）。台北：華泰文化。

[4] Leonard-Barton, Dorothy & Sensiper, Sylvia (1998). The Role of Tacit Knowledge in Group Innovation. *California Management Review* (vol. 40, no. 3).

的《激發團隊創意》（原書名：*When Sparks Fly: Igniting creativity in groups*，2000），亦提及「創新是創意過程的最終結果」[5]。可見無論在人的管理方面，或節目企劃方面，「創新」皆是文創產業不可忽略的重點。

從以上概念可得知，無論是哪一位學者對「創新」的觀點，無論是「新的技術」、「新的產品」、「新的專業」與「新的服務」，幾乎視「工作者」——尤其是「知識內化的工作者」為企業創新的主要根基，內化的工作知識以及職業概念，往往是最難被取代的部分。而這些來自工作者的資源，必須要員工願意傾囊相授，「創新」才得以充分發揮。

表13-1　創新的定義

年度	學者	定義
1985	Peter F. Drucker	《創新與創業精神》：[6]創新是社會與經濟體系的一種效果，顧客行為的一種改變，或者，它是一種程序的改變。
2000	Allan Afuah	《創新管理》：[7]創新是指使用新的技術及市場知識，提供顧客新的產品及服務。新產品指的是使用低成本、改善舊的產品屬性，具備前所未有的產品屬性，市場上從未出現的產品。
1998	Dorothy Leonard-Barton & Sylvia Sensiper	認為創新對大多數的企業而言，是保持競爭優勢的來源，然而創新有賴公司成員每個人的專業能力與努力。[8]
2000	Dorothy Leonard-Barton & Walter Swap	《激發團隊創意》：創新就是新奇、相關、受重視的新產品、過程或服務中，知識的體現、綜合及合成。也就是說，「創新是創意過程的最終結果」。

資料來源：《創新管理》、《激發團隊創意》、《創新與創業精神》、*California Management Review*。本文作者整理。

---

[5] 桃樂斯・雷諾（Dorothy Leonard-Barton）、華特・史瓦普（Walter Swap）（2000）。《激發團隊創意》（*When Sparks Fly: Igniting creativity in groups*）（施貞夙譯）。中國生產力中心。

[6] 彼得・杜拉克（Peter F. Drucker）（1985）。《創新與創業精神》（*Innovation and Entrepreneurship*）（蕭富峰、李田述譯）。台北：長河。

[7] Allan Afuah (2000)。《創新管理》（原書名：*Innovation Management: Strategies, Implementation and Profits*）（徐作聖、邱奕嘉譯）。台北：華泰文化。

[8] Dorothy Leonard-Barton & Sylvia Sensiper (1998). The Role of Tacit Knowledge in Group Innovation. *California Management Review*, vol. 40 (No. 3).

壹、創新的來源

> 沒有「機會」就沒有創新，而機會不見得是創新者一味努力就可以創造得來的，而多是由經營環境的變動得來的。[9]

實現創新乃是能帶來更大財富的人或資源的嶄新能力。電視製作產業最主要的「產品」便是「節目」，而節目產製最重要的便是其團隊人力。因此，產業的創新來源便始於兩大要素：創造新式節目型態、建立優良的工作環境。

一、創造新式節目型態

電視製作產業需以創新節目為策略，提供價位合理、品質優良節目，來滿足客戶（電視台）的需求。

本節將從彼得・杜拉克（Peter F. Drucker）之「創新機會的七個來源」，研究電視製作產業創造新式節目型態之策略創新；而電視製作產業於節目創新的形式，包含了合理價位、客製化節目內容、節目品質優良及節目管理設停損點。

㈠ 創新機會的七個來源

面對創新，彼得・杜拉克在《典範移轉——杜拉克看未來管理》中提到：

> 不斷的創新能讓企業產生時時準備變革的心態，而這種心態能讓整個企業隨時隨地地把變革看作機會。[10]

傳統企業在產銷與管理策略往往拒絕變革，面對新知識與新生產方式常

---

9 施百俊（2001）。《事業模式創新之研究》。台灣大學商學研究所博士論文，頁103，台北。

10 彼得・杜拉克（2005）。《典範移轉——杜拉克看未來管理》，頁110。

排拒改變與進步的可能。但如果企業領導人能把每一次的改變都視為一個新的轉機，那麼這個企業的展望往往可能更寬廣。

但創新並不是毫無風險，彼得‧杜拉克認為「創新永遠有風險，但其風險遠低於不發掘新機會的風險」。[11] 在文創產業實則愈需要創新的精神與冒險的精神，文創產業帶給大眾的除了純「產品」式（如陶瓷、紙張、衣飾等）的呈現以外，各種文化載體更影響了閱聽人的所有觀念，而這些觀念更深深影響了生活在這片土地上人們的價值觀。許多正在經歷創新歷程的產業，同樣冒了很大的失敗風險，但並非因為有風險就放棄創新。王偉忠認為：「失敗根本不是問題。不敢嘗試，比失敗更可怕。」[12]

節目創新方面：王偉忠在《歡迎大家收看：王偉忠的※◎＊＃……》提出五個創意的方法：(1)找到創意起點；(2)找出與閱聽人共同的體驗；(3)根據藝人特色發展；(4)從社會結構發想；(5)取個好名字[13]。這五個創意方法與彼得‧杜拉克在《創新與創業精神》[14] 中提到的七個創新來源相互呼應（表13-2）：

表13-2　創新來源與創意方法

彼得‧杜拉克七個創新來源	王偉忠五個創意方法
意外的成功或失敗	找到創意起點
不一致的狀況	
基於程序上需要的創新	
產業或市場結構改變	從社會結構發想
人口的變動	找出與閱聽人共同的體驗
認知、情緒及意義的改變	根據藝人特色發展 取個好名字
新知識	

資料來源：《創新與創業精神》、《歡迎大家收看：王偉忠的※◎＊＃……》。
本文作者整理。

---

[11] 彼得‧杜拉克（2005）。《典範移轉──杜拉克看未來管理》，頁111。
[12] 王偉忠（2007）。《歡迎大家收看：王偉忠的※◎＊＃……》，頁120、221。
[13] 王偉忠（2007）。《歡迎大家收看：王偉忠的※◎＊＃……》，頁190-195。
[14] 彼得‧杜拉克（1985）。《創新與創業精神》，頁49。

（二）合理價位

提供客戶一個合理而可以接受的價位，乃是公司擬定定價策略的重要指標，在電視製作產業尤是如此。彼得‧杜拉克在一個案例中便提及：

> 管理階層必須讓該貨架賺取最大收益。由於專注於收益的控制，雖然店裡的產品價位低廉並且獲利不高，業者仍然能夠提高利潤。[15]

過去經濟繁榮時期，許多製作公司提案高製作成本的節目仍為電視台所接受。但近年來全球經濟緊縮，頻道在節目預算上有減無增，故製作公司編列預算的考量，便需因人事時地物而有所修正，也是在這個時期，許多製作公司因而倒閉。如何在各個平台與不同單位合作，並有雙贏局面？

文創產業藝術家們對於產品（創作）的銷售時有困境，除了藝術家本身人格特質與尊嚴外，對於市場的陌生感常使藝術家與作品不得銷售要領。市場交易之所以能成交，必定是對於交易雙方皆能接受的價值作交換。

我們常見音樂唱片銷售價格與消費者認知不對等，一般消費者認為一片CD（或DVD）的成本為新台幣10、20元，而現在音樂CD動輒300-400元的價格並不為普遍大眾所接受，雖然音樂唱片製作成本還必須包含其製作過程所有的人、物、資源等支出在內，加上有大部分資金運用在其行銷費用上。這種種支出與音樂製作公司把獲利當作目標提高售價的結果，便是導致盜版猖獗，台灣音樂市場近年來風氣偏頗，買榜（銷售排行的作假）時有所聞。「價格」即是目前台灣唱片市場面臨的銷售困境的主要因素；加上數位音樂的方便性，使得音樂存取更加容易，台灣娛樂產業勢必須要對「多元行銷」多一分研究。

台灣電視製作產業，節目預算往往僅能維持節目成本及製作公司的基本人力規模，製作公司主要獲利來源來自高收視率的分紅以及其周邊利益。在電視製作產業，除了收視率分紅之外，以公司製作之節目「推銷」藝人經紀部門之新舊藝人，而藝人有其他活動代言時，其經紀佣金便是另一個收入來源。

---

15 彼得‧杜拉克（2005）。《典範移轉——杜拉克看未來管理》，頁147。

　　由於節目初期利潤不高，因此製作公司很難在製作單一「基本節目」維持獲利，如果以單一節目狀態營運風險將會很高：節目一旦停播，公司便面臨解散的危機。而這個「收支平衡獲利低」形成了電視製作產業「大者恆大」的特質：唯有能同時進行許多節目企劃，方有更多獲利及拓展合作機會。

　　(三) 客製化節目內容

　　在媒體多元化的今天，電視製作產業之遞案方式也有多元化的發展。從過去製作公司自行創意發想寫企劃案提交電視台評估外包與否，到今日跨領域、跨業聯盟之夥伴關係，早期如承辦各式晚會、鴻海尾牙，近日已有與企業聯盟合作之電視節目，如「永齡教育慈善基金會」（鴻海）獨家贊助製作，每週六上午10時首播於中視的「全民大講堂」，便是一例。

　　「全民大講堂」與電視製作產業過去所製作的節目本質不同，出資的永齡教育慈善基金會對節目的期許亦非綜藝類節目。製作《全民大講堂》對金星而言，除了是另一個領域的開始之外，也開啟了客製節目內容的新商機。王偉忠對於新型態節目始終勇於嘗試：「其實只要我沒有做過的節目類型，我都有興趣，而且愈難愈好，我想把複雜的事情簡單化。」[16]

　　這個特質帶動了電視製作產業不墨守領域，成為開疆闢土的電視製作產業領導品牌。而客製化節目內容，便是電視製作產業於電視製作產業創新發展新機會的策略之一。

　　(四) 節目品質優良

　　電視製作產業在任何節目製作之前，一定先問：「觀眾為什麼要看（聽）？」在這樣現實與充滿挑戰的環境下，電視製作產業對於節目的品質與社會責任，亦需有所考慮。

---

[16] 夏幼文（2007年9月3日）。〈王偉忠：台版誰是接班人　郭台銘主持最讚〉，《工商時報》。

㈤ 節目管理設停損點

對於文創產業的經營或展演，日本著名動畫配樂家久石讓（ひさいしじょう）認爲：「完全不出錯的可能性是零，錯誤難以避免，關鍵在於如何處理犯下的錯誤。」[17] 廣播電視節目雖然可能由於收視率不佳而停播，但就實務而言，除了電視台在有限的預算內必須減低損失之外，製作單位必須接受此條件，並隨時調整多餘人力於最佳運用狀態。

節目管理設停損點雖主要是電視台的政策，但就製作單位而言，亦是測試閱聽市場的方式。一旦創意不被觀眾認可，隨時得調整節目內容及製作團隊人力，也因此可見源源不絕的創意是多麼重要。

二、建立優良的工作環境

在電視製作產業中，企業最重要的除了節目，便是「人力」。優良的工作環境雖然並非創新之道，卻是電視產業不可或缺的創新來源。在電視製作產業的資深從業人員往往有獨當一面的能力，藉此獲得升遷機會。而充足的軟硬體，使得工作人員能達到最高的工作效益。

㈠ 提供廣電人良好的成長空間與機會

在電視製作產業裡，人員的變動比其他產業來得頻繁，這種過高的流動率多半來自對電視懷有憧憬、卻沒有毅力的新進人員。在電視製作產業工作超過五年的資深員工約占了一半，而其中多數是從最基層的「助理」做起。無論任何產業，由於資深員工對其工作內容的熟悉與互動性強，往往備受禮遇及重視，在電視製作產業尤是如此。

㈡ 建立成長、團結、活潑的企業文化特色

彼得・杜拉克認爲：

---

17 久石讓（2008）。《感動，如此創造：日本電影配樂大師久石讓的音樂夢》（原書名：《感動をつくれますか?》）（何啟宏譯），頁61。台北：麥田。

組織裡的確有一些放諸四海皆準的原則。其一，無疑的，就是組織應當透明化。每個人都應該知道、並瞭解他工作環境裡的組織結構。這聽來理所當然，但是在一般組織裡通常都做不到。[18]

在電視製作產業若以節目部門與經紀部門分工，方能使節目從企劃、製作到播出的歷程，達到最順利、高效率的狀態。各個部門間的溝通與長期一起工作的默契，使得各節目團隊與經紀部門之間的工作愈加互相信任。彼得‧杜拉克認為：

即使是再小的變革，都要想到：「誰應該知道這件事？」這點愈來愈重要，因為在工作環境中，人與人不再朝夕相處。企業愈來愈依賴分處不同地點工作的人，運用新資訊科技來完成工作。在這種狀況下，各方訊息更需要完全透明。[19]

在娛樂經濟當道的今天，要養成年輕一輩的媒體工作者對工作的熱情與全力以赴並不容易，而電視製作產業工作者對節目上檔的時間壓力又比一般工作人員高出許多，因此對於工作氣氛的形成，王偉忠就曾提及：

「好玩化」是現在很重要的元素，有些娛樂性在行銷中。就拿我來說，我對員工的工作要求很嚴格，但工作氣氛我會營造得很好玩。[20]

表13-3彙整自彼得‧杜拉克七個創新來源與王偉忠五個創意方法，得以建構出電視製作產業的節目策略。

---

18 彼得‧杜拉克（2005）。《典範移轉——杜拉克看未來管理》，頁16。
19 彼得‧杜拉克（2005）。《典範移轉——杜拉克看未來管理》，頁119。
20 夏幼文（2007年9月3日）。〈王偉忠：台版誰是接班人　郭台銘主持最讚〉，《工商時報》。

表13-3　創新來源與創意方法之比較表

杜拉克七個 創新來源	杜拉克創新來源之說明	王偉忠五個創意方法	本文歸納
意外的成功或失敗	意外的成功，意外的失敗，意外的外在事件。	找到創意起點	《太陽計畫》、《青春大王》
不一致的狀況	業績差距：不一致的經濟現況。 認知差距：現況和假設之間的不一致。 價值觀差距：認知的與實際的消費者價值觀和期望之間的不一致。 流程差距：某個程序的步調或邏輯所發生的不一致。		《青春大王》、《星期天晚上的黃金夢》
基於程序上需要的創新	流程的需求、勞動的需求、知識的需求。		王偉忠之工作歷程分析
產業或市場結構改變	業界的快速成長、產業規模達到兩倍成長、當幾種技術開始結合時、工作的方法急速改變時。	從社會結構發想	電視產業變遷與網路興起、媒體形式的多元化
人口的變動	人口的移動、人口增減、年齡結構、家族組成型態、僱用、教育程度、所得、可支配消費額。	找出與閱聽人共同的體驗	分眾化的收視習慣
認知、情緒及意義的改變	認知、情緒及意義的改變；世界觀、價值觀、文化的改變。	根據藝人特色發展	
新知識	包括科學的與非科學的。除了知識之外，企業尚需分析社會、經濟與認知的變化；必須具備有效的策略；學習管理方法，並加以實踐。	取個好名字	

資料來源：《創新與創業精神》、《歡迎大家收看：王偉忠的※◎＊♯……》。本文作者整理。

貳、創新的類型

　　根據彼得・杜拉克分析之創新類型，分為：(1)產品創新：開發卓越的

產品及服務；(2)社會創新：改變消費者的習慣及價值觀；(3)管理創新：技術與活動面的創新[21]。

一、產品創新：開發卓越的產品及服務

電視製作產業的產品即是「節目」。節目來自節目部門的企劃製作。如何增加創新「產品」的能力，是電視製作產業的主要課題。

二、社會創新：改變消費者的習慣及價值觀

以電視製作產業王偉忠總經理爲例，觀察到大陸製作戲劇節目實力已超越台灣，而《超級女聲》（超女）綜藝節目也席捲了華人市場，他嚴肅思考該如何維持台灣綜藝節目競爭力的領先地位，於是有《超級星光大道》的產生。《超級星光大道》雖然難免有「沿襲」超女的影子，但王偉忠認爲，「這個節目必須爲台灣演藝圈找出新一代生力軍，讓父母相信演藝圈這一行可以做。」[22]

> 《超級星光大道》這個創作，當初也沒有一定要大賣之類的目的。只是單純覺得大陸的《超級女聲》很轟動，我覺得我們也應該做個節目，讓年輕人有一個出路。不過在執行方法上，我希望能跟別人不一樣，要把它的高度拉高。像是節目的評審，我就對他們要求一件事：「我們一定要嚴格，但是我們更要關心，不能光是毒舌完就算了。」[23]

---

[21] 彼得·杜拉克（Peter F. Drucker）（2007）。《杜拉克精選：創新管理篇》（原書名：*Managing in a Time of Great Change*）。台北：天下遠見。

[22] 蕭富元（2008年7月4日）。〈電視製作人 —— 王偉忠笑看悲劇做喜劇〉，《天下雜誌》。

[23] 張鴻（2007年8月31日）。〈創意人物／電視節目製作人王偉忠：有目的的創作，就不是好創作〉，《經理人月刊》。

三、管理創新：技術與活動面的創新

數位化的電腦系統已成爲90年代電視製作的主流，電視製作產業需以「台性」爲主要服務區隔，節目生產開發的技術層次與應用層次，按製作人、執行製作、通告，而各有層次高低上的不同。

參、紀律

在藝術相關環境裡，對於生活的規律與紀律少有人提出建議，有些藝術家爲了創作而作息顛倒。但王偉忠在每日規律行程下的創意與創作，亦不在少數。王偉忠力行「藝術家的思想，軍人的行爲」，並且以相同的態度來要求創意團隊。

誠如久石讓所言：

> 藉由固定的步調，製造出容易保持專注的工作環境，並且調整好自己的狀態。如此一來，幾乎不容易受到情緒起伏等因素影響。[24]

藝術家與創作者唯有紀律地不斷創作，其作品積累足夠的分量與質量，藉由這個紀律的方式，訓練出隨時夠用的思維與產量，才可能將這「概念」（資本）化爲「利益」。

肆、組織類型

對於文創產業的管理，對於以「創作」爲產品的人而言，與一般行業工作者不同之處，便是自主性高且主觀意識強烈。對此，彼得・杜拉克便以「管理成效而非管理人」爲策略。在電視製作產業，對於「節目」的成效最直接的便是收視率。收視率是攸關節目能否持續製作的主要因素，節目一旦

---

24 久石讓（2008）。《感動，如此創造：日本電影配樂大師久石讓的音樂夢》（原書名：《感動をつくれますか?》）（何啟宏譯），頁20。台北：麥田。

穩定，經理人應少涉入節目小組運作的情形。

> 我一直認爲，沒有一個製作人不想把節目做好，但這需要天時、
> 地利、人和，所以領導者要幫下面的人扛失敗。當一個製作人做了三
> 個失敗的節目，可能第四個就會成功了，所以千萬不能在第三次失敗
> 時就跟他說：「你走吧。」 25

　　無論是意外的成功或失敗，在電視製作產業能擔任製作人的工作人員，
多是經年累月與電視製作產業一同成長的員工，所以在電視製作產業，員工
心態多屬開放自信。

　　電視製作產業許多幕後工作人員由於工作內容的特性，亦有爲觀眾所知
的工作者。在電視製作產業的工作人員，製作節目內容不能背離社會觀感與
道德價值，藝人更是如此，但其私領域及感情生活在電視製作產業是受到尊
重與保護的。

第三節　● 電視製作產業之行銷管理

　　近年來無論是傳統產業或是科技產業，都愈來愈認知到行銷的重要。雖
是如此，卻仍少有公司自設廣告公關部門，多委外公關公司處理相關業務。
公關公司的服務則橫跨各個產業，例如先勢公關，從3C到各種品牌，從企
業公關到整合行銷。從先勢公關的客戶名單上，可得知先勢公關的客戶包含
了各種產業：從製造業（如Coca-Cola、Dove、Casio、FILA等）、金融業
（如HSBC、CIGNA）、服務業（如Pizza Hut）到電信業（遠傳）等。對
大型公關公司而言，接案客戶的產業別幾乎可說無所不包。

---

25 張鴻（2007年8月31日）。〈創意人物／電視節目製作人王偉忠：有目的的創作，就
　　不是好創作〉，《經理人月刊》。

在各個產業紛紛向外尋求行銷協助的同時，在電視製作產業裡，卻少見把行銷外包的狀況。

電視節目的「銷售」立竿見影，一個節目「業績」的好壞，往往以收視率爲最主要考量。收視率調查從原本四家（聯廣、潤利、SRT、AC Nielsen），到現在公信力最佳獨大的AGB Nielsen，電視製作產業之產品──「節目」一經播出，隔日便有收視率調查公布。姑且不考慮收視率調查取樣是否完整，這份調查卻是所有廣告商、公關公司、電視台參考業務導向最直接、也最被接受的報告。王偉忠就曾表示：「在發想新節目之前，會考慮一些因素：首先，注意到市場要什麼。」[26] 行銷已經內化成製作公司必備的基本要求，於是製作公司在「製造產品」之前，便早已考量閱聽人的需求，以期能有收視率的領先表現，而且幾乎沒有製作公司把行銷看成「外包」的工作。

壹、行銷策略與組合

在價格方面，由於電視產業的特殊與獨占性，電視節目製作公司面對的客戶並非直接面對閱聽人，而是電視台的節目管控部門。而議價方式亦直接與電視台商討。由於閱聽人收看電視的時間較爲集中，各頻道便有時段上的冷熱門之分；此外，廠商運用廣告預算時，也因時段不同而有不同的收費。因此，電視台對製作公司議價考量節目時段的不同而有差異，愈熱門的時段，頻道願意付出的製作費相對較高。其原因除了熱門時段廣告收入較高之外，高成本製作之精緻節目亦較容易維持穩定領先的收視率，而穩定領先的收視率，將直接回饋給電視台更高的廣告收入。

在通路方面，電視製作產業與一般文創產業的通路非常不同。電視製作產業的通路即是頻道，故製作公司與各頻道保持良好的互動與互信乃是必要條件。而文創產業如出版、表演藝術、電影等，雖然皆有固定的銷售通路，但經由有限通路的「銷售」，獲利可能遞減。因此，電視製作產業在通路上

---

[26] 王偉忠（2007）。《歡迎大家收看：王偉忠的※◎＊＃……》，頁190。

必須要能隨時調整製作方向，什麼節目到什麼頻道播出，什麼時段製作什麼類型節目，即是電視節目製作產業很重要的通路策略研究。

貳、行銷焦點的處理

廣播電視節目的製作與一般電視連續劇、文字書籍、電影不同，一般而言，綜藝節目長度從三十分鐘到兩個小時不等，期間廣告穿插，閱聽人的思緒不容易連貫，且無法如連續劇般書寫，其目標觀眾亦不同，於是閱聽人現今看到的節目多設有多種不同的單元，做不一樣的主題呈現。無論在節目的產製上、節目的行銷上，「大題小作、小題大作」都是很好用的方法。電視製作產業對於節目行銷焦點的處理，將隨著節目本身屬性的不同，而有不同的策略。

參、策略聯盟——核心能力的再利用

媒體匯流腳步將帶動平台服務的整合、媒體頻道的互通，以及服務內容的增長，業者間互相的策略聯盟與併購將帶動新一波的經營模式。電腦普及與數位化生活的興起，影響各種媒體功能的呈現：網路使大眾多了一種閱聽方式；行動通訊（手機、PDA、Notebook等）的便利，使大眾改變了收視地點的限制；電影可以採各種方式呈現在各種頻道與時段；報紙也因網路影響而大幅減少發行量，且改變經營模式；廣告散布除了散發傳單、買頻道播出、宣傳車之外，也多了電子郵件、手機簡訊等不同於以往的平台。因此，傳統媒體對於數位化經營模式已逐漸產生。

 結　語

文化創意產業近年來蓬勃發展，在台灣無論繪本如幾米、漫畫如彎彎，都獲得良性而正面的發展。加上政府對於文化保存不遺餘力，編列了相當

預算使多元文化能夠多面向呈現。多元文化呈現於電視媒體，亦有多見於公共電視，且陸續成立了客家電視台、原住民電視台等。惟在電視製作產業的企業主，往往需要面對市場的考量、節目預算的多寡，為維持該企業的合理利潤而斟酌節目的精緻度。雖然高額預算不等同於高精緻度節目，但在有限預算、製播時間與人力下，實難市場與社會、文化責任兼顧。誠如亞馬遜（Amazon.com）執行長貝佐斯（Jeff Bezos, 1964～）曾說過的經典名言：「Content is the king!」（內容為王！）即便是有很高的收視率、超高的節目利潤，沒有優質內容的產品，很難成為經典，遑論提供給閱聽人什麼樣的文化影響。

　　電視製作產業於電視產業三十年的時間，發展出特殊的企業文化與媒體圈生存之道，並非一蹴可幾。「人」是最重要的資產，「文化」是最重要的根基，而「內容」則是最重要的產品；少了其一，則在產業難有良好發展。因此，電視製作產業雖然並非唯一或最佳的範例，但這三十年脈絡下的成長與茁壯，亦是有跡可循，應足以提供給想要進入電視產業，或已經在產業裡努力的工作者，值得參考的方向。

壹、創新管理策略

　　在管理方面，電視製作產業於節目管理與公司經營管理上的創新，包含了創造新式節目型態及建立優良的工作環境。而在組織方面，隨時整編的特殊組織類型亦是減低人力消耗及提高人資運用的策略。最後，由於電視製作產業的特性及其工作內容的特殊性質，本文將其對紀律之要求，亦列為創新管理策略之一。

　　而在行銷策略方面，電視製作產業的行銷方式與一般產業不同，在自有產品（藝人、節目）以及通路（頻道）之下，行銷焦點處理模式便為主要策略之一；而「建立自有品牌」為行銷其公司與節目或藝人的行銷策略之二；為避免競業禁止條款及發展跨領域產業，即採「企業聯盟行銷策略」便為其三。

貳、創新管理原則

無論在節目製程上、在人事管理上,「創新」都是文創產業在管理上很重要的新典範。從電視製作產業的特殊組織模式與對紀律的要求,與傳統管理模式大相逕庭。本文之分析如圖13-2所示,以創新為根基,以組織與紀律為策略:

組織　　　　　　紀律

創新

圖13-2　創新管理原則

一、創新

創新的定義乃是「研發及表達可能有用的新奇點子之過程」[27],在節目管理上,對新事物永遠保持一定的興趣。王總經理不只一次提到:「打開耳朵聽年輕人說什麼,督促他們讓他們說到做到,因為創意不執行,形同胡謅。」[28] 這不只運用在節目創新管理上,在「人的管理」亦有所著墨。年輕人的創新想法,無論何種創新,領導者得有反芻運用的能力;而督促他們讓他們說到做到,則是對紀律的要求。因此,要激發電視製作產業工作者的

---

[27] Leonard-Barton, Dorothy, & Walter, Swap (1999)。《激發團隊創意》(*When Sparks Fly*) (施貞夙譯)。台北:中國生產力中心。

[28] 王偉忠 (2009)。《這些創意不是亂講──王偉忠團隊的13堂獨門創意課》。台北:天下文化。

想法和創意是領導者的責任，並且製造機會讓創意在無形之中成形，則是工作者的紀律。

二、組織

　　電視製作產業受收視率直接影響，製作公司新製播的節目往往穩定性不足，隨時有停播的可能。因此，公司內部組織人力便需要能夠隨時調整於最佳狀態。在電視製作產業的變形蟲組織便是一例。資深員工在各個階段（節目）中受到不同的訓練，在節目助理階段訓練企劃、美工、道具、攝影等基本功；在執行製作階段訓練通告聯繫、節目流程、剪接特效等能力；到製作人階段則接觸節目預算、整體呈現以及節目合約簽訂等管理階層事務。在電視製作產業雖無明顯分級制度，卻讓員工經由各種不同的工作內容（綜藝節目、談話節目、晚會等）及面向（製作助理、通告、製作人等），逐步使員工有獨當一面的能力。此外，電視製作產業成立不同的製作公司，來順應與不同企業之跨領域聯盟以及財務運作的需要。而無自負廣告業務雖利潤較低，但足以使製作能力為主的電視製作產業得以免除業務的壓力，而專注於其擅長之事業模式。

三、紀律

　　文創產業的工作者，多有藝術家性格。在創作與生活之間，往往沒有很明顯的分際，創作與生活完全融合在一起時，少有表現規律，許多創作者的生活方式便是不停創作，累了便休息。但在電視製作產業的工作者並不適宜如此隨性，因為電視製作產業的作品是「節目」，節目的播出平台是電視台，電視台的收益來自廣告，這些環環相扣的循環乃是電視製作產業生生不息的資金來源。一旦少了對節目規律的自律，就會有開天窗的可能。一般文創產業的創作者思緒枯竭之時，可能暫停創作，可能雲遊海角尋找靈感。但電視節目的創作者一旦有開天窗的紀錄，便很難再次有與電視台合作的機會。於是在無形的創意成了「節目」之時，無論成果（收視率）豐碩或苦澀，豐碩的果實得繼續澆水，下個星期還有相同的挑戰；苦澀的果實即便是放棄了都不能停下來，得重新種下更顯鮮美的一棵。在源源不絕的循環之下，唯有不斷創作的紀律，一個新的製作公司也才有成為老樹的可能。

參、行銷策略研究

　　電視產業內化的行銷策略，在電視台的經營策略下難有自有品牌，唯有在製作公司節目製作能力及呈現手法上樹立不同於其他公司的作品時，才有經營品牌的可能。而在行銷焦點的處理上，節目一經製作，便需有一系列的行銷手段，在電視製作產業行銷焦點的處理過程，便不離「大題小作，小題大作」製作節目的方式。雖然行銷電視製作產業之產品——節目，以現成已有的明星來說，已比一般文創產業來得簡便，但要做到接近大眾卻不流於俗氣，便需要經驗與品味的累積。此外，在電視製作公司經營步入坦途之後，跨領域的企業聯盟也將被視為重要的行銷策略。本文以金星範例分析如圖13-3：以企業聯盟與行銷焦點處理為根基，塑造電視製作產業品牌——Wei-chunggo之各種電視節目。

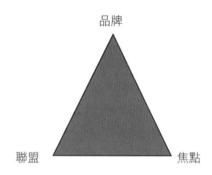

　圖13-3　行銷策略研究

一、行銷焦點

　　在電視製作產業裡，行銷焦點的處理將隨著節目本身屬性的不同而有不同的策略。雖然節目內容的優劣仍是影響該節目收視率的關鍵因素，但若無適當的行銷手段，閱聽人不易獲得節目資訊，便直接影響到收視率。

二、品牌

電視台把節目外包，卻需避免媒體效果爲外包公司利用而造就強勢節目製作品牌，因此，一般而言，少有知名度高的製作公司。因此，電視製作產業經營品牌的策略，便是將旗下節目逐漸統合成金星風格，其過程包括了金星旗下藝人的運用以及後製的監督。

三、企業聯盟

電視製作產業以策略聯盟的方式，不增加任何企業成本而能將其核心能力——節目製作發揮極致，無論與電視台的聯盟，或與唱片公司的聯盟，皆不離其本業——節目製作。因此，無論何種聯盟模式，皆唯有將自身的核心能力完全發揮，方能永續生存。

肆、電視製作產業發展指標

透過管理與行銷兩大面向，研究得以發現管理的組織與紀律，以及行銷之品牌端，爲電視製作產業中很重要的經濟要素，唯有隨時可調整之變形蟲組織與人的紀律，方能提高電視製作產業中最大的人力效率。此外，自身節目品牌的建立，使得閱聽人認同該節目製作公司，對未來新型態節目的製作有一定的信任與期待，方能在新節目成形的初期，占有部分已熟悉節目生態的閱聽人目光。

自Netflix在1999年推出訂閱服務，加上2000年起網路頻寬的快速發展，這十幾年網路媒體深深影響整個電視製作產業。過去從電視節目製作公司對電視台提案的流程，已經逐漸被新媒體取代。而新媒體（如2010年設立的愛奇藝）不但從海外購買許多戲劇、綜藝節目，2014年愛奇藝獨家平台播出的《來自星星的繼承者們》雖然爭議不斷，卻也開啟了網路平台自製節目的宏圖。2016年起愛奇藝開始對一般影視內容展開「愛奇藝——分甘同味」的影音平台授權邀請。從這個時刻開始，電視製作業從製作端來看，就不僅是「行業」，它同時也可以是「個人」。當然，YouTube對於這一波影視製播變遷也功不可沒。在2020年的今天，每個人都有爆紅的機會，但

爆紅之後的淵遠流長，又是一門學問。

行銷面的焦點處理與聯盟策略，加上管理的創新模式，乃是過去電視製作產業最重要的人文要素。對於文創產業的工作者而言，過去管理的方式已不適用，唯有對管理典範移轉以及對節目（成果）的管理，才是現階段電視製作產業對工作人員的管理策略。

此外，在行銷焦點的處理上，於電視製作產業內化的行銷能力，使得在行銷策略上能多元發展。而在核心能力穩定後的策略聯盟，便是電視製作產業在多面向經營中，很重要的發展方式。電視製作產業在策略聯盟上，並不是放棄原有資源來跨業發展，將公司經營放於險峻的局面；而是電視製作產業除了本身製作節目能力的優勢外，最重要的便是把核心能力發揮到極致，這個策略避免了許多可能的消耗與失敗。電視製作產業的創業門檻不高，其難度在於維持與永續經營。門檻不高的原因是人人有創作電視節目與成立製作公司的權利，且一般製作公司的預備金往往得以經由節目收入而獲得周轉。

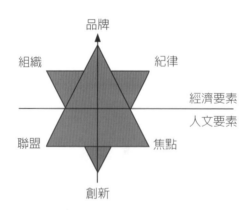

🔆 圖13-4　電視製作產業發展指標圖

資料來源：作者彙整。

電視製作公司最重要的資源與成本，來自有能力執行創造力的員工，因此在創業之初要能損益平衡甚至獲利，得至少有一組已經有經驗且（曾）有成果的製作團隊。這個團隊由於曾有成果（節目）的呈現，相對於其他新

生團隊對客戶（電視台）而言，是相對可以合作與信任的，因此，此一團隊
將是公司初期業務的主要來源。而在製作公司發展的過程，這個團隊的經驗
將成為其他節目的參考與學習對象。此外，製作公司的領導人無論在人事管
理上、行銷管理上，都得有不同於一般產業的管理心態與永保新鮮的求新
態度。在可見的資料裡，呈現出電視製作產業經營年數與獲利程度呈現一
定比例，這並非毫無理由。在電視製作產業資深的製作公司由於本身執行能
力受到肯定，在承接業務的階段相對於新公司而言有一定的優勢。因此，新
興的製作公司除了以本身的能力證明其執行能力之外，更不可或缺的是面對
失敗的能力與隨時調整戰力的可能。在電視製作產業的資深製作公司，如金
星娛樂亦並非無往不利，但誠如王總經理所言：「不敢嘗試，比失敗更可
怕！」[29] 電視製作產業必須停留在成功（或失敗）氛圍的時間很短，很快
地便繼續往前行，是電視產業裡很重要的工作精神。

問 題 討 論

1. 電視製作產業
   產業概況
   各電視台／廣播電台的台性分析
   有線／無線電視台的異同
   各視頻平台與電視台異同競合研究
2. 觀眾分析
3. 各時段收視人口分析
4. 收視率分析
5. 電視製作產業之廣告代理商概況
6. 電視產業各委製公司概況

---

[29] 王偉忠（2007）。歡迎大家收看：王偉忠的※◎＊＃……，頁221。

參考書目

久石讓（2008）。感動，如此創造：日本電影配樂大師久石讓的音樂夢（原書名：感動を
つくれますか?）（何啟宏譯）。台北：麥田。

中國社會科學院網站。2010年8月18日擷取自http://www.cass.net.cn/。

文建會。文化創意產業發展計畫。2008年8月15日擷取自 http://web.cca.gov.tw/creative/
page/main_02.htm。

王偉忠（2007）。歡迎大家收看：王偉忠的※◎＊#……。台北：天下文化。

王偉忠（2008）。我是康樂股長。台北：時週。

王偉忠（2009）。這些創意不是亂講── 王偉忠團隊的13堂獨門創意課。台北：天下文
化。

王雅蘭、粘嫦鈺（2009年2月24日）。黃金夢停播　王偉忠：我們也是受害者。聯合報，
頁D4。

台灣經濟研究院（2003）。挑戰2008國家發展計畫── 文化創意產業產值調查與推估研
究報告。台北：文化建設委員會。

行政院新聞局。2010年9月20日擷取自行政院新聞局：http://info.gio.gov.tw/ct.asp?xItem=1
3351&ctNode=3359&mp=1。

彼得・杜拉克（Peter F. Drucker）（1985）。創新與創業精神（*Innovation and Entrepre-
neurship*）（蕭富峰、李田述譯）。台北：長河。

彼得・杜拉克（Peter F. Drucker）（2005）。典範移轉── 杜拉克看未來管理（原書名：
21世紀的管理挑戰，*Management Challenges for the 21st Century*）（劉毓玲譯）。台
北：天下遠見。

金星娛樂官方網站。2010年10月26日擷取自金星娛樂：http://www.weichunggo.com。

施百俊（2001）。事業模式創新之研究。台灣大學商學研究所博士論文。台北。

施百俊（2009）。美學經濟密碼。台北：商周。

香港政府統計處。2008年8月20日擷取自http://www.censtatd.gov.hk/。

夏幼文（2007年9月3日）。〈王偉忠：台版誰是接班人　郭台銘主持最讚〉。工商時
報。

桃樂斯・雷諾（Dorothy Leonard-Barton）、華特・史瓦普（Walter Swap）（2000）。激
發團隊創意（*When Sparks Fly: Igniting creativity in groups*）（施貞夙譯）。中國生
產力中心。

國家圖書館。2011年1月23日擷取自全國博碩論文資訊網：http://etds.ncl.edu.tw/theabs/ in-
dex.html。

張鴻（2007年8月31日）。〈創意人物／電視節目製作人王偉忠：有目的的創作，就不是好創作〉。經理人月刊。

經濟部文化創意產業推動小組辦公室（2008.5）。2007台灣文化創意產業發展年報。台北：經濟部工業局。

蕭富元（2008年7月4日）。〈電視製作人——王偉忠笑看悲劇做喜劇〉。天下雜誌。

第 14 章

動漫產業

張重金

學習目標 . . . .

1. 認識動漫產業的特色與產業環境。
2. 瞭解動漫產業的發展現況與趨勢。
3. 瞭解世界各國政府對動漫產業支持的模式與特色。

. . . .

關鍵詞彙 動漫、動漫迷、宅經濟、ACG、衍生商品

前 言

　　本章主要在探討動漫產業的產業形式、功能與發展趨勢，藉由文獻、觀察、分析，理解動漫產業的特色。再透過當今世界各主要大國對動漫產業的推動方式與成效，提供有志者瞭解動漫，進而開創動漫。

　　原被視爲「次文化」的「動漫」，受益於全球文創產業的興起與拜數位網路、影視科技之賜，成爲當代藝術表現與文化創意的泉源。動漫的運用也隨著人類發展至今，藉由影視、遊戲、網路、行動載器等時代的來臨，快速改變了整個社會對精神文化與感官娛樂的需求，經由近幾十年來各大國的有心推動，已然具有了非常龐大完整的經濟體系和產業鏈，被稱爲「宅經濟」[1]。動漫所創造之文化價值，伴隨著各地人們生活空間、文化歷史背景的不同，表現出差異性和多元性，從而使人們獲得一個豐富多彩的感官娛樂世界。如今，動漫不僅成了顯學，也提供了當代文創產業的豐厚元素，從而開啟了人們發現「動漫」原來也是一門好生意。

第一節 ◆ 動漫的定義與產業特色

壹、動漫的定義

一、何謂動漫？

　　我們現在所稱的「動漫」一詞，早先未出現在任何的文獻當中，它本身是一個新的原創詞彙。原先大家都把現今所謂的「動漫」分開，稱爲「漫

---

[1] 宅經濟又稱爲「閒人經濟」，指一種藉由網路和其他媒體完成在家購物和其他生產活動的新經濟形式。狹義的宅經濟是一種基於窩居的宅男經濟活動，主要是指圍繞於動漫和遊戲的文創產業。從廣義上講，宅經濟本質上是一種由電信和網路共構的遠端服務型態（李文明、呂福玉，2014）。

畫」與「動畫」，也有稱爲「卡漫」。「動漫」是動畫和漫畫合稱的縮寫。
自中國大陸推動動漫熱後，媒體開始概括泛稱此一活動爲「動漫」。該詞
語的出處，源於1993年中國創辦的「動漫出版同業協進會」與1998年創
刊的動漫資訊類月刊《動漫時代》（*Anime Comic Time*）。該期刊首次提
出了「動漫」一詞，是中國（大陸）地區特有的合成名詞，經由雜誌報導
傳開，因概括性強，加上其產業的衍生性與產業鏈關係，「動漫」一詞遂
成了華人地區對此一產業共同的專有名稱（動漫時代，2015）。其內容廣
義來說，是將動畫（Anime）、漫畫（Comic）、遊戲（Game）三者合稱
爲ACG的產業囊括在內，也有以輕小說改編的動畫、漫畫、遊戲再次衍生
出「ACGN」產業。N則指的是Novels（小說），主要是指輕小說（Light
Novel），以上統稱爲「動漫」。

　　然而，若以「動漫」源自兩個詞的「漫畫」與「動畫」來分開解釋，則
是完全不同的詞義。「漫畫」的定義自古至今、從西方到東方都有些異同，
像漫畫在英語中，就有三個詞可以被翻譯成「漫畫」，分別是cartoon、
caricature和comic。日本則稱爲「manga」（まんが），是漢字「漫畫」讀
音，這個詞成了日本漫畫的專有名詞，現在manga本身也涵蓋動漫產業的意
思。「Comics」一詞，由《大美百科全書中文版》採用了中國著名的前輩
漫畫家豐子愷於《漫畫的描法》一書中曾說的「漫畫是簡筆而注重意義的一
種繪畫」（大美百科全書，1990）之後，廣爲現代辭書所沿用增修。辭典
中對「漫畫」名詞的解釋，另有《當代國語大辭典》：「漫畫是一種含有
諷刺幽默教育意義的遊戲畫。筆法簡單、不拘形式、題材自由變換，寫人物
時抓住其某些特點，用誇張或歪曲的手法表現，早期以幽默趣味爲主。今
也有不少專門描述刺激生動冒險故事、歷史小說。因其廣受歡迎，也成爲
廣告利器。」（百科文化，1993）漫畫就形式上來講，包含單幅漫畫、四
格漫畫、多格漫畫（或稱「連環漫畫」），直到近代才逐漸定調。以敘事
爲主的連環漫畫，在歐美也有學者將以故事導向的漫畫文本稱爲「圖像小
說」（Graphic novel），俗稱「連環漫畫」，並稱其爲「紙上電影」，尊
爲第九藝術，還成立專業雜誌刊登其作品。2006年有美國學者Hillary Chute
Marianne建議稱爲「圖像敘事」（Graphic Narrative），以這個詞彙來凸顯
這種圖文兼備的作品，彰顯其媒介或語言之多元性與物質性（馮品佳編，

2016）。當代，因爲「連環漫畫」的運鏡與內容所造成視覺與心理的情境與電影很像，有別於一般傳統漫畫，讓Comic成了「現代漫畫」的名詞共識。

由以上許多文獻或辭典上對漫畫的解釋，可概括得知「漫畫」這門藝術，原先主要內容是以幽默、諷刺爲功能目的，形式則是以簡練、誇張、變形、比擬、象徵等方式來呈現，是屬於平面媒體的創作與展現。當代漫畫則畫風多樣，內容寬泛，風格迥異，連環漫畫運用有如電影分鏡式手法來表達一個完整的故事作品。這種集繪畫與小說合一的圖文形式，被稱爲「現代漫畫」（Comics或Manga）。

「動畫」（animation）一詞，承襲自日本在二次大戰結束以前的稱謂，日本稱爲「anime」，又叫日式動畫，是指日本製作的動畫。英文字「animation」，其字源「anime」拉丁語原意爲「靈魂」，意指把一些原先不具生命（不會動）的東西，經過影片的製作與放映之後，成爲有生命（會動）的東西。廣義的說法爲動畫是指由許多靜止的畫面，以一定的速度連續播放時，肉眼因視覺殘象產生錯覺，看似畫面會活動的作品。早期的製作方式，最常見的是手繪在紙張或賽璐珞膠片（Celuloid）上，是屬於一種「畫出來的運動」藝術（動畫電影探索，黃玉珊、余爲政）。當代動畫創作方式還包含了運用黏土、模型、紙偶、沙畫……，也就是此一藝術主要是靠影視媒體來呈現。如今隨著數位科技的進步，專爲動畫開發的電腦軟體逐漸取代原本由人工高密集勞力所產出的手繪動畫作品，也有些是保留傳統動畫製作過程再利用電腦進行加工後製的方式，成爲獨有的風格與藝術。但是隨著數位科技的日新月異，加上全球代工模式的經濟考量，動畫的製作數位化已然成爲趨勢，愈來愈多的動畫公司朝向全面數位化，相信日後其比例會逐漸增加，甚至完全數位化。

目前依照動畫的製作方式分爲2D與3D動畫。所謂2D動畫，即是於視覺上所感知的平面圖形動畫，傳統動畫可以說都是2D動畫，早期迪士尼（Disney）的動畫即爲代表。3D動畫又稱爲立體動畫，是完全透過電腦軟體程式運算的高科技作品，目前相關技術也大量運用在電影與遊戲之中。最具代表性的則爲美國皮克斯（PIXAR）所製作的動畫。動畫的特徵與漫畫也有很近似的地方，也多是以幽默有趣爲出發點，像迪士尼、皮克斯等，後

來逐漸爲了配合不同的故事性與呼應現代不同品味的觀眾群，而產生了相應的風格與技術，成了現在百花齊放的樣子。

故，從以上「動漫」一詞中所包含的由「漫畫」與「動畫」兩種不同的定義與呈現方式得知：一是主要發展於平面媒體上；另一個則是透過專業設備展現於影視媒體上。兩種看似不同的物件，一靜一動，其製作技術與視聽感官表現形式雖不同，創作思維的從屬關係卻是密不可分，在產業鏈上兩者的密切關係有如母與子的鏈結一般。因此，如今將此兩種看似殊途卻同歸的創作與產業模式，概括一詞合稱爲「動漫」，所包含衍生的商機非常之大，成爲現今非常重要的文創產業。

二、動漫的形式與功能

動漫作爲當代一種獨特的綜合視覺藝術門類，深受世界各地民眾們的喜愛，成爲人們沒有國界的世界語言。尤其是在文創產業喊得漫天價響的今日，早已被提升到一個前所未有的高度。動漫從文化藝術的角度來看，是人類視覺造型美學的智慧結晶，它凝聚著人類文明的精華，也是文化積澱的產物，在當代人們重視娛樂感官需求的今天，適時地滿足與發揮了強大的影響力。

(一) 動漫的形式

早在新石器時代，人類藉由繪畫表達自己的情緒、願望以及對生活的記錄即有證據可考。例如中國的摩崖石刻、十九世紀被發現的法國南部拉斯科山洞（Lascaux）與西班牙阿爾塔米拉山洞（Altamira）的壁畫。以圖像方式成爲記載人類發展最初也最基本的手段，這個時期繪製的人物也具備了動漫的原始雛形（徐琰、陳白夜，2008）。而現代動漫的形式除製作方法與內容有差異外，由前述動漫的定義來看，動漫原是一種以幽默有趣、誇張諷刺的藝術形式來呈現。故，早期「動漫」一詞未出現前，一般都概括合稱爲「卡通」（cartoon），被列爲屬於兒童與青少年觀賞的作品。如今其形式的樣貌多元，早已超脫了以往的窠臼。

如果從經濟價值的角度來看，無論是文化性還是藝術性，兩者對動漫這門藝術或產業都是具有價值和意義。人們透過藝術表現形式，分別傳達不同

的視覺享受，賦予作品深刻內涵和審美價值並產生審美的快感，藉由其美術部分發展出眾多的衍生商品，豐富了現代人的精神生活。故事內容與創作產出的角色是一種與觀眾溝通和互動的回饋機制，虛幻的故事情節與主角形成了崇拜偶像與追星的粉絲（Fans）——「迷文化」，從中領略到動漫作品與現實人生另外的形而上意味。

綜上所述，現代動漫形成了多元共存的格局，製作方式、內容與表現不侷限於任何形式，它可以運用現代美術的一切方法技術，也可以利用各種媒材、科技等創作。若從文創的角度來看，任何商品的表現手法，都離不開「故事性」和「藝術性」這兩大條件。對於動漫能成為當今重要的文創產業來說，它正好具備了此兩種要素。

(二) 動漫的功能

如上所言，我們所謂的「動漫」是現代人賦予它特有的精神名詞。動漫是集美術、哲學和文學為一體的綜合藝術，它具有一種很強的「敘事」功能，也就是「故事性」。除了獨有的娛樂功能外，透過「說故事」的演出，成了文化傳播與教育最好的工具之一。故，動漫的功能可分為「文化性」、「娛樂性」與「教育性」三個部分。

1. 文化性

在當代休閒服務業發展的潮流中，全球化與「體驗經濟」（The Experience Economy）[2] 的迅速發展，對近年來全球社會、經濟、文化等方面的發展產生了巨大的影響。隨著網路科技興起，個人化的訴求與新型態的娛樂模式逐漸受到重視，藉由客製化的體貼個人需求所衍生出的認同感，也成為經濟發展的新興課題。

動漫作品都有著一種蘊藏在人物內心和整個環境中的大眾情感或民族精神。例如我們從日本的許多動漫作品中，時常可看見以同一目標結盟的主角們帶著一種超乎尋常的意志力，伴隨著抵抗無休止的敵人或怪物，克服重重

---

2 「體驗經濟」是從生活與情境出發，塑造感官體驗及思維認同，以此抓住顧客的注意力，改變消費行為，並為商品找到新的生存價值與空間（夏業良等譯，2013）。

困難，執著地向著目標拚命奮鬥前進，這大概是源於這個民族身處激烈的競爭、天災頻傳（地震、海嘯）的危機感。歐美動漫作品除了早期部分歐式的以人文為出發點，藉由文學、童話改編的作品外，時空背景上多以現代或者有科技感的未來世界、架空來作為世界觀設定。故事情節是相對單純的二元論，非上帝即是撒旦，講求善惡對抗，正方最終取得勝利，這也多少透露出講求個人英雄主義的美式文化精神。其他無論日本也好、歐美也罷，在故事裡置入的民族文化意象也時常令觀眾們印象深刻，無形中瞭解或得知該民族的文化特徵，像是日本的傳統建築、和服、忍者、武士刀……。

動漫除了含有自身文化的特色外，也是當代社會思想的一種縮影，是流行與時尚的語彙，提供了當代藝術家非常豐富的創作養分。Will Eisner（2008）說明：「漫畫的根本魅力在於它是一種激發視覺和圖像符號記憶本能的藝術，也是一種感官欣賞和直觀理解的藝術。」陸蓉之（1990）曾指出：「從流行與時尚的語彙來看，漫畫除了含有自身文化的特色外，也是當代社會思想的一種縮影，更是流行與時尚的語彙。不僅提供了當代藝術家非常豐富的創作養分，動漫的流行，象徵當代文化由數位影像多樣具特色的鮮明造型藝術中，培養出的新世代審美品味，也就是由動漫所帶動的新世紀美學。」可見其在文化、藝術的影響力是多麼不容小覷。尤其是動漫大國的日本，透過動漫的輸出將大和文化傳輸到世界各地，以「後殖民主義」[3]者姿態囊括了非常豐盛的成果。

2. 娛樂性

自邁入工商社會後，現代人對社會階級的對立、貧富不均與隨之而來的經濟、家庭、情感上的種種壓力逐漸增加。動漫成了現代人抒發情緒與壓力的出口之一，試圖從中尋求生活中一種暫時尋得安慰的「小確幸」[4]。

---

[3] 「後殖民主義」特別倚重福柯（Michel Foucault）關於「話語」和「權力」關係的學說。按照這種學說，世界上的任何「知識」，歸根結柢都是一種「話語／權力」的較量（司徒懿譯，2012）。

[4] 「小確幸」指小而確定的幸福，這個詞由日本作家村上春樹發明，早在2005年於其著作《蘭格漢斯島的午後》中即可窺見。在這本書中，有一篇名為〈小確幸〉的文章：「……抽屜裡塞滿了摺疊整齊捲好的乾淨內褲，不正是人生中小而確切的幸福……。」（邱子珉，2015）

　　動漫的內容表現形式，可以分為構思具創意、敘事性強的「故事性」，與注重形式美學、造型概括性強的「藝術性」。前者在作品中體現作者的人文思維和哲學理念，透過畫面表達出明確的主題和豐富的內涵；後者則透過造型能力細緻入微的描繪，強化出視覺藝術效果，具備了很高的藝術價值，展現了創作者的思想睿智和繪畫功力，營造出一種非現實的視覺虛擬空間。除了引起人們的欣賞趣味外，並從中體會作品的主題和思想內涵，最終達到漫畫特有的文化性與娛樂性。

　　動漫作品大多是幻想故事，尤其深受青少年喜愛的少年動漫與少女動漫，是據統計銷售量最大宗的故事題材產品。雖然故事情節荒誕、幻想成分居多，但在閱讀者心中卻是一種令人激動的精神歷險，隨著故事劇情跟隨著主角們冒險犯難、快樂歡呼、沮喪憂傷。只有透過動漫，讓青少年們在競爭變遷快速的社會與升學壓力、父母望子成龍的期待中解放自我，藉此得以超越渺小、肯定自我、見賢思齊。看著每年國內外各地動漫展場外不畏辛苦、徹夜排隊的動漫迷們，只為搶購限量商品或一睹偶像風采。或許，我們這時才可以稍稍瞭解，這才是青少年們癡迷的原因與動漫受歡迎的本質（圖14-1）。

🎔 圖14-1　2017年日本東京國際動漫展場一隅（張重金攝）

3. 教育性

國內漫畫前輩李闡老師於其著作《漫畫美學》一書中說：「漫畫具備娛樂、諷刺、歌誦、傳播等多功能……。」這放在動漫裡，一樣是同樣的東西。日本可以說是將動漫的教育性發展到極致運用的一個國家，透過幽默有趣的動漫來傳達知識不勝枚舉。例如各種運動、才藝、語言、史地、宗教、科學等等，各學門的學習與認識。還有像是救難、野外求生、產業百態、日常生活知識。甚至專業如醫學、科學、理化、數學、微積分……的學習上，都有相應的漫畫出版。市面上也有五花八門作品，符合社會各年齡與階層人士來閱讀。故，在日本看漫畫的年齡層從兒童到銀髮族都有，是受到全民歡迎的讀物，因而形成了日本成為動漫大國的基石。

動漫透過故事性與藝術性外，還具有休閒娛樂、發人深思、啟人心智的三大特質，這三大特質也就是動漫的主要功能。動漫之所以吸引人們，不僅只是有趣，除娛樂、文化、教育外，還可從中獲得「知識」與「感動」。這並非說動漫具有什麼偉大或崇高的教育意義，而是從動漫中我們獲得了什麼？作者又想傳達什麼？欣賞動漫不是一般人認為只有膚淺的娛樂而已，有時這些好作品可以激發我們許多的想法，甚至是一種內心對人、自我與自然探索的對話，引導我們體驗不同的生命與思想（陳仲偉，2009）。

貳、動漫產業特色

一、動漫的「迷」文化？

什麼是「迷」？「迷」的英文叫「fan」。根據教育部重編《國語辭典》的釋義：「『迷』是『心醉於某種事物的人』。像是球迷、影迷、歌迷……。」（國語辭典，2015）當然還有動漫迷。不過，影迷、球迷、歌迷，主要是迷「人」，也就是影星、球星與歌星。動漫裡的主角卻是個虛擬的角色，這就是動漫有趣與值得玩味的地方。

動漫作品同時都具有繪畫與小說的特性，是一種獨特的藝術。因此若用美學理論上所謂的「心距說」，也就是「心理距離」來探討，或許我們可稍稍理解動漫為何會如此吸引著人們。劉昌元（1994）指出：「牛津大學心

理學教授布洛（Edward Bullough）認為心理距離是指觀眾對藝術作品所顯示的事物在感情上或心理上所保持的距離，也就是與現實人生的距離，這種距離由於分離了觀賞者對作品的實用態度，而使得美感有利於快感，令觀眾對裡面所呈現的故事產生嶄新的體驗與興趣。」由此，我們所看到的是動漫與現實人生的距離感所生出的「分離性」。它有如鏡子外的實體與鏡子裡的映像，鏡子內的它並不具有真實的存在，它是依賴鏡子外的實體所反射的，也就是說，動漫的角色與故事或許都是虛幻的，但同時它也是藉由真實人生的現實所反射出的意象。動漫作品雖然不依附於由它所生出的世界，但是它不斷與其所遭遇的現實及虛幻處於相互作用，它可以說是一種與現實人生帶有分離性的特質，一種滿足現實人生不可求的旅程。像是受歡迎的日本動漫裡，故事常有年輕害羞的男主角身為房東，偏偏租屋的全是妙齡女子，一男眾女有如後宮情節的曖昧關係頗富想像，這類主題就深深吸引著「宅男」們，獲得現實人生中不可得的滿足。

若從動漫作品分析其「繪畫」與「小說」的特性來看，小說是透過文字給觀眾先勾畫出一個人物、一個故事，它有著非常好的帶入性。例如大家看《哈利波特》小說時，在電影、動漫尚未將小說圖像化之前，每個人所想像的主角哈利波特都不一樣，這就是小說產生的魅力，它有帶入性、想像性。

但是動漫是提供了人物具體形象的視覺產物。某種程度上，它限制了帶入性的產生，缺少了小說那種魅力。但是它卻開創了另外一種魅力，那就是快速的「融入性」。一般而言，我們要花較長時間來閱讀小說，才會喜歡上書中的人物。當我們看動漫所描繪的人物時，不一定要透過瞭解他的性格，光從造型上，就可以很直覺的喜歡或不喜歡，馬上達到這種效果。這就是所謂的快速融入性，也是現今動漫的人物造型設定變得非常重要的一個原因。當我們接受了動漫裡的人物形象後，透過故事的敘述再逐漸瞭解他的性格，它同樣會帶給我們聯想性，而且它比小說產生的那種自我聯想，更能快速的讓人聯想，因而它從一個虛擬的形象一躍成為具體的偶像。

在動漫裡，除了上面說的「距離性」、「融入性」外，動漫還有一個與眾不同的地方，那就是「符號性」。符號，對於人們來說，是一種群體的標記，非常具有吸引力，現代動漫就有著這種符號性。比如最常看到的，當動漫角色有窘迫、尷尬時，頭上會出現的三條線，或是斗大的汗滴、問號等

等。這些符號依情緒能表現出很多種,能更有趣與完美的描繪出一個人物當下的身心狀態,這點是文字藝術所無法表現的,也是現代漫畫的一個獨有的語彙,這在當今的LINE貼圖借用最爲極致,千言萬語不如一張圖。也正是因爲這種符號,才創造了動漫這門藝術表現上的與眾不同。

由以上「距離性」、「融入性」、「符號性」來分析得知,從與現實人生有距離美感的故事性、與對故事角色喜愛的融入性,最後帶有獨特記號與誇張有趣的符號性,從而讓動漫成爲一種深受大眾喜愛的「大眾文化」,令人深深著「迷」。也就是因爲有「迷」,進而有「戀」,聚集這麼多忠實的支持者,動漫也才有了今日龐大的商機與產業。

二、動漫經濟學

經濟學可以是嚴肅的;也可以是輕鬆的。經濟學可以從產業環境研究;也可以從一種細膩情緒理解起。比如卡哇伊。(MAX Ziang, 2010)

動漫被歸類爲文創產業。「文化產業」一詞源自十九世紀70年代「法蘭克福學派」的阿多諾(Theodor Aorno)和霍克海默(Max Horkheimer)等學者對資本主義的批判(林鴻韜譯,2008)。自十八世紀開始,隨著各種新的印刷技術、影音技術的發展以及中產階級抬頭,大眾消費與社會娛樂的需求不斷被開發已臻成熟,成爲當今組成西方大眾文化中不可忽略的一部分,亦讓所謂的文化產物不再僅限於藝術作品。在二十世紀,文化產業更是席捲全球各地,雖然曾遭受到法蘭克福學派視爲「文化工業」來批判,認爲這是將文化貶低爲商品,讓藝術變爲經濟的附庸。然而,隨著「後現代主義」(Postmodernism)的興起與當今數位科技、網路資訊發達所致,整個全球產業無不開始思考與爲凸顯自己的文化特色而費盡心機,想方設法令文化與商品、藝術與經濟得以相輔相成,不再成爲二元對立。因此,造就了像動漫這種通俗藝術的大眾文化經濟。

由歷史的觀點和思維來研究分析動漫時,關注的是它與90年代以來消費主義(Consumerism)[5]的關係,動漫的表現形式內容與大眾文化的流行

---

5 「消費主義」是指人們一種毫無顧忌、毫無節制的消耗物質財富和自然資源,並把消

非常密切，甚至有引領我們這個消費主義時代的先知地位。以我們較為關注的動漫大國日本來說，日本的動漫辨識度非常高。就整個世界來說，都有著非常多的忠實愛好者。亞洲若說是日本動漫的殖民地，相信也不為過，它之所以成為世界動漫大國，其原因很多，單就造型風格來說，也是造就日本動漫獨樹一格的主要因素之一。根據《日本文創，全球熱賣》一書作者MAX Ziang指出，像是日系動漫的「卡哇伊」、「萌」、「羅莉」這三種動漫元素，可以說是日本動漫征服全世界的主要武器（MAX Ziang, 2010）。「卡哇伊」也稱為「Q」，Q為英文「cute」（可愛）的簡稱，是日本動漫的主要辨識特徵（Q版）。我們時常從日本動漫作品裡，看見角色們在一些特殊的環境下，露出可愛或發噱的造型與情緒表情，這是世界其他國家動漫裡所沒有的表現方式，是日本獨有的。因為這個特色而發展出許許多多的衍生商機，像是吉祥物、公仔等，造型與表情Q到令人疼惜不已而愛不釋手。

　　自2000年以來，在日本動漫產業中大幅成長的是被稱為「萌系」的產品。「萌」在《說文解字》中，原意是指春天草木滋生，被「御宅族」[6]們用來隱喻當看到一個心儀角色時，角色所「萌」發出來一種無法言喻的情感，能讓自己內心洋溢著幸福感或是悸動的感覺，主要也是用在年輕女性角色上。一如Hashimoto, M.（2007）所說的：「『御宅』包含著強烈的『戀物癖』傾向。日本動漫中明顯體現了御宅族背後的『性』動機，在日本動漫中，性或至少色情的主題非常明顯，御宅族將他們迷戀的角色理想化，並通過幻想在一定程度上增強了它的吸引力，使他（她）們獲得性滿足。」

　　「萌系」類別的故事劇情往往並不是最重要，而是主要的角色本身。這類作品特色很容易受到動漫迷們的喜愛與追捧，進而促進了亞洲創作者爭相仿效與學習的造型和題材，成為日本動漫造型中很重要的一個特徵（王佩迪，2012）。

費看作是人生最高目的的消費觀和價值觀（何承恩譯，2016）。

6 「御宅族」一詞，是由日語的「貴府」（日語：お宅otaku）衍生出來，主要是稱呼流行文化對動畫、漫畫、偶像、電腦、電玩、模型等，嗜好性強的興趣或玩具愛好者的一部分第二人稱，將其稱之為「お宅」，是帶有揶揄之意所派生而出的術語（Nakamori, A., 1983）。

　　再來就是「蘿莉」。據聞這個詞的來源是出自一本法國名作《蘿莉塔》。故事是敘述一位成年男子愛上小女生的劇情，這通常是指年約12-16歲純眞可愛的少女。有服飾被稱爲「蘿莉塔」，是指混合有類似中世紀哥德（Gothic）元素，鑲滿蕾絲的蓬蓬夢幻服飾。現在動漫迷們多被用來聯想是女僕裝扮，這也是風靡萬千宅男的日本動漫主要特色之一（李守愛，2014）。它也常與「控」這個詞交互作用。「控」原意是對某種類型特別的愛好，甚至可說是「癖好」。最常被連在一起的詞是「蘿莉控」，即鍾愛少女之意。這個詞也被認爲是「戀童癖」的代名詞，是被一些衛道人士批評的原因之一。

　　一般來說，日系動漫裡最受歡迎的故事風格，還是以少年漫畫與少女漫畫爲大宗，這個閱讀市場正好是在青少年的就學年齡。無論「卡哇伊」也好，還是「萌」、「蘿莉」，這些日系動漫獨有的文化特色，成爲新世代的青年學子們歡迎與爭相模仿的對象，是間接帶動與促進動漫產業發展很重要的利器，也是日本動漫風格之所以能獨步全球的原因之一。

第二節　動漫創作與產業環境

壹、國內動漫的創作環境

　　所有的產業都需要「生產」與「行銷」。動漫產業的生產者主要是靠「人」，而且是「創作人」。創作人的創作環境需要政府、民間一起努力創造，才有事半功倍的成效。而動漫人除了傳統出版社的培育與發行外，隨著媒體、資訊與數位科技的推波助瀾下，已然逐漸顛覆這樣被動的傳統模式。

一、同人誌與Cosplayer

　　知名的國內動漫情報巴哈姆特（2015）曾說明：「『同人』這個詞是由日本傳來的，指的是一群志同道合的人一起出刊的出版品。『誌』，就是

成冊的書的意思。」

　　根據其觀察報導，國內同人誌目前的創作流通管道主要有三方面：一是舉辦同人誌販售會，參與者以學校動漫社團為大宗，方法是向主辦單位租用攤位販售自己的創作。二是委請店家代為販售。最後一個稱為「通販」，也就是郵購方式。這成為現今許多未出道或尚未有出版社代為經紀的漫畫創作者最常用的曝光管道，更是愛好者的創作交流平台。現今台灣除同人迷們最熟悉的台大體育場有大型同人活動之外，各城市看好此商機也陸續開辦，其獲得資訊最具代表的網站有「台灣同人誌販售會」（簡稱CWT）與「開拓動漫祭」（簡稱FF）。另外，活動最精彩熱鬧的莫過於伴隨同人活動的Cosplay。Cosplay之原文為英文「costume play」的簡稱，指的是「角色扮演」，主要是扮演ACG裡的人物，扮演的人則稱為「cosplayer」。他（她）們利用訂製或自製的服裝、道具，將自己打扮得跟ACG裡頭的人物一樣。目前的Cosplay人物對象主要有視覺系、動漫角色、布布（布袋戲）、自創、萌系列等。參與者也多以年輕學生為主，成為每次同人活動的吸睛噱頭，引領各媒體拍攝報導，加速了訊息的曝光，進而增加商機（圖14-2）。

圖14-2　2019年屏東動漫展（張重金攝）

二、網路與手機動漫的興起

手機漫畫或稱為「條漫」。傳統漫畫是以出版為主要發行的閱讀習慣，因手機、平板等行動數位載器的盛行下，大眾閱讀習慣開始被改變，專屬於網路上的漫畫成了獨特的漫畫創作、閱讀與營運模式。隨著數位新媒體技術的不斷進步，傳播的技術與環境也得到了跳躍式的發展。藉數位技術進行傳播的漫畫和傳統的紙版漫畫相比，它擁有較強的便捷性、廣闊性、互動性以及精確性等特點。其透過人氣排行、打賞、留言板等回饋制度，故事的可看性、畫面的完整度、精美度要求愈來愈高。像之前被動漫圈詬病的日本知名漫畫《獵人》趕稿的草率、刊刊停停，是不可能在網路漫畫中存在與被允許的。這種可能因負評、排名的不理想，甚至危及續約的機制，也一定造成了創作人的壓力與故事的走向。所以也有許多漫畫家與人氣網路小說家合作，盼能合作創作出符合大眾期待與確保市場歡迎的作品。台灣的市場規模較小，加上政府缺乏政策性的獎勵與保護，外來的漫畫完全無設防的大舉入侵台灣，尤其是日系動漫，在代理商強勢壟斷下，國內本土漫畫創作者式微。國人看慣了畫風精美、故事奇特多元的日式動漫後，本土作品難獲青睞，因而在出版社培養新人與出版的意願低落下，形成惡性循環。若與傳統的印刷出版品相比，數位漫畫有效地規避了排版、印刷、發行以及販售等制式結構的箝制。隨著人們開始選擇移動載器的頻率愈來愈強與網路的普及，使得數位化的傳播有了強大的覆蓋率。

除此之外，網民讀者們的流覽紀錄也隨著資料的統計不斷完善，發揮了更好的互動作用。準確的用戶定位更好地運用於數位化的運營行銷模式當中，形成了所謂的大數據（Big Data）概念。數位工具對於漫畫的讀者來說，還促成了閱讀體驗之外的豐富視聽體驗樂趣，讓讀者可以對漫畫進行深層次的思考、談論，再透過留言、票選等機制，豐富自己的表達。藉此通過交流各自的觀點，完善數位漫畫的社交互動功能，促成另一種「空間經濟」（Space Economy）[7]。

---

[7] 「空間經濟」指的是經濟的空間結構。在經濟地理學中，這一概念有時用於經濟景觀的研究，認為空間經濟是經濟活動複雜的空間形式，有時對應於特殊的資源和人口結構，以及特殊的生產和運輸技術（藤田昌久，2019）。

　　也因為網路漫畫審查制度相對寬鬆，所以網路漫畫的創作尺度也較大膽，閱讀人群年齡跨界加大。而且也有業者偷偷夾帶了不少廣告，販賣限制級的成人條漫，甚至以此號召的18歲以上才可閱覽之成人內容平台Toomics。例如在題材上，除了血腥暴力、色情外，像是近年來被稱為「腐向」的BL（Boy Love）、GL（Girl Love）同性題材大受注目，其隱私性的需求也正是網路漫畫受歡迎的原因之一。

　　隨著行動載具的普遍與發達，動漫創作人跳脫了出版社掌握生殺大權的發表模式，傳統紙張書冊裝訂的漫畫也逐漸式微，除了利用同人少量發行商品獲得曝光外，隨之興起的是動漫迷們開始利用網路與手機通訊工具來欣賞動漫。在動畫部分由於影音平台像是YouTube等數位媒體的普及，也造就許多小型工作室創作的產生。例如《青禾動畫》與造成迴響的《台灣吧》（Taiwan Bar），都是利用網路影音平台發表成功的案例。漫畫部分則有許多的APP軟體應運而生。像是2014年始創韓國的新概念網路漫畫Webtoon（韓語：웹툰）與日本手機應用軟體大廠NHN Play Art專為手機量身訂做的週刊型漫畫APP，稱為Comico，提供台、日、韓的漫畫新人發表創作之平台。台灣當年也有成立Comico Taiwan，名為「每日無料手機漫畫」，鼓勵台灣新人發表創作。根據中央通訊社江明晏（2015）報導：「甫進軍台灣才一年多的Comico在台灣下載人次已達約200萬人次。PlayArt Taiwan的總經理姜道潤表示，連動漫大國日本近年來出版業也受到衝擊，紙本漫畫發展陷入瓶頸，使得眾多日本漫畫家也缺乏舞台。Comico應運而生，在日本目前已有近千萬人次下載。」可惜於2019年9月起，台灣Comico因經營問題，停止部分台灣作品連載，並終止「store電子輸」刊登及販賣服務，之後讓Webtoon獨領風騷，引起動漫圈不小話題。

　　而韓國也有類似這樣的平台「滑漫族」，發展則非常快速，網路漫畫收費模式接受度很高。究其原因為網路有其便利性、環保性、經濟性、自主性等優勢。故，可預期此一創作發表平台也會日益興盛，類似Webtoon這樣具知名度與合法的平台將隨著高人氣的漫畫，都有機會授權發展成為動畫、電視劇、電影的可能。周邊商品開拓的商機也相當可觀，相信將會是動漫創作者很好的舞台，有助於整個動漫市場的活化與開拓。

三、動漫人的就業與出路

我們現今所說的動漫產業，可以說都是以美、日為代表，其動漫產業歷史都非常悠久與完整，市場規模大外，從業人員也眾多，是名符其實的「產業」。而台灣因政治與歷史因素而限制許多動漫人的發展，令許多原本對動漫擁有熱情的創作人不敵生活的現實而轉業者眾多，使得這個產業最需要的資本──「人才」，後繼乏力。曾創辦台灣中華卡通公司的鄧有立就曾說，學習動畫和從事動畫的人雖然很多，但是動漫其實最匱乏的還是「人才」，尤其是懂動漫的編劇人。另外，就是動漫核心的原畫作者。台灣動漫人才大部分是所謂的加工型人才，在製作技術上沒有問題，問題在於說故事、寫故事、分鏡、造型設計，還有後製作上。因此，出來的作品不是仿迪士尼就是仿日本，缺乏原創精神和民族特色。這個問題讓台灣的動漫缺乏辨識度，在國際上走不出去。這段話或許多少點出了台灣在動漫產業上可以努力與學習的方向，提供有志從事動漫業的朋友們參考。

台灣也因為缺乏完整之動漫產業鏈，市場規模小，使得插畫家比漫畫家更具知名度與經濟產能收入。具觀察，台灣許多的漫畫人都是帶著「斜槓」身分，同時兼插畫師、遊戲美術設計師與教師。因就業市場與SOHO接案工作的不穩定，除了成為網路平台的漫畫家外，大多成了電繪、漫畫、插畫等相關教學的知名講師，遊走於全台各地的補習班或教學講座、學校兼課等。近年來更是自創或與大廠合作，往網路線上教學的平台挺進，藉此突破地域、時空的限制，成為另一補教商機。另外，就是參加動漫比賽，獲得出道與發表的機會。每年從《巴哈姆特》、《獎金獵人》等知名網站的訊息就可看到，光是國內從中央到地方、民間企業、出版社，台灣一年下來所舉辦的動漫比賽大大小小非常多。大型的像是之前的「國立編譯館優良漫畫獎」（已於2012年停辦）、具指標性的新聞局「金漫獎」，加上各出版社的漫畫新人獎，賽事頗多。可惜得獎後，欠缺有系統、政策性的培訓與經紀，讓創作者後繼無力，令人惋惜。然而，山不轉路轉。除了以上身兼數職的漫畫家外，在大環境的變化下，這些習慣自由與特立獨行的漫畫人，有些則朝向各大觀光風景區，成為漫畫肖像（似顏繪）的當紅街頭藝人。近幾年來也有愈來愈多的創作者結合插畫的形式，在社群網站中像是早期的部落格，現今

的Facebook、LINE或源於日本以插畫同好設立的專屬社群網站pixiv等，透過自我行銷、電商等，販售同人二創或自創的圖像、商品，逐漸走出一片天，不僅獲得企業與出版商的青睞，主動經紀與簽約合作，衍生個人品牌，同時也開創出不錯的成績。

貳、動漫產業鏈與行銷

一、動漫衍生商品

　　雖然漫畫是動漫上游主要產業，但是動漫產業的產值，主要還是靠動畫所帶領出來的。在動漫產業鏈裡，動畫與電影一樣，可以說是商業化的極致。在商業模式下，一個產品推出前必須要有明確的市場目標，鎖定特定客戶層，就會有其吸引性，吸引我們購買相關產品。動畫之所以勝過漫畫的影響力，主要有兩個部分：一是有影音產品，包括聲優（配音人員）、主題曲、背景音樂、DVD、數位媒體、衍生遊戲等產品的產出或開發。第二也是因為有影音，當作品於電影、電視頻道、影音網站等播出時，可作為宣傳與廣告的數位加值，有效增加產品知名度，擴大加深民眾印象，有推波助瀾效果，若加上遊戲的產出宣傳，更是相輔相成，更別說是再成立遊樂園區的效果了，這也是在有關動漫產業的研究文獻上，幾乎看到的都是以動畫產業來做說明的原因。

　　雖然動畫是動漫產業的主角，但是整個產業主要實際盈利的大部分，其實是在周邊商品上，這就好像現在的歌手主要不是靠出唱片賺錢，而是靠開演唱會門票收入，以獲得知名度取得商演或代言等。所謂的周邊商品，是一種藉由漫畫角色的文化特性（品牌），轉印或再開發的商品，商品本身因為擁有漫畫角色的特徵，成了銷售賣點。以創下許多紀錄的日本動漫作品《神奇寶貝》來說，其自1997年推出動畫版後，《神奇寶貝》即成了傳說。在電玩和動畫的加乘效應下，神奇寶貝周邊商品不斷推出，成為一個完整的產業鏈，形成「神奇寶貝經濟」。根據陳佩儀、程文欣（2014）在《中時電子報》報導：「日本《神奇寶貝》所帶來的經濟規模從日本、亞洲，擴及到全世界，產值已破5兆日圓（約1兆4,600億新台幣），其主題遊樂園與其他

項目還不算，動漫周邊商品所帶來的產值相當驚人。」

二、動漫品牌──吉祥物

吉祥物（Mascot）源自於普羅旺斯語，意指能帶來吉祥與幸運的人、動物或物（張顯薰，2010），也有翻成「福神」或「代言人」。吉祥物的設計主要是爲了推廣與行銷，故世界各地著名城市或活動，經常舉辦吉祥物的設計徵件、命名活動，評選出符合當地人情風俗的角色來擔任城市代言人，以行銷該城市。其主要是以擬人化的動漫（卡通）風格作爲吉祥物的造型，這也是由動漫形成的另一個利用實例。吉祥物是近代廣告設計中的工具，透過一個象徵性的促銷角色，以達到吸引視覺焦點，拉近與消費大眾距離（張惠如，2003）。

吉祥物的設計除了討喜、討吉利的象徵意義外，近年在台灣則常採用代言人的概念，也有人稱之爲卡通代言人或虛擬代言人，是最能親近大眾的工具。無論企業識別、活動，吉祥物遠比商標LOGO更討喜、更親民，可說是一個企業或活動對外傳播發聲的好代表，容易成爲焦點，進而形成品牌概念，有助於行銷與增加商機。例如最具代表的莫過於吉祥物始祖──「迪士尼」的米老鼠，還有日本許許多多的動漫角色成功的成爲觀光或企業、活動的代言人。又如之前新聞炒得很熱的日本九州熊本縣的「熊本熊」與台灣「高捷少女」（K. R. T. GIRLS）也被稱作「高捷娘」的新聞。根據該報導，日本吉祥物「熊本熊」團隊拜訪高雄市政府，受歡迎的程度，還讓航空公司開闢了高雄直飛日本熊本的定期航班。「熊本熊」除了成功爲城市行銷外，從2010年至今，創造了超過千億日圓的產值。而台灣的「高捷娘小穹」，有著日本意象濃厚的動漫造型，一推出也大獲好評，吸引不少人前來搭乘，因爲車廂上有彩繪的高捷娘，引起不少話題。若撇開模仿、抄襲的爭議，看見這些以動漫角色爲主要設計風格的吉祥物或代言人，確實能增加企業與活動的能見度，其發展出的有形、無形商機衍生效益宏大，真正成爲從無到有的成功文創品牌。

三、動漫生活創意

動漫對現代人的影響很大，一如電影、電視劇般，無論是從政治、經

濟、教育等都有不可小覷的影響力。知名網站「傻呼嚕同盟」曾在出版的《因動漫而偉大》一書中提到：「《棋靈王》的上映，讓日本學習圍棋的人口增加了70萬。同時，在台灣上映時，青少年的圍棋參賽人數成長了35%。一時間，學圍棋蔚為風潮，各級學校與民間先後成立許多圍棋社團。」（傻呼嚕同盟，2003）之前還有讓媒體報導過的日本名漫畫家弘兼憲史創作的《政治最前線》，讓日本新世代的年輕國會議員提出了以加治隆介（故事中主角）為學習榜樣的主張。甚至還在國會中組成了讀書會，希望將漫畫中許多好的主張有實現的可能，成了動漫影響政治的代表作品。其他還有許多像是影響上班族們的代表作品《課長島耕作》、影響產業界的《夏子的酒》、《神之雫》等等。動漫的影響可說是非常廣泛與深遠。

若以視覺文化一詞的認知，則是對於包含消費、休閒、娛樂、旅遊、流行的影視、動漫、遊戲等的文化商品內容，這也是文創產業的主要產業項目。

當代藉由圖像發展成景觀的案例不少。例如遍布全台的社區彩繪景點，以及以動漫卡通、插畫圖像、LINE貼圖等為設計的地景藝術、裝置藝術等，帶動不少以視覺地景為號召之觀光旅遊網紅景點。以動漫來說，因動漫劇情或場景的置入，帶動了觀光與追星熱潮，日本是這方面的代表。這些有著優質作品與帶有濃郁的「場所精神」（Genius Loci）[8]，甚至是置入「戀地情結」（topophilia）[9]的宣傳下，動漫逐漸成為了日本這個國家的文化代表，甚至以戰略性的思維將觀光旅遊業緊密地結合在一起。這類以地方景觀為場景或者置入地方文化習俗的影視作品，除了讓作品本身更加親近與具真實性外，更能豐富其作品的文化內涵，最終得以潛移默化、置入行銷的方

---

[8] 「場所」在廣義的解釋可稱為「土地」或「脈絡」，也就是英文中的Land或Context。場所在某種意義上，是一個人記憶的一種物體化和空間化，也就是城市學家所謂的「Sense of place」，也可解釋為「對一個地方的認同感和歸屬感」（施植明譯，2010）。

[9] 地理學者段義孚的成名作，主要講述人與周圍環境的關係。地理意識和地理研究中的美學的、感覺的、懷舊的和烏托邦式的層面，是地方與景觀象徵意義產生的基礎（志丞、劉蘇譯，2018）。

式，介紹當地的文化，進而促成產業經濟。藉由動漫帶動觀光熱潮最具代表與令國人印象深刻的，莫過於90年代由原本的日本漫畫《灌籃高手》改編成動畫熱播後，劇中主角櫻木花道與赤木晴子相遇的鐵路平交道口，也就是位於日本神奈川縣鎌倉市的江之電的鎌倉高校前站實景，馬上就成為了許多海外遊客必訪的景點之一。之後，陸續仍有大大小小的類似熱潮，直到前幾年日本新銳動畫導演新海誠《你的名字》（君の名は）動畫電影的火熱引爆帶動下，其中位於日本東京須賀神社的那條長階梯，儼然成為了不折不扣的時下稱謂的「網紅景點」。因影視的熱播與傳媒宣傳，組團去電影場景巡禮的遊客非常多，這種因動漫IP衍生的創意生活（觀光）產業活動被稱為「聖地巡禮」[10]。「聖地巡禮」是ACGN（動畫、漫畫、遊戲、輕小說）文化圈中一種常用的辭彙。具圈內人說法，這些動漫取景地往往被粉迷們稱之為「聖地」。也是粉迷們透過自己喜愛的動漫作品中故事的背景，圈定故事主角所發生的場域和地點。而「巡禮」則是粉迷們親身造訪這些圈定的景點與安排所規劃出來的旅遊路線。這種將文化與旅遊結合在一起的活動，雖然有一種像是用莊重認真的態度卻去對待生活中看似無趣的小確幸，但這種行為卻頗似一種宗教朝聖的「儀式感」（Ceremonial sense）活動，這種活動在日本則被稱為「內容旅遊」（コンテンツツーリズム），英文叫「Contents tourism」。隨著原本就讓粉迷們追尋的「聖地巡禮」活動在不斷地被媒體所報導下更擴大了知名度，因而造就了影視動漫IP帶動旅遊業發展的典型案例。

在台灣，此類例子也不少，只是呈現的方式不盡相同。例如之前媒體不時報導各地社區利用日本知名動漫彩繪社區圍牆新聞，吸引許多民眾駐足打卡留念。姑且不論其著作權問題，至少得知動漫確實能吸引人潮，促進觀光。當然，最具代表性的莫過於源自於美國在世界各地的迪士尼樂園，其他還有許多大大小小以動漫造鎮或是為園區的概念方式，成立的文創基地，成為許多現代人忙碌生活中休閒娛樂的好去處，大大地擴大了動漫的產值，將

---

10 向井颯一郎（2014）說明：「聖地巡禮即為御宅族根據自己喜愛的作品，造訪故事背景場域的旅遊，該場所被稱為聖地。」

其帶入了大眾的生活中，形成了創意生活產業。

第三節 🔹 動漫產業發展現況

壹、動漫產業的發展背景與趨勢

任何產業的發展背景都需靠政治、法律與科技的支持，尤其是文創產業，是確保知識經濟得以成長、存活的主要保障。

一、提供政治、法律與科技的環境

為維持企業公平競爭、扶持新興產業、保護生產與消費者，並滿足社會需求，需由政府出面以達政治目的。根據經濟學基本理論，在市場經濟條件下，政府干預市場的前提是市場機制存在所謂的缺陷。此時將通過政府行為給予彌補，以克服市場機制在資源分配上的失靈，此時政府成為最重要的角色（鄧林，2009）。

動漫產業在各國相繼努力下，普遍形成了以下幾點共識與做法：在政治上，成立相關部門機構，進行指導、管理，除整合資源外，還需制定法律進行規範來獎勵企業，其次是給予財政支援、搭配減稅等措施。在法律部分，建立與完善其相關法律的環境是確保產業成果的主要保障，這在動漫產業尤其重要。在數位網路發達的今日，其著作權的維護更是當務之急，因為動漫產品常因侵權問題，造成企業蒙受巨大損失，故而成為各國政府致力保護的重要工作。

最後，是科技的支持，自從動漫產業利用科技跳脫了傳統製作模式後，就與科技結下了不解之緣。如今數位科技不僅大大地改變了動漫製作模式，也改變了民眾的欣賞方式。好的科技環境，像是網路的普及與流量的加速，都會因而帶動產業受益，進而擴大經濟產值，尤其是電子遊戲產品類，韓國就是很好的例子。

二、動漫產業發展新特徵

動漫產業因產業發展迅速、產值快速提升下，其結構與規模快速地發生了變化，形成動畫、漫畫、遊戲（ACG產業）三者相互滲透的新局面。市場規模逐漸擴大，世界許多國家都將其列為重要產業，並由於動漫市場結構的改變，早期美、日擁有一枝獨秀的領先地位，後來逐漸有崛起的新動漫力量加入。例如以文創產業有成的韓國，以英、法為首的歐洲國家，還有就是近年來引起關注的中國、泰國與印度，相信日後形成百家爭鳴、各領風騷的時代即將來臨。

由於動漫產業全球化經營的規模增長迅速，其製作方式也加速了國際化，像是外包代工與國際合作模式逐漸增加，吸引了外資挹注，不僅擴大了整個市場規模外，大型企業的經營經驗與技術，也讓產業運作模式更為成熟，形成動漫企業的國際化（鄧林，2009）。當今動漫大國，除了美、日原本初期就因有其歷史基礎與政治扶持外，其他國家有鑑於動漫所帶來的文化輸出與經濟效應，也開始仿效。由政府制定政策來提供協助的國家很多，其中尤以韓國、中國最為積極。根據Mic研究報告（2015）的《台灣動漫產業報告》中指出，國外政府利用資本支持動漫產業有以下幾種做法：

1. 由政府直接撥款：這也是各國最常使用的辦法。
2. 設立產業基金：產業基金是一種由官方或半官方的資金，所挹注支持的形式。
3. 幫企業貸款並提供擔保：屬於較務實的支援方式，這也是韓國政府扶持動漫產業的主要方式之一。
4. 進行相關產業輔導：由國家通過官方或半官方的機構，對動漫企業進行產業輔導。
5. 派遣「職業學生」到海外留學：韓國是最為典型的例子，像是到Cal-Art（美國加州藝術學院）等世界動畫名校留學。
6. 建立產業資訊服務體系：產業資訊服務系統的建立，有助於推進產業發展。
7. 加強基礎設施建設：世界各國政府都十分注重對動漫產業基礎設施的建設，例如網路寬頻等。

8. 搭建交流合作平台：以市場經濟爲背景，爲動漫企業提供育成空間。

9. 設立研究培養機構：針對動漫產業的相關面向，例如社會學、傳播學、藝術學、行銷學等各學門，提供研究資金與獎勵人才投入，掌握產業趨勢與消除阻礙。

以上各種方法的幫助，不外乎是學習、培育、獎助、研究等四大面向，主要是爲從事動漫的企業提高存活率和市場競爭力。

貳、世界各主要大國動漫產業概況

政府產業政策一般分爲「規範性」政策和「獎勵性」政策。前者爲強制性，後者爲激勵性，這兩種力量共同形成促進產業發展的力量。動漫產業發展的首要因素是產業環境，但是這環境需依賴政府力量和國家政策的支持。從世界各主要動漫產業國的發展，約略可以看出各國政府支援動漫產業的模式與其特色。

一、歐美動漫產業

歐洲是動漫發源地，動漫產業主要以英、法爲首。法國動漫產業原本就受政府與各機構的豐沛資金支持，加上法國深厚的動漫藝術文化背景，在韓國尚未崛起前，法國是世界上除美、日以外最大的動漫生產國，更是歐洲動漫的領頭羊。根據相關研究，法國成爲動漫王國的主要原因有下列幾點：一是深厚的文化傳統，法國原本就是歐洲藝術、文化重鎮，其國民素質與對動漫的喜好支持度很高，像是境內有世界四大動畫影展之一的「安錫國際動畫電影節」，還有世界最悠久、世界第三大的「安古蘭國際漫畫節」，都是奠定法國動漫產業行銷與傳播的基石。其二是政府資金的強力支持，法國政府甚至明訂電視台每年需提撥5.5%的營業稅，透過機構支持電影的製作與動畫投資。三是有著堅持創新的動漫人才，除獎勵外，不僅培育人才，更獎勵製作技術創新及提升，因而也樹立了有別於美、日動漫的法式風格，屢屢於國際動漫相關影展得獎外，商業作品也大量出售版權於世界各地。

　　英國是歐洲僅次於法國的第二大動畫製作國，在美國、日本兩大動漫王國的影響下，一直未有突出的發展，直到英國首相布萊爾（Anthony Charles Lynton Blair）於1997年推動成立「創意產業」，動漫產業也被歸類於此，從此被明確提出作為一個國家產業政策。其戰略規劃主要是由英國文化、媒體和體育部（DCMS）內成立的「創意產業特別工作組」（Creative Industries Task Force），將創意產業定義為：「源於個人創造力、技能與才華的活動，通過知識產權的生成和取用，這些活動可以發揮創造財富與就業的成效。」從英國政府確認的十三個行業來看，動漫產業雖非直接提起，但是根據其創意產業的定義，動漫產業無疑是屬於創意產業的範疇（Mic研究報告——台灣動漫產業，2015）。英國作為老牌的工業國家，清楚地意識到依靠包括動漫產業在內的創意產業進行產業結構轉型的必要性和可行性。如今，依靠創意產業政策的推動，還有規範性政策使產業保持公共和商業區分，再透過英國廣播電視公司（BBC）保護與多元性提供市場競爭度，加上政策性與公共事業的扶持，獲得了不錯的成績。

　　世界動漫兩大龍頭之一的美國，觀其市場機制，並沒有組織像是許多後起國家所設立的一些專門以期迅速提升其產業實力、專業管理動漫產業的特別監管或輔導機構。究其原因，是由於美國經濟的市場自由化、法制化程度高。另一方面也是由於其動漫產業起點早，領先優勢明顯。歸納其成為動漫強國的主要產業特點如下：第一是產業成熟，市場幾乎壟斷。美國動漫產業興起時間早，具備全世界最完備的市場調查機制，強勢的行銷策略、製作體系與宣傳體系是其主要的商業基礎。其次是雄厚的資金市場挹注為後盾。例如早在二十世紀40年代初，動漫巨擘迪士尼透過股票上市後，市值就不斷增加，再加上派拉蒙、夢工廠、皮克斯等不斷提供技術性的產業革命，令其規模獨占鰲頭。最後則是經營採國際化、管理法制化。美國可以說是全世界最重視智慧財產權的國家，其保護措施做得非常完善，經營採全球化思維，各種貿易組織的建構與加入，讓保護知識產權成為新的里程碑。管理上除美國本土外，觸角更是延伸至世界各地，不僅增加效率，也擴大了影響力。最後是全民化，美國不僅只滿足國內內需市場，其單就人口來說也相當足夠撐起動漫產業，但主要關鍵是：動漫是全民消費、終身消費，美國人早將動漫、遊戲當作日常生活娛樂的必需品，尤其是深受孩童們的喜愛，成為最普

及的生活娛樂。

二、日韓動漫產業

除美國外，另一個世界動漫強國是日本。日本動漫以其飽滿的視覺感染力、鮮明的民族韻味與獨特的藝術風格，占據了世界動漫市場的重要地位，因而素有「動漫王國」之稱，是世界最大的動漫輸出國與製造國。日本繼茶道、藝伎、相撲競技之後，將「動漫」譽為第四項國寶，讓日本動畫的魅力延燒全世界（MAX Ziang, 2010）。被稱為「酷產出」（Gross National Cool）的日本動漫文化產值高居全球第一，動漫商品產值占日本GDP的10%以上，是日本第三大產業（張愛聆，2013）。2007年喜愛動漫的日本外相麻生太郎（あそう　たろう），甚至以動漫作為日本推廣外交的利器，可見動漫為日本帶來的形象識別度之鮮明，彰顯出日本人對動漫的尊崇與重視。當然，觀其成功因素還有很多，日本除了動漫像美國一樣深入民間，成為民眾不可或缺的娛樂之外，還有以下由政府與民間合力下的條件：一是政府大力扶持：通過多項法案與成立產業基金會來扶持與挹注，動漫產業被歸類為內容產業，相關企業受到證券、銀行業的融資協助，大大穩定了需不斷投資的動漫產業。二是高度發達成熟的產業鏈：日本動漫產業鏈非常完整，從動漫源頭的腳本、漫畫到雜誌發行，並以責任編輯制的出版社，高度觀察市場動態，隨時調整配合讀者喜好，成為保證的收益後，繼之發行動畫、遊戲、周邊商品授權等，形成完整良性迴圈的產業鏈。所以說，日本的整個動漫產業鏈可以說都是建立在龐大的漫畫上。三是高效率的工作室體制與技術開發：除了製作上大家熟悉的日本漫畫家與助手的分工制外，其對動漫製作的方式開發多款可以提升效率的軟體，並發展以2D為主要風格的動畫以區別於美國，成為日本動漫的重要識別。四是積極拓展海外市場：日本第一家動畫製作公司是東映動畫，該總裁Okawa Hiroshi早在1956年就說：「不像缺乏國際吸引力的日本電影，我們期望透過動畫的『動』和『畫』來抓住觀眾的心，打進海外市場……。」經過多年，該夢想早已成真。目前世界人們所觀看的動漫產品大約有60%是日本製作的，日本占領了歐洲80%。現在的「anime」一詞已經為全球通用，是專門用來界定日本風格的動畫產品（鄧林，2009）。

　　另外，值得一提的是日本動漫產業特色，是將一切與動漫相關的產業都一併整合至完整的產業鏈中。主要以電視、電影、動漫為主體，包括雜誌、圖書、DVD影音的綜合產業，並涉足到玩具、電子遊戲、文具、食品、服裝、廣告、服務等生活領域。現在日本的動漫產業更進一步延伸像是美國模式的產業鏈，以動漫獨特的形象魅力和版權形式，進軍電腦、網路、手機、通訊等相關產業，其影響力與功能性產生巨大作用。

　　韓國部分，自1998年經歷了亞洲金融風暴後，一樣受到衝擊的韓國，明確提出了「文化立國」的方針，將包括動漫產業在內的文化產業作為發展國家經濟的戰略性支柱產業。2003、2006年，韓國文化觀光部分別制定了《漫畫產業發展中長期計畫（2003～2007年）》與《動畫產業中期增長戰略》。一改從過去的製造代工國，成為亞洲的「文化輸出國」，甚至在某種程度上，重新設定了亞洲對於「美」的新標準，成為青少年爭相仿效的「韓流」。

　　韓國政府的作法有別其他國家，並非只以政府當作唯一資金提供者，而是透過不同機制去進行產業、人力的協助，除一般補助以外，尚有一個特別的手段就是減稅，還有成立基金，讓政府漸漸可以脫離編列預算的狀況。其次就是政府充當平台，獎勵企業合作、或者鼓勵投資組合等方式。再配合智慧財產權的協助與版權推廣，先把版權買下，讓創作者先獲得一定收益，再授權讓其他發展中國家可以低廉的價格播放，甚至免費，這是一種以文化力作為跨國擴張的手段，因而在不算長的時間中，韓國已成為世界三大動畫生產國之一（廖淑婷，2008）。

　　另外，值得一提的是韓國政府除了動漫，還一手提攜打造了「遊戲產業」，成為完整輸出地ACG產業，其成果非常豐碩，甚至領先群倫，其影響力已然成為亞洲數位內容產業的主宰者之一。以上種種成功的文創政策，成為韓國引以為傲、令世人讚嘆的「南韓模式」或「韓國經驗」。

三、大中華區動漫產業

　　大中華動漫市場區域，主要包含中國大陸、台灣、香港、澳門等主要華人地區。除台、港、澳外，大陸地區早在二、三十年前的水墨動畫驚豔國際後，礙於模仿甚至抄襲的中國動漫始終一直無新的突破性發展。但隨著近十

年大陸經濟起飛，仿效韓國成功的文創經驗後，從保護、金援、技術中不斷精進，逐漸走出了困境。近幾年最紅的中國動漫新聞，莫過於伴隨著2015年《西遊記之大聖歸來》的3D動畫電影作品好評如潮，鼓舞了中國國產動漫的信心，為其迎來一股投資熱潮。根據中國經濟網（2015）來自2015年11月北京報導：「在中國整體經濟增長趨緩的大環境下，中國動漫產業仍然維持平穩發展，產業轉型升級成效顯現，動漫產業發展形勢出現了以下重要的變化。」這一觀點主要肇因一是《大聖歸來》動畫為代表的國產動漫，既叫好亦叫座，一掃一直為人詬病中國動漫都是模仿、抄襲的窘境。原創動漫內容創作取得了重要突破，提振產業的發展信心，加上動漫藝術表現手法創新，引發了社會對國產動漫的關注。除了青少年、兒童外，愈來愈多的成年人也成了動漫的粉絲。其次是以動漫智慧財產權開發為核心，成為動漫產業發展的重要趨勢。中國的法律對智財權的保護一向不強，動漫產業鏈日益成熟後，急需搭配建構法律保障，以維護好不容易獲得的成果，才能將動漫與文學、遊戲、影視、音樂等產業交互融合，不斷在原有的內容上產出更多附加價值，這部分中國已有認知，逐漸進步中。三是隨著動漫產業發展形勢朝向善的循環，資本市場更加關注和重視動漫產業投入，中小動漫企業在資本市場成功掛牌，並獲得千萬元以上規模的融資，甚至動輒以數億元資金收購與投資的新聞也不時有耳聞。四是網路與動漫產業發展的全方位結合，網路動漫、手機動漫持續保持高速發展。五是近十年來，中國政府大力於各大城市推動動漫基地、動漫會展，除了作為交流外，也令其更加市場化、專業化，成為動漫產業促成文化消費的突出亮點，對產業發展具有一定的驅動作用。六是中國國產動漫持續朝向國際拓展。例如中國動漫在東南亞、中亞、西亞、東歐、非洲等地區的市場拓展，都取得了不錯的新進展，擴大了影響力。在2015年暑期，以自製動畫《雛蜂》一片，成為第一部由中國輸入日本的動漫原創作品，中國網友戲稱為「反攻日本」。雖然因為日系風格太重，被日本網友毒蛇評論為山寨日本動畫，但不可否認的是中國動漫的企圖心非常強烈且成長驚人。尤其是在隔年（2016）的《大魚海棠》動畫電影創造的優異票房之後，更是一掃企業主認為動漫是不賺錢的觀念。

在一水之隔，有著共同語言與幾乎相同文化背景的台灣，一直苦於本地市場太小，動漫產業發展不順，個人認為中國動漫產業的崛起，其後續發展

絕對值得台灣關注。台灣的動漫產業是由「代工」開始，因原創性弱，市場幾乎是代工作品，而且是以美國動畫為主，後來相繼有迪士尼、日本動畫的接單，卻讓問題更加嚴重。因為這些作品傾銷回台灣，電視頻道裡全是美、日動畫卡通，幾乎完全喪失了自己的自製市場。加上長期代工，喪失原創自我風格，作品的美術設計、故事敘事方式全帶有濃厚的美、日風。這是台灣在動漫產業裡所付出的慘痛代價，而且直至今日都還難以摒除。隨著台灣經濟起飛、人力成本提高後，美、日將代工轉向中國、東南亞，未提早未雨綢繆的台灣動漫產業頓失依靠，對產業的傷害更是雪上加霜，再次重創了台灣的動漫產業（鄧琳，2009）。

另外，雖然台灣的動漫產業由電視、電影主導的主要市場，幾乎都讓給了美、日，幾部自製動畫電影所帶來的後續經濟效應也都不甚理想。尤其是2010年由春水堂製作的國產動畫《靠岸》，其投資與票房收益更是慘不忍睹，令許多企業日後對動畫投資更是戒慎恐懼。在漫畫創作與傳統出版方面，命運也跟動畫差不多，除了早期因政治因素的限制外，在商言商的市場幾乎被日系漫畫壟斷，不見政府保護，國產漫畫要發展是非常辛苦的（江子揚，2015）。基於以上種種劣勢，大略概括出台灣動漫產業的幾個大問題：一是政府缺乏有計畫的支持方法，從金援融資到人才培育都欠缺一套完整可行的政策。台灣有創意人才，但缺乏像是韓國所注重的產業人才培育計畫。相較於此，台灣也不是沒有文化、動漫的人才培育，但是通常沒有系統性的支持，且沒有計畫性、機構性、交流型的培育，大多只有開班授課、辦活動統計參與人次，流於形式而已。二是缺乏市場行銷觀念，台灣動漫產業的概念除了代工之外，幾乎沒有產業鏈，一切都有待開始與重整。尤其是全球競爭白熱化的今天，台灣動漫缺乏品牌，加上產業鏈不完整、經費缺乏、宣傳不足，使得開發成本高，事倍功半，成為急待突破的難題。

直至近年，有鑑於日、韓發展文創產業的成功，文化部仿效韓國設立行政法人「文化內容策進院」（簡稱文策院、TAICCA）。加上關心動漫產業的立委與本土漫畫產業代表、漫畫家們的奔走呼籲下，終於於2019年訂定了《推動台灣原創漫畫內容產業及跨域發展計畫》，配合前瞻基礎建設之數位建設《新媒體跨平台內容產製計畫》等，一系列從透過「漫畫輔導金」之獎補助、培育人才、整備環境、推動科技運用到國發基金文化投融資等，

帶動民間投融資,並發展內容跨域,整合科技部、經濟部、文化部,由產製→通路→內容→資金,形成循環的文創內容產業生態系,擴大產業IP 形成產業經濟模式。期望如同新聞稿上揭示的:「為振興台灣原創漫畫產業環境與強化內容開發製作,文化部積極推動『台灣原創漫畫內容產業及跨域發展』,由產業各面向著手,包括導入獎補助及投融資資金、提供創作支援、推動內容科技應用、拓展多元通路等,以創造大量、優質內容產製,提升台灣漫畫消費人口,同時進行橫跨漫畫、文學、影視、動畫、遊戲、文化資產等跨界整合運用。」(行政院新聞傳播處,2019)

最後,除了上述漫畫家們在網路平台及社群、電商積極的創造漫畫多元產業環境外,動畫產業則需要有足夠的時間作內容產製的工作,尤其是極需投注人才、資金的製作上。台灣在本地市場狹小、資金不足下,動畫創作人則利用短片,屢屢於國際動漫競賽中獲獎,或成立工作室不斷的尋求媒體管道將作品曝光。從早期的《幹譙龍》、《阿貴》到《青禾動畫》、《台灣吧》與近期的《onion man洋蔥與阿文》等,於網路播出時都獲得了許多關注話題,風靡了不少觀眾。這種透過社群通路打開知名度的方式,或許是現今數位科技加速「圖像時代」與「眼球經濟」的當代及未來,發展成無須借助傳統電視卡通或電影動畫的一種新媒體探索。

 結 語

「創意力」決定下一個世界大國。(MAX Ziang, 2010)

根據台灣文化部對文創產業的定義與產業範疇來看,簡單說,它是以「創意」為核心,以娛樂產品為主,向大眾提供文化、藝術、精神、心理的創意生活產業。在全球化條件下,將創意轉化成具體的產品,利用創意與設計的加值讓商機不斷被複製,以進入開發世界中消費時代的人們,所嚮往尋求精神文化與娛樂的需求為基礎,並藉由科技製作技術為支撐、網路新媒體傳播為主的方式,成為結合文化、藝術與行銷等跨領域的嶄新產業(MBA智庫百科,2014)。而動漫產業正是一個集資金、科技、知識密集型的新

興文化產業，具有知識經濟的全部特徵和龐大市場前景，完全符合國家文創產業發展的理想目標。

　　故，動漫產業絕對是未來極為看好的明星產業、朝陽產業，更是文創產業中影響最深、產值最大、最值得投資與扶植的重點產業之一，值得我們關注與瞭解。

問題討論

1. 動漫產業的文化特色與產業特徵為何？
2. 動漫產業的創作環境與產業發展趨勢為何？
3. 世界各國政府對動漫產業的支持與特色為何？

參考書目

MAX Ziang（2010）。日本文創，全球熱賣。台北：御璽。

光復書局譯（1990）。大美百科全書中文版。台北：光復書局。

中國大百科全書（1978）。中國大百科全書。北京：中國大百科全書。

王佩迪（2012）。「萌」之解析：動漫粉絲的身體反應、affect與數位科技。CSA文化研究學會年會會議論文。

司徒懿譯（2012）。JOANNE P.SHARP著。後殖民地理學。台北：韋伯文化。

向井颯一郎（2014）。肯岡本，第n個創意旅遊／動畫朝聖／含量旅遊／旅遊社會學的潛力。社會研究年報，21期。頁37–39。

百科文化（1993）。當代國語大辭典。台北：百科文化。

志丞、劉蘇譯（2018）。〔美〕段義孚（Yi-FuTuan）著。戀地情結。北京：商務印書館。

李文明、呂福玉（2014）。網絡文化產業研究A Report on Network Culture Industry。北京：經濟科學。

李守愛（2014）。羅莉塔文化之研究。義守大學應用日語學系碩士論文。

李闡（1998）。漫畫美學。台北：群流。

邱子珉（2015）。拜物與匱乏：從「小確幸」看台灣中產階級之分化。國立交通大學社會與文化研究所文化研究學會2015年會論文。

林鴻韜譯（2008）。啟蒙的辯證。台北：城邦。

施植明譯（2010）Christian Norberg-Schulz著。場所精神：邁向建築現象學。中國：華中科技大學。

何承恩譯（2016）。Colin Campbell著。浪漫倫理與現代消費主義精神。台北：五南。

夏業良、魯煒、江麗美（2013）。約瑟夫·派恩、詹姆斯·吉爾摩著。體驗經濟時代：人們正在追尋更多意義，更多感受The Experience Economy, Updated Edition。台北：經濟新潮社。

徐琰、陳白夜（2008）。中外漫畫簡史。中國杭州：杭新印務。

張惠如（2003）。吉祥物設計。台北：藝風堂。

張愛聆（2013）。新世紀日本酷文化之內涵及其軟實力應用。國立成功大學政治經濟研究所學位論文。

張顥薰（2010）。客家文化元素在吉祥物之造型設計研究。國立台北教育大學人文藝術學院文化創意產業經營學系EMBA在職進修專班碩士論文。

陸蓉之（1990）。後現代的藝術現象。台北：藝術家。

陳仲偉（2009）。日本動漫畫的全球化與迷的文化。台北：唐山。

馮品佳主編（2016）。圖像敘事研究文集。台北：書林。

黃玉珊、余為政（1997）。動畫電影探索。台北：遠流。

傻呼嚕同盟（2003）。因動漫畫而偉大。台北：大塊文化。

百科文化編（1984）。當代國語大辭典。台北：百科文化。

廖淑婷（2008）。MIC研究報告。台灣動畫產業發展現況。

劉昌元（1994）。西方美學導論。台北：聯經。

鄧林（2009）。世界動漫產業發展概論。上海：交通大學。

（日）藤田昌久（2013）。空間經濟學——城市、區域與國際貿易。北京：中國人民大學。

Eisner, Will (2008). *Comics and Sequential Art: Principles and Practices from the Legendary Cartoonist*. W. W. Norton & Co. Inc.

Nakamori, A. (1983). Otaku Research# 1: *This City is Full of Otaku. Trans. Matt Alt*. Néoja-ponisme.

MBA智庫百科（2019）。空間經濟。https://wiki.mbalib.com/zh-tw/%E7%A9%BA%E9%9%7%B4%E7%BB%8F%E6%B5%8E。索引日期：2010.07.02。

Mic研究報告（2015）。台灣動漫產業。http://250580576.qzone.qq.com/blog/1205417598。

索引日期：2016.05.13。

MBA智庫百科（2014）。動漫產業。http://wiki.mbalib.com/zh-tw/%E5%8A%A8%E6%B
C%AB%E4%BA%A7%E4%B8%9A。索引日期：2015.08.20。

江明晏（2015）。手機滑漫族支撐漫畫家新舞台。https://www.cna.com.tw/news/
afe/201511080133.aspx。中央通訊社。索引日期：2020.07.01。

中國經濟網（2015）。中國動漫迎「拐點」文化部五措施力促動漫產業新發展。http://
www.ce.cn/culture/gd/201511/18/t20151118_7046570.shtml。索引日期：2016.03.02。

巴哈姆特（2015）。名詞資料。http://acg.gamer.com.tw/acgDetail.php?s=14096。索引日
期：2015.05.03。

江子揚（2015）。國際化就是你要會說人家聽得懂的「語言」：台灣動漫產業的文
化困境與未來。關鍵評論http://www.thenewslens.com/post/202324/。索引日期：
2016.03.05。

行政院新聞傳播處（2019）。重要政策。https://www.ey.gov.tw/
Page/5A8A0CB5B41DA11E/d36eb6b6-538d-4dc5-aa8b-27491f8c9359。推動台灣原創
漫畫產業發展。索引日期：2019.07.02。

陳佩儀、程文欣（2014）。萌樣收服全世界——吸金寶貝皮卡丘。https://www.china-
times.com/newspapers/20140903001176-260603?chdtv。中時電子報。索引日期：
2020.07.02。

教育部重編國語辭典修訂本（2015）。http://dict.revised.moe.edu.tw/cgi-bin/cbdic/gsweb.
cgi?ccd=nLHYCX&o=e0&sec=sec1&index=1。基本檢索。索引日期：2019.07.02。

動漫時代（2006）。http://www.wikiwand.com/zh-hant/%E5%8A%A8%E6%BC%AB%E6%
97%B6%E4%BB%A3。Wikiwand。索引日期：2020.07.02。

第 15 章

新媒體科技與
文化創意產業

朱旭中

學習目標......................................

1. 由新媒體科技的發展，檢視其為現今文創產業帶來的新面貌。
2. 透過對網路新媒體特性的認識，探究文創產業內容產製與行銷模式的改變。
3. 經由案例觀察與分析，尋找新媒體科技與文創產業整合的策略型態。
4. 藉著新媒體科技對於大眾媒體使用與消費習性的改變，討論文創產業發展趨勢。

....

關鍵詞彙 數位匯流、新媒體科技、跨領域、內容產製、發展趨勢

近代數位匯流的快速發展與新媒體科技的日新月異，帶動文化創意產業內容、展演平台、載具與創意的高度融合，大量地結合文化元素與科技，並透過多媒體、跨產業的整合，而使得文化資產、設計、影音或動漫等不同文化創意領域間的界線逐漸融通。

以促進數位匯流為發展精髓的新媒體科技，不僅為文創產業開創嶄新的製作、展演形式，也創造不同以往的經營與服務模式，溝通與行銷管道也從傳統的行銷媒介，延伸至大眾所熟悉的社群平台、網路廣告及行動裝置廣告，更豐富了文創產業消費者的期望與行為，也正實踐了「用科技加值文創、用文創豐富體驗」的精神。新媒體發展關鍵的數位匯流與其相關概念，以及新媒體科技的應用對於文化創意產業發展的關係與影響，將會是本章探討重點。

第一節 🐘 數位匯流與新媒體

壹、數位匯流的定義與發展

一、數位匯流定義

美國麻省理工學院媒體實驗室創辦人尼葛洛龐帝（Nicholas Negroaponte），早在1995年出版的《數位革命：011011100101110111……的奧妙》（*Being Digital*）一書中，首倡「數位匯流」一詞。在他的想像中，未來的科技烏托邦將會是一個整合互動、娛樂與資訊的世界（Negroponte, 1995；齊若蘭譯）。所謂「數位匯流」（digital convergence），包含了「數位」與「匯流」兩種概念。「數位」指的是包括內容、傳播模式、平台與終端載具的數位化，而「匯流」則是指將兩類以上的物件整合併為一體。

美國西北大學新聞學院教授Rich Gordon（2003）曾在〈The Meanings and Implications of Convergence〉文中提到，匯流（convergence）這個字原先來自於科學和數學領域，而在電腦與網際網路興起後，政府或學術單位開始以電腦處理資訊，且透過電訊系統傳遞數位內容，「匯流」這個概念才逐漸廣泛應用。「匯流」可以用來指稱科技方面的技術整合，也可以是資訊的蒐集與傳遞過程，或是商業組織間的合作互動。歐洲聯盟執委會曾在1997年所公布的《電信、媒體及資訊科技部門匯流發展及管制意涵綠皮書》（*Green Paper on the Convergence of the Telecommunications, Media and Information technology Sectors, and the Implications for Regulation*），將匯流定義為：「不同的網路平台而提供性質相同服務的能力，或者是消費者的設備如電話、電視及個人電腦逐漸整合的過程。」（黃宗樂，2003）

英國媒體匯流管制者在近代網路為生活必須，個人行動載具與應用程式APP普及之際，將匯流定義為「閱聽眾由單一平台／裝置獲得多媒體服務，或者由多媒體平台／裝置獲得資訊服務」的過程（Dwyer, 2010）。Lawson Borders（2003）指出，匯流是舊媒體（報紙、電視、廣播等）與新媒體（電腦、網路）混合散播資訊的方式。

致力推動台灣資訊技術提升與應用的財團法人資訊工業策進會則考量國家數位科技發展策略，歸納各方觀點，將數位匯流簡單定義如下[1]：

數位匯流 = 服務匯流 + 網路匯流 + 終端設備匯流

「服務匯流」指透過整合過去各自獨立的電信、無線電視、有線電視及網際網路服務業者，提供語音、影音、數據等跨業的匯流服務。換句話說，數位匯流使得一個電話公司不再僅提供過去的電話語音服務，還能有網路服務、影音（電視／電影）服務；有線電視系統業者也不再只有影音服務，也可以提供用戶網路、電話服務等數據與語音服務。

---

[1] 相關數位匯流定義與發展方案詳細資訊說明，可參閱財團法人資訊工業策進會網頁 http://www.iii.org.tw/。

　　「網路匯流」是將電信、有線電視及電腦等網路整合成一個可以提供語音、影音、數據等多樣服務的匯流網路，將以往單獨鋪設的電力或電話線路、有線或無線網路，以及有線電視線路全數整合，可以利用一個網路就能在講電話的同時，一邊觀賞電視、一邊上網處理資料或是購物。

　　「終端設備匯流」則是就可使用的載具平台而論，透過數位匯流使大眾可以透過平板、桌上型或筆記型電腦、智慧手機或電視等匯流設備，獲得語音、影音、數據等多樣服務。

　　整體來說，對於數位匯流的定義與討論，大致圍繞於數位科技發展如何影響資訊傳播的形式，或是如何將資訊內容以電子方式傳遞的主軸。

二、數位匯流發展

　　數位匯流的發展可視為依據市場的需求而產生跨產業的融合，通常是指四種傳統上各自獨立產業的融合過程，藉由數位科技（digital technologies）與內容的數位化（digitized content），將IT產業（Information Technology）、電信產業（Telecommunication）、消費性電子產業（Consumer Electronics）和娛樂產業（Entertainment）推向跨產業整合互惠（如下頁圖15-1）。例如微軟出產的電子遊戲機Xbox，則是由IT產業轉戰娛樂產業；而蘋果電腦的熱門智慧型手機iPhone，則是由IT產業走進了電信產業。

　　自二十一世紀前十年的中期開始，數位匯流的發展方向，逐漸集中於電信、電腦、電視間的融合匯流，從使用者角度出發，將打電話、看電視與上網整合為行動複合型終端裝置（converged device），例如智慧型手機，可作為提供豐富多元網路內容服務的數位匯流終端機，不但能聽廣播、連上Facebook、Instagram等社群媒體發布訊息、使用即時通訊軟體，還可以上影音平台聽音樂、看影片、看股票下單，或透過應用程式APP當作付款工具，坐高鐵、搭小黃、Uber。

　　由英、美、日、韓等先進國家的資訊建設願景與策略來看，推動「數位匯流」發展不遺餘力，積極建設高速寬頻網路、開發多元數位匯流載具及發展新興匯流服務。行政院則於民國99年12月核定通過「數位匯流發展方案（2010-2015年）」，並於民國100年設置行政院數位匯流專案小組，統籌推動國家數位匯流發展。此項發展方案主要的策略期望達成三大目標：(1)

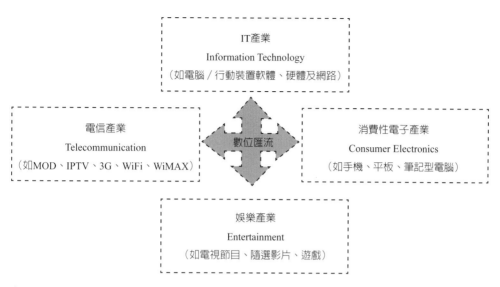

IT產業
Information Technology
（如電腦／行動裝置軟體、硬體及網路）

電信產業
Telecommunication
（如MOD、IPTV、3G、WiFi、WiMAX）

數位匯流

消費性電子產業
Consumer Electronics
（如手機、平板、筆記型電腦）

娛樂產業
Entertainment
（如電視節目、隨選影片、遊戲）

圖15-1　數位匯流示意圖

完備數位匯流環境，(2)普及優質數位匯流服務，以及(3)促進跨業競爭發展匯流服務。初期是以政府力量帶動匯流方向，希望透過政策推力，創造優質數位匯流生活，打造數位匯流產業，讓相關產業能儲備能量面對匯流環境帶來的挑戰。

貳、新媒體的發展與特性

　　隨著數位匯流發展趨勢，與大眾生活和資訊取得習慣改變關係密切的，就是結合新媒體科技應用而促成的媒體匯流（media convergence）[2]，使得相較於傳統媒體（如報紙、廣播、電視）的各式新媒體快速替代大眾對於傳統媒體的依賴。

　　媒體匯流會因為需求及時間的不同而有三種發展階段，分別是各別平台的協同合作（coordinate）、跨媒體（cross-media），以及全面整合（full

---

[2] 媒體匯流範疇通常指涉兼具數位與網絡化特色的媒體內容、媒體產業與媒體實務（Graham & Young, 2012）。

integration）（Tameling & Broersma, 2013）。例如民眾喜愛的隨選高畫質視訊中，早期有美國專營網路租售電影電視節目DVD業者Netflix與影視產業業者合作，提供線上隨選影片，或美國職棒大聯盟MLB與隨選視訊業者的「協同合作」，提供線上職棒賽事視訊服務；「跨媒體」的整合則如電視業者（如美國NBC、英國BBC、台灣的中天電視台）結合網路與手機平台，提供觀眾隨時隨處的直播與隨選視訊。而「全面整合」的最佳例子，莫過於現今熱門的網路數位電視IPTV[3]（Internet Protocol Television）（郭家蓉，2005）。日本套房出租業者Leopalace21針對會員提供專屬的數位互動平台LEONET，包括專屬的IPTV平台LEONET TV提供新聞、電影等隨選內容，並與Sharp、Toshiba、Mitsubishi等電視大廠合作推出3D電視機種、3D電影，提供3D電視用戶串流、下載觀賞。而在媒體匯流的趨勢下，所謂的新媒體為何，又具備如何的特色，相關的討論於以下段落做進一步討論。

一、新媒體

新媒體（new media）的興起與個人電腦、網路的發展息息相關，其發展概念主要是相對於已有長久發展歷史的傳統媒體。傳統媒體（traditional media）或舊媒體產業主要是指印刷媒體（print media），如報紙、雜誌，以及電子媒體（electronic media）的廣播、電視，而以電腦及網路等新科技為驅動力的新媒體，對傳統媒體之硬體載具、傳播形式、類型、甚至是內容型態與產製面向，也產生了質變。

就本質而論，新媒體是數位技術在資訊傳播媒體中的應用而產生新的傳播模式或型態，與舊媒體間的根本性差異在於新媒體的「數位性」（digitality）及「互動性」（interactivity）（邱誌勇，2014）。相較於範圍明確的傳統媒體，新媒體所涵蓋的產業範圍仍籠統，雖然逐漸出現網路原生媒體

---

[3] IPTV（Internet Protocol Television）的定義，簡單的說，就是只要透過網際網路所傳遞的視訊資料就稱為IPTV。若要詳細一點的定義，則可以說：「業者利用寬頻網路，以MPEG-2等壓縮格式的影音串流，提供在電視上使用的互動式多媒體服務，而終端設備可以是電腦、電視、手機、資訊家電、PDA等，普通電視則需透過數位機上盒接收訊號。」

內容，仍不如舊媒體既已建制的產業公會或知名傳統媒體品牌。新媒體可以從產業區分、人機介面、藝術、運動或是多媒體形式來詮釋，而不同的詮釋則是由於不同領域的觀點，如從產業、科技、藝術及傳媒角度，而有所差異。

　　對於閱聽人、消費者，或是所謂的使用者而言，新媒體提供了融合各種形式的平台（如影音網站、社群網路、各類行動載具）；就資訊流動而言，新媒體使得以往的單向傳播轉換為多向互動性高的社群傳播；而就內容產製而言，新媒體的互動特性則重新定義了內容製作者身分，內容產業中的專業從業人員，或是如網路紅人、直播主等素人創作者，都可以成為新媒體內容的貢獻者，也增加多元性的可能。美國專以科技為題的《連線》（*Wired*）雜誌，曾將新媒體定位為「所有人對所有人的傳播」。在新媒體的脈絡下，傳播者和接受者融會成對等的交流者，新媒體對大眾提供個性化的內容，也讓無數的交流者相互間可以同時進行個性化的交流。在多數人的認知當中，新媒體更近似「社交媒體」（social media）的概念，最佳例子就是約2000年初期進入Web 2.0時代[4]，開始流行的部落格（blog），以及全球近15億用戶的Facebook，這些平台允許使用戶在生成內容的同時，建立虛擬社群，並通過社群媒體的對話進行互動和協同運作。

二、新媒體特性

　　新媒體的最大特點是可以實現即時（real-time）互動，人們可以很容易地即時接收與發送訊息，使過去被動接收訊息的媒體閱聽人，可以跳過媒體中介（媒體工作者）而扮演訊息生產者的角色。新媒體藝術學者Manovich於2002年《The Language of New Media》一書中主張新舊媒體間最主要的差異在「電腦化」（computerization）後才逐漸顯現，而新媒體應該具

---

[4] Web 2.0是指以終端使用者為目標，強調使用戶可參與內容的生成、易使用性、社群形成與互動性。Web 2.0的具體概念與應用則是2004年由O'Reilly媒體公司創辦人暨執行長Tim O'Reilly所提出，是由一系列網路新技術發展而來，包括Blog、RSS、WIKI、TAG、SNS等，它使網路由過去的集中化轉向分散化，使用者可在網上獲得更多傳播、分享、交流的自由。

有五大特色，包括數位化（numerical representation）、模組化（modularity）、自動化（automation）、變異性（variability）及轉碼性（transcoding）。此外，西英格蘭大學的李斯特等學者（Lister et al., 2009）也進一步將新媒體的特性，歸納出六大屬性：數位化、互動性、超文本、虛擬性、模擬性，以及網絡化。

(一) 數位化（digitized）

新媒體內容大致可以分為兩種型態：一種是以電腦為基礎而延伸出全新從未出現過的媒體型態，如網路原生的影音平台等；而另一種是舊媒體從印刷或類比訊號形式轉入數位形式，如電子報、網路／數位影音頻道。不論是原生數位或是數位化的新媒體物件（new media object），都是由兩個數位符碼0和1所組成的，因此其本質就是一種數位化的形式（Crosbie, 2005；轉引自葉謹睿，2005：164-167）。

(二) 互動性（interactive）

新媒體利用數位技術增加了訊息傳播者與訊息接收者之間的互動性，也讓使用戶之間進行無障礙溝通交流。訊息的受眾不再僅僅是被動的接受者，同時也是訊息的傳播者。透過媒體科技，新媒體中的互動性可分為三種類型：人與人之間的互動，人與機器的互動，以及機器與機器的互動。無論哪一類型，互動的資料被數位化儲存之後，即可建立數位化資料庫供查詢。

(三) 超文本（hypertexual）

超文本是指可以透過節點鏈結的一種非循序性的文本，這些節點可能是在同一文本內的，也有可能是對其他的文本進行鏈結，維基百科（wikipedia）的頁面為典型範例。節點除了以文字的形式呈現外，也包括圖形、動畫、聲音等，故也稱超媒體（hypermedia）。相較於傳統文本，超文本有四大特點：

1. 「非線性」：網路文本透過節點（node）的銜接，拼湊連結了各個不同的資訊區塊，區塊之間的連結無固定方向，也無既定路線，是一種非線性（nonlinearaity）的連結特色。

2. 「交互文本性」：藉由與其他文本之間的相互指涉、交互建構的交互文本性，也是以一種相當明確而且外顯的形式來呈現文本之間的相互連結關係。

3. 「文本多義性」：使用者瀏覽的過程中，每個資訊區塊之間沒有特定的線性發展脈絡和中心概念，因此具有比傳統文本更多重意義解讀的空間。

4. 「去中心性」：傳統線性文本習慣將一個中心概念作為情節發展和意義展現的依據、途徑和藍圖。但超文本則不以一個中心概念為敘事規則，挑戰了傳統文本的線性結構。

㈣ 虛擬性（virtual）

在大量應用數位科技的脈絡下，人們將現實空間的活動轉移至網路空間，不論是文字、圖像、影片或聲音的形式，訊息的生產與保留皆以數位化狀態存在於虛擬空間中，連接也模糊了真實世界與虛擬世界的界線。

㈤ 模擬性（simulated）

新媒體的內容製作與呈現形式上，以現實世界中的體驗與行為模式為參考，利用數位技術重製、再現了現實世界中的樣貌。

㈥ 網絡化（networked）

新媒體突破傳統媒體僅能傳遞單一性訊息的限制，所包含的訊息特質為融合圖、文、聲，體現了更多樣性的傳播型態，且更將以往單一媒介平台相互整合，將報紙、電視、廣播的傳播手段與傳播方式集於一體，也跨越各個內容製作領域如設計、動漫、影視等建立訊息流通網絡，讓使用者與製作者、生產與消費等關係成為互為依靠的網絡。

三、新媒體類型

在數位匯流的時代，各種新興媒體種類型態爭相問世，通常多具以組合兩種或兩種以上既有的媒體，產生多媒體功能的資訊傳播方式。大抵說來，常見的新媒體包括入口網站、搜尋引擎、虛擬社群、RSS、電子郵件、即時

通訊軟體、部落格、網路文學與動畫、網路遊戲、網路出版（電子書／電子雜誌）、網路廣播／電視、手機廣播／電視、數位電視、IPTV、行動電視等，以及許多正在形成的新興媒體。

然而，瀏覽目前眾多易見可得的新媒體種類，很難以通用的標準來進行精準分類，以往多以發展時序，將媒體分為報紙、廣播、電視、網路、行動網路界定為第一、第二、第三、第四，以及第五媒體，而相對於前三類，依附於網路發展的第四與第五媒體，普遍也通稱新媒體。

目前依新媒體訊息型態與載具形式多以網路新媒體、行動新媒體、新型電視媒體等三大種類為主。

(一) 網路新媒體

網路新媒體主要指以網路為主要運作平台的媒體形式，例如部落格、入口網站、搜尋引擎、討論版（如BBS、PTT）、社群媒體（如Facebook、Twitter、微博或Instagram）、電子郵件／即時通訊軟體（如Line、We-Chat）、網路數位出版、影音平台（如YouTube、優酷）、網路遊戲等。

(二) 行動新媒體

行動新媒體包括各類可連結網際網路，並集合各類通訊、網路瀏覽器、網路出版品閱讀、電視／廣播收視／聽等應用軟體的行動載具，如智慧型手機、平板電腦或其他行動裝置。

(三) 新型電視媒體

新型電視媒體一指透過可攜式播放器，手機、筆記型電腦，或是可接收視訊節目服務的裝置，如行動電視；同時，也可指透過網路傳輸之付費隨選音／視訊（Multimedia-On-Demand, MOD，如Netflix、愛奇藝），或網路數位電視、IPTV。

無論以何種條件分類新媒體，綜括前述討論，成為新媒體的先決要素就是數位技術，是各類新媒體產生和發展的原動力，而高速寬頻網路則是各種新媒體型態依託的共性基礎。此外，接收終端（載具）的行動性，則是新媒體發展的重要趨勢。

第二節 🎲 新媒體與文化創意產業新面貌

壹、跨媒體、跨產業整合

　　每當人們提出「什麼是文化創意產業？」的疑問，以往可能獲得的制式答案，是根據2010年所制定公布的《文化創意產業發展法》，闡述文化創意產業所包含的十六項產業[5]。現今日新月異的數位匯流科技，大量地將文化與科技結合，促使追求創新與研發的各項文創產業，得以走出既有的領域界線，朝向結合多項媒體科技與多元文化創意領域的「跨媒體、跨產業」之整合趨勢，也使得不同文化創意產業間的區域界線逐漸融通。

　　文化資產運用與展演設施產業的策劃經營中，為拉近大眾觀賞意願與文化展演文本／物件的距離，逐漸應用新媒體與數位科技，並結合其他文創領域的展演思維，以作為重新詮釋展演文本的取徑。國立故宮博物院與資訊工業策進會（資策會）於2013年10月首度攜手合作，推出「乾隆潮——新媒體藝術展」，以新媒體互動科技為主軸，將博物館中大眾熟悉的乾隆文物典藏，集結設計、動漫、影視、動漫、時尚等各方文創工作者的創作，透過文物內容數位化處理，讓參觀者得以拆解、重新組合、體驗創造。展覽以嶄新手法詮釋乾隆收藏的文物，輔以現代美學展演形式，將帝王文化與次文化交錯並置，讓參與民眾置身於時空交錯的科技文物探索旅程。

　　故宮博物院與資策會的合作，繼續延續至2015年的「故宮4G行動博物館計畫」，在4G創新應用、4G創新內容與4G前瞻體驗三大發展主軸下，聯手打造「藝域漫遊——郎世寧新媒體藝術展」，跨界串連古今東西、虛實動靜的體驗場域。參觀者可藉由智慧型行動載具、行動導覽APP服務和其他數

---

[5] 《文化創意產業發展法》於2010年（民國99年）2月3日總統令制定公布，所包含的十六項產業為視覺藝術、音樂與表演藝術、文化資產運用及展演設施、工藝、電影、廣播電視、出版、廣告、視覺傳達設計、產品設計、設計品牌時尚、建築設計、創意生活、數位內容、流行音樂及其他經中央主管機關指定之產業等。

位媒介，恣意漫遊於透過當代新媒體語彙所構築之現代郎世寧藝域空間，讓觀眾以多元感官的方式，認識清康熙時期郎世寧筆下的藝術新境界。

綜觀奠基於數位匯流科技的跨媒體、跨產業發展，文化創意產業中屬於指標性產業的電影與電視內容產業，不僅是數位匯流的最佳實踐，更是新媒體科技的研發動力。英國國家廣播公司BBC、美國的哥倫比亞廣播公司CBS和國家廣播公司NBC三家老字號傳統電視台的數位匯流策略，策略結合新興媒體（IT、電信服務、文化娛樂、消費性電子產業整合），如線上媒體與串流影音服務、跨媒體、跨載具、社群媒體互動、媒體互補、數位內容再製與精緻化，進而開拓生於數位時代的年輕族群市場。英國BBC為了挖掘吸引逐漸流失的年輕族群市場，採用新媒體整合策略，透過市場定位後，公司再進一步去結合新的媒體、產製新的內容以滿足新市場的需求。

跨媒體、跨產業整合不僅影響傳統電視的訊息傳送與接收端，在內容產製方面，美國國家廣播公司NBC的《百萬秒益智遊戲》（The Million Second Quiz）節目，讓觀眾可利用手機觀看到參賽者的生活狀況，並藉由手機向他們提問，利用應用程式APP在家參與機智問答活動，而此項內容產製策略即是集合電視的內容、新媒體，以及觀眾的新互動模式。另一NBC的例子則是電視影集《雙面人魔》（Hannibal）的實驗做法，透過iTunes、DVD或Amazon等付費影音服務，不僅讓閱聽人能一次觀賞第一季13小時的連播，觀眾還可透過社群媒體，與劇組成員、節目製作人互動。

環視國內近年文創產業的發展，也不乏跨媒體、跨產業整合的案例。源於雲林虎尾的布袋戲世家，以《霹靂布袋戲》為名的霹靂國際多媒體公司，其2014年創造百億傳奇的上櫃案，再次吸引大眾關注早已式微的布袋戲傳統。透過其跨媒體、跨產業的獨特經營模式，結合舞台、電視、電影、網路、數位特效等，將廟口布袋戲野台，轉移至電視，從戲劇內容製作到成立台灣第一個以布袋戲為號召的電視頻道，更在2000年推出全球第一部布袋戲電影《聖石傳說》，成功地將台灣的廟口文化轉型為文創產業，也凸顯台灣在地文化的價值與潛力[6]。

---

6 關於霹靂國際多媒體公司資訊參考自官網「霹靂網」http://www.pili.com.tw/。

　　另一方面，曾被尊爲台灣「偶像劇教母」的蘇麗媚，離開三立電視副總經理一職後，於2011年獨力成立夢田文創，從製作《醉後決定愛上你》、《眞心請按兩次鈴》、《粉愛粉愛你》這三齣電視劇中，就已建立文創產業跨界合作的模式，與台灣工藝大師謝榮雅、插畫家薩比娜Sabine、百年毛筆老店林三益，以及烘焙連鎖商幾分甜等合作，將不同文創元素融入電視劇中。此外，夢田文創除了延續電視偶像劇的製作，更將跨足數位匯流產業，成立的娛樂分享社群「Fanily」，透過開放分享、跨產業平台，結合多螢幕互動的數位匯流，嘗試將每個文創作品轉化爲獨立品牌而行銷全世界。夢田文創於2013年開啟此新嘗試，第一個合作分享的電影作品，就是魏德聖導演的《KANO》，和周美玲導演的《花漾》[7]。蘇麗媚認爲一個好的電影故事，是可以延伸出優質的數位商品，例如動畫、網路遊戲、電子商務，或是行動互動服務，而這些內容可透過網路社群或是經由不同載具取得。

　　「用科技加值文創、用文創豐富體驗」正是目前文化創意產業的跨媒體、跨產業發展的目標，不論結合如何的新媒體平台或數位科技，內容仍必須是第一考量。在內容產製、規劃的同時，也必須考慮目標對象市場，以及考量新媒體特性，進而產生創新、文化蘊涵、美學與商機皆具備的文創文本／商品。跨媒體與跨產業的整合，也意味著內容產製必須經歷轉變，摸索出更有效的產製新模式。

貳、數位內容產製模式的改變

　　數位內容所指實際上可區分爲數位化內容（digitized content）和數位內容（digital content）。前者指原本以類比技術生產的內容，透過數位訊號的調變進行傳輸與儲存，而後者則是本身以數位方式製作的，屬原生數位內容。無論如何，文化創意產業最重要的主體即是內容。

---

[7] 相關資訊原爲聯合報報導，於2015年12月25日轉發布於台台北市文化基金會創意發展部網站http://www.taipeicdd.org/Content.aspx?ID=4ea38394-1e42-4c77-911f-43248b5e1ab1。

　　遠流出版社創辦人王榮文先生曾說：「內容爲王，但要創造撼動閱讀世界的大內容可遇不可求，能在自己的文本世界求得當然好，有時要從電影電視甚至音樂明星去轉化多媒體爲文本作品更易成功，這就是出版的文創化跨界性。」（陳昭靜，2009）而不論是出版、影視、文化資產或設計，也不論內容的目的與展演形式，對各文創產業領域中，內容的精髓即是文字、圖像、影像與聲音。在強勢數位科技的衝擊下，以往影音產品的製作流程與產業運作模式也有了變化。

一、由使用者觀點出發

　　內容作爲經營獲利的核心主體，這也是文化創意產業中投入與產值規模較大的影視產業（泛指電影與電視產業），與傳統大眾媒介產業的最大分野。特別是進入數位內容時代，內容產製不再僅是考量如何製作出可增加收視率、觀賞率、閱讀率的內容，好將觀眾／讀者轉換爲價格而獲得廣告主青睞，而必須瞭解觀眾想要什麼，同時設定清楚內容製作的目的或想要達到的目標爲何。考量文創產業包含領域甚廣，在數位科技應用普及的時代，仍未有一個通用名詞以指涉文創內容的觀眾、聽眾、讀者、參觀者或是消費者，因而此部分暫以網路脈絡常用的「使用者」統稱。

　　1997年崛起於美國影片租借（訂閱制）服務的Netflix，而後轉型爲網路串流節目與電影提供者，其不同於把營運重心放在追求廣告獲利的傳統業者，而是透過各種調查方式，經由資料庫數據分析，找出觀賞用戶的喜好，且選出最有潛力劇型、導演、演員，而得以取得內容的成功，進而正向循環帶動用戶及優質內容增長。

　　Netflix的經營與內容產製採取了四項掌握觀眾的策略（曾馨，2015）：

1. Anytime：看準現代人喜歡「一次看到飽」的觀影習慣，採取製播完再推出的模式，例如推出影集《紙牌屋》（House of Cards）之際，Netflix就把第一季、共13集的內容通通上線，讓觀眾一次看個夠。
2. Anyone：爲了提升用戶的黏著度，Netflix透過新的科技來掌握用戶喜好。舉凡每一次點擊、播放，所看影片的導演、演員、影片類型等，都會被Netflix列入資料庫，以建立個人化推薦引擎，爲用戶推

薦下一部影片。

3. Anywhere：Netflix的串流服務可以橫跨各種裝置收看，舉凡電視、PC、NB、平板、智慧型手機，甚至在PS3、XBOX等裝置，無論在哪裡，只要連上網路都能收看，完全符合行動世代的收視行為習慣。

4. 原創自製內容：為了吸引收視戶，Netflix一方面向傳統影視公司購買舊的影集授權，一方面投入資金，自行製作或翻拍影集，例如2013年推出頗受好評的《紙牌屋》，便是改編自1990年代英國BBC劇集，讓觀眾有更多的內容與觀看載具的選擇。再者，Netflix就全球不同市場也會製作具地域特色原創內容，例如就台灣市場，在2017年與公共電視台、凱擘影藝合作，製播原創戲劇《雙城故事》，並於2018年中旬上架。

雖然影視產業的內容產製上獲得較多的關注，其他領域之文創產業更期望透過與新媒體型態、數位科技的結合，來創造更親民、易取得的內容，可以是故事、商品、服務或概念，進而吸引大眾（訊息接收者）。前節所提及故宮的「乾隆潮」特展，即是以現代大眾趨之若鶩的新媒體互動科技，模擬情境的體驗，將現代的「潮文化」（如流行文化、街頭文化、潮流、經典文化等）元素，融入大眾普遍陌生的故宮文物元素素材。如此的策展策略，使得參觀者年齡範圍擴大，老老少少都想一睹年輕乾隆皇帝的三連拍的模樣，或是各國使節是如何向乾隆皇問候，甚至透過拍照擷圖而讓參觀者有機會走進《漢宮春曉圖》，這也再次呼應文創的內容產製，必須將使用者的觀點，甚至既有認知與習慣，以及需要納入考量。

二、使用者也是創造者

由於數位匯流的迅速發展，展演的平台激增，行動載具與影音網站普遍，使得數位內容的生產逐漸供不應求。正因為新媒體科技的普及，進入內容產製的門檻也降低，產製權去中心化8成為數位內容一大趨勢，即使沒有

---

8 維基百科將「去中心化」（decentralization）定義為網際網路發展過程中形成的社會化

強大的經紀公司或媒體組織，產製能量不再限於傳統專業內容製作組織或是工作者，過去被動的使用者現在也能成為創造者，如近年來在YouTube爆紅的馬來西亞的jinnyboytv、台灣的「那群人」、「蔡阿嘎」，還有中國大陸的「王大錘傳奇之萬萬沒想到」，皆為素人作品於影音平台短時間內大受歡迎，進而經營專屬頻道，也促使專門孵化實況、網紅的自媒體經紀顧問公司爭相成立。

網路的方便與易得性，絕對是文創領域爭相表現的場域，以網路起家的大型組織如Amazon、Google也設立專屬平台，在網路召募素人創作與創新想法，以增進平台上原創內容的多樣性與供應來源。Amazon的串流媒體服務Prime Video，為提升其原創影音品質與數量，運用旗下群眾外包模式的電影製作公司Amazon Studios，一手包辦所有自有內容，從劇本開始就邀請大家投稿，且從頭端開始一條鞭製作。

而Google則成立了YouTube Space，專為YouTube創作者製作，與粉絲交流，或是與其他YouTube創作者互動而提供的影音創作工作室。YouTube創作者的頻道只要擁有5,000位以上的粉絲，預備好故事腳本、所需要的布景，以及攝影師，還有為影片主角敲好通告，就能預約到YouTube Space使用當中的器材，包含多種類的攝影機、燈光器材、運算能力強大的剪接電腦、化妝間、虛擬攝影棚、實體攝影棚等等，協助製作YouTube影片。You-Tube Space提供了一個虛擬整合的環境，YouTube創作者與粉絲有更深的連結與互動，而讓YouTube頻道的內容更為提升與豐富。

不僅影音串流平台，以文化出版事業為主的城邦媒體集團，與國內出版社、作家合作於2009年成立了文學網站POPO原創，集合線上創作、線上閱讀、線上出版的服務平台。原先的目標是透過網路平台提供作家與出版社一個電子書的出版發行管道，集結作家原創內容或出版社新書，讓網友付費購買閱讀。而後增加素人創作平台，讓有意與大眾分享創作的作者上傳作品，

關係型態和內容產生型態，是相對於「中心化」而言的新型網絡內容生產過程。特別是相對於早期的網際網路（Web 1.0）時代，今天的網絡（Web 2.0）內容不再是由專業網站或特定人群所產生，而是由全體網民共同參與、權級平等的共同創造的結果。任何人都可以在網絡上表達自己的觀點或創造原創的內容，共同生產信息。

供人使用電腦線上閱讀瀏覽（付費與非付費皆有），待累積一定閱讀人數則可獲得出版實體小說機會。對於素人作者而言，出版所投入資源與風險也可降到最低，同時也可利用原創平台經營粉絲。已爲網路素人原創小說平台品牌的POPO原創，更推出專屬應用程式「POPO閱讀器」，讓喜愛閱讀的人可以手機隨時挑選喜愛的小說閱讀。

新媒體科技的出現，使得文創產業內容的產製，不再只是文化菁英的特權，而是意者皆可成爲創造者。因爲數位化讓製作成本門檻大幅降低，侯孝賢導演在2015年第52屆金馬獎頒獎典禮獲頒「年度台灣傑出電影工作者」時，曾如此鼓勵年輕人：「數位化了，還想這麼多，趕快拍吧！你可以加非常多不同的濾鏡去test，你做到你要的tone調就可以繼續拍，希望當導演的朋友們可以堅持一直拍下去。」

三、強調感官體驗創造實境感受

數位科技與新媒體應用，讓文創的創作走入新次元，也改變了人們過去「看」的習慣，由以往靜態、無聲，轉向視覺與聽覺，甚至五感體驗。2010年上海世界博覽會中，中國館的電子動態版「清明上河圖」造成轟動讓參觀者爭相親睹，而台灣民眾則於2012年親眼見到這利用現代動畫技術所精心完成的展覽「會動的清明上河圖」。以往民眾對於「清明上河圖」的認知，除了藝術史書籍提及，就是展示於故宮玻璃櫥窗裡，昏暗色調的古畫。而「會動的清明上河圖」中結合現代數位科技的動態版清明上河圖，呈現於110公尺長、6公尺高的巨大螢幕，是原圖的30倍，以12台電影級的投影機同時放映。這幅動畫電子圖保留了原作的所有特徵、色調與畫風，而透過動畫描繪，水流人動，百貨紛陳，河上縴夫叫號，船舶亦搖曳行進，以及仿眞度極高的河水潺潺流過，讓所有景物躍然紙上，重現北宋時期首都開封府風華，更令參觀者不再只是遠觀、閱讀文字解說，而恍若置身九百年前的北宋首都汴京，除了是視覺、聽覺的震撼，更對這古老作品有了新的認識。

在全球超過50個城市巡迴展出，已累積超過600萬人次參觀的「再見梵谷——光影體驗展」（Van Gogh Alive），重新詮釋荷蘭後印象派巨匠梵谷的「向日葵」、「星夜」、「麥田群鴉」等經典作品及素描、書信、珍貴影像，透過澳洲知名策展公司Grande Exhibitions開發的SENSORY4™投影系

統，以40多台高畫質投影機，360度環繞式巨型螢幕，搭配電影院級環繞聲效所建構而成的空間，製作而成一場沉浸式光影藝術展。透過光影流動與環繞，李斯特、巴哈等古典樂曲陪襯之下，帶領觀眾徜徉梵谷的畫作之間，讓參觀者以嶄新方式，親身體驗梵谷的創作生涯，並遊歷荷蘭、亞爾、聖雷米和奧維小鎮。跳脫「純觀看」的形式，顛覆對「展覽」的想像，以全新角度感受梵谷，發掘與過往截然不同的視野與體驗。

　　而近年的AR（Augmented Reality，擴增實境）與VR（Virtual Reality，虛擬實境）的技術也被大量應用於數位遊戲、動漫產業，以及各類型表演、博物館或活動展演。AR技術指在真實世界中，加入了部分虛擬資訊，將虛擬物件與真實場景結合的技術。最切身廣為人知的應用實例，就是以跨媒體作品系列為特色的Pokémon，在橫跨漫畫、電視與劇場版動畫、遊戲、卡片遊戲及相關產業類型外，2016年所推出並在全球各地爆紅的Pokémon GO寶可夢遊戲。Pokémon GO透過APP將手機上真實景物的畫面，定位、地圖功能與Pokémon的寶可夢精靈影像結合，公園、街角各處可見到各年齡層的玩家拿著手機抓寶。另外，VR則是藉由電腦將虛擬世界的訊息（如環境影像），傳遞至人類的大腦，並透過特殊裝置（虛擬實境眼鏡）以欺騙人類的視覺系統，讓人們處於虛擬世界之中，獲得身歷其境的認知與感受。目前VR的技術，普遍應用於展演會場或博物館的導覽系統，或是教育素材的開發，無法行萬里路時，就讓VR技術來代步，帶領使用者飛天遁地，攀登高峰、潛入深海。AR與VA技術的應用，得以實現人類想像力，讓不可能成為可能。

四、新媒體行銷成為必須

　　對於各行各業而言，行銷就如時尚設計師般，以最獨特的眼光幫我們做整體造型，不僅要穿出時尚感，更要讓人看了也想如法炮製。文創商品無論再如何有創意、創新，其製作背後是如何的故事，想要透露什麼訊息，都必須仰賴有效的行銷策略。大眾普遍依賴各類型新媒體科技，如手機、平板、筆電，日常生活有大部分時間都在實體與網路空間遊走，傳統媒體行銷策略（如平面電子廣告、公關、推銷、事件／活動行銷等），不可忽略的就是新媒體行銷。文化創意產業的行銷，必須跳脫以往通路，善用行動新媒體平

台，以群募力量、社群行銷的策略來獲得內容的成功。

在網路Web 2.0的時代，內容提供者已轉換爲使用者自身，這樣的改變也同時提升使用者使用網際網路媒體的主控權，他們掌控了訊息的發表內容、時間，以及互動的對象。而隨著網路世界的發展，網路社群也逐漸延伸出各種不同的型態，例如Facebook（臉書）、Plurk（噗浪）、Twitter（推特）等社群網站（social networking sites）來提供網路使用者與他人互動的網路平台。這些平台將傳統一對多（one to many）的傳播媒體，轉換成多對多（many to many）的社群媒體對話，把民眾從內容接收或消費者，轉變成內容產出者，使用者透過互動分享所產生的內容，不但具有社交性（social），更是資訊承載的社群媒體（social media）。大眾可隨時隨地利用各式新媒體載具進入網路社群媒體場域，也意味著社群媒體即是行銷必爭之地，舉凡社群媒體行銷、口碑行銷與故事行銷，皆與新媒體行銷關係緊密。

㈠ 社群媒體行銷（Social Media Marketing）

社群媒體行銷，也簡稱社群行銷，是透過各種社群媒體網站，或互動式網路平台，如部落格、BBS、論壇、網誌、Facebook或Instagram，與使用者或消費者溝通，進而理解，且讓企業（與個人）吸引訪客注意而增加流量的方式。孫傳雄（2009）將社群行銷定義是個人或群體透過群聚網友的網路服務，來與目標顧客群創造長期溝通管道的社會化過程。換句話說，就是透過社會影響者、社群媒體平台、網路社群等，來達成行銷、公關或消費者服務的目的。

社群行銷的特性是多面向的對話，包括使用者的參與、使用者間的對話，以及當中產出的內容。而其核心就是朋友與粉絲的概念，當使用者與網友成爲朋友或粉絲時（例如最常見的Facebook粉絲專頁），就不再只是一個看完就忘的連結，而是能持續地透過彼此正向的溝通，藉以維繫線上關係的正當管道。使用者跟使用者的朋友或粉絲是保持長期的線上聯繫關係，朋友或粉絲會持續地接收到使用者所發布的訊息，這也是在增加這些朋友或粉絲對企業的品牌或產品忠誠度。

通常社群媒體行銷的起點，是先建置產品的官方部落格或網站，再透過數個部落格寫手，在多個熱門的部落格網站，如部落格或現今普及的Facebook等，發表PO文，讓該商品在消費者間形成討論，進而引起網友興趣，連結到產品官方部落格或網站；若能輔以贈品或抽獎等促銷活動，更能帶動點選率，讓特定關鍵字在搜尋引擎的排行往前面提升，此舉同時能為官方部落格／網站帶來更多的搜尋引擎的造訪者（visitor）。

　　利用網路創造議題與討論度外，文創業者也能透過Facebook、Instagram，甚至通訊軟體LINE等社群媒體來進行行銷以及推廣，不同於架設網站來接觸消費者，社群行銷可讓業者運用社群網站本身既有的功能，聚集粉絲或追蹤者，利用黏著度的經營與消費者建立良好的關係，進而達到行銷的目的。過去電視劇以新媒體跨界行銷的成功案例，莫屬電視劇《我可能不會愛你》的Facebook粉絲專頁的經營。

　　電視產業輸出內容最大宗莫過於偶像劇，而與三立齊名為打造台灣偶像劇品牌的八大電視公司，在2011年製作的《我可能不會愛你》，以Facebook粉絲團為行銷基地，將此劇推向2011年台灣最熱門的偶像劇之一，也獲得2012年電視金鐘獎的節目行銷獎[9]。八大行銷部門秉持「把宣傳當作分享，把粉絲當成自己的朋友」的理念，利用臉書粉絲團的操作，不以單純的訊息公告，而是貼近生活的人性出發，挖掘粉絲情感，尋找自己的人生縮影，例如問粉絲們：「你敢不敢和14年的好朋友告白？」再扣回到劇情上。同時也把粉絲當同事，一起發想和認同，像戲劇尚未播出前，即向粉絲解釋《我可能不會愛你》的劇名由來、海報設計和商標（Logo）概念。而更重要的是戲散人不散，即使戲劇播畢後，仍持續經營原劇粉絲專頁，延續情感的力量，同時也作為八大其他作品的宣傳平台。《我》劇播畢時，粉絲專頁粉絲人數原有約30萬人，而兩年後Facebook粉絲團上已累計有近82萬名粉絲。

（二）口碑行銷（Words of Mouth Marketing）

　　透過社群媒體行銷很重要一個價值是口碑效益，藉由他人的經驗分享，提升該社群其他成員對該商品的認知、好感，進而信賴。換言之，這正是口

9　《我可能不會愛你》粉絲專頁：https://www.facebook.com/InTimeWithYou/?fref=ts。

碑行銷[10]的精髓。藉由社群媒體行銷，不但可以和消費者間形成對話，建立消費者的信賴感及忠誠度，同時可以極少的成本達到廣告效益，且能建立品牌形象，與競爭品牌做區隔，進而達到銷售目標。

再者，口碑行銷的核心，其實不在於行銷人員，甚至不在於行銷活動。口碑行銷最重要的目的是，先讓顧客滿意，然後讓顧客替公司大大宣傳。只要顧客喜歡你公司的商品，自然就會想要向親友推薦你的產品或服務，或者造成流行、話題（buzz），讓大眾對於你的商品或服務感到興趣，這就是口碑行銷最主要的意義。口碑行銷就是要創造話題讓顧客談論，然後設法將這樣的對話發揚光大。

《我可能不會愛你》一劇行銷上，也會在劇組拍攝時，不刻意阻擋民眾的圍觀，就是掌握大眾喜好湊熱鬧，且慣用手機拍照上傳社群網站的習性。當民眾在遠距離圍觀時，拿出手機或平板電腦拍下男女主角對戲的畫面，而後上傳到Facebook炫耀看到明星拍戲，分享的那刻，會吸引網友觀看、點讚、討論，也同時就是爲戲宣傳。

(三) 故事行銷（Storytelling Marketing）

近年愈來愈多的業主運用故事行銷來增進組織的價值、產品、服務或是對文化的理解（陳文，2006）。故事行銷主要是改變閱聽眾的認知與情感層面，將產品的相關線索以顯性或隱性的方式，透過文字、聲音或是圖像來表達故事，傳遞其內容價值或是商品理念，而讓閱聽人逐漸感受特定商品的必要性，進而合理化其購買意願（黃光玉，2006）。

故事行銷的應用上，新媒體普及與網路便利，使得影音訊息製作與傳播的成本大幅降低，而其中最廣爲業界所採用的即是網路平台常見的微電影（廣告）。無論在社群媒體、YouTube，甚至使用行動應用程式時，都可見到五花八門的微電影。故宮近年除了規劃結合新媒體、數位技術、跨領域的特展，也拍攝了數支微電影。《帶著故宮走APP》則是以穿越劇的鋪陳，向

---

10 「口碑行銷協會」（Word of Mouth Marketing Association）將口碑行銷定義爲：「對消費者與消費者，以及消費者與行銷人員，建立積極、互惠式溝通的藝術和科學。」

民眾推廣所研發的手機應用程式，期望吸引民眾走進博物館，另一方面則可利用《帶著故宮走》的手機應用程式隨時獲得故宮的導覽與文物相關知識。

如今，這種以微電影為主軸的故事行銷策略，不僅受到營利、非營利組織歡迎，也獲得政府單位青睞，許多公共議題或政策，甚至是城市行銷，也紛紛透過製作微電影的方式，透過便利的網路平台，微電影氛圍的鋪陳、情節的發展和故事性的敘述，讓閱聽眾被故事吸引之餘，也增加對品牌、商品或是城市的印象及喜愛度，而達到說服與溝通。

文創產業的核心價值是建立於產品的「內涵意義」，因此必須於產品開發時，就要開啟行銷策略，無論是用故事來詮釋，口耳相傳，或是社群媒體粉絲經營，為要建立口碑或是品牌，亦或促進銷售，新媒體科技的應用已是必然趨勢。

第三節 ◆ 新媒體科技下文化創意產業新趨勢

視為國家發展軟實力的文化創意產業，在新媒體科技結合與推動力下，不僅有了新面貌，各大文創產業將面臨新挑戰，追尋傳承既有的文化蘊底之際，也需尋覓創新思維的新定義。同時，數位科技的持續更新創造了更多元的可能性，也為文化創意產業發展新趨勢，本文嘗試就與數位內容產製與應用息息相關的七大文創產業類別提出發展趨勢觀察。

壹、電視產業與高速行動通訊整合

網路改變了民眾的資訊、視聽消費習慣，且賦予使用者閱聽主導權及多樣選擇的影音平台逐漸崛起，衝擊傳統頻道地位。台灣YouTube早於2013年12月3日發表的「台灣YouTube使用者行為調查報告」就已指出，台灣民眾的YouTube觀看時數年成長六成，且透過手機收看YouTube的時數也成長三倍之多。在民眾最常使用的手機APP中，影視類別排名第二，占比22%。

在2015年後進入4G多螢幕時代，以行動載具觀看網路影音平台內容已成主流，國內絕大多數內容產業業者已意識到強大的數位潮流，必須以行動載具搭配內容始能創造未來獲利與成長空間。

目前國內業者最常與如YouTube、Netflix等大型線上影音平台進行合作，將內容上傳至該平台，並賺取廣告利潤。影視系列規劃方案希望擴大影視內容數位應用之部分，包括搭配第二螢幕技術進行多平台之服務、跨載具內容的傳送，以及透過提供線上社群媒體之經營與加值服務，來強化使用者黏著度，加強產業界應用加值能力。

就現行業界創新應用案例而言，較為顯著是台視《女王的密室》，在文化部的補助下，開發創新型態的綜藝節目類型，結合行動裝置，並與遊戲業者合作，增加與觀眾的互動性與黏著度。另一方面，傳統影視內容供應者與後製動畫、電信、資訊等4G運用相關產業結合，籌組行動影音開發團隊，運用高速網路傳載之特性，並結合消費者重視主導權之關鍵，創作具互動、多軸、即時性之新型態節目及技術。

貳、電影產業產製全面數位化

電影是視聽藝術與技術的極致表現，因此，無論在類比時期或數位時代，電影作品的產製和映演，皆以高規格的視聽品質打造呈現，並在設有大螢幕、臨場音效，甚至融合3D、4D特效等之電影院，以收費方式提供觀影服務。正因為電影在影音上之講究，即便在電視、電腦、手機、平板多螢幕收視的時代，電影院仍是影迷欣賞電影之首選場所，院線票房也仍然是電影營收之主要來源，具有高度不可替代性。因網路通訊科技而產生之各種新媒體近年重要性日增，也確實大幅改變民眾的影音消費習慣。

隨著數位攝影科技及數位電影後製技術之成熟，數位電影挾著較以往底片拍攝成本更低廉的優勢，使得拍攝電影門檻降低，愈來愈多新銳導演願意投入數位電影拍攝。同時，數位電影的成長也帶動數位放映設備普及化，加以網路設備發達，許多國家電影院已可透過網際網路傳輸方式，直接從片商取得影片下載播放，也大幅節省影片流通成本，數位電影之趨勢已勢不可擋。

參、流行音樂產業轉向數位串流

　　數位音樂產值年年攀升，全球2013年數位音樂的產值不論在產值或結構比重上，都有明顯的成長，自2008年至2013年，產值即上升19億美金，成長幅度約為37%；2013年數位音樂產值已達59億美金，顯示數位音樂已為音樂產業重點發展項目。

　　新媒體時代下的行動載具服務正持續改變消費習慣，無論國內外，以數位串流聆聽音樂人口均有明顯成長。以國際主要的數位音樂平台為例，來自瑞典Spotify音樂串流平台與電信業者合作，全球會員已超過2.48億人次，並且仍積極的與各地電信業者進行合作。另外，國內現場演出市場產值攀升快速，觀眾願意付費買票觀賞演唱會的風氣成形，展演活動亦逐漸成為音樂產業重要的收入來源。現場展演結合即時、互動的影音串流服務也成為發展趨勢。

　　然而受到資金、跨域人才、技術及商業模式形成等因素考量，目前國內流行音樂產業從新興數位平台的獲利仍不顯著。需重新思考與創新營運模式，或進行跨業合作，以提供新媒體匯流時代之內容服務，滿足消費者的娛樂體驗需求，創造更高的音樂產值。

肆、數位出版

　　數位出版最直接呈現的產品樣態為「電子書」及「電子雜誌」，各國電子書的營收占比在未來幾年預估均是呈現上揚的趨勢，而目前國際上電子書發展最為快速的國家即為美國和英國，在趨勢上預估到2018年，美、英兩國電子書的營收將會超過整體出版營收的50%；然而相對而言，其他歐洲國家電子書營收的成長幅度都不高，其影響的因素很多，包括目前電子書的價格太高、對紙本書籍的文化依附性、文化菁英對紙本書的自我認同感等等，這些價格及文化上的因素並非短時間能改變，而這也都是電子書發展需克服的因素。

　　至2015年國內業者投入數位出版產業已有近十年的歷史，然業者開始積極布局則在2010年才正式開始，因此發展進程仍屬緩慢。多數業者認

爲，數位出版的收益僅占整體營收的極小部分，且在原紙本市場持續衰退的情況下，更不敢貿然投入，數位出版儼然成爲紙本出版的副產品，因此目前數位出版產值僅占所有出版產值的3%。

　　數位出版是爲了數位閱讀而存在的出版型態，唯有足夠的數位閱讀人，以及作家、出版社持續產出數位閱聽人想要閱讀的內容，亦或考量藉由新媒體科技，挑戰傳統閱讀習慣，以創造前所未有的閱讀體驗與獲得，才能形成完整健全的數位出版產業。

伍、數位影音典藏

　　許多豐富且珍貴的電影文化資產，可視爲重要的公共資源，政府或受委託之民間組織逐漸重視以數位典藏技術保存的重要性。爲保存過去珍貴電影影片及圖文史料，可以新媒體科技輔助，進行易損史料與電影膠片之整理、修復、複製、典藏等，應用數位化轉製，再建置數位資料庫典藏。在數位發展趨勢下，未來將可以透過網路平台、推廣跨域加值應用，而加以活化及推廣共同的電影文化資產，提供民眾更多便利與近用機會。

陸、智慧型博物館

　　數位時代，世界各大博物館均積極應用科技與民眾互動，如何使民眾能以各樣行動載具獲取博物館傳遞的訊息，已成爲博物館界所重視的課題。透過行動寬頻及雲端科技，建造智慧型博物館的環境，使民眾從以往需主動接收，轉變成爲被動接受博物館所提供展品訊息、影片、館內微定位、商品訊息與購買之服務，體驗更便捷的行動「文化體驗」及「文化導覽」等創新服務。目前國外博物館紛紛著手開發相關行動應用服務，就其典藏、展示內容、活動、導覽等開發行動應用服務，有的結合了「適地性服務」（Location-Based Service, LBS），有的整合訂票、購書功能，有的甚至提供雙語、分齡及3D虛擬實境的服務，如此無形中擴展了博物館的使用對象與範圍。

此外，雖然博物館應用數位科技於展示互動裝置、虛擬網站、遠端數位教育活動、雲端資料庫、典藏品數位管理及加值運用等已十分普遍，而智慧型博物館，除可改變現行的民眾使用經驗，並能大幅提升博物館產業的經濟性。透過博物館收藏與數位科技的結合，搭配行動載具的便利，可提升國民近用文化的機會，有利促進文化平權與全民文化資本。

柒、網路與行動應用服務的資源整合

藝文資源整合的核心概念是「藝文內容+整合行動服務+分享」，目的希望能善用數位雲端科技可大量儲存、運算及隨時隨地分享的特性，將現有各文化機關與團體擁有之相關文化元素，予以蒐集、整合，提供即時觀賞、下載及推廣利用。

自2020年初新冠肺炎Covid-19疫情肆虐全球，疫情雖然限制了人們的實體行動力，網路卻允許虛擬旅遊。羅浮宮、大英博物館等數個知名世界級博物館提供網路使用者於線上欣賞館藏；Google Arts & Culture延伸Google街景功能，與多個世界知名博物館如奧塞美術館、古根漢美術館等合作提供線上實境導覽；此外，景點如印度的泰姬瑪哈陵或美國的黃石公園，也推出360度的實境導覽，讓民眾在家也能身歷其境，體驗文化自然瑰寶之美。

未來發展趨勢將包括開發相關應用網站，例如藝文整合服務iCulture、開放資料服務、iCollections及活動報名系統等，以及示範性行動應用程式，來提供即時、便利的創新文化資訊服務，進而推動地方共享，鏈結社群平台，促進全民近用藝文相關資訊，培育文化素養及消費習慣，並以開放資料精神，為未來發展文化產業奠定基礎。

台灣文化創意產業發展至今，「創意」與「內涵」的價值逐漸被看見，但如何把「創意」與「內涵」更有效地加值，使文創產業的「內容」核心在面臨新挑戰的同時，覓得永續經營契機，就必須將文創發展放入數位匯流的

洪流當中，思考如何藉由新媒體、新科技，促進文化創意產業內容、平台、載具與創意跨界的合作融合。新媒體科技的創新為文化創意產業的發展帶來新氣象，也為創作者、實踐者與消費者創造新的經驗，讓「用科技加值文創、用文創豐富體驗」的願景得以實踐。

學習評量

1. 數位匯流是什麼？與新媒體、文化創意產業發展的關係為何？

2. 新媒體的特性包括哪些？請描述在你平時生活當中，新媒體扮演如何的角色？

3. 你是否能舉出一項成功應用網路或是社群媒體行銷的文創商品案例？

4. 新媒體科技的應用對於文創內容的產製帶來如何的改變？請舉實例說明。

5. 你是否曾有跨媒體、跨領域文化活動或展演的體驗？請嘗試描述此經驗中包含哪些文化元素、新媒體科技元素，或是結合了哪些文創產業領域？這些元素是採取如何的整合策略？

參考書目

一、中文部分

尼葛洛龐帝原著，齊若蘭譯（Nicholas Negroponte原著）（1995）。數位革命：011011100101110111...的奧妙。台北：天下文化。

李天鐸（2006）。全球競爭時代台灣影視媒體發展的策略與政策規劃委託研究專案。（行政院新聞局委託研究專案，計畫編號：EL-95091）。台北：行政院新聞局。

吳凱琳（2007）。說個好故事，更有說服力。Cheers雜誌，79期，頁145-147。

邱誌勇（2014）。再論新媒體藝術之「新」的文化意涵。台灣數位藝術知識與創作流通平台。取自：http://www.digiarts.org.tw/chinese/Column_Content.aspx?n=42B9A64DC480BC01&s=45B5940A2B976910。

徐仁全（2012）。真實故事穿透力，跟列車一起奔跑。30雜誌，96期，頁54-57。

孫傳雄（2009）。孫傳雄的中時部落格：社群行銷（Social Media Marketing）的定義。取

自：http://blog.chinatimes.com/tomsun/archive/2009/10/20/442458.html。

郭家蓉（2005年6月16日）。全球IPTV營運發展模式分析。資策會MIC。取自：http://mic.iii.org.tw/index.asp。

陳芳毓（2007）。說故事的技巧——如何說個好故事？經理人月刊，37期，頁158-159。

陳昭靜（2009年11月）。轉型創新、跨界創價的新思維——專訪遠流出版社董事長王榮文。數位內容新世紀，35期，取自http://ceo.ylib.com/interview010.htm。

黃光玉（2006）。說故事打造品牌：一個分析的架構。廣告學研究，26期，頁1-26。

黃振家（2013）。微電影廣告、片段故事型廣告與連環故事型廣告之效果比較研究——以客委會廣告為例。中華民國廣告年鑑2012～2013第二十四集。台北：台北市廣告代理同業公會出版，頁41-48。

黃宗樂（2003）。數位匯流趨勢下之競爭法與競爭政策，范建得（編），電信法制新紀元：全國資訊通信法律研討會論文集。新竹市：元照，頁79-92。

黃慧雯（2015年11月10日）。助你上傳內容更給力YouTube頂級攝影棚免費用。中時電子報。取自：http://www.chinatimes.com/realtimenews/20151110005785-260412。

曾馨（2015年9月9日）。Netflix進軍台灣，為何網友那麼樂？因為Neflix有四法寶，贏得用戶的心！數位時代。取自：http://www.bnext.com.tw/article/view/id/37335。

廖世德譯（2001）。故事、知識、權力。台北：心靈工坊。

葉謹睿（2006）。數位藝術概論。台北：藝術家。

蘇麗媚（2015年12月12日）。重新為王的內容。聯合新聞網。取自：http://udn.com/news/story/7341/1373703-%E8%98%87%E9%BA%97%E5%AA%9A%EF%BC%8F%E3%80%8C%E9%87%8D%E6%96%B0%E7%82%BA%E7%8E%8B%E7%9A%84%E5%85%A7%E5%AE%B9%E3%80%8D

蘇文賢譯（Joseph Turow原著）（2019）。當代媒體：匯流中的傳播世界。台北：學富文化。

二、英文部分

Dwyer, T. (2010). *Introduction Media convergence*. Maidenhead, UK: Open University Press.

Gordon, R. (2003). The meanings and implications of convergence. In K. Kawamoto (Ed.), *Digital journalism: Emerging media and the changing horizons of journalism* (pp. 57-73). United State of America: Rowman & Littlefield.

Graham, M. & Young, S. (2012). *Media convergence: Networked digital media in everyday life*. New York: Palgrave Macmillan.

Lawson Borders, G. (2003). Integrating new media and old media: seven observations of convergence as a strategy for best practices in media organizations. *International Journal on Media Management*, *5*(2), 91-99.

Lister, M., et al. (2009). *New media: A critical introduction* (2nd ed.). New York: Routledge.

Manovich, L. (2002). *The language of new media*. Cambridge, Mass: MIT Press.

Negroponte, N. (1995). *Being digital*. New York: Vintage Books.

Schank, R. C. (1999). *Dynamic memory revisited*. Cambridge, UK: Cambridge University Press.

Shimp, T., Wood, S., & Smarandescu, L. (2007). Self-generated advertisements: Testimonials and the perils of consumer exaggeration. *Journal of Advertising Research*, *47* (4), 453-461.

Tameling, K. & Broersma, M. (2013). De-converging the newsroom strategies for newsroom change and their influence on journalism practice. *International Communication Gazette*, *75*(1), 19-34.

Woodside, A. (2010). Brand-consumer storytelling theory and research: Introduction to a psychology & marketing special issue. *Psychology & Marketing*, *27*(6), 531-540.

第 16 章

文化創意產業的智慧財產權法律保障

陳運星

學習目標 . . . .

1. 瞭解智慧財產權與文化創意產業的相關性。
2. 瞭解智慧財產權法律的基本內容、法律保障、罰則、案例解析。
3. 瞭解《文化創意產業發展法》與《文化資產保存法》的基本內容及法律分流。

. . . .

關鍵詞彙 智慧財產權、著作權法、商標法、專利法、營業祕密法、文化創意產業發展法、文化資產保存法

在台灣的經濟發展過程中，產業的升級與轉型已是銳不可擋的趨勢；唯有產業的升級與轉型，如AI（Artificial Intelligence，人工智慧）產業，在全球化架構下的經濟體系，台灣方能尋找新的經濟活力。於此同時，文創產業成為政府主要推動的重要方向。如何催生文創產業，其中設計能力扮演了相當關鍵因素。文創產業包含十餘種的產業群，諸如視覺藝術產業、音樂及表演藝術產業、工藝產業、電影產業、廣播電視產業、出版產業、廣告產業、建築設計產業、數位內容產業……，而創意的激盪之下所產生的設計火花，在這講求法制權益的時代，最怕遇到的問題就是關於智慧財產權的爭議（何友鋒，2010：序）。

舉例來說，建築物維護管理工作，隨著建築物機能日趨複雜化而顯得愈來愈繁雜，故資訊自動化的趨勢，逐無可避免，以方便管理各項事物與保存各類型的資料，達到改善管理缺失與維護相關設施的目的。在現今個人電腦可以整合多媒體展示、圖形作業環境，以及執行速率與儲存容量的成熟技術配合下，使得住宅維護管理超媒體資訊系統得以建立（何友鋒，1999：36）。這套「住宅維護管理超媒體資訊系統」的研發、授證、授權，就與智慧財產權法律中的專利檢索、分析、監控等息息相關。

設計人或文創人在研製多媒體、多樣性的專題文案時，通常會遇到下列問題：背景音樂的引用、背景圖案Logo的設計、草圖的製作是否侵害到他人的智慧財產權？可惜的是，一般的設計人或創作者並不瞭解法律，而法律人也並不瞭解設計，這中間存在著一些落差或隔閡。

第一節 文化創意產業與智慧財產權的相關性

壹、文化創意產業的意義

1997年，英國工黨在布萊爾（Tony Blair）領導下，贏得了自二次世界

大戰以來前所未有的壓倒性勝利。英國首相布萊爾所領導的新工黨（1997-2007），從在野黨走向執政黨的執政綱領與施政藍圖之一，就是「創意產業」（Creative Industries）。布萊爾為了振興經濟，決定以發展知識經濟為主軸的國家經濟體系，他將1992年整合成立的國家遺產部，擴大與文化部、體育部整合成立一個「文化媒體體育部」（Department for Culture, Media and Sport, DCMS），並積極爭取2012年倫敦奧運。

1998年，文化媒體體育部組成了「創意產業任務小組」（Creative Industries Task Force, CITF），並於1998年11月，發表了第一個關於創意產業發展藍圖的繪圖文件：「1998創意產業圖錄報告」（1998 Creative Industries Mapping Documents），是英國有史以來第一次嘗試衡量這些創意產業的經濟貢獻。並經過兩年的努力後，提出「2001創意產業圖錄報告」（2001 Creative Industries Mapping Documents），調查了影響創意產業的一般性問題，為創意企業、知識產權和促進出口等面向，提出了建議，如技能和培訓、金融等領域的變化（DCMS, 2001: 4）。由於「文化媒體體育部」（DCMS）十多年的經營籌劃，於是乎，英國創意產業搖身一變，發展為僅次金融服務業的第二大產業，更是該國僱用就業人口的第一大產業。

平心而論，「創意產業」是布萊爾政府時期的重要文化經濟表現與政治作為，使得英國跨越大西洋的「英美特殊關係」，並在歐洲聯盟中扮演更積極的夥伴角色。一夕之間，英國的「創意產業」獨領風騷，幾年之後，芬蘭、新加坡、澳洲、紐西蘭、加拿大、韓國、台灣、中國香港等國家地區，競相推出各自版本的創意產業，如韓國的「內容產業」、芬蘭的「文化產業」、台灣的「文化創意產業」。

根據聯合國教科文組織（UNESCO）在2000年出版的《文化、貿易及全球化：問題與解答》（*Culture, trade and globalization: Questions and answers*）一書，其中〈我們怎麼理解『文化產業』呢？〉（What do we understand by 'cultural industries'?）一文中指出：

> 「人們普遍認為，這個詞（文化產業，Cultural Industries）適用於那些產業，結合創作、生產和商業化的內容，同時這內容在本質上是無形資產與文化概念的特性。這些內容通常是典型地獲得著作權的

保護，而採取商品或服務的形式來呈現。」（UNESCO, 2000: 11-12）

"It is generally agreed that this term applies to those industries that combine the creation, production and commercialization of contents that are intangible and cultural in nature. These contents are typically protected by copyright and they can take the form of goods or services." (UNESCO, 2000: 11-12)

由上可知，這文化產業的內容本質，具有無形資產與文化概念的特性，並獲得智慧財產權（著作權）的保護，而以物質產品或非物質服務的形式呈現；從內容上來看，文化產業可以被視為是創意產業，包含書報雜誌、音樂、影片、多媒體、觀光及其他靠創意生產的產業。換言之，文化產業是源自文化累積或文化創意，透過智慧財產權的形式運用，具有創造財富與就業機會潛力，並促進整體生活環境提升的文化資本財生產事業。

貳、智慧財產權法律的意義

在美國「特別三〇一條款」貿易報復的壓力下，我國有關智慧財產權的制度與法規，自1993年起有了重大的變動與修法，也使得政府主管機關、法院與一般民眾對智慧財產權有了新的認識。「智慧財產權」（Intellectual Property Rights, IPR），大陸叫作知識財產權，其範圍很廣，一般多泛指專利、商標、著作權、營業祕密、不公平競爭等，在美國也包括知名權（right of publicity）（趙晉枚等，2000：14）。例如《專利法》、《商標法》、《著作權法》、《營業祕密保護法》、《積體電路電路布局保護法》、《半導體晶片保護法》，就都屬於智慧財產權法的範疇。

對於許多跨國際企業組織或公司而言，智慧財產權更成為商場競爭的有利工具，企圖將法律賦予保障之智慧財產權當成「利基」（niche），把公司無形的智慧資產擴展至極限，進而提高自己的競爭優勢。例如飛利浦向中環、錸德曾索取CDR售價高達近三分之一之技術權利金，凸顯了智慧財產權已然成為工商業者競爭之利器。近年來，國際間盛行的相互授權（cross licensing），其實就是智慧財產權的談判過程，藉由授權契約，跨國企業

的母公司順利把研發成果移轉至他國子公司或他公司（鄧穎懋等，2005：3-4）。二十一世紀是資訊革命與知識經濟時代，在二十世紀中葉到末葉，智慧財產權法律是一門無人關心的冷門法律，今日卻搖身一變，成為法律界與企業界之「顯學」，此種變化著實令人印象深刻（馮震宇，1994：8）。

在法理上，一般人認為智慧財產權是「無體財產權」，指法律所賦予財產權保護的心智活動創作成品，有別於動產或不動產，係無形財產（intangible property），不僅性質上與傳統財產權或有形資產（tangible asset）不同，在權利之保護上，亦呈現複雜之面貌（林洲富，2007：2）。實際上，智慧財產權是一種跨領域之學問，是一門「科際整合法學」（Interdisciplinary Jurisprudence）（陳運星主編，2010：10）。

由於智慧財產權係科技研發所衍生的一種權利，特別是《專利法》與《營業祕密法》，因此，智慧財產權也可以說是科技法律的一環。然而，科技與法律一直無法同步，主要原因在於科技研發永遠跑在法律立法之前，因此有關智慧財產的法律規範一直短缺不足，雖然說法律的精神之一是「與時俱進」，然而，礙於國會立法的延宕與妥協，司法的判決品質也跟著大受影響，因為智慧財產權的執法單位（如智慧財產權警察大隊）與司法機關（如智慧財產法院），必須「依法行政」（rule by law）與「依法判決」（judge by law）。

參、文創產業與智財法的相關性及其產值

智慧財產權法律和現代人的日常生活息息相關，就以電視為例，在我們購買時會認製造廠牌，這是商標的作用；電視機的實用效果，是一些專利技術所產生的結果；電視機的產銷，會涉及不少的營業祕密，例如顧客名冊及零件供應商名單；此外，電視節目多受著作權的保護。又如AI人工智慧產業，AI的技術牽涉到專利權與營業祕密權，AI的品牌內容牽涉到商標權與著作權。

前述聯合國教科文組織（UNESCO）定義的這個「文化產業」（Cultural Industries），在經濟行話（the economic jargon）中，可以被稱為「創意產業」（creative industries），或是「朝陽或未來性產業」（sunrise or future-oriented industries），或是在科技行話（the technological jargon）中被稱之為「內容產業」（Content Industries）（UNESCO, 2000: 12）。無論文化產品或文化服務，都涉及智慧財產權，而形成一個文化經濟的知識產業。

我們可以說，「文化」是一種生活型態，「產業」是一種生產行銷模式，而兩者的連接點就是「創意」。保障文化創意產業的成果，最直接有效的途徑就是獲得智慧財產權的保護，這包括著作權、商標權、專利權等。

根據英國文化傳媒體育部的統計，2008年英國創意產業市場總值已達約1,050億英鎊，在過去十年當中成長兩倍，占英國GDP的7%，英國創意產業已經成為僅次於金融業的第二大產業，就業人數則是第一大產業，扮演著經濟火車頭的角色。英國創意產業在2009年創造出150萬就業人口，5.1%的就業率，同年該產業出口產值占全國出口產值約10.6%。尤其是2012倫敦奧運，更是展現出英國創意產業的驗收成績單，充分體現創意產業為英國帶來的經濟效益。2015年10月1日的英國文化傳媒體育部官網提到，學徒的全國最低工資上升了57便士到£3.30，成年工人的全國最低工資上升了20便士到每小時£6.70（約折合新台幣336元），在成年人的比率增長3%，是自2006年以來最大的實際增長，且是比起以往任何時候，全國最低工資（National Minimum Wage, NMW）移動最接近平均工資比的時候（DCMS, 2015/10/01）。

2012倫敦奧運開幕秀，從工業革命的緣起圈地運動，經古典文學「莎士比亞」、兒童文學「愛麗斯夢遊仙境」，到現代魔法「哈利波特」，穿插「火戰車」與豆豆先生的幽默，及女王和007龐德一起跳傘更是噱頭十足，為英國的傳統文化和創意表演，做了絕佳的融合與最好的註解。

2002年為我國的文化創意產業發展計畫啟動年，2003至2009年間，從量化數據來看，2003年國民生產毛額為11.5兆元，占總體GDP比重為2.85%，2009年國民生產毛額成長為12.6兆元，占總體GDP的4.13%。同期間文創產業產值從4,930億元成長至5,200億元，成長幅度5.48%；2010年台灣文創產業產值更達6,616億元，較2009年成長16.1%，為2006年以來最高，顯示台灣文創產業的蓬勃發展（文化部文創發展司，2013）。

在台灣，依據文建會委託台灣經濟研究院執行的我國文化創意產業產

值調查與推估，估算2002年我國文化創意產業共計48,344家企業，就業人口325,546人，產值約新台幣3,055億元，占GDP約2.09%。這比重略高於香港、不及澳洲、相較紐西蘭和英國仍有相當大的差距，顯示未來台灣在發展文化創意產業上仍有相當大的努力空間（台灣經濟研究院，2003）。

根據文化部《2019文化創意產業發展年報》及《2018文化創意產業發展年報》顯示：2018年台灣文化創意產業總家數為64,401家，較2017年63,250家，成長1.82%；整體營業額達新台幣8,798.2億元，較2017年8,362.1億元，成長 5.22%，為當年度全國經濟成長率2.61%（GDP）的兩倍，顯示文化創意產業對國家經濟貢獻具有相當大的潛力。我國文化創意產業營業額主要來自於內需市場，2018年內銷收入占總營業額的90.00%，2017年89.69%，儘管2018年第四季開始受到美中貿易爭端及國際經濟市場波動加劇等因素影響，2018年文化創意產業整體外銷表現仍佳，總收入較2017年成長2.07%。2018年我國名目國內生產毛額成長2.00%，文化創意產業之總營業額占名目國內生產毛額之比重為 4.80%，略高於2017年的4.65%。2018年文化創意產業總就業人數約為26萬人，占全國就業人數比重為 2.27%，較前一年微幅下滑；不過，若依循聯合國教科文組織（UNES-CO）與歐盟統計局（Eurostat）的觀點，納入非文化創意產業之文創職業就業人口，推估整體帶動就業人數可達34.2萬人。2018年文化創意產業資本規模500萬以下之文創廠商家數占比84.78%，2017年84.64%，顯示文創產業以微型企業為主（文化部，2019：8；2018：6）。

第二節 ■ 智慧財產權法律的基本內容、法律保障、罰則

壹、《著作權法》

二十一世紀，可謂是著作權之擂場時代，如何小心翼翼不踩到《著作權法》之地雷，是各行各業所必須嚴肅面對之課題（莊勝榮，1997：序言）。

一、《著作權法》的保護目的

依我國《著作權法》第1條的規定，著作權法的立法目的，一方面在於保障著作人的著作權益，另一方面則在於調和社會公共利益，而最終的目的則在於促進國家文化發展。就保障著作人權益而言，《著作權法》為能有效鼓勵著作人從事創作，以豐富文化資產，乃賦予著作人若干具有排他效力的權利，並且對於侵害權利的人課以民事、刑事責任，而且為能讓著作權人能有效地行使其權利，對於權利的讓與、授權及行使，甚至對於由他人仲介管理，也都明確地加以規範。

二、《著作權法》保護的對象

《著作權法》所保護的「著作」，係指「屬於文學、科學、藝術或其他學術範圍之創作」（著作權法第3條第1項第1款），因此首先必須是屬於「文化方面」的創作才可以；倘非如此，而是屬於技術性的創作，則非《著作權法》所保護的對象，而是《專利法》或其他法律的保護領域。其次，還必須具有「原創性」（originality），才可以受到《著作權法》的保護，亦即由作者自創而未抄襲或複製他人的著作，如果未抄襲他人著作，而創作的結果恰巧與他人的著作雷同，仍不喪失原創性。

三、著作人之權利

著作人依《著作權法》所享有的著作權，分為著作人格權及著作財產權。民國108年5月1日修正的《著作權法》，著作人所享有之著作人格權包括：公開發表權（§15）、姓名表示權（§16）及禁止不當修改權（§17）。著作人格權專屬於著作人本身，不得讓與或繼承，但得約定不行使。著作人所享有之著作財產權則因不同之著作類別分別包括：重製權（§22）、公開口述權（§23）、公開播送權（§24）、公開上映權（§25）、公開演出權（§26）、公開傳輸權（§26）、公開展示權（§27）、改作權與編輯權（§28）、散布權（§28-1）及出租權（§29）。又著作財產權人對於未經其同意而輸入著作原件或重製物者，亦得主張禁止真品平行輸入之輸入權（§87）。當然，著作財產權可以全部或部分轉讓或授權他人行使。

四、著作權之取得

原則上，著作人自著作完成時即取得著作權，不必作任何形式上之申請，採創作主義。1998年修正之《著作權法》完全取消著作權登記制度。

五、著作權之保障期間

㈠ 著作人格權之保障期間

理論上，著作人格權隨著著作人的死亡或消滅而屆滿。

㈡ 著作財產權之保障期間

原則上，著作財產權存續於著作人之生存期間及其死亡後五十年。

六、僱傭關係下或委聘關係下之著作權歸屬

㈠ 僱傭關係下之著作權歸屬

《著作權法》第11條規定：「受雇人於職務上完成之著作，以該受雇人為著作人。但契約約定以雇用人為著作人者，從其約定。依前項規定，以

受雇人爲著作人者，其著作財產權歸雇用人享有。但契約約定其著作財產權歸受雇人享有者，從其約定。前二項所稱受雇人，包括公務員。」

(二) 委聘關係下之著作權歸屬

《著作權法》第12條規定：「出資聘請他人完成之著作，除前條情形外，以該受聘人爲著作人。但契約約定以出資人爲著作人者，從其約定。依前項規定，以受聘人爲著作人者，其著作財產權依契約約定歸受聘人或出資人享有。未約定著作財產權之歸屬者，其著作財產權歸受聘人享有。依前項規定著作財產權歸受聘人享有者，出資人得利用該著作。」。

七、著作權的限制：合理使用範圍

民國108年5月1日修正的《著作權法》第44條到第66條，規定了「著作財產權之限制」，此既爲所謂的著作權的「合理使用」（fair use）範圍。這是著作權學理中最重要的核心觀念，也是司法實務上最重要的審判依據所在。從《著作權法》的內容來看，其實規範著相對地兩件事，一是如何保護著作人的權利，二是公眾有何合理使用的權利（章忠信，2006：58）。「合理使用範圍」是一個多元與動態的原則，並無具體之法律定義與界線，究竟應如何適用合理使用原則？其審酌標準爲何？始終爲《著作權法》學者及法院亟思解決之議題。

八、著作權的法律保障

民國108年5月1日修正的《著作權法》第六章權利侵害之救濟，第84條至第90-3條；另增訂第六章之一網路服務提供者之民事免責事由，第90-4條至第90-12條；第七章罰則，第91條至第103條。說明如下：一、民事上的保障（§§84-89）：(1)侵害排除及防止請求權（§84），(2)侵害著作人格權之民事損害賠償請求權（§85），(3)著作人死亡後著作人格權之救濟（§86），(4)擬制侵害著作權或製版權（§87），(5)不法侵害著作財產權或製版權之損害賠償請求權（§88）。二、行政上的保障（§§65-69），例如海關查扣申請權（§90-1），命令停業或勒令歇業（§97-1）。三、刑事上的保障（§§91-103），即罰則之規定。

九、侵害著作權屬於公訴罪

《著作權法》第七章罰則，第91條至第103條規定得很詳細，包括民事、刑事責任，如「重製罪」，處三年以下有期徒刑、拘役，或科或併科新台幣七十五萬元以下罰金（§91），擅自公開侵害著作財產權之民事、刑事處罰（§92）。

十、舉例說明：侵害著作權的司法訴訟案件

就人文社會科學領域而言，著作權對文化創作者來說是一項很重要的法律保障，它保護著作人的著作權益，也就是智慧財產權，但是在現代科技的日益發達與資訊流通的越趨頻繁之下，著作權歸屬的界定條件愈來愈模糊。就以視覺藝術創作與視覺傳達設計方面的作品而言，台灣很多的創作不論是內容或是圖像的重複性與相似度漸漸地愈來愈高，究竟要如何評定原創性的程度？要如何認定是否侵害著作權的標準？要如何區分著作權與改作權的授權關係？實是一件不容易的事。筆者藉由幾米著名的《向左走·向右走》之繪本vs.傅鷁盛製作的江蕙「晚婚」音樂MTV，關於著作權侵害與罰則之法院裁判書訴訟案例來舉例說明。

本案起源於原告幾米（本名為廖福彬）主張：由傅鷁盛製作、大信唱片公司發行的江蕙「晚婚」音樂MTV之情節及畫面，大部分與其個人所創作的《向左走·向右走》作品之情節及書內繪圖完全相符，是改作自其著作，要求大信唱片公司與傅鷁盛應連帶賠償伍佰萬元，並不得繼續製造、銷售、發行該MTV，既有的MTV則應銷燬。被告傅鷁盛、大信唱片公司則提出一只剪集諸多電影情節及自稱伊所拍攝音樂錄像帶之錄音帶，證明創作「晚婚」音樂MTV之靈感來源分布甚廣，而這些來源作品均較原告的《向左走·向右走》創作時間為早，且《向左走·向右走》內之情節在一般的抒情小說、電影中皆可見到，其並不是源自《向左走·向右走》一書。

在這第一審判決中，幾米勝訴，被告傅鷁盛應給付原告幾米新台幣壹佰萬元；然而，第二審判決，幾米卻敗訴，本案且不得上訴第三審。第一審、第二審法院均認定，幾米繪本《向左走·向右走》文字描述情節配合所繪特殊筆觸之插畫，實具有相當之原創性，屬《著作權法》所保護之著作。在具

體判斷上，原創性程度愈高之表達，受《著作權法》保護之範圍就愈大，既然法院認定幾米的繪本具有相當的原創性，但卻因為《著作權法》第10條之一所揭示「著作權保護表達，不保護表達所隱含之觀念與程序等」之原則，而在第二審被認定傅鄜盛「晚婚」音樂MTV沒有侵害著作權。第二審之所以認為不構成著作權侵害，差別就在於對於有無實質相似性的認定，基本上，「晚婚」的MTV就畫面上而言的確不完全相同，但整部作品所呈現的概念相似度卻非常高。其實，法律有時是與社會實際生活情況有段落差且扞格的。身為創作人或設計人，其創作「靈感」至為重要；而身為法律人或法官，根據《著作權法》認為「概念」無法獲得保障，兩者之間牽涉到不同認知、不同立場、甚至不同的價值判斷（陳運星，2008：320）。

貳、《商標法》

一、商標之意義

民國105年11月30日修正的《商標法》第2條明訂：「欲取得商標權、證明標章權、團體標章權或團體商標權者，應依本法申請註冊。」第5條：「商標之使用，指為行銷之目的，而有下列情形之一，並足以使相關消費者認識其為商標……，前項各款情形，以數位影音、電子媒體、網路或其他媒介物方式為之者，亦同。」第18條商標的標識：「商標，指任何具有識別性之標識，得以文字、圖形、記號、顏色、立體形狀、動態、全像圖、聲音等，或其聯合式所組成。前項所稱識別性，指足以使商品或服務之相關消費者認識為指示商品或服務來源，並得與他人之商品或服務相區別者。」

一般來講，商標的要件是：(1)特別顯著性，(2)具有使用意思，(3)指定所適用之商品。《商標法施行細則》第13條規定：「申請商標註冊，應依商品及服務分類表（詳如附表）之類別順序，指定使用之商品或服務類別，並具體列舉商品或服務名稱。」

二、商標的種類

商標可區分為商標與標章，商標分成正商標與防護商標，標章分成證明

標章、團體標章、團體商標。商標之標識，得以文字、圖形、記號、顏色、聲音、立體形狀或其聯合式所組成。商標應足以使商品或服務之相關消費者認識其為表彰商品或服務之標識，並得藉以與他人之商品或服務相區別。（《商標法》§2）

三、商標權之申請與保障期間

商標自註冊公告當日起，由權利人取得商標權，商標權期間為十年。商標權期間得申請延展，每次延展專用期間為十年。（《商標法》§33）

四、近似商標的判準

近似商標，在商標理論中是一個核心的問題。因為商標註冊制度，目的在保護商標權，避免商品購買人產生誤認、誤信的手段，而達到保障商標專用權和消費者利益，促進工商企業正常發展的目標。然而要辨識商標是否近似、相似或是類似，需要經過兩相「比較」才能判斷。現行法令對商標審查的規定，依《商標法施行細則》第15條第1項規定：「商標專責機關對於商標註冊之申請、異議、評定及廢止案件之審查，應指定審查人員審查之。」然而對商標近似的規定，以具有普通知識經驗之商品購買人，於購買時，施以普通之注意，有無混淆誤認之虞，作為認定是不是近似之標準。

五、商標權利侵害之救濟

民國105年11月30日修正的《商標法》第二章第七節權利侵害之救濟，第68條至第79條；第四章罰則，第95條至第99條，說明如下：一、民事上的保障（§68-71），例如商標權人對於侵害其商標權者，得請求損害賠償，並得請求排除其侵害；有侵害之虞者，得請求防止之。二、行政上的保障（§72-78），例如海關查扣申請權（§72）。三、刑事上的保障（§96-97），即第四章罰則之規定。

六、侵害商標權之罰則

《商標法》第四章罰則，第95條至第99條規定了民事、刑事責任，第96條：「未得證明標章權人同意，為行銷目的而於同一或類似之商品或服

務，使用相同或近似於註冊證明標章之標章，有致相關消費者誤認誤信之虞者，處三年以下有期徒刑、拘役或科或併科新台幣二十萬元以下罰金。」第97條：「明知他人所為之前二條商品而販賣，或意圖販賣而持有、陳列、輸出或輸入者，處一年以下有期徒刑、拘役或科或併科新台幣五萬元以下罰金；透過電子媒體或網路方式為之者，亦同。」

七、舉例說明：商標權註冊之司法訴訟案件

2009年與2013年，吳季剛兩度替美國第一夫人蜜雪兒設計總統就職典禮晚會服裝，2010年起連續三年，馬英九總統夫人周美青也是身穿吳季剛設計的品牌禮服出席國慶大典。吳季剛欲在台灣註冊新品牌「MISS WU」商標，智慧財產局卻認為「MISS WU」為「吳小姐」之英文稱謂，不具商標識別性，因此不准註冊。吳季剛不服提出訴願未果，再提行政訴訟，智慧財產法院予以駁回。筆者認為可以用「時尚界譁然，法律界噤聲」來形容此一「MISS WU」智慧財產權申請案例（陳運星，2015）。

根據經濟部智慧財產局的核駁書：吳季剛先生以單純未經設計之外文「MISS WU」於衣服等商品申請註冊，是以國內常見姓氏作為商標，「MISS WU」有吳小姐之意，為一般國人習用對吳姓氏小姐的英文稱謂，不具先天識別性，且於我國尚不足以認定已使相關消費者認識其為指示商品來源之標識，而取得商標後天識別性，故將該商標予以核駁。

根據智慧財產法院的行政判決書：原告（吳季剛）的「MISS WU」商標申請案，其爭點應為系爭商標是否有《商標法》第29條第1項第3款所規定之情形而不得註冊？系爭商標即不具先天識別性及後天識別性，從而，被告（智慧財產局）所為系爭商標註冊應予核駁之審定，於法並無不合，訴願決定予以維持，亦無違誤，原告訴請撤銷訴願決定及原處分，並命被告就系爭商標應為核准註冊之處分，為無理由，應予駁回。

參、《專利法》

一、專利權與專利三性

專利是政府的授予（grant），賦予特定發明人排除他人製造、使用、銷售、販賣、要約、進口的權利。這種專利權是具有法律的獨占壟斷性。當發明人發明出一種他人未曾發現或發明且未被公開的「新穎性」（novelty）物品或方法，該申請專利範圍與先前技術比較具有「進步性」（inventive step）的性質，且具有可以重複的實施生產或製造之「產業利用性」（industrial applicability）時，為了保護正當權益，而向政府提出申請，經過審查認為符合專利的規定，給予申請人在一定期間，享有專有排除他人未經其同意而使用該物品之權力，這個權利就是專利。上述的新穎性、進步性、產業利用性，稱為「專利三性」。

二、專利的種類與保護期間

民國108年5月1日修正的《專利法》第2條：「本法所稱專利，分為下列三種：一、發明專利，二、新型專利，三、設計專利。」

專利保護期間分別為：

1. 發明專利，自申請日起算，保護期間二十年
2. 新型專利，自申請日起算，保護期間十年
3. 設計專利，自申請日起算，保護期間十五年。

這三種專利可分為兩類：

1. 技術上的創作：發明專利與新型專利，新型專利也稱為「小專利」（petty patent）。
2. 式樣上的創作：設計專利（以前稱作新式樣專利），相類於若干文獻所稱的「工業設計」（industrial design）。同一申請物品可同時涉及技術創作與式樣創作。

三、專利的申請審查

專利權申請審查受理過程，簡述如下：

㈠ 提交專利申請文件

發明專利的專利申請文件必須包括請求書、權利要求書、說明書、說明書摘要。

新型專利的專利申請文件除上述文件，還要附加說明書附圖、摘要附圖。

新式樣專利的專利申請文件必須包括請求書、簡要說明、圖片或照片。

㈡ 專利授予機構對專利申請進行審查

發明專利實行的是實質審查，符合專利申請文件形式要求，然後由申請人提出實質審查請求，專利管理機構專利局進行審查。新型專利、新式樣專利實行的是形式審查，符合專利申請文件形式要求的申請即可獲得授權。

㈢ 授予專利

申請人的專利獲得通過以後，專利管理機構發放證書，並進行專利註冊。

四、優先權原則

專利權之取得，應符合「專利三性」—— 新穎性、進步性、產業利用性等要件，始能獲准。但是，申請人於完成發明提出申請案而公開，日後如果就相同之申請案向我國提出專利申請，將因前已公開，喪失新穎性，不符合專利之要件而遭審查機關駁回。為了彌補新穎性這項要件，於是有所謂的「優先權原則」（the principle of priority）：申請人就相同發明，在特定期間內向他國提出專利申請案時，得主張以第一次申請案之申請日作為優先權日，作為審查專利要件之基準日。我國《專利法》第28條規定：「申請人就相同發明在與中華民國相互承認優先權之國家或世界貿易組織會員第一次依法申請專利，並於第一次申請專利之日後十二個月內，向中華民國申請專利者，得主張優先權。」

五、專利權的歸屬

㈠ 職務上發明專利之歸屬

我國《專利法》第7條規定：(1)受僱人於職務上所完成之發明、新型或新式樣，其專利申請權及專利權屬於僱用人，僱用人應支付受僱人適當之報酬。但契約另有約定者，從其約定。(2)一方出資聘請他人從事研究開發者，其專利申請權及專利權之歸屬依雙方契約約定：契約未約定者，屬於發明人或創作人。但出資人得實施其發明、新型或新式樣。

㈡ 非職務上發明專利之歸屬

《專利法》第8條規定：(1)受僱人於非職務上所完成之發明、新型或新式樣，其專利申請權及專利權屬於受僱人。但其發明、新型或新式樣係利用僱用人資源或經驗者，僱用人得於支付合理報酬後，於該事業實施其發明、新型或新式樣。(2)受僱人完成發明、新型或新式樣，應即以書面通知僱用人。(3)僱用人於前項書面通知到達後六個月內，未向受僱人為反對之表示者，不得主張為職務上發明、新型或新式樣。

《專利法》第9條規定受僱人專利權之保障：「前條僱用人與受僱人間所訂契約，使受僱人不得享受其發明、新型或新式樣之權益者，無效。」第10條規定協議申請變更權利人名義：「僱用人或受僱人對第七條及第八條所定權利之歸屬有爭執而達成協議者，得附具證明文件，向專利專責機關申請變更權利人名義。專利專責機關認有必要時，得通知當事人附具依其他法令取得之調解、仲裁或判決文件。」

六、舉例說明：專利侵權的司法訴訟案件

羅伯特（Robert William Kearns, 1927-2005）是一名大學教授兼發明家，在1970至1980年汽車工業發展的年代，羅伯特的發明專利「間歇式雨刷器」（Intermittent wipers），沒有受到當時的汽車製造商大王福特汽車（Ford Motor Corp.）接洽協商的尊重，出現在底特律福特汽車的商品展示上公開銷售。沒有受到尊重的羅伯特，於是和汽車廠商展開一場糾纏十二

年的訴訟[1]。這場小市民對抗大財團的訴訟，不但引起美國媒體與大眾的關注，也影響了羅伯特一家，緊接而來的威脅與攻擊，讓這場捍衛司法正義與道德尊嚴之路走得格外艱辛……，此即是2008年發行的電影《靈光乍現》（Flash of Genius）的劇情來源根據。

Robert Kearns博士爲了尊嚴和眞相，展開漫長的專利訴訟：1978年對Ford Motor Corp.提告，多次拒絕福特汽車公司的和解提議；直到1990年才進入審判程序，法院最後判定福特汽車公司侵權，判決羅伯特勝訴，福特汽車公司必須民事賠償$10.2 million。

Kearns博士雖然討回了公道，但也耗盡了他一生的精神以及夫妻離異、人事全非的慘痛代價。值得嗎？恐怕是見仁見智。本訴訟案件說明了「專利授權」的重要性！Kearns只要將發明專利授權予福特汽車公司生產行銷，收取專利授權金，以銷售量決定支付授權金的額度，這樣一來，Kearns及家人可避免長期間的訴訟煎熬，自己也可以專注於其他的創新發明，不必搏上全家人的幸福；Ford公司也可控制「間歇式雨刷器」生產的品質與速度，達到雙贏的目的（Kieff F. Scott, Paredes Troy A. ed., 2012: 59）。

肆、《營業祕密法》

一、營業祕密及其要件

傳統上，專利權、商標權和著作權是智慧財產權的三大基石，近年來，營業祕密與競業禁止的重要性日益增加。營業祕密（trade secret）是工商社會中自由市場競爭下之產物，由產業倫理（industrial ethic）與商業道德（commercial moral）所衍生出的智慧財產權。公司或企業認爲該關鍵技術（know-how）具有極高的商業價值與經濟利益，爲了維持競爭優勢，確有要求員工保守祕密之必要。

民國109年1月15日修正的《營業祕密法》第2條規定：「本法所稱營業祕密，係指方法、技術、製程、配方、程式、設計或其他可用於生產、銷售

---

[1] Kearns v. Ford Motor Co., 203, U.S.P.Q. 884, 888 (E. D. Mich. 1978)

或經營之資訊,而符合左列要件者:一、非一般涉及該類資訊之人所知者。二、因其祕密性而具有實際或潛在之經濟價值者。三、所有人已採取合理之保密措施者。」據此條文可知,營業祕密之保護要件有三:祕密性、價值性及保密措施。當營業祕密所有人主張其營業祕密遭第三人侵害時而請求損害賠償,通常應證明其已盡「合理保護措施」之事實(林洲富,2007:164)。

二、競業禁止條款

競業禁止條款(covenant not to compete)是為了重整職業倫理與職場秩序而設置的,所保護的是企業的競爭優勢,防止離職員工濫用原企業資源來牟利,或者將舊雇主的商業機密告知新東家。但因其內容限制離職員工轉業的自由,有人認為與憲法保障的「工作權」相牴觸,因此有必要建立競業禁止之「合理判斷基準」之必要性。例如美國有案例指出,企業主的合法利益,限於營業祕密、機密的客戶名單、雇用人獨特的(unique)、不尋常的(extraordinary)服務(謝銘洋等,1996:92)。為求營業祕密保護之完善,針對員工離職後之競業禁止,則需賴當事人間之特約以求確保。基於私法自治以及契約自由等民事法基本原則,以及保護祕密以確保競爭優勢之目的,原則上應允雇主及受雇人任意訂定競業禁止條款。惟在訂定競業禁止約款時,應在不侵害人民生存權及工作權之限度下,作適當合理之限制。

第三節 《文化創意產業發展法》與《文化資產保存法》的基本內容

文化創意產業在英國的帶動與全球化(globalization)浪潮的席捲下,形成一股「文化經濟」(Cultural Economy)的力量,方興未艾。台灣一些有志之士察覺到,我們似乎可以發展出一片廣闊的文創天空,透過本土化(localization)或在地化的訴求,使得大家開始注意到民族文化自主權與

詮釋權的重要性，例如原住民文化（阿美族豐年祭、賽夏族矮靈祭、鄒族戰祭⋯⋯）、客家文化（義民祭、昌黎祭、桐花祭⋯⋯），並且發現從文化創意與設計加值所衍生出來的商機，可以支持國家經濟的發展與人民就業的需求。

　　企業面臨「經濟全球化」的衝擊，如何結合文化發揮設計創意，營造特色，以面對這一波「全球化」的挑戰，將是未來台灣發展文化創意，提升設計產業首要的課題（林榮泰，2005：8）。現階段，在台灣發展文化創意產業的努力中，已有許多事業擁有不錯表現，經營規模較大者，如工藝產業中的精品瓷器品牌「法藍瓷」、以琉璃藝品聞名的「琉園」與「琉璃工房」，又如在台灣站穩國內市場的幾米成人繪本、宜蘭白米社區的傳統木屐、水里蛇窯觀光、優人神鼓劇團等，在視覺藝術出版、社區總體營造、地區特色觀光、表演藝術產業中，表現出獨樹一格。當然，文化創意產業中，不乏更多尚屬於萌芽階段的新興產業，如個人數位內容創作、玩偶公仔設計師、視覺圖像設計師、品牌設計規劃師等小型化事業，需要政府當局如文化部的輔導與獎助。

壹、《文化創意產業發展法》

　　中華民國99年2月3日，華總一義字第09900022451號，總統令，制定公布《文化創意產業發展法》，共計四章30條。

一、文創法的立法目的

　　民國108年1月7日修正的《文化創意產業發展法》，第1條規定立法目的：「為促進文化創意產業之發展，建構具有豐富文化及創意內涵之社會環境，運用科技與創新研發，健全文化創意產業人才培育，並積極開發國內外市場，特制定本法。文化創意產業之發展，依本法之規定。其他法律規定較本法更有利者，從其規定。」較民國99年的文創法增列了第1條第2項「其他法律規定較本法更有利者，從其規定」。

　　《文化創意產業發展法》第2條規定：「政府為推動文化創意產業，應加強藝術創作及文化保存、文化與科技結合，注重城鄉及區域均衡發展，

並重視地方特色，提升國民文化素養及促進文化藝術普及，以符合國際潮流。」

二、文創法的產業類別

《文化創意產業發展法》第3條，對「文化創意產業」（Culture Creative Industries）下個定義：「本法所稱文化創意產業，指源自創意或文化積累，透過智慧財產之形成及運用，具有創造財富與就業機會之潛力，並促進全民美學素養，使國民生活環境提升之下列產業……」，亦即在文創法第3條中，界定了文化創意產業的十六項產業範疇，包括：(1)視覺藝術產業，(2)音樂及表演藝術產業，(3)文化資產應用及展演設施產業，(4)工藝產業，(5)電影產業，(6)廣播電視產業，(7)出版產業，(8)廣告產業，(9)產品設計產業，(10)視覺傳達設計產業，(11)設計品牌時尚產業，(12)建築設計產業，(13)數位內容產業，(14)創意生活產業，(15)流行音樂及文化內容產業，(16)其他經中央主管機關指定之產業等。

根據文化部文化創意產業推動服務網，文化創意產業之選定原則，應該包含以下幾點：(1)就業人數多或參與人數多，(2)產值大或關聯效益大、成長潛力大，(3)原創性高或創新性高及附加價值高。

三、文創法的協助及獎補助機制

《文化創意產業發展法》第12條規定，主管機關及中央目的事業主管機關得就下列事項，對文化創意事業給予適當之協助、獎勵或補助，共計二十款事項，例如，法人化及相關稅籍登記、產品或服務之創作或研究發展、創業育成、健全經紀人制度、推廣宣導優良文化創意產品或服務、智慧財產權保護及運用、協助活化文化創意事業產品及服務……等，其中智慧財產權保護及運用，對於文創人的創作心血成果來講，牽涉到文化創意產品或服務的法律保障，至關重要。

文創法第14條明訂，為培養藝文消費習慣，並振興文化創意產業，中央主管機關得編列預算補助學生觀賞藝文展演，並得發放「藝文體驗券」。第15條明訂，為發展本國文化創意產業，政府應鼓勵文化創意事業以優惠之價格提供原創產品或服務；其價差由中央主管機關補助之。第20條明

訂，中央目的事業主管機關得協調各駐外機構，協助鼓勵文化創意事業建立自有品牌，並積極開拓國際市場。

四、文創法的智慧財產權授權規定

《文化創意產業發展法》第21條明訂，為促進文化創意產業之發展，政府得以出租、授權或其他方式，提供其管理之圖書、史料、典藏文物或影音資料等公有文化創意資產。但不得違反智慧財產權相關法令規定。文創法第23條明訂，以文化創意產業產生之著作財產權為標的之質權，其設定、讓與、變更、消滅或處分之限制，得向著作權專責機關登記；未經登記者，不得對抗善意第三人。但因混同、著作財產權或擔保債權之消滅而質權消滅者，不在此限。文創法第24條明訂，利用人為製作文化創意產品，已盡一切努力，就已公開發表之著作，因著作財產權人不明或其所在不明致無法取得授權時，經向著作權專責機關釋明無法取得授權之情形，且經著作權專責機關再查證後，經許可授權並提存使用報酬者，得於許可範圍內利用該著作。

五、文創法的租稅優惠

《文化創意產業發展法》第22條明訂，政府機關為協助文化創意事業設置藝文創作者培育、輔助及展演場所，所需公有非公用不動產，經目的事業主管機關核定者，不動產管理機關得逕予出租，不受《國有財產法》第42條及地方政府公有財產管理法令相關出租方式之限制。

文創法第26條規定，營利事業之下列捐贈，其捐贈總額在新台幣一千萬元或所得額百分之十之額度內，得列為當年度費用或損失，不受《所得稅法》第36條第2款限制：一、購買由國內文化創意事業原創之產品或服務，並經由學校、機關、團體捐贈學生或弱勢團體。二、偏遠地區舉辦之文化創意活動。三、捐贈文化創意事業成立育成中心。四、其他經中央主管機關認定之事項。文創法第28條明訂，為促進文化創意產業創新，公司投資於文化創意研究與發展及人才培訓支出金額，得依有關稅法或其他法律規定減免稅捐。第29條明訂，文化創意事業自國外輸入自用之機器、設備，經中央目的事業主管機關證明屬實，並經經濟部專案認定國內尚未製造者，免徵進口稅捐。

貳、《文化資產保存法》

　　中華民國94年2月5日，華總一義字第09400017801號，總統令，修正《文化資產保存法》，共計十一章104條。民國100年11月9日再次修改部分內容，章條不變。民國105年7月27日修正的《文化資產保存法》，共計十一章113條，對有形文化資產與無形文化資產的界定範疇，較之前的文資法修改頗多。

　　我國有關文化資產保存的最早法令，是1930年國民政府所頒訂的《古物保存法》。1981年文建會成立後，1982年公布《文化資產保存法》。1997年第一次修法，歷經2000年、2002年、2005年、2011年、2016年修法。2005年之前的舊文資法第1條，是以「發揚中華文化」爲宗旨，其立法宗旨與憲法有違（許育典，2006：234-5）。2005年2月5日公布的新文資法第1條，修正爲「發揚多元文化」，方符合憲法增修條文第10條第11項：「國家肯定多元文化，並積極維護發展原住民族語言及文化」之基本國策與民主憲政精神。

一、文資法的立法目的

　　民國105年7月27日修正的《文化資產保存法》第1條規定立法目的：「爲保存及活用文化資產，保障文化資產保存普遍平等之參與權，充實國民精神生活，發揚多元文化，特制定本法。」第2條規定：「文化資產之保存、維護、宣揚及權利之轉移，依本法之規定。」刪除了民國100年文資法第2條第2項：「未規定者，依其他有關法律之規定。」

二、文化資產的類別

　　民國105年7月27日修正的《文化資產保存法》第3條，對「文化資產」（cultural heritage）下個定義，規定：「本法所稱文化資產，指具有歷史、藝術、科學等文化價值，並經指定或登錄之下列有形及無形文化資產：

㈠ 有形文化資產

1. 古蹟：指人類爲生活需要所營建之具有歷史、文化、藝術價值之建

造物及附屬設施。

2. 歷史建築：指歷史事件所定著或具有歷史性、地方性、特殊性之文化、藝術價值，應予保存之建造物及附屬設施。

3. 紀念建築：指與歷史、文化、藝術等具有重要貢獻之人物相關而應予保存之建造物及附屬設施。

4. 聚落建築群：指建築式樣、風格特殊或與景觀協調，而具有歷史、藝術或科學價值之建造物群或街區。

5. 考古遺址：指蘊藏過去人類生活遺物、遺跡，而具有歷史、美學、民族學或人類學價值之場域。

6. 史蹟：指歷史事件所定著而具有歷史、文化、藝術價值應予保存所定著之空間及附屬設施。

7. 文化景觀：指人類與自然環境經長時間相互影響所形成具有歷史、美學、民族學或人類學價值之場域。

8. 古物：指各時代、各族群經人為加工具有文化意義之藝術作品、生活及儀禮器物、圖書文獻及影音資料等。

9. 自然地景、自然紀念物：指具保育自然價值之自然區域、特殊地形、地質現象、珍貴稀有植物及礦物。

㈡ 無形文化資產

1. 傳統表演藝術：指流傳於各族群與地方之傳統表演藝能。

2. 傳統工藝：指流傳於各族群與地方以手工製作為主之傳統技藝。

3. 口述傳統：指透過口語、吟唱傳承，世代相傳之文化表現形式。

4. 民俗：指與國民生活有關之傳統並有特殊文化意義之風俗、儀式、祭典及節慶。

5. 傳統知識與實踐：指各族群或社群，為因應自然環境而生存、適應與管理，長年累積、發展出之知識、技術及相關實踐。」

三、文化資產保存技術及保存者

民國105年7月27日修正的《文化資產保存法》第89條規定：「直轄市、縣（市）主管機關應定期普查或接受個人、團體提報具保存價值之無

形文化資產項目、內容及範圍，並依法定程序審查後，列冊追蹤。經前項列冊追蹤者，主管機關得依第九十一條所定審查程序辦理。」第90規定：「直轄市、縣（市）主管機關應建立無形文化資產之調查、採集、研究、傳承、推廣及活化之完整個案資料。」第95規定：「主管機關應普查或接受個人、團體提報文化資產保存技術及其保存者，依法定程序審查後，列冊追蹤，並建立基礎資料。」第97規定：「主管機關應對登錄之保存技術及其保存者，進行技術保存及傳習，並活用該項技術於文化資產保存修護工作。」

四、文資法的獎勵措施

民國105年7月27日修正的《文化資產保存法》第99規定：「私有古蹟、考古遺址及其所定著之土地，免徵房屋稅及地價稅。私有歷史建築、紀念建築、聚落建築群、史蹟、文化景觀及其所定著之土地，得在百分之五十範圍內減徵房屋稅及地價稅；其減免範圍、標準及程序之法規，由直轄市、縣（市）主管機關訂定，報財政部備查。」第100條規定：「私有古蹟、歷史建築、紀念建築、考古遺址及其所定著之土地，因繼承而移轉者，免徵遺產稅。本法公布生效前發生之古蹟、歷史建築、紀念建築或考古遺址繼承，於本法公布生效後，尚未核課或尚未核課確定者，適用前項規定。」

五、文資法之罰則規定

民國105年7月27日修正的《文化資產保存法》第十章罰則，第103條至第109條規定了民事、刑事責任。文資法第103條規定：「有下列行為之一者，處六個月以上五年以下有期徒刑，得併科新台幣五十萬元以上二千萬元以下罰金：

㈠ 違反第三十六條規定遷移或拆除古蹟。

㈡ 毀損古蹟、暫定古蹟之全部、一部或其附屬設施。

㈢ 毀損考古遺址之全部、一部或其遺物、遺跡。

㈣ 毀損或竊取國寶、重要古物及一般古物。

㈤ 違反第七十三條規定，將國寶、重要古物運出國外，或經核准出國之國寶、重要古物，未依限運回。

㈥ 違反第八十五條規定，採摘、砍伐、挖掘或以其他方式破壞自然紀念物或其生態環境。

㈦ 違反第八十六條第一項規定，改變或破壞自然保留區之自然狀態。
前項之未遂犯，罰之。」

文資法第104條規定：「有前條第一項各款行爲者，其損害部分應回復原狀；不能回復原狀或回復顯有重大困難者，應賠償其損害。前項負有回復原狀之義務而不爲者，得由主管機關代履行，並向義務人徵收費用。」

民國105年7月27日修正的《文化資產保存法》，增列了第109條規定：「公務員假借職務上之權力、機會或方法，犯第一百零三條之罪者，加重其刑至二分之一。」

參、文創法與文資法的法律分流

根據總統府委託國立暨南國際大學所做的「文化創意產業發展策略與願景」研究報告（2010：222）提到：從十六個文創產業子產業之產業鏈分析、文化創意產業統計資料的檢討與量化分析，以及文化創意產業指標的探討過程中，獲得總體面和個體面的建議與結論，在總體面的建議方面提出「法律分流，專責分工」的建議如下：

根據《文化創意產業發展法》第3條定義，可知：文化內涵的保存和運用，在推動文化創意產業的過程中，居於核心的地位。我國已分別訂定《文化資產保存法》、《文化創意產業發展法》作爲文化保存和文化商業化運用的法律依據，兩法的立法精神和執法目標均有所不同，然而在政府行政單位和產業界人士中，仍有部分具關鍵影響力人士，將兩者混爲一談，從而可能影響了行政措施和經營決策的擬定和執行方向。

既有的優良傳統文化如果無法善予保護、保存，可能隨著時間而不斷佚失，更遑論加以用創意的方式做加值的運用；但如果以文化保存的思維去作商業化的經營，則必然難以產生規模效益，不易在競爭激烈的市場經濟中長期維持下去，因此，各政府行政單位之間的業務分工與整合應更加細緻，「文化資產保存」與「文化創意產業發展」的專責單位，對政策目標和手段應明確區分，以免相互扞格，造成資源的錯置或無謂的消耗。

台灣在邁向正常化民主法治國家之道路途中，如何培養學生具有普遍的法律意識與法治精神，並且結合專業法律與專業倫理，例如智慧財產權法律與智慧財產創作倫理，是目前台灣社會中必須積極推動的重要社會文化工程（陳運星，2011：75）。這其中，牽涉到教育我國人民對於「實然」與「應然」（"Is" and "Ought"）的釐清與區別。

　　「實然」與「應然」本身，含有法律思想與守法行為的嚴肅意義。筆者常說：「在應然層面（"Is"），法律是保障每一個人的權益，這是法律體系與司法制度的理想目標；但在實然層面（"Ought"），法律除了保護守法的人、制裁犯法的人，有些時候，往往卻是保護了懂得法律的人，這是訴訟制度與辯論程序下，不得不然的結果。」（陳運星主編，2008：319）因此，文創人或設計人在創作或發明時，在智慧財產權方面，應該注意到兩個面向：一、如何合法的應用別人作品在自身的創作上，而不至於侵犯原創作者的權益，並能保障自身的創作空間；二、在自有設計作品已然公諸於世的情況下，如何透過法律保障自己的作品不被剽竊，而能提供安全的創意設計環境。這是非常重要的智慧財產權法律觀念。

　　文化創作需要發想與執行，更要指導、修潤與把關。這也是文化創作部門裡，需要有創意總監或藝術指導等管理階層即所謂的「守門人」（gate-keepers）來控管創作的品質。假如在文化創意的守門動作中，缺乏文化創意的法律保護之把關，獨漏了把關創作的構成元素是否有觸及智慧財產權侵權問題，後果則不堪設想（陳運星主編，2010：78）。因此，由守門人扮演的篩選機制，及宣傳行銷文創藝術家作品的工作，說明了文創藝術家與經紀人公司的契約關係之重要性，因為一份智慧財產契約是約束著一項文化經濟商品或服務交易的協議文件（仲曉玲、徐子超譯，2010：18、81）。

　　智慧財產權法的範圍，原則上以《專利法》、《商標法》、《著作權法》及《營業祕密法》為主，但是它們不是單獨的一則法律，而是由一組法律和行政命令所構成，例如要申請商標註冊，除了知道《商標法》的規定外，對於商品及服務的分類也要熟知（陳櫻琴，2003：6）。至於《文化創意產業發展法》第3條16款之產業類別，其法律上之權利義務，仍是要回歸

到智慧財產權法律之專利權、商標權、著作權歸屬議題上。

我國智慧財產權法律中，目前只有《著作權法》有「非告訴乃論罪」（一般俗稱「公訴罪」）[2]。侵害著作權為智慧財產權法律中刑責最重之罪，民事、刑事處罰皆有之，商標侵權亦有民事、刑事處罰，至於專利侵害，跟隨著世界潮流，已經除罪化，為「告訴乃論」之罪（葉玟好，2005：139）。至於《文化創意產業發展法》並無罰則之規定條文，《文化資產保存法》雖有第六章罰則之民事、刑事處罰，其額度偏低，關涉到此兩法之法律訴訟案件，仍然屬於智慧財產法院之管轄範圍。

在整個智慧財產權法的體系中，《著作權法》是屬於促進「文化」發展之智慧財產權法，此與《專利法》是屬於促進「技術」發展之智慧財產權法，以及《商標法》與《營業祕密法》是屬於維護「交易秩序」之智慧財產權法，均有所不同。Paul Goldstein在1995年出版的《捍衛著作權：從印刷術到數位時代之著作權法》（*Copyright's Highway: From Gutenberg to the Celestial Jukebox*）一書中指出，著作權是有關於創作方面的法律，專利權是有關於發明方面的法律，商標權則可比喻為消費者行銷方面的法律（葉茂林譯，2000：15）。

近年來，無論是國內或國外，智慧財產權的擁有者，對於智慧財產權的認識與保護，日益升高，隨時翻開報紙或閱讀電子報，都可以看到專利追索的消息，在報紙的角落也常常會看到侵害商標權、著作權、專利權的道歉啟示。為強化競爭力，保護研發的智慧結晶，智慧財產是企業最重要的無形資產，因此保護智慧財產權和研發智財權，也成為企業生存的競爭法則。

---

[2] 「告訴乃論罪」是指告訴權人提出告訴後，仍可撤回告訴。「非告訴乃論罪」，也就是一般所謂的「公訴罪」，一旦告訴後，告訴權人無法撤回告訴，而是由檢察官決定起訴與否。此種「公訴罪」，大部分是用於重大刑案或與公益有關的罪。

學 習 評 量

1. 請說明智慧財產權包括哪些法律？
2. 請說明文化創意產業的意義。
3. 請說明智慧財產權法律的意義。
4. 請說明文化創意產業與智慧財產權的相關性。
5. 請說明《著作權法》的基本內容、法律保障與罰則。
6. 請說明《商標法》的基本內容、法律救濟與罰則。
7. 請說明《專利法》的基本內容、法律保障、申請程序。
8. 請說明《營業祕密法》的基本內容及其保護要件。
9. 請說明《文化資產保存法》的基本內容及其獎勵措施。
10. 請說明《文化創意產業發展法》的基本內容、獎補助機制及其智慧財產權授權規定。

參考書目

一、中文部分

文化部（2018）。2018文化創意產業發展年報。文化部文化統計，2019/1/30。

文化部（2019）。2019文化創意產業發展年報。文化部文化統計，2019/1/31。

文化部文創發展司（2013）。「價值產值化——文創產業價值鏈建構與創新」計畫。102年度重要社會發展計畫。

台灣經濟研究院（2003）。文化創意產業產值調查與推估研究報告。台北：台灣經濟研究院。

仲曉玲、徐子超（譯）（2010）。Richard Caves原著。文化創意產業：以契約達成藝術與商業的媒合。台北：典藏藝術家庭。

何友鋒（2010）。何序。陳運星主編（2010）。當設計遇上法律：智慧財產權的對話。台北：五南。

何友鋒、詹益源（1999）。住宅維護管理超媒體資訊系統之建立。設計學報，第4卷第2期，頁19-43。

佘日新（2010）。「文化創意產業發展策略與願景」研究報告。總統府編印，受委託單

位：國立暨南國際大學。

林洲富（2007）。智慧財產權法：案例式。台北：五南。

林榮泰（2005）。文化創意・設計加值。藝術欣賞，7月號，頁1-9。

章忠信（2006）。著作權法的第一堂課。台北：書泉。

莊勝榮（1997）。著作權法實用。台北：書泉。

許育典（2006）。文化憲法與文化國。台北：元照。

陳運星主編（2008）。生活中的法律：法院裁判書之案例教學法。台北：元照。

陳運星（2008）。著作權及其法院判決書之案例教學——「向左走向右走」與「晚婚」MTV之案例探討。月旦法學教室。第72期，頁99-116。

陳運星主編（2010）。當設計遇上法律：智慧財產權的對話。台北：五南。

陳運星（2011）。智慧財產法裁判書之本土案例式教學。陳惠馨主編，創新與實踐：台灣法學教育（2007-2011），頁69-88。台北：教育部法學教育教學研究創新計畫辦公室出版。

陳運星（2015）。商標識別性問題之研究：以吳季剛MISS WU商標申請案為探討核心。朝陽學報，第20期，台中：朝陽科技大學，頁107-127。

陳櫻琴、葉玟妤、錢世傑、黃于玉合著（2003）。資訊法律。台北：華立圖書。

馮震宇（1994）。了解智慧財產權。台北：永然文化。

葉玟妤（2005）。智慧的財產？——瞭解智慧財產權。台北：元照。

葉茂林（譯）（2000）。Paul Goldstein原著。捍衛著作權：從印刷術到數位時代之著作權法。台北：五南。

趙晉枚、蔡坤財、周慧芳、謝銘洋、張凱娜合著（2000）。智慧財產權入門。台北：元照。

鄧穎懋、王承守、劉仲平、李建德合著（2005）。智慧財產權管理。台北：元勝。

謝銘洋、古清華、丁中原、張凱娜合著（1996）。營業祕密法解讀。台北：月旦。

二、英文部分

Department for Culture, Media and Sport (DCMS) (1998). *1998 Creative Industries Mapping Documents*. London: DCMS.

Department for Culture, Media and Sport (DCMS) (2001). *2001 Creative Industries Mapping Documents*. London: DCMS.

Department for Culture, Media and Sport (DCMS) (2015/10/01). 1 October 2015 - Press release. *Government introduces largest ever increase to apprentices' wages*. London: DCMS.

Goldstein, Paul (1995). *Copyright's Highway: From Gutenberg to the Celestial Jukebox*. Farrar, Straus & Giroux, Inc., USA.

Kieff F. Scott, Paredes Troy A. ed., (2012). *Perspectives on Commercializing Innovation*. Cambridge University Press.

UNESCO (2000). *Culture, Trade and Globalization: Questions and Answers*. Published by the Division of Creativity, Cultural Industries and Copyright, Sector for Culture, UNESCO.

國家圖書館出版品預行編目資料

文化創意產業理論與實務／周德禎，賀瑞麟，
葉晉嘉，施百俊，蔡玲瓏，林思玲，陳潔
瑩，劉立敏，李欣蓉，張重金，朱旭中，陳
運星合著；周德禎主編. ——四版.——
臺北市：五南圖書出版股份有限公司，
2021.09
面；　公分
ISBN 978-626-317-109-1 (平裝)

1.文化產業　2.創意

541.29　　　　　　　　　　110013626

1ZD3

文化創意產業理論與實務

主　　　編 — 周德禎(112.1)

作　　　者 — 周德禎、賀瑞麟、葉晉嘉、施百俊、蔡玲瓏
　　　　　　　林思玲、陳潔瑩、劉立敏、李欣蓉、張重金
　　　　　　　朱旭中、陳運星

發 行 人 — 楊榮川

總 經 理 — 楊士清

總 編 輯 — 楊秀麗

副總編輯 — 陳念祖

責任編輯 — 黃淑真、李敏華

封面設計 — 王麗娟

出 版 者 — 五南圖書出版股份有限公司

地　　　址：106台北市大安區和平東路二段339號4樓

電　　　話：(02)2705-5066　　傳　　真：(02)2706-6100

網　　　址：https://www.wunan.com.tw

電子郵件：wunan@wunan.com.tw

劃撥帳號：01068953

戶　　　名：五南圖書出版股份有限公司

法律顧問　林勝安律師事務所　林勝安律師

出版日期　2011年6月初版一刷（共二刷）
　　　　　　2012年9月二版一刷（共六刷）
　　　　　　2016年9月三版一刷（共三刷）
　　　　　　2021年9月四版一刷

定　　　價　新臺幣520元

經典永恆・名著常在

五十週年的獻禮 ── 經典名著文庫

五南,五十年了,半個世紀,人生旅程的一大半,走過來了。
思索著,邁向百年的未來歷程,能為知識界、文化學術界作些什麼?
在速食文化的生態下,有什麼值得讓人雋永品味的?

歷代經典・當今名著,經過時間的洗禮,千錘百鍊,流傳至今,光芒耀人;
不僅使我們能領悟前人的智慧,同時也增深加廣我們思考的深度與視野。
我們決心投入巨資,有計畫的系統梳選,成立「經典名著文庫」,
希望收入古今中外思想性的、充滿睿智與獨見的經典、名著。
這是一項理想性的、永續性的巨大出版工程。
不在意讀者的眾寡,只考慮它的學術價值,力求完整展現先哲思想的軌跡;
為知識界開啟一片智慧之窗,營造一座百花綻放的世界文明公園,
任君遨遊、取菁吸蜜、嘉惠學子!